愛 媛 県

〈収録内容〉

■平成30年度は、弊社ホームページで公開しております。
本ページの下方に掲載しておりますQRコードよりアクセスし、データをダウンロードしてご利用ください。

2023 年度 ……………… 数・英・理・社・国

2022 年度 ……………… 数・英・理・社・国

2021 年度 ……………… 数・英・理・社・国

2020 年度 ……………… 数・英・理・社・国

2019 年度 ……………… 数・英・理・社・国

平成 30 年度 ……………… 数・英・理・社

解答用紙・音声データ配信ページへスマホでアクセス！ ⇒

※データのダウンロードは 2024 年 3 月末日まで。
※データへのアクセスには、右記のパスワードの入力が必要となります。 ⇒ 298465
※リスニング問題については最終ページをご覧ください。

本書の特長

POINT 1　解答は全問を掲載、解説は全問に対応！

POINT 2　英語の長文は全訳を掲載！

POINT 3　リスニング音声の台本、英文の和訳を完全掲載！

POINT 4　出題傾向が一目でわかる「年度別出題分類表」は、約 10 年分を掲載！

実戦力がつく入試過去問題集

- ▶ 問題 …………… 実際の入試問題を見やすく再編集。
- ▶ 解答用紙 …… 実戦対応仕様で収録。
- ▶ 解答解説 …… 重要事項が太字で示された、詳しくわかりやすい解説。
  ※採点に便利な配点も掲載。

合格への対策、実力錬成のための内容が充実

- ▶ 各科目の出題傾向の分析、最新年度の出題状況の確認で、入試対策を強化！
- ▶ その他、志願状況、公立高校難易度一覧など、学習意欲を高める要素が満載！

解答用紙 ダウンロード	解答用紙はプリントアウトしてご利用いただけます。弊社ＨＰの商品詳細ページよりダウンロードしてください。トビラのＱＲコードからアクセス可。
リスニング音声 ダウンロード	英語のリスニング問題については、弊社オリジナル作成により音声を再現。弊社ＨＰの商品詳細ページで全収録年度分を配信対応しております。トビラのＱＲコードからアクセス可。
famima PRINT	原本とほぼ同じサイズの解答用紙は、全国のファミリーマートに設置しているマルチコピー機のファミマプリントで購入いただけます。※一部の店舗で取り扱いがない場合がございます。詳細はファミマプリント（http://fp.famima.com/）をご確認ください。
UD FONT	見やすく読みまちがえにくいユニバーサルデザインフォントを採用しています。

～2024年度愛媛県公立高校入試の日程（予定）～

☆推薦入学者選抜

学力検査等の期日	2／8
↓	
合格者の発表の日	3／18

☆一般入学者選抜

学力検査等の期日	3／7・8
↓	
合格者の発表の日	3／18

※募集および選抜に関する最新の情報は愛媛県教育委員会のホームページなどで必ずご確認ください。

2023年度/愛媛県公立高校入学志願状況(全日制)

学校名・学科名		定員	志願者数	推薦	倍率
川之江	普通	200	169	24	0.85
三島	普通	240	228	38	0.95
	商業	40	40	6	1.00
土居	普通	120	91	6	0.76
新居浜東	普通	280	285	44	1.02
新居浜西	普通	280	255	44	0.91
新居浜南	総合	120	119	37	0.99
新居浜工業	機械	40	33	11	0.83
	電子機械	40	31	11	0.78
	電気	40	37	6	0.93
	情報電子	40	38	8	0.95
	環境化学	40	32	3	0.80
新居浜商業	商業	120	92	14	0.77
	情報ビジネス	40	25	6	0.63
西条	普通	200	187	31	0.94
	国際文理	40	47	6	1.18
	商業	40	40	12	1.00
西条農業	食農科学	40	40	5	1.00
	環境工学	40	29	4	0.73
	生活デザイン	40	32	4	0.80
小松	普通	120	91	19	0.76
	ライフデザイン	40	29	11	0.73
東予	機械	40	27	3	0.68
	電気システム	40	15	4	0.38
	建設工学	40	19	2	0.48
丹原	普通	120	109	19	0.91
	園芸科学	40	26	6	0.65
今治西	普通	320	309	44	0.97
伯方分校	普通	60	36	9	0.60
今治南	普通	200	165	30	0.83
	園芸クリエイト	40	28	5	0.70
今治北	普通	200	197	31	0.99
	商業	40	43	12	1.08
	情報ビジネス	40	31	12	0.78
大三島分校	普通	40	32	10	0.80
今治工業	機械造船	40	42	12	1.05
	電気	40	34	12	0.85
	情報技術	40	51	10	1.28
	環境化学	40	26	3	0.65
	繊維デザイン	40	21	7	0.53
弓削	普通	40	31	9	0.78
北条	総合	120	57	26	0.48
松山東	普通	360	379	39	1.05
松山南	普通	320	339	35	1.06
	理数	40	40	6	1.00
砥部分校	デザイン	40	44	12	1.10
松山北	普通	360	444	57	1.23
中島分校	普通	40	24	6	0.60
松山中央	普通	360	403	57	1.12
松山工業	機械	40	32	6	0.80
	電子機械	40	58	12	1.45
	電気	40	45	12	1.13
	情報電子	40	63	12	1.58
	工業化学	40	45	12	1.13
	建築	40	70	12	1.75
	土木	40	49	12	1.23
	繊維	40	36	12	0.90
松山商業	商業	80	103	24	1.29
	流通経済	120	121	36	1.01
	地域ビジネス	40	42	12	1.05
	情報ビジネス	120	147	36	1.23
東温	普通	240	188	38	0.78
	商業	80	47	6	0.59
上浮穴	普通	30	20	6	0.67
	森林環境	30	25	13	0.83
伊予農業	生物工学	40	49	12	1.23
	園芸流通	40	40	12	1.00
	食品化学	40	39	9	0.98
	生活科学	40	21	10	0.53
	環境開発	40	33	7	0.83
	特用林産	40	22	2	0.55
伊予	普通	200	195	31	0.98
大洲	普通	160	112	22	0.70
	商業	40	29	12	0.73
大洲農業	生産科学	40	24	2	0.60
	食品デザイン	40	40	12	1.00
長浜	普通	60	54	20	0.90
内子	普通	120	92	18	0.77
小田分校	普通	60	18	7	0.30
八幡浜	普通	160	149	22	0.93
	商業	40	38	12	0.95
八幡浜工業	機械土木工学	40	25	5	0.63
	電気技術	40	16	3	0.40
川之石	総合	120	86	11	0.72
三崎	普通	60	62	21	1.03
宇和	普通	80	48	8	0.60
	生物工学	40	39	4	0.98
野村	普通	80	45	6	0.56
	畜産	40	16	4	0.40
宇和島東	理数・普通	160	146	22	0.91
	商業	80	86	24	1.08
	情報ビジネス	40	26	7	0.65
津島分校	普通	60	25	2	0.42
宇和島水産	水産食品	35	16	1	0.46
	水産増殖	35	27	6	0.77
	海洋技術	35	18	5	0.51
吉田	普通	80	48	10	0.60
	機械建築工学	40	28	8	0.70
	電気電子	40	30	4	0.75
北宇和	普通	80	43	8	0.54
	生産食品	40	27	7	0.68
三間分校	農業・普通	60	16	1	0.27
南宇和	普通	120	53	4	0.44
	農業	40	27	2	0.68

※　「志願者数」は推薦入学確約者数を含む。
※　「推薦」は推薦入学確約書提出者数。
※　宇和島東高校の理数科と普通科はくくり募集。
※　北宇和高校三間分校の農業科と普通科はくくり募集。

愛媛県公立高校難易度一覧

目安となる偏差値	公立高校名
75 ~ 73	
72 ~ 70	
69 ~ 67	
	松山東
66 ~ 64	
	今治西，松山南(理数)
	松山南
63 ~ 61	八幡浜
	松山北
60 ~ 58	
	新居浜西
	大洲，西条(国際文理)
57 ~ 55	
	宇和島東(普・理数)，松山中央
	今治北，西条
54 ~ 51	
	今治北(商業／情報ビジネス)，松山商業(商業)
	八幡浜(商業)
	松山工業(建築)
50 ~ 47	伊予，宇和島東(商業)，松山工業(情報電子)，松山商業(流通経済／地域ビジネス／情報ビジネス)
	宇和島東(情報ビジネス)，松山工業(機械)，三島
	松山工業(電子機械／電気／工業化学)，南宇和
	東温，新居浜東，松山工業(繊維)
46 ~ 43	松山工業(土木)
	大洲(商業)，川之江，丹原
	今治南，伊予農業(生物工学／園芸流通／食品化学／生活科学／環境開発／特用林産)，松山南[砥部分校](デザイン)
42 ~ 38	東温(商業)
	内子，小松，西条(商業)，北条(総合)
	今治工業(機械造船／電気／情報技術／環境化学／繊維デザイン)，川之石(総合)，新居浜工業(電子機械／電気／情報電子)
	宇和，小松(ライフデザイン)，新居浜工業(機械／環境化学)，新居浜商業(商業／情報ビジネス)，新居浜南(総合)
	宇和(生物工学)，大洲農業(生産科学／食品デザイン)，東予(電気システム)，三島(商業)，八幡浜工業(機械土木工学／電気技術)，吉田(機械建築工学／電気電子)
37 ~	東予(機械／建設工学)，野村(普／畜産)
	今治北[大三島分校]，内子[小田分校]，上浮穴，北宇和(普／生産食品)，北宇和[三間分校](普／農業機械)，西条農業(食農科学／生活デザイン)，長浜，吉田
	今治西[伯方分校]，今治南(園芸クリエイト)，宇和島水産(水産食品／水産増殖／海洋技術)，宇和島東[津島分校]，上浮穴(森林環境)，西条農業(環境工学)，丹原(園芸科学)，土居，松山北[中島分校]，三崎，南宇和(農業)，弓削

＊(　)内は学科・コースを示します。特に示していないものは普通科(普通・一般コース)，または全学科(全コース)を表します。

＊データが不足している高校，または学科・コースなどにつきましては掲載していない場合があります。

＊公立高校の入学者は，「学力検査の得点」のほかに，「調査書点」や「面接点」などが大きく加味されて選抜されます。上記の内容は想定した目安ですので，ご注意ください。

＊公立高校入学者の選抜方法や制度は変更される場合があります。また，統廃合による閉校や学校名の変更，学科の変更などが行われる場合もあります。教育委員会などの関係機関が発表する最新の情報を確認してください。

数学　出題傾向の分析と合格への対策

出題傾向とその内容

〈最新年度の出題状況〉

今年度の出題数は，大問が5題，小問数にして25問と，昨年とほぼ同じであった。問題のレベルは標準的で，中学数学の全領域から，基本問題と応用問題をうまく配分した出題となっている。いずれも良問ぞろいである。

今年度の出題の形式・内容は，大問1が数・式の計算，平方根，式の展開に関する5問の基本的計算問題，大問2は大問1よりも応用力を必要とする小問群であり，因数分解，等式の変形，数の性質，有理数と無理数，確率，体積比，作図，方程式の応用，大問3は資料の散らばり・代表値，関数とグラフ，グラフの作成，大問4は図形と関数・グラフの融合問題，大問5は平面図形の総合問題で，合同の証明と線分の長さ，面積の計量問題となっている。

基本的には，オーソドックスな問題が中心で，やや思考力が試されるものが出題され，難問，奇問が出題されることは無いと考えてよい。

〈出題傾向〉

問題の出題数は，ここ数年，大問数で5題，小問数で25問前後が定着している。

出題傾向は，大問1で，数・式，平方根に関する基本的な計算問題6問の出題が定着している。日頃の授業をしっかり受けていれば，確実に得点できる問題である。大問2では，大問1よりも応用性の高い7問前後の小問群が，方程式の計算と利用，三平方の定理，作図，場合の数と確率，資料の散らばり・代表値等から出題されている。大問3では，ここ数年，規則性の問題の出題が定着している。この種の問題への対応力も十分つけておきたい。大問4，5では，動点を含む図形と関数・グラフの融合問題と，証明，計量問題を含む平面図形の総合問題が出題されている。

ここ数年，空間図形を題材とした総合問題が出題されていないが，いつ出題されてもいいような準備はしておこう。

来年度の予想と対策

来年度も，今年度の出題傾向を踏襲するものと思われる。また，出題内容も，基礎の理解とその応用力を見る設問になると思われる。出題範囲は広く，学習した中学数学の全分野からの出題であるため，苦手分野の克服が急務となろう。難易度を考えると，基本部分に時間をかけて確固たるものにし，それを使いこなす力を身につけるという流れが理想であろう。さらに，思考力が問われる出題も必ずあり，規則性の発見などは，様々なパターンの問題で練習をしておかないと，スムーズには解けないと思われる。

そこで，まず，教科書を中心に各単元の基本事項をしっかりおさえ，ひとつひとつを確実にし，あいまいな点を残さないようにしよう。基礎が固まったら，標準レベルの問題集で演習を重ねよう。方程式の応用，証明，作図などは，根拠・定理などを整理して書き，記述問題に備えることも必要だろう。とくに，基本的な図形の作図については，類似問題で，ある程度演習を積む必要がある。また，過去の入試問題を，時間を計って解くことも必要だ。

⇨学習のポイント

・教科書を中心に各単元の基本事項をしっかりおさえ，ひとつひとつを確実にしよう。
・過去問や問題集を使って新傾向の問題へも十分対応できるようにしておこう。

年度別出題内容の分析表　数学

※ [グレーの網掛け] は出題範囲縮小の影響がみられた内容

出題内容			26年	27年	28年	29年	30年	2019年	2020年	2021年	2022年	2023年
数と式		数の性質	○			○	○	○		○	○	○
		数・式の計算	○	○	○	○	○	○	○	○	○	○
		因数分解				○				○		○
		平方根	○	○	○	○	○	○	○	○	○	○
方程式・不等式		一次方程式		○	○	○	○	○	○	○	○	
		二次方程式	○	○	○	○	○	○	○		○	○
		不等式										
		方程式の応用	○	○	○	○	○	○	○	○	○	○
関数		一次関数	○	○	○	○	○	○	○	○	○	○
		関数 $y=ax^2$	○	○	○	○	○	○	○	○	○	○
		比例関数	○		○	○	○		○	○		
		関数とグラフ	○	○	○	○	○	○	○	○	○	○
		グラフの作成	○	○	○	○	○		○			○
図形	平面図形	角度		○						○	○	
		合同・相似	○	○	○	○	○	○	○	○	○	○
		三平方の定理	○		○	○	○	○	○	○	○	○
		円の性質	○	○					○	○	○	○
	空間図形	合同・相似										○
		三平方の定理	○	○	○							
		切断										
	計量	長さ	○	○	○	○	○	○	○	○	○	○
		面積	○	○	○	○	○	○	○	○	○	○
		体積	○		○		○				○	○
		証明	○	○	○	○	○	○	○	○	○	○
		作図	○	○	○	○	○	○	○	○	○	○
		動点		○	○	○	○		○			
データの活用		場合の数									○	
		確率	○	○	○	○	○	○	○	○	○	○
		資料の散らばり・代表値(箱ひげ図を含む)	○	○		○	○		○	○	○	○
		標本調査						○	○			
融合問題		図形と関数・グラフ	○	○		○	○	○		○		○
		図形と確率										
		関数・グラフと確率										
		その他										
その他			○	○	○	○	○	○		○		

―愛媛県公立高校―

英語　出題傾向の分析と合格への対策

出題傾向とその内容

〈最新年度の出題状況〉

本年度の大問構成は聞き取りの問題が3題，会話文形式の語句整序問題，条件・自由英作文が1題，チラシを用いた会話文問題が1題，長文読解問題が1題であった。英作文は会話文問題の中でも出題された。

聞き取りの問題は，短い対話文を聞いて絵を選ぶものと，対話文の文脈に合う英文を選ぶもの，長い英文を聞いて質問の答えとなる英文を選ぶものの3種類が出題された。

大問(四)は，語句の並べ換え問題と，条件・自由英作文の形式で，日本語の質問に自分の考えを英語で答えること，文脈と条件に合う英文を作ることが求められた。会話文読解問題では，英文とチラシの読み取りを試す問題に加え，和文英訳も出題された。長文読解問題は，内容に関する問いが多様な形式で出題された。

全体として，さまざまな形式によって総合的な英語力が試される出題だったと言える。

〈出題傾向〉

出題傾向や大問数はここ数年大きく変わっていないが，小問単位では年度によってわずかな傾向の変化が見られる。

聞き取り問題は大問(三)の英文がやや長く，注意が必要となる。大問(四)の英作文問題で求められる文法力は教科書の知識で対応できるものである。大問(五)，(六)の読解問題は，それぞれ内容をしっかり読みとる力が求められている。文脈に合うように文を挿入する問題，本文の内容について日本語・英語で問われる問題などが，いろいろな形式で出題された。英語の構造や文法的な知識も小問で求められている。

全体として，出題の形式・難度ともに幅の広い，読解力によって点差のつきやすい問題と言える。

来年度の予想と対策

来年度も出題傾向に大きな変化はないと予想される。過去問に取り組んでおくことが必要だ。

聞き取り問題においては，音声教材を利用して聞く力をつけておくことが一番であるが，音声を聞きながらメモを取るようにするとよいだろう。文法・英作文問題，そして読解問題の英文そのものは量は多いものの教科書レベルの知識で対応可能なので，基礎学習は怠らないようにしたい。問題本文だけでなく，ここ数年表や資料の読みとりが求められ，小問内の選択肢の英文も多いので，数多くの英文を読み問題演習に取り組んで，ある程度のスピードで正確に英文を読みとる力をつけておこう。高得点を目指すならば市販の問題集などを使い，(公立高校レベルの範囲内で)やや難度の高い問題にも積極的に挑戦するべきだろう。多様な出題形式に対応できる力をつけておこう。

⇨学習のポイント

- リスニング問題はとにかく数をこなすのがいちばん。長めの英文を聞くことにも慣れておこう。
- 語句や文法の知識を問う問題が比較的多いので，中学校で学習する内容をしっかり理解し，問題演習に数多く取り組んでおくこと。
- 読解問題は，まず本県の出題形式に慣れよう。過去問に必ず取り組んでおこう。

年度別出題内容の分析表　英語

※　　は出題範囲縮小の影響がみられた内容

出題内容			26年	27年	28年	29年	30年	2019年	2020年	2021年	2022年	2023年
設問形式	リスニング	絵・図・表・グラフなどを用いた問題	○	○	○	○	○	○	○	○	○	○
		適文の挿入					○	○	○	○	○	○
		英語の質問に答える問題	○	○	○	○	○	○	○	○	○	○
		英語によるメモ・要約文の完成										
		日本語で答える問題										
		書き取り										
	語い	単語の発音										
		文の区切り・強勢										
		語句の問題										
	読解	語句補充・選択（読解）	○	○	○	○	○	○	○	○	○	○
		文の挿入・文の並べ換え	○	○	○	○	○	○	○	○	○	○
		語句の解釈・指示語	○	○	○	○	○	○	○	○	○	
		英問英答（選択・記述）										
		日本語で答える問題	○	○		○	○	○	○	○	○	○
		内容真偽	○	○	○	○	○	○	○	○	○	○
		絵・図・表・グラフなどを用いた問題	○	○	○	○	○	○	○		○	
		広告・メール・メモ・手紙・要約文などを用いた問題							○	○		○
	文法	語句補充・選択（文法）	○	○	○	○	○			○	○	○
		語形変化		○	○	○				○	○	○
		語句の並べ換え	○	○	○	○	○	○	○	○	○	○
		言い換え・書き換え										
		英文和訳										
		和文英訳	○	○	○	○	○	○	○	○	○	○
		自由・条件英作文	○	○	○	○	○	○	○	○	○	○
文法事項		現在・過去・未来と進行形	○	○	○			○	○	○	○	○
		助動詞				○	○	○	○	○	○	○
		名詞・冠詞・代名詞	○			○	○	○	○	○	○	○
		形容詞・副詞	○	○	○			○	○	○	○	○
		不定詞	○	○	○	○	○	○	○	○	○	○
		動名詞	○		○	○			○		○	○
		文の構造（目的語と補語）	○	○	○	○		○	○	○	○	○
		比較	○		○		○	○			○	○
		受け身		○	○			○	○	○		
		現在完了		○	○	○		○			○	○
		付加疑問文										
		間接疑問文		○	○							○
		前置詞	○	○		○	○				○	
		接続詞	○	○	○		○	○	○			
		分詞の形容詞的用法					○		○	○		○
		関係代名詞	○	○	○	○		○	○		○	○
		感嘆文										
		仮定法										

理科 出題傾向の分析と合格への対策

出題傾向とその内容

〈最新年度の出題状況〉

出題数は大問5題で，物理，化学，生物，地学の各分野から1題ずつと，第一分野・第二分野の集合問題が1題となっている。小問数にして40問程度である。

〈出題傾向〉

出題形式としては，選択式，語句や文章の記述，計算問題，作図，化学反応式の記入とバラエティに富んでいる。内容的には各分野からバランスよく，標準的なレベルの問題から応用問題まで出題されている。教科書の内容をしっかり理解し，過去に出題された問題にあたるなどして演習を積んでおこう。また，記述問題では，指定語句や指定の内容を用いるなど，問題の条件に従って簡潔に表現することが求められるので，知識力とともに表現力や思考力が試されるといえる。大問ごとの難易度に差が見られるので，時間配分に注意して，できる問題から効率よく解いていこう。

物理的領域　電流と磁界，光，力のはたらきについて出題された。細かく指定された条件が提示されると不安になるかもしれないが，基本となる法則をうまく適用していくことで難なく解けるものである。そのため，法則は確実に覚えよう。作図などには，落ち着いて対応することが求められる。

化学的領域　化学変化，水溶液について出題された。広範囲から出題される傾向にある。そのため，積極的に苦手分野を克服しておく必要がある。計算問題は，類似した解き方をするものが多い。事前の練習をしっかりと積んでおこう。

生物的領域　消化と吸収，生殖，動物の分類について出題された。実験や観察の手順や操作の理由，結果がどうなるかといった問題を出題されることが多い。教科書に載っている実験や観察は，その手順や注意事項をしっかりと把握しておこう。

地学的領域　地震，天体，気象について出題された。深く掘り下げた内容というよりも，幅広く単元全体の知識を問う形の問題となっている。部分的な学習ではなく，全体を網羅した知識を身につけていけるように心がけよう。

来年度の予想と対策

例年，教科書レベルの問題が中心で，基礎力と思考力を問う問題がバランスよく出題され，この傾向は今後も続くと考えられる。分析表からもわかるとおり，第一分野・第二分野の各項目から幅広く出題されており，例年出題されていなかった分野からも出題されることがある。解答の形式としては，選択肢の記号を記入するほか，用語記入や文章による記述を中心に，作図や計算などの問題も出題されている。また，観察や実験の問題では，教科書の内容から一歩踏み込んだレベルが出題される可能性があるので，いつもとは違った見方ができる力を養っておきたい。具体的な対策としては，図表の読み取りに慣れておき，グラフの作成にもあわてずに対応できるようにしておくこと。物理・化学・地学の計算問題で使用する法則などを使いこなせるようにしておくことも重要である。

⇨学習のポイント

- 教科書に載っているような暗記事項は確実に覚えておこう。
- 現象の理由や語句の説明など，文章で説明する練習を積んで記述問題への対応力を養おう。

年度別出題内容の分析表　理科

※★印は大問の中心となった単元／　　は出題範囲縮小の影響がみられた内容

分野	学年	出題内容	26年	27年	28年	29年	30年	2019年	2020年	2021年	2022年	2023年
第一分野	第1学年	身のまわりの物質とその性質	○			○			○			
		気体の発生とその性質			★		★				○	○
		水溶液		○				★				○
		状態変化				○				★		
		力のはたらき(2力のつり合いを含む)			○				★		○	
		光と音	★			★		○	★		○	○
	第2学年	物質の成り立ち										
		化学変化，酸化と還元，発熱・吸熱反応	○		○	○		★	★	★	○	
		化学変化と物質の質量	○	○		★	★			○	○	○
		電流(電力，熱量，静電気，放電，放射線を含む)	○	○		○	★		○	★	★	○
		電流と磁界			★			★				○
	第3学年	水溶液とイオン，原子の成り立ちとイオン	○	○	★				★	○		○
		酸・アルカリとイオン，中和と塩						○		○		
		化学変化と電池，金属イオン				○					○	
		力のつり合いと合成・分解(水圧，浮力を含む)		○	○		★		○	★	○	○
		力と物体の運動(慣性の法則を含む)		○		★				○		○
		力学的エネルギー，仕事とエネルギー		○		○	○	★				
		エネルギーとその変換，エネルギー資源										
第二分野	第1学年	生物の観察と分類のしかた										
		植物の特徴と分類			★			○		★		
		動物の特徴と分類							○			○
		身近な地形や地層，岩石の観察										
		火山活動と火成岩			★		★				★	
		地震と地球内部のはたらき		★				★		○		○
		地層の重なりと過去の様子				★			○			
	第2学年	生物と細胞(顕微鏡観察のしかたを含む)					○					
		植物の体のつくりとはたらき		○		★	○		★		★	
		動物の体のつくりとはたらき	○	○	★	○	★	★	○	★	○	○
		気象要素の観測，大気圧と圧力	★		○	★		○	★	★		○
		天気の変化		○			○					
		日本の気象	○					○			★	
	第3学年	生物の成長と生殖	★			★	★	★				○
		遺伝の規則性と遺伝子		○						○		○
		生物の種類の多様性と進化							○			
		天体の動きと地球の自転・公転		★	★	○	★		★	○		○
		太陽系と恒星，月や金星の運動と見え方	○					★		○	○	
		自然界のつり合い			○				○		★	
自然の環境調査と環境保全，自然災害												
科学技術の発展，様々な物質とその利用												
探究の過程を重視した出題			○	○	○	○	○	○	○	○	○	○

— 愛媛県公立高校 —

社会　出題傾向の分析と合格への対策

出題傾向とその内容

〈最新年度の出題状況〉

本年度の出題数は，大問6題，小問37題である。解答形式は語句記入・記号選択がバランスよく出題されている。短文の記述問題が6題出題されている。大問数は，地理2題，歴史2題，公民2題となっており，小問数は各分野のバランスがとれていると言える。

各設問は細かい知識を問うものではなく，基礎・基本の定着を確認する出題が中心となっているが，幅広く問われており，記述式の問題では，知識を問うだけではなく応用力や表現力も求められている。

地理的分野では，地図やグラフ数値の読み取りなどが出題の中心となっている。歴史的分野では，年表や資料などを使って，古代から近現代にかけての政治・社会・文化・外交を中心に出来事の流れについての知識を問うものになっている。公民的分野では，政治や経済について，資料の読み取りを中心に出題されている。

〈出題傾向〉

地理的分野では，表やグラフ，地図などの読み取りを通して，日本や世界のすがたや特色，それぞれの自然や産業などを問う問題が出題されている。

歴史的分野では，資料の読み取りや年表などから政治や社会，文化，外交などについて幅広く問う出題となっている。

公民的分野では，グラフ・表などから，政治のしくみ，日本の経済に関する出題となっている。

来年度の予想と対策

来年度も今年度の形式の問題が予想され，大問数や小問数に大きな変動はないと思われる。内容は基礎的なものが中心となるだろう。

地理的分野では，諸地域の特色を地形・気候・産業などの面から理解しておこう。また，人々のくらしに関する出題も予想されるので，その対策も必要である。学習する際には，必ず地図帳を用いて位置や緯度経度の確認をしておこう。

歴史的分野では，各時代の特色を，政治・経済・社会・外交・文化の面から把握しておこう。また，教科書などに収められている写真や絵画なども必ず目を通しておこう。

公民的分野では，教科書の重要事項を理解するとともに，話題となっている国内問題や外交問題，環境問題などについても，新聞やテレビのニュースなどで知識を深めておこう。

短文の記述問題は必要となる語句を用いて，明瞭に説明しなければならない。重要な事項は簡単に説明できるように，短文で書く習慣をつけるとよいだろう。

⇨学習のポイント

- ・グラフや表、地図などの資料を正確に読み取れるように訓練しよう。
- ・教科書だけでなく，資料集やニュースなどにも目を配り，幅広い知識を身につけよう。
- ・語句を文章で説明できるように，短文でまとめることに慣れよう。

年度別出題内容の分析表　社会

※　　は出題範囲縮小の影響がみられた内容

分野	区分	出題内容	26年	27年	28年	29年	30年	2019年	2020年	2021年	2022年	2023年
地理的分野	日本	地形図の見方					○			○	○	
		日本の国土・地形・気候	○	○	○	○	○	○	○	○	○	○
		人口・都市			○	○			○			○
		農林水産業	○	○	○	○	○	○	○	○	○	○
		工業	○	○	○	○	○	○		○		○
		交通・通信					○	○	○			
		資源・エネルギー							○			
		貿易						○			○	
	世界	人々のくらし・宗教		○	○	○	○		○	○		○
		地形・気候	○	○	○	○	○	○	○	○	○	○
		人口・都市	○	○			○	○		○	○	
		産業	○	○		○	○	○	○		○	○
		交通・貿易			○	○		○				○
		資源・エネルギー					○			○	○	
	地理総合											
歴史的分野	日本史―時代別	旧石器時代から弥生時代	○								○	
		古墳時代から平安時代	○	○	○	○	○	○	○	○	○	○
		鎌倉・室町時代	○	○	○	○	○	○	○	○	○	○
		安土桃山・江戸時代	○	○	○	○	○	○	○	○	○	○
		明治時代から現代	○	○	○	○	○	○	○	○	○	○
	日本史―テーマ別	政治・法律	○	○	○	○	○	○	○	○	○	○
		経済・社会・技術	○	○	○	○	○	○	○	○	○	○
		文化・宗教・教育	○	○	○	○	○	○	○	○	○	○
		外交	○	○	○	○	○		○	○	○	○
	世界史	政治・社会・経済史					○	○	○		○	
		文化史										
		世界史総合										
	歴史総合											
公民的分野		憲法・基本的人権	○		○	○	○	○	○		○	○
		国の政治の仕組み・裁判	○	○	○	○	○	○	○	○	○	○
		民主主義										○
		地方自治		○		○	○	○	○	○		○
		国民生活・社会保障	○	○	○		○		○	○		
		経済一般	○	○	○	○	○	○	○	○	○	○
		財政・消費生活	○	○	○	○	○	○	○	○	○	○
		公害・環境問題										○
		国際社会との関わり	○	○	○	○	○	○	○		○	○
時事問題												
その他					○		○	○				

―愛媛県公立高校―

国語

出題傾向の分析と合格への対策

出題傾向とその内容

〈最新年度の出題状況〉

出題傾向に大きな変化はなく，長文読解問題が2題，漢字の読み，漢字の書き取り，古文1題と作文という構成である。

長文読解問題は，論説文と小説文または随筆からの出題で，知識問題としては，品詞の識別や熟語などがとりあげられた。読解問題は，筆者の主張や文脈の流れなどを正確に読み解く力を試される問題である。

古文は，内容は読み取りやすいものであったが，文脈を正確に読み取る力が問われた。会話を探す問題も出題された。

課題作文は，テーマ型作文。資料から読み取ったことをふまえた上で，経験や見たり聞いたりしたことを交えて意見をまとめるものである。

解答形式は，記号選択と記述の併用である。

〈出題傾向〉

現代文の読解は，小説文と論説文が1題ずつ出題される。小説文では，登場人物の心情や表現に関する問いが中心になる。表現の特徴や主題の把握など，文章全体をとらえる力が求められている。論説文は内容理解中心。細部の読み取り，文脈把握，文章全体の要旨などの問いが見られる。

古文は，歴史的仮名遣い，主語の把握といった基礎的なことから，文章全体の大意が問われる。現代語訳なしに，文章を正確に読み取る力が求められる。

課題作文は，テーマが与えられ，それに沿った意見を自分の経験などを交えてまとめるもの。300字～400字という指定である。

知識問題は，漢字の読みと書き取り，文法が必出。指定された漢字を行書で書く問いもあり，書写の知識も必要だ。文法は，文節・単語の区切り，用言の活用，品詞・用法の識別など，幅広く出題されている。熟語，ことわざ・慣用句など，語句の問題も多い。

来年度の予想と対策

昨年度と大きな変化がなかったことから，来年度も同様の構成の出題になると思われる。

長文読解問題は，説明的文章から1題，文学的文章から1題の出題になるだろう。説明的文章では，要旨や文章の展開を確実におさえて，筆者の主張を読み解くことが大切である。文学的文章では，情景描写などに注意して，人物の心情の動きをしっかりととらえたい。

漢字は，読みと書き取りの練習以外にも，行書から画数や部首をとらえられるような学習が必要。語句は，熟語やことわざなどを多く身につけておきたい。文節，活用，品詞など文法の知識もしっかりと身につけておこう。

古文では，まず仮名遣いや古語の意味など基本的なことをおさえて，的確に内容を把握できるようにしておきたい。

作文は，日ごろの練習が欠かせない。また，物事や自分が体験したことについて深く考えて，意見や感想を持ち，まとめる練習をしておこう。

⇨学習のポイント

・文章全体を把握できるように，読解問題の練習をしよう。
・テーマを設定した作文の練習をしよう。
・教科書を使って，漢字，文法，語句の知識を身につけよう。

年度別出題内容の分析表　国語

※　　は出題範囲縮小の影響がみられた内容

		出題内容	26年	27年	28年	29年	30年	2019年	2020年	2021年	2022年	2023年
内容の分類	読解	主題・表題	○	○		○						
		大意・要旨		○	○		○	○	○	○	○	○
		情景・心情	○	○	○	○	○	○	○		○	○
		内容吟味	○	○	○	○	○	○	○	○	○	○
		文脈把握	○	○		○	○		○	○	○	○
		段落・文章構成				○						
		指示語の問題			○			○		○		
		接続語の問題			○	○	○	○		○	○	○
		脱文・脱語補充	○	○	○	○	○	○	○		○	○
	漢字・語句	漢字の読み書き	○	○	○	○	○	○		○		○
		筆順・画数・部首	○						○			
		語句の意味	○	○		○		○		○		○
		同義語・対義語										
		熟語	○	○	○		○	○			○	○
		ことわざ・慣用句			○				○	○	○	○
		仮名遣い	○	○	○	○	○	○	○	○	○	○
	表現	短文作成										
		作文(自由・課題)	○	○	○		○	○		○	○	○
		その他										
	文法	文と文節	○	○	○	○	○		○	○		
		品詞・用法			○	○	○	○	○	○	○	○
		敬語・その他										
	古文の口語訳											
	表現技法・形式		○									
	文学史											
	書写		○									
問題文の種類	散文	論説文・説明文	○	○	○	○	○	○	○	○	○	○
		記録文・報告文										
		小説・物語・伝記	○	○	○		○	○	○	○	○	○
		随筆・紀行・日記				○						
	韻文	詩										
		和歌(短歌)										
		俳句・川柳										
	古文		○	○	○	○	○	○	○	○	○	○
	漢文・漢詩											
	会話・議論・発表											
	聞き取り											

―愛媛県公立高校―

不安という人なつっこい怪物。

曽我部恵一｜ミュージシャン

受験を前に不安を抱えている人も多いのではないでしょうか。今回はミュージシャンであり，3人の子どもたちを育てるシングルファーザーでもある曽我部恵一さんにご自身のお子さんに対して思うことをまじえながら，“不安”について思うことを聞いた。

曽我部恵一
'90年代初頭よりサニーデイ・サービスのヴォーカリスト／ギタリストとして活動を始める。2004年，自主レーベルROSE RECORDSを設立し，インディペンデント／DIYを基軸とした活動を開始する。以後，サニーデイ・サービス／ソロと並行し，プロデュース・楽曲提供・映画音楽・CM音楽・執筆・俳優など，形態にとらわれない表現を続ける。

── 子どもの人生を途中まで一緒に生きてやろうっていうのが，何だかおこがましいような気がしてしまう。

子どもが志望校に受かったらそれは喜ばしいことだし，落ちたら落ちたで仕方がない。基本的に僕は子どもにこの学校に行ってほしいとか調べたことがない。長女が高校や大学を受験した時は，彼女自身が行きたい学校を選んで，自分で申し込んで，受かったからそこに通った。子どもに「こういう生き方が幸せなんだよ」っていうのを教えようとは全く思わないし，勝手につかむっていうか，勝手に探すだろうなと思っているかな。

僕は子どもより自分の方が大事。子どもに興味が無いんじゃないかと言われたら，本当に無いのかもしれない。子どもと仲良いし，好きだけど，やっぱり自分の幸せの方が大事。自分の方が大事っていうのは，あなたの人生の面倒は見られないですよって意味でね。あなたの人生はあなたにしか生きられない。自分の人生って，設計して実際動かせるのは自分しかいないから，自分のことを責任持ってやるのがみんなにとっての幸せなんだと思う。

うちの子にはこの学校に入ってもらわないと困るんですって言っても，だいたい親は途中で死ぬから子どもの将来って最後まで見られないでしょう。顔を合わせている時，あのご飯がうまかったとか，風呂入るねとか，こんなテレビやってたよ，とかっていう表面的な会話はしても，子どもの性格とか一緒にいない時の子どもの表情とか本当はちゃんとは知らないんじゃないかな。子どもの人生を途中まで一緒に生きてやろうっていうのが，何だかおこがましいような気がしてしまう。

── 不安も自分の能力の一部だって思う。

一生懸命何かをやってる人，僕らみたいな芸能をやっている人もそうだけど，みんな常に不安を抱えて生きていると思う。僕も自分のコンサートの前はすごく不安だし，それが解消されることはない。もっと自分に自信を持てるように練習して不安を軽減させようとするけど，無くなるということは絶対にない。アマチュアの時はなんとなくライブをやって，なんとなく人前で歌っていたから，不安はなかったけど，今はすごく不安。それは，お金をもらっているからというプロフェッショナルな気持ちや，お客さんを満足させないとというエンターテイナーとしての意地なのだろうけど，本質的な部分は“このステージに立つほど自分の能力があるのだろうか”っていう不安だから，そこは受験をする中学生と同じかもしれない。これは不安を抱えながらぶつかるしかない。それで，ぶつかってみた結果，ライブがイマイチだった時は，僕は今でも人生終わったなって気持ちになる。だから，不安を抱えている人に対して不安を解消するための言葉を僕はかけることができない。受験生の中には高校受験に失敗したら人生終わると思ってる人もいるだろうし，僕は一つのステージを失敗したら人生終わると思ってる。物理的に終わらなくても，その人の中では終わる。それに対して「人生終わらないよ」っていうのは勝手すぎる意見。僕たちの中では一回の失敗でそれは終わっちゃうんだ。でも，失敗しても相変わらずまた明日はあるし，明後日もある。生きていかなきゃいけない。失敗を繰り返していくことで，人生は続くってことがわかってくる。子どもたちの中には，そこで人生を本当に終わらそうっていう人が出てくるかもしれないけど，それは大間違い。同じような失敗は生きてるうちに何度もあって，大人になっている人は失敗を忘れたり，見ないようにしたりするのをただ単に繰り返して生きてるだけなんだと思う。失敗したからこそできるものがあるから，僕は失敗するっていうことは良いことだと思う。挫折が多い方が絶対良い。若い頃に挫折とか苦い経験っていうのはもう財産だから。

例えば，「雨が降ってきたから，カフェに入った。そしたら偶然友達と会って嬉しかった」。これって，雨が降る，晴れるとか，天気みたいなもうどうしようもないことに身を委ねて，自然に乗っかっていったら，結局はいい出来事があったということ。僕は，無理せずにそういう風に生きていきたいなと思う。失敗しても，それが何かにつながっていくから，失敗したことをねじ曲げて成功に持っていく必要はないんじゃないかな。

不安を感じてそれに打ち勝つ自信がないのなら，逃げたらいい。無理して努力することが一番すごいとも思わない。人間，普通に生きると70年とか80年とか生きるわけで，逃げてもどこかで絶対勝負しなきゃいけない瞬間っていうのがあるから，その時にちゃんと勝負すればいいんじゃないかな。受験がどうなるか，受かるだろうか，落ちるだろうか，その不安を抱えている人は，少なからず，勝負に立ち向かっていってるから不安を抱えているわけで。それは素晴らしいこと。不安っていうのは自分の中の形のない何かで自分の中の一つの要素だから，不安も自分の能力の一部だって思う。不安を抱えたまま勝負に挑むのもいいし，努力して不安を軽減させて挑むのもいい。または，不安が大きいから勝負をやめてもいいし，あくまでも全部自分の中のものだから。そう思えば，わけのわからない不安に押しつぶされるってことはないんじゃないかな。

MEMO

大切なことはメモしておこうネ！

ダウンロードコンテンツのご利用方法

※弊社 HP 内の各書籍ページより，解答用紙などのデータダウンロードが可能です。

※巻頭「収録内容」ページの下部 QR コードを読み取ると，書籍ページにアクセスが出来ます。（ Step 4 からスタート）

Step 1　東京学参 HP（https://www.gakusan.co.jp/）にアクセス

Step 2　下へスクロール『フリーワード検索』に書籍名を入力

Step 3　検索結果から購入された書籍の表紙画像をクリックし，書籍ページにアクセス

Step 4　書籍ページ内の表紙画像下にある『ダウンロードページ』を
クリックし，ダウンロードページにアクセス

Step 5　巻頭「収録内容」ページの下部に記載されている
パスワードを入力し，『送信』をクリック

解答用紙・+αデータ配信ページへスマホでアクセス！　⇒

※データのダウンロードは 2024 年 3 月末日まで。
※データへのアクセスには，右記のパスワードの入力が必要となります。 ⇒ ●●●●●●

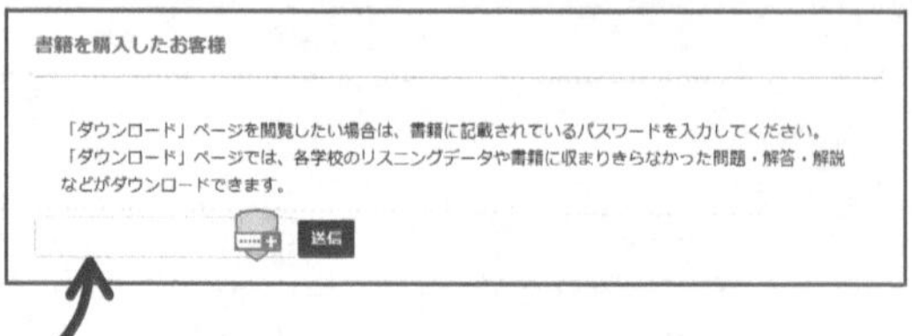

Step 6　使用したいコンテンツをクリック
※ PC ではマウス操作で保存が可能です。

愛媛県公立高等学校

2023年度

★★★★★★★★★★★★★★★★★★★★★★★★

入 試 問 題

2023年度

●くわしい解説……37ページ

＜数学＞

時間　50分　　満点　50点

(一)　次の計算をして，答えを書きなさい。

1　$3-(-4)$

2　$4(x-2y)+3(x+3y-1)$

3　$\frac{15}{8}x^2y\div\left(-\frac{5}{6}x\right)$

4　$(\sqrt{6}-2)(\sqrt{6}+3)-\frac{4\sqrt{3}}{\sqrt{2}}$

5　$(3x+1)(x-4)-(x-3)^2$

(二)　次の問いに答えなさい。

1　$4x^2-9y^2$を因数分解せよ。

2　三角すいの底面積を S，高さを h，体積を V とすると，$V=\frac{1}{3}Sh$ と表される。この等式を h について解け。

3　次の**ア**～**エ**のうち，正しいものを１つ選び，その記号を書け。

ア　３の絶対値は -3 である。

イ　m，n が自然数のとき，$m-n$ の値はいつも自然数である。

ウ　$\sqrt{25}=\pm5$ である。

エ　$\frac{4}{3}$ は有理数である。

4　２つのさいころを同時に投げるとき，出る目の数の和が５の倍数となる確率を求めよ。ただし，さいころは，１から６までのどの目が出ることも同様に確からしいものとする。

5　右の図のような，相似比が２：５の相似な２つの容器A，Bがある。何も入っていない容器Bに，容器Aを使って水を入れる。このとき，容器Bを満水にするには，少なくとも容器Aで何回水を入れればよいか，整数で答えよ。

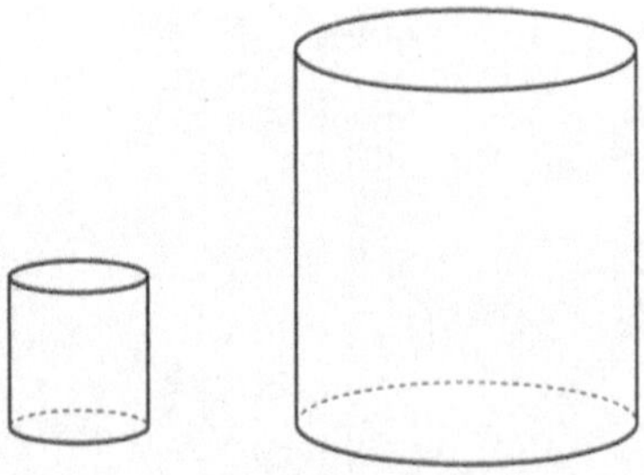

容器A　　　容器B

6　下の図のように，２点Ａ，Ｂと直線ℓがある。直線ℓ上にあって，∠ＡＰＢ＝90°となる点Ｐを１つ，解答欄に作図せよ。ただし，作図に用いた線は消さずに残しておくこと。

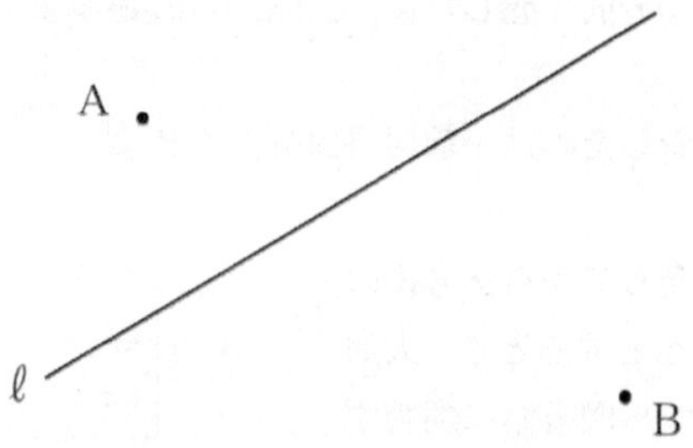

7　連続する３つの自然数がある。最も小さい自然数の２乗と中央の自然数の２乗の和が，最も大きい自然数の10倍より５大きくなった。この連続する３つの自然数を求めよ。ただし，用いる文字が何を表すかを最初に書いてから方程式をつくり，答えを求める過程も書くこと。

(三)　後の問いに答えなさい。

1　ある中学校の，１組，２組，３組で数学のテストを行った。

(1)　下の**図１**は，１組30人の結果をヒストグラムに表したものである。このヒストグラムでは，例えば，40点以上50点未満の生徒が５人いることがわかる。また，下の**ア**～**エ**の箱ひげ図には，１組30人の結果を表したものが１つ含まれている。**ア**～**エ**のうち，１組30人の結果を表した箱ひげ図として，最も適当なものを１つ選び，その記号を書け。

図１

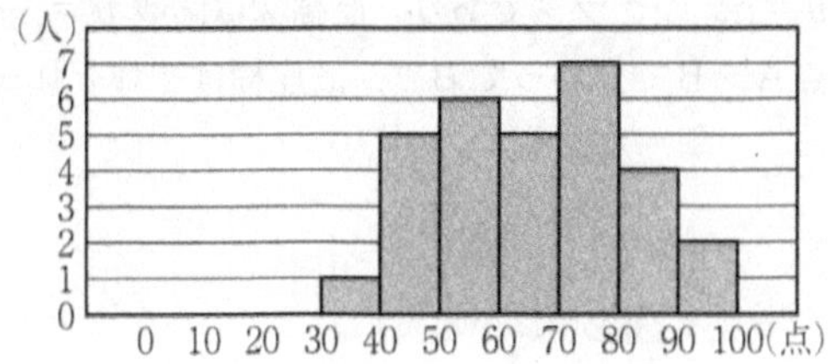

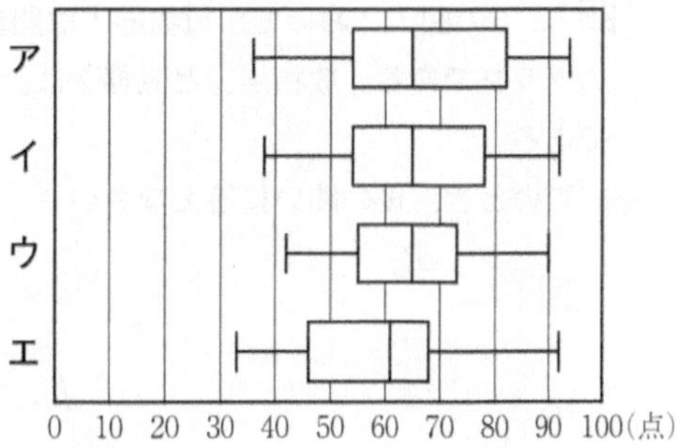

(2)　右の**図２**は，２組と３組それぞれ30人の結果を箱ひげ図に表したものである。この箱ひげ図から読みとれることとして，下の①，②は，「**ア**　正しい」「**イ**　正しくない」「**ウ**　この箱ひげ図からはわからない」のどれか。**ア**～**ウ**のうち，最も適当なものをそれぞれ１つ選び，その記号を書け。

図２

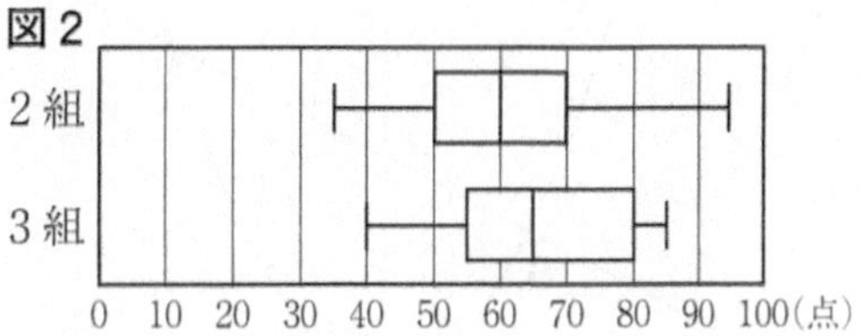

①　四分位範囲は，３組より２組の方が大きい。

②　点数が45点以下の生徒は，３組より２組の方が多い。

2　太郎さんは，午前９時ちょうどに学校を出発して，図書館に向かった。学校から図書館までは一本道であり，その途中に公園がある。学校から公園までの1200mの道のりは分速80mの一定の速さで歩き，公園で10分間休憩した後，公園から図書館までの1800mの道のりは分速60mの一定の速さで歩いた。

(1)　太郎さんが公園に到着したのは午前何時何分か求めよ。

(2)　太郎さんが学校を出発してから x 分後の学校からの道のりを y mとするとき，太郎さんが学校を出発してから図書館に到着するまでの x と y の関係を表すグラフをかけ。

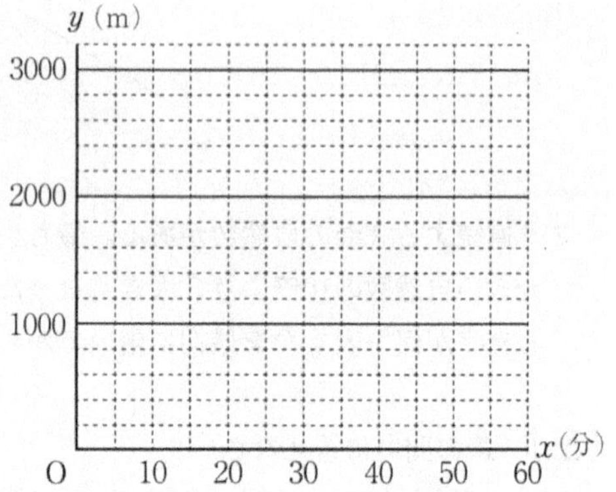

(3)　花子さんは，午前９時20分ちょうどに図書館を出発し，一定の速さで走って学校へ向かった。途中で太郎さんと出会い，午前９時45分ちょうどに学校に到着した。花子さんが太郎さんと出会ったのは午前何時何分何秒か求めよ。

(四)　下の図１において，放物線①は関数 $y=ax^2$ のグラフであり，直線②は関数 $y=\frac{1}{2}x+3$ のグラフである。放物線①と直線②は，２点A，Bで交わっており，x 座標はそれぞれ -2，3 である。

このとき，後の問いに答えなさい。

図１

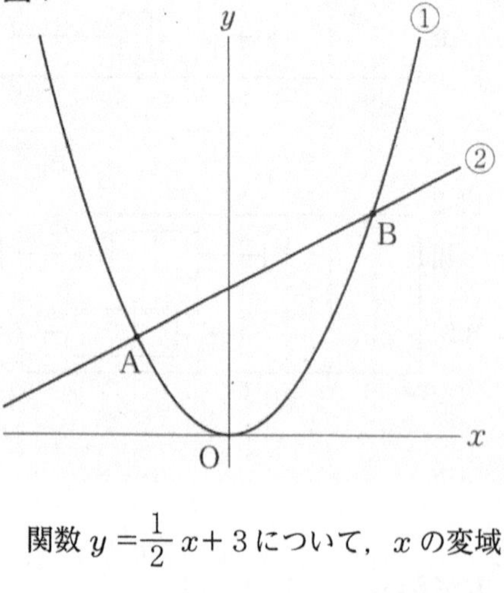

図２

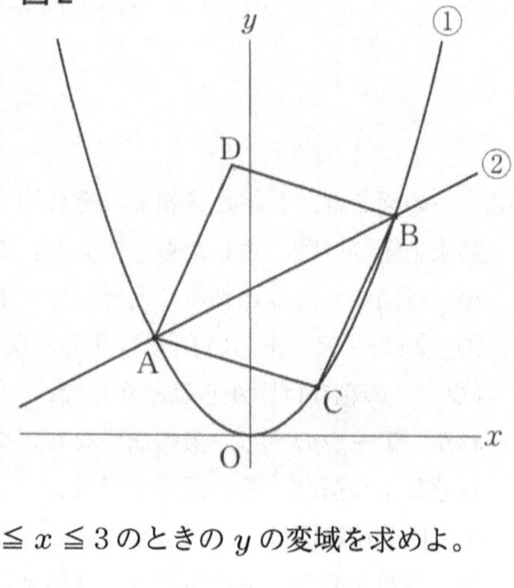

1　関数 $y=\frac{1}{2}x+3$ について，x の変域が $-2 \leqq x \leqq 3$ のときの y の変域を求めよ。

2　a の値を求めよ。

3　前のページの図2のように，放物線①上に，x 座標が－2より大きく3より小さい点Cをとり，線分AC，BCを隣り合う2辺とする平行四辺形ACBDをつくる。

(1)　直線ACが x 軸と平行になるとき，平行四辺形ACBDの面積を求めよ。

(2)　点Dが y 軸上にあるとき，点Dの y 座標を求めよ。

(五)　下の図のように，3点A，B，Cが円Oの周上にあり，AB＝ACである。点Aを通り線分BCに平行な直線を ℓ とし，直線 ℓ 上に点Dを，AB＝ADとなるようにとる。直線BDと線分ACとの交点をE，直線BDと円Oとの交点のうち，点Bと異なる点をFとする。また，直線CFと直線 ℓ との交点をGとする。ただし，∠CADは鋭角とする。
このとき，次の問いに答えなさい。

1　△ACG≡△ADEであることを証明せよ。

2　AG＝4㎝，GD＝2㎝のとき，

(1)　線分BCの長さを求めよ。

(2)　△DGFの面積を求めよ。

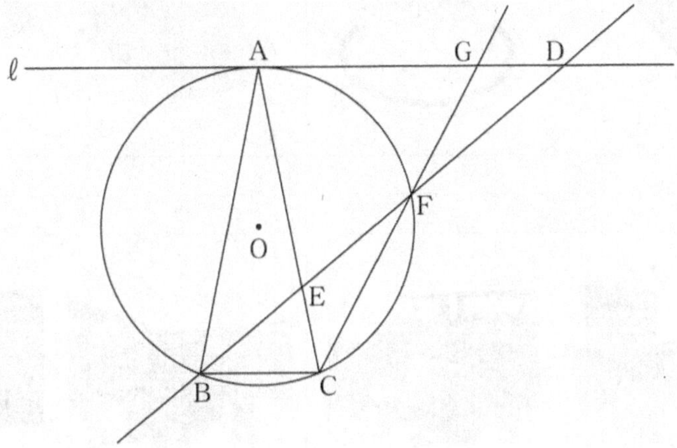

＜英語＞ 時間 60分 満点 50点

(一) 聞き取りの問題

	ア	イ	ウ	エ
1			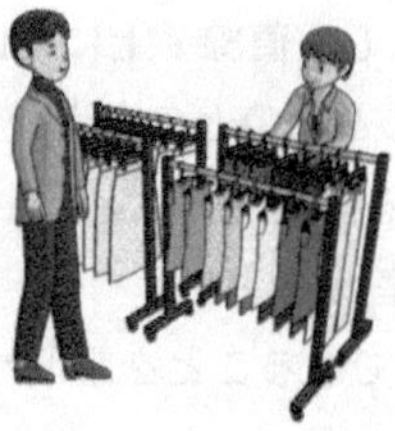	

	ア	イ	ウ	エ
2			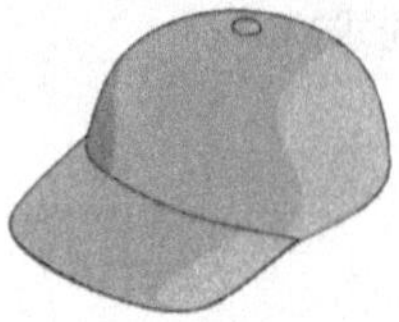	

	ア	イ	ウ	エ
3				

(二) 聞き取りの問題

1 ア No problem. イ You're already home.
ウ I'm so sorry. エ Don't get angry.

2 ア I want you to answer my question.
イ You want to eat something.
ウ I'm glad to hear you're feeling fine.
エ You should go to a hospital.

（三） 聞き取りの問題

1　ア Fifteen years old.　　イ Twenty-three years old.
　ウ Twenty-nine years old.　　エ Thirty-two years old.

2　ア Maki did.　　イ Maki's father did.
　ウ John's father did.　　エ John's friend did.

3　ア Because she wanted to improve her English.
　イ Because she wanted to make him surprised.
　ウ Because she wanted to talk about sports.
　エ Because she wanted to learn Japanese.

4　ア He wants them to learn more about world history.
　イ He wants them to teach him Japanese after school.
　ウ He wants them to play baseball together in his team.
　エ He wants them to make many friends through English.

（四） 次の1，2の問いに答えなさい。

1　次の(1)，(2)の各対話文の文意が通るように，(　)の中のア～エを正しく並べかえて，左から順にその記号を書け。

(1)　A：Soccer is becoming as (ア baseball　イ as　ウ among　エ popular) boys in my school.
　B：Really? In my school, boys like baseball better than soccer.

(2)　A：What's the Japanese name of this flower?
　B：We (ア in　イ it　ウ call　エ *Himawari*) Japanese. It's one of my favorite flowers.

2　次の(1)，(2)について，それぞれの指示に従って英語で書け。ただし，(1)の①と②，(2)は，三つとも，それぞれ6語以上の1文で書くこと。(「.」「?」などの符号は語として数えない。)

(1)　次の①，②の質問に答える文を書け。
　① 日本のことをあまり知らない海外の人に対して，日本について説明する機会があるとすれば，あなたは，どのようなことを伝えますか。
　② また，そのことを伝えるための準備として，どのようなことをしますか。

(2)　英語の授業で，近隣の高校とビデオメッセージを通じて交流することになった。その高校の学校生活について，高校生に質問するとすれば，あなたは，どのような質問をするか。その高校生に尋ねる文を書け。

（五） 中学生の綾 (Aya) と奈美 (Nami) がスミス先生 (Mr. Smith) と話をしている。対話文と，わかば市 (Wakaba) で開催される英語キャンプ (English Camp) のちらし (flyer) をもとにして，1～4の問いに答えなさい。

Mr. Smith：Hi, Aya. Hi, Nami. What are you doing?
Aya：Hello, Mr. Smith. We're thinking about our plans for this summer.
Nami：(ア)<u>私たちは，夏休み中に，何か新しいことに挑戦するつもりです。</u>

Mr. Smith : That's great! I have good news. Our city's English Camp will be held this August. I'm going to join it as a teacher. I know you like English very much. I hope you'll join it.

Aya : Sounds interesting. Could you tell us more about it?

Mr. Smith : Sure. Here is a flyer about it. It will be held at Wakaba Learning Center from August 1 to 3. The students will stay there for three days.

Nami : [　①　]?

Mr. Smith : Yes. They have to bring things they need for having two nights away from home. They also need to bring money for the English Camp fee. I believe you'll enjoy the English Camp, and your English will be better.

Aya : The program shows the students will do many English activities. On Day 1, what will they do in Games and Foreign Cultures?

Mr. Smith : In Games, they will enjoy English quizzes which the teachers have made. I think the students from different schools can build a good relationship with each other through Games. In Foreign Cultures, all the teachers from different countries will talk about the cultures of their countries.

Nami : I see. [　②　]? Please tell us about Role-playing.

Mr. Smith : OK. Through some roles in some scenes such as shopping and giving directions, the students will learn what to say in English for each scene.

Nami : That sounds good. Will the students make dinner that evening?

Mr. Smith : Yes. They will make foreign dishes with the teachers. In that activity, [　③　].

Nami : Great! There are many interesting activities. Let's join the English Camp, Aya.

Aya : OK! Mr. Smith, I have a question about Special Activity. Will we choose only one course for Day 1 and another course for Day 2?

Mr. Smith : Yes. You need to decide which to choose for each day before joining the English Camp.

Aya : I see. I want to choose Speaking course for Day 1. Which course do you want to choose, Nami?

Nami : Well …(イ)<u>私は英語を話すことが得意ではありません。</u>I'm thinking about choosing Listening course.

Mr. Smith : That's OK, but I think you should choose Speaking course. It's important for you to overcome your weak point.

Nami　　: Oh, I understand what you want to say, Mr. Smith.　So I'll choose that course.　Aya, which course will you choose for Day 2?

Aya　　: I'll choose Writing course because I sometimes send e-mails to my friends in foreign countries.

Nami　　: OK.　I'll choose the same one.　Mr. Smith, what will we do on Day 3?

Mr. Smith : Each group will give a presentation in English about a theme given by the teachers.

Aya　　: That's exciting.　Nami, let's look at the website of the English Camp together now.　Thank you very much, Mr. Smith.

Nami　　: Thank you, Mr. Smith.　I hope the English Camp will come soon.

Mr. Smith : I hope so, too.　See you again.

（注） be held　開催される　　Learning Center　学習センター　　fee　料金
program　プログラム　　activity（activities）　活動　　quiz(zes)　クイズ
build a relationship　関係を築く　　role-playing　ロールプレイ　　role(s)　役割
scene(s)　場面　　give directions　道案内をする　　course　コース
overcome ～　～を克服する　　point　点　　give a presentation　発表をする
theme　テーマ　　website　ウェブサイト

Flyer

English Camp (for Junior High School Students)

Date : August 1-3
Place : Wakaba Learning Center
[You can ride our bus from Wakaba Station to Wakaba Learning Center.]
Fee : 3,700 yen
Number of students : 50

Visit our website
https://www.○○○.com/
You can learn more about the English Camp and how to join it.

《Program》
Day 1 : Group Meeting, Games, Foreign Cultures,
Special Activity 1 — Listening course or Speaking course
Day 2 : Role-playing, Fun Time, Making Dinner,
Special Activity 2 — Reading course or Writing course
Day 3 : Giving a Presentation

1　対話文中の①～③に当てはまる最も適当なものを，それぞれ後のア～エの中から一つずつ選び，その記号を書け。

①　ア　Will they sleep there at night
　　イ　Will they sleep at home each day
　　ウ　Will they stay there for a week
　　エ　Will they stay home for three days

②　ア　What's your favorite country　　イ　How about Day 2
　　ウ　Which do you like better　　エ　Where are they from

③ ア the teachers will tell the students how to cook them
イ the teachers will let the students go home for dinner
ウ the students will bring dinner to Wakaba Learning Center
エ the students will make a flyer of the English Camp

2 対話文中の（ア），（イ）の日本語の内容を英語に直せ。

3 対話文の内容についての次の質問に対する適当な答えとなるように，(a)，(b)に入る最も適当なものの組み合わせを，次のア～エの中から一つ選び，その記号を書け。

Which course will Nami finally choose for Day 1 and Day 2?
She will choose ＿(a)＿ course for Day 1 and ＿(b)＿ course for Day 2.

ア (a) Listening (b) Reading　　イ (a) Listening (b) Writing
ウ (a) Speaking (b) Reading　　エ (a) Speaking (b) Writing

4 次の(1)～(3)の英文の内容が，対話文，Flyer の内容に合うように，〔 〕のア～エの中から，最も適当なものをそれぞれ一つずつ選び，その記号を書け。

(1) Mr. Smith〔ア will enjoy some roles in some scenes like shopping イ isn't going to talk about the culture of his country ウ asks Aya which course she will choose for Day 1 エ tells Aya and Nami what they will do〕in the English Camp.

(2) Aya and Nami〔ア want to send e-mails to each other in English イ can give a presentation about the theme they will choose ウ will have fun with English quizzes made by the teachers エ tell Mr. Smith to build a good relationship with the other teachers〕.

(3) The flyer shows that〔ア the bus will take the students from home to Wakaba Learning Center イ the website gives more information about the English Camp ウ Fun Time will be held on the first day of the English Camp エ the students need fifty minutes to get to Wakaba Learning Center by bus〕.

(六) 次の英文は，拓海（Takumi）が英語の時間に発表したものである。これを読んで，1～6の問いに答えなさい。（1～5は，それぞれ段落を示す番号である。）

1 I like to do volunteer activities. It is fun for me to interact with people who work hard in volunteer activities. Two weeks ago, I joined an event for people like me. In this event, many people talked to me, and I heard interesting stories from them. Today, I will tell you some of those stories.

2 The first story is from Mika. She is twenty years old. Now she is learning photography at an art school. [ア] She got a camera from her father and started taking pictures when she was fourteen. Her father loved the pictures she took, and he often said to her, " (A) " His words helped her realize the power of pictures. And she wondered how she could be helpful to other people through pictures. Every weekend, she visits sightseeing spots in

her town to meet many tourists and takes their pictures for them with their cameras. Before taking pictures of them, she always has time to talk with them and tries to bring smiles to their faces. She believes that is necessary for good pictures. And she hopes that each picture she takes will help the tourists remember their good time in her town. (B)She also wants them to [　　　　　　] her town. Actually, she often gets e-mails from many tourists she met. And they say that they will visit her town again to know more about it. She is very glad about that.

3 The next one is from Daisuke. He is seventeen years old. He learned on the Internet that some old people don't have opportunities to interact with young people. So he decided to join a volunteer activity in a nursing home and do something for such people. Now he is loved by the old people there. First, he has time to talk and do light exercise with them, and then he makes *matcha* for them. He is in the tea ceremony club of his high school. One old woman in the nursing home has many years of experience in tea ceremony. [イ] Her name is Ms. Tanaka. She gives him good advice. When he visits the nursing home, he always enjoys [(C)] her some questions about tea ceremony. He says that volunteer activities there help him grow.

4 The last one is from Saki. She is twenty-two years old. Every summer, she takes children to an island as a volunteer staff member and lets them have fun with outdoor activities. She didn't need so much time before deciding to join this volunteer activity. She has two different reasons for that. First, she loves interacting with children. She always feels happy when they show her their smiles. [ウ] She is shy, and she sometimes cannot speak well in public. She hopes that she will be a different person through volunteer activities. On the island, children have a good time through swimming in the sea and hiking in the mountain. Many islands [(D)] from the mountain are so beautiful. The children have to do their own things because they cannot come to the island with their families. She has (E)her own way when she interacts with the children. If trouble happens, she tells them to talk with each other before giving them advice. She wants them to learn how they can be helpful to other people. She realizes that something in herself is now changing.

5 What do you think about these stories? We can have many life-enhancing experiences through volunteer activities. My mother often says, "Helping other people means helping yourself." That is so true. [エ] And I believe that volunteer activities will help us make a better future for everyone. I hope that many people will be more interested in volunteer activities.

（注） volunteer　ボランティア　activity（activities）　活動　interact　ふれ合う
photography　写真の技術　camera(s)　カメラ　wonder ～　～だろうかと思う

helpful 役に立つ　sightseeing spot(s) 観光名所　smile(s) 笑顔
remember ～ ～を思い出す　opportunity(opportunities) 機会
nursing home 老人ホーム　light exercise 軽い運動　*matcha* 抹茶
tea ceremony 茶道　advice 助言　grow 成長する　last 最後の
staff member スタッフの一員　outdoor 野外の　shy 内気な　in public 人前で
hike ハイキングをする　life-enhancing 人生を豊かにするような

1 本文中の(A)に当てはまる最も適当なものを，次のア～エの中から一つ選び，その記号を書け。

ア I have never enjoyed the pictures you took.

イ The pictures you take can make people happy.

ウ A good camera is needed for a good picture.

エ You cannot find your lost camera soon.

2 本文中の(B)について，［ ］に英語4語を入れて文を完成させるとき，［ ］に入れるのに最も適当な連続した4語を，4・5段落の文中から，そのまま抜き出して書け。

3 本文中の(C)，(D)に入る英語として最も適当なものを，次の中から一つずつ選び，それぞれ正しい形の1語に直して書け。

ask	begin	buy	drink	practice	see	win

4 次の文は，本文中の(E)の内容を具体的に説明したものである。本文の内容に合うように文中の（①），（②）にそれぞれ当てはまる適当な日本語を書け。

もし，（ ① ），子供たちに助言を与える前に，（ ② ）。

5 次の1文が入る最も適当な場所を，本文中のア～エの中から一つ選び，その記号を書け。

Second, she wants to change herself.

6 本文中に書かれている内容と一致するものを，次のア～キの中から二つ選び，その記号を書け。

ア Takumi joined an event for people who had no experience of volunteer activities.

イ Mika takes pictures of the tourists with her camera at sightseeing spots in her town.

ウ Mika wants the tourists to show their smiles for good pictures by interacting with them.

エ Daisuke learns tea ceremony from Ms. Tanaka and her friends at his school.

オ Daisuke thinks that he can grow through volunteer activities in the nursing home.

カ Saki stays on an island with children and their families as a volunteer staff member.

キ Saki needs someone to help her choose the best volunteer activity for her.

＜理科＞

時間　50分　　満点　50点

(一)　電流と磁界，光に関する後の１～３の問いに答えなさい。

1　［実験１］抵抗の値が20Ωの抵抗器ａを用いて，図１のような回路をつくった。点Ｐと点Ｑとの間に加える電圧を5.0Ｖに保ち，コイルに電流を流すと，コイルは，図１の⇨の向きに動いた。

［実験２］抵抗器ａと，抵抗の値が10Ωの抵抗器ｂ，抵抗の値が5.0Ωの抵抗器ｃを１個ずつ用意した。図１の抵抗器ａを，図２のア～エのように，抵抗器ａ，ｂ，ｃを組み合わせたものと順にかえながら，実験１と同じ方法で，点Ｐと点Ｑとの間に加える電圧を5.0Ｖに保ち，コイルに電流を流したときのコイルの動きを調べた。

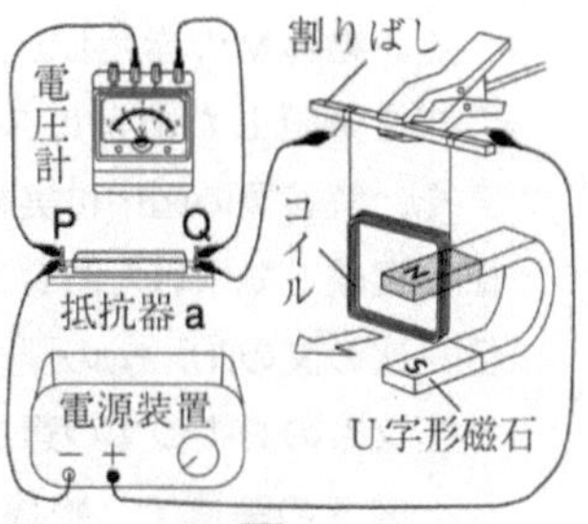

図１

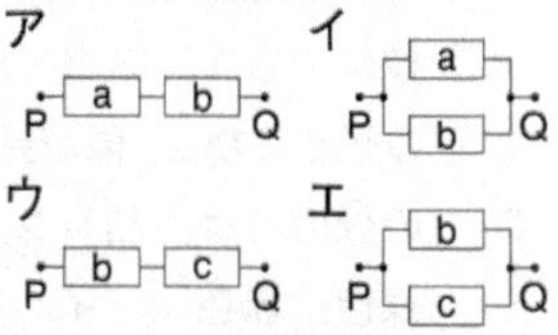

図２（a は抵抗器a，b は抵抗器b，c は抵抗器cを示す。）

⑴　実験１で，コイルに流れた電流の大きさは何Ａか。

⑵　図２のア～エから，実験２で，コイルが最も大きく動く抵抗器の組み合わせとして適当なものを１つ選び，ア～エの記号で書け。

2　［実験３］コイルと発光ダイオードＫを用いて，図３のような回路をつくり，棒磁石のＮ極をコイルの中まですばやく入れると，発光ダイオードＫが一瞬点灯した。

［実験４］図３の発光ダイオードＫを，発光ダイオードＫと発光ダイオードＬを並列につないだものにかえ，図４のような回路をつくった。棒磁石のＳ極をｄの向きにコイルの中まですばやく入れたあと，すぐにＳ極をｅの向きにコイルの中からすばやく出して，そのときのＫ，Ｌの点灯のしかたを調べた。

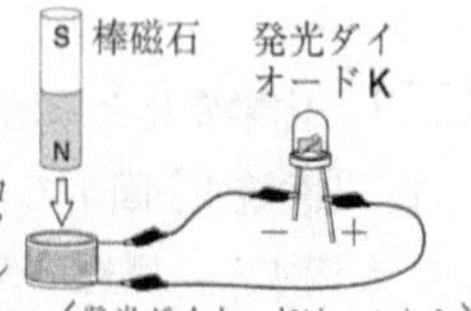

図３（発光ダイオードは，＋から−に電流が流れるときだけ点灯する。）

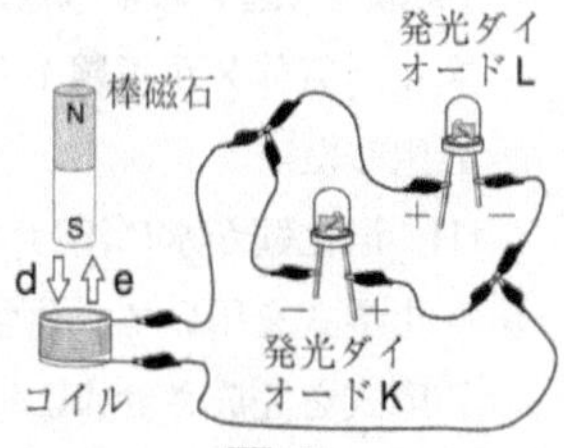

図４

⑴　実験３で，コイルの中の磁界が変化することで流れる電流は何と呼ばれるか。その名称を書け。

⑵　次のア～エのうち，実験４の結果として，最も適当なものを１つ選び，その記号を書け。

ア　Ｋが一瞬点灯し，次にＬが一瞬点灯する。

イ　Ｌが一瞬点灯し，次にＫが一瞬点灯する。

ウ　ＫとＬは点灯し続ける。

エ　ＫとＬは同時に一瞬点灯する。

3　［実験５］光学台に，物体Ｍを固定し，凸レンズとスクリーンＮを光学台の上で動かすことができる，次のページの図５のような装置をつくった。物体Ｍと凸レンズとの距離Ｘを変え，スクリーンＮに像がはっきりできる位置にスクリーンＮを動かし，このときの，物体Ｍと凸レ

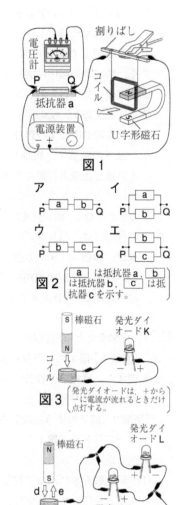

ンズとの距離X，物体MとスクリーンNとの距離Y，図6に示すスクリーンN上にできた青色LEDの像の中心と赤色LEDの像の中心との距離Zを測定した。表1は，その結果をまとめたものである。

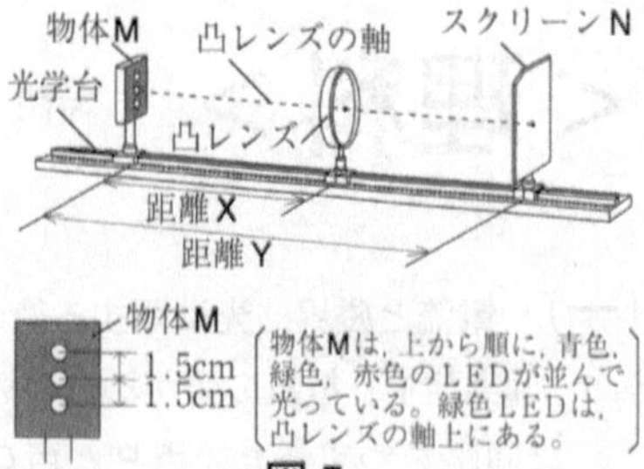

（物体Mは，上から順に，青色，緑色，赤色のＬＥＤが並んで光っている。緑色ＬＥＤは，凸レンズの軸上にある。）

図5

図6

表1

	距離X	距離Y	距離Z
測定1	60.0cm	90.0cm	1.5cm
測定2	40.0cm	80.0cm	3.0cm
測定3	30.0cm	90.0cm	6.0cm

(1)　図7は，図5の装置を模式的に表したものである。物体Mの赤色LEDから出た光hが，凸レンズを通過したあとにスクリーンNまで進む道筋を，解答欄の図中に実線でかけ。

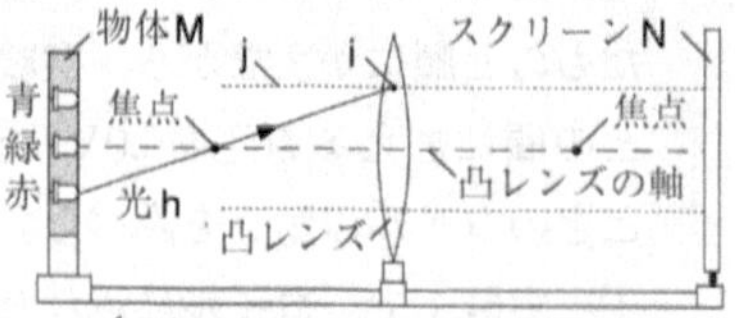

図7　（2本の破線(……)は，凸レンズの軸と平行で，凸レンズの軸との距離が同じである。光hは，点iで破線jと交わっている。）

(2)　実験5で用いた凸レンズの焦点距離は何cmか。

(3)　次の文の①，②の｛　｝の中から，それぞれ適当なものを1つずつ選び，その記号を書け。

図5の装置で，物体Mと凸レンズとの距離Xを，焦点距離より短くすると，スクリーンN上に像はできず，スクリーンNをはずして凸レンズをのぞきこむと，像が見えた。このとき見えた，LEDの像の色は，凸レンズの上側から①｛ア　青色，緑色，赤色　　イ　赤色，緑色，青色｝の順で並び，青色LEDの像の中心と赤色LEDの像の中心との距離は，3.0cmより②｛ウ　大きい　　エ　小さい｝。

(二)　化学変化と水溶液の性質に関する後の1・2の問いに答えなさい。

1　［実験1］図1のような装置を用いて，塩化銅水溶液に一定時間電流を流すと，電極Mの表面に赤色の銅が付着し，電極N付近から刺激臭のある気体Xが発生した。

［実験2］図2のような装置を用いて，うすい塩酸に一定時間電流を流すと，気体Xが実験1と同じ極で発生し，もう一方の極では気体Yが発生した。

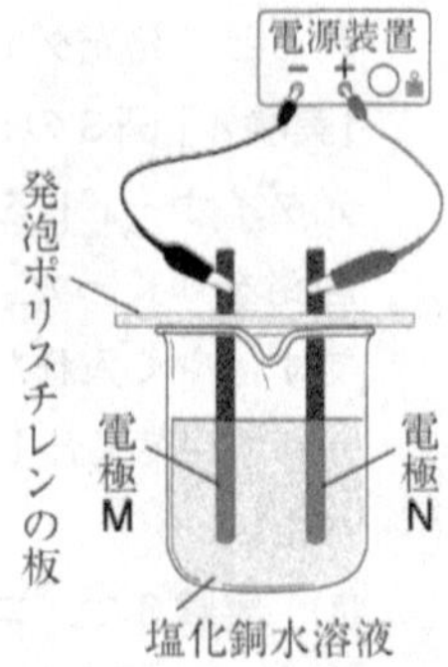

図1

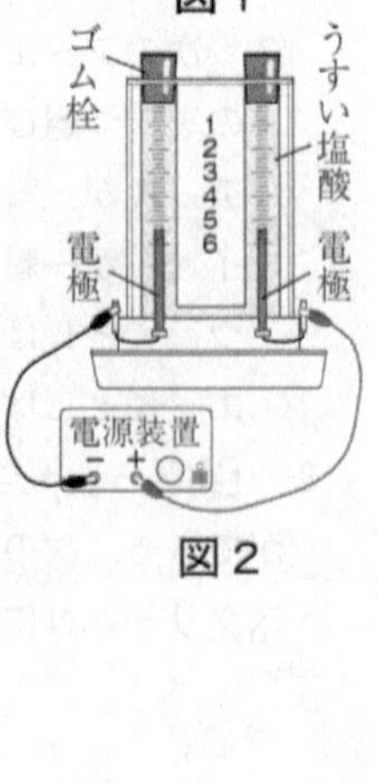

図2

(1)　塩化銅が水に溶けて電離するときに起こる化学変化を，イオンの化学式を用いて，化学反応式で表すとどうなるか。解答欄の化学反応式を完成させよ。

(2)　気体Xは何か。その気体の名称を書け。

(3)　次の文の①，②の｛　｝の中から，それぞれ適当なものを1つずつ選び，ア～エの記号で書け。

図1の，電源装置と電極の接続を，電極Mと電極Nが逆になるようにつなぎかえて，実験1と同じ方法で実験を行った。このとき，銅が付着したのは，①｛ア　電極Mの表面　　イ　電極Nの表面｝で，その電極は，②｛ウ　陽極　　エ　陰極｝である。

(4)　次のページのア～エのうち，気体Yが何であるかを確かめるために行う実験操作として，最も適当なものを1つ選び，その記号を書け。

ア　インクで着色した水に気体Ｙを通す。

イ　石灰水に気体Ｙを通す。

ウ　火のついたマッチを気体Ｙに近づける。

エ　水で湿らせた赤色リトマス紙を気体Ｙに近づける。

2　図３は，100ｇの水に溶ける物質の質量と温度との関係を表したグラフであり，表１は，図３の物質Ｐについて，20℃，60℃における値を示したものである。

［実験３］物質Ｐ～Ｓをそれぞれ同じ質量ずつとり，60℃の水25ｇが入った４個のビーカーに別々に加えて，60℃に保ちながらよくかき混ぜた。このとき，１個のビーカーでは，物質が全て溶けたが，３個のビーカーでは，物質の一部が溶け残った。

［実験４］60℃の水25ｇを入れたビーカーに，物質Ｐを15ｇ加えて溶かした水溶液を，20℃まで冷やすと，溶けていた物質Ｐが結晶として出てきた。

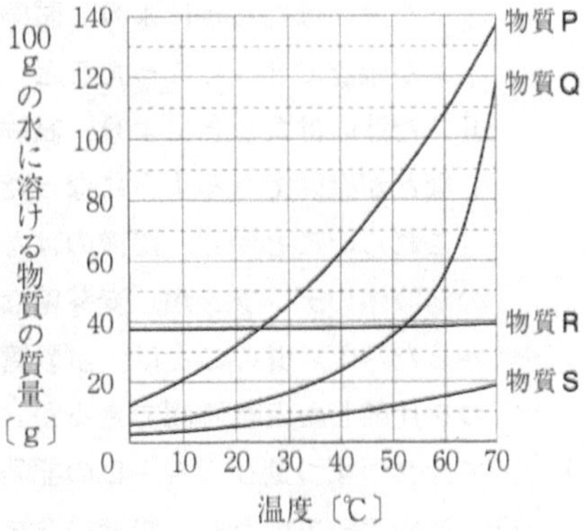

図３

表１

温度	20℃	60℃
物質Ｐ	32ｇ	109ｇ

⑴　水のように，溶質を溶かす液体を［ Ｚ ］という。また，溶質が［ Ｚ ］に溶けた液全体を溶液という。［ Ｚ ］に当てはまる適当な言葉を書け。

⑵　物質Ｐ～Ｓのうち，下線部で溶け残った物質の質量が最も大きいのはどれか。適当なものを１つ選び，Ｐ～Ｓの記号で書け。

⑶　次のア～エのうち，60℃の水100ｇに物質Ｐを30ｇ溶かした水溶液を，０℃まで冷やしていくとき，物質Ｐの結晶が出始める温度について述べたものとして，適当なものを１つ選び，その記号を書け。

ア　５～10℃の間で物質Ｐの結晶が出始める。

イ　15～20℃の間で物質Ｐの結晶が出始める。

ウ　40～45℃の間で物質Ｐの結晶が出始める。

エ　０℃まで物質Ｐの結晶は出てこない。

⑷　実験４で，20℃になったときの，物質Ｐの水溶液の質量パーセント濃度は何％か。小数第１位を四捨五入して，整数で書け。

⑸　実験４で出てきた物質Ｐの結晶はおよそ何ｇか。次のア～エのうち，最も適当なものを１つ選び，その記号を書け。

ア　４ｇ　　イ　７ｇ　　ウ　11ｇ　　エ　28ｇ

（三）　ヒトのからだと生物のふえ方に関する後の１・２の問いに答えなさい。

1　［実験］ヒトのだ液のはたらきを調べるために，うすいデンプン溶液を５cm^3ずつ入れた試験管Ａ～Ｄを用意した。次に，ＡとＢに水でうすめたヒトのだ液を１cm^3ずつ加え，ＣとＤには水を１cm^3ずつ加えて，次のページの図１のように，約40℃の湯で15分間温めた。Ａ～Ｄを湯から取り出し，ＡとＣにヨウ素溶液を数滴ずつ加え，試験管内の様子を観察した。ＢとＤには，ベネジクト溶液を2cm³ずつ加えたあと，沸騰石を入れて加熱し，加熱前後の試験管内の様子を観察した。**表1**は，その結果をまとめたものである。

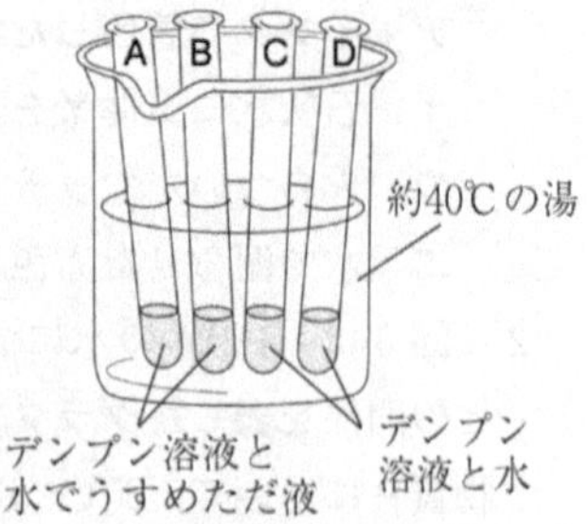

図1

表1

試験管	試験管内の様子
A	変化しない
B	赤褐色に変化する
C	青紫色に変化する
D	変化しない

⑴　**実験**において，次のⅠ，Ⅱのことが確認できた。

Ⅰ　だ液のはたらきにより，試験管内の溶液中のデンプンが確認できなくなったこと

Ⅱ　だ液のはたらきにより，試験管内の溶液中に麦芽糖などが確認できるようになったこと

これらのことから，だ液のはたらきにより，試験管内の溶液中のデンプンが，麦芽糖などに変化したことが分かった。Ⅰ，Ⅱのことは，試験管**A**～**D**のうち，どの2つを比較したとき確認できるか。Ⅰ，Ⅱそれぞれについて，2つずつ選び，**A**～**D**の記号で書け。

⑵　次の**ア**～**エ**のうち，だ液に含まれる，デンプンを麦芽糖などに分解する消化酵素の名称として，最も適当なものを1つ選び，その記号を書け。

ア　アミラーゼ　　**イ**　トリプシン　　**ウ**　ペプシン　　**エ**　リパーゼ

⑶　次の文の①に当てはまる適当な言葉を書け。また，②，③の｛　｝の中から，それぞれ適当なものを1つずつ選び，その記号を書け。

デンプン，タンパク質，脂肪などの養分は，消化酵素によって分解される。消化酵素によって分解されてできた物質は，小腸の内側の壁にある［　①　］と呼ばれる突起から吸収され，［　①　］の内部の，毛細血管やリンパ管に入り，血液によって全身に運ばれる。また，脂肪の消化を助けるはたらきをする胆汁は②｛**ア**　肝臓　　**イ**　胆のう｝でつくられ，すい液中の消化酵素とともにはたらくことで，脂肪が③｛**ウ**　アミノ酸　　**エ**　脂肪酸｝とモノグリセリドに分解される。

2　図2・3は，それぞれジャガイモの無性生殖，有性生殖を表したものである。図2のように，ジャガイモ**E**にできたいもを取り出して植えたところ，やがてジャガイモ**F**ができた。また，図3のように，ジャガイモ**E**の花粉を，ジャガイモ**E**とは異なる遺伝子を持つジャガイモ**G**のめしべにつけたところ，やがて種子**H**ができた。

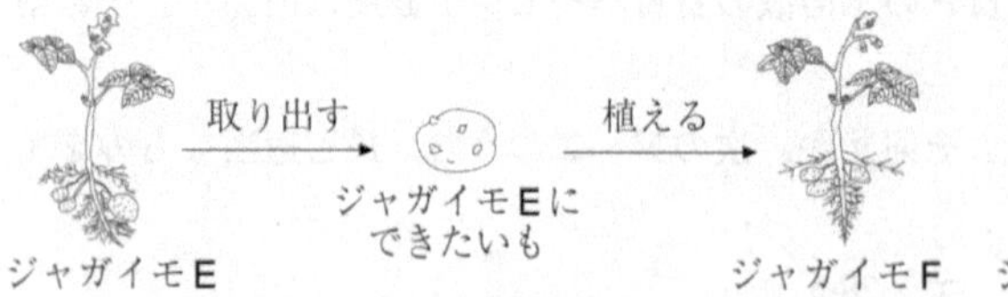

図2

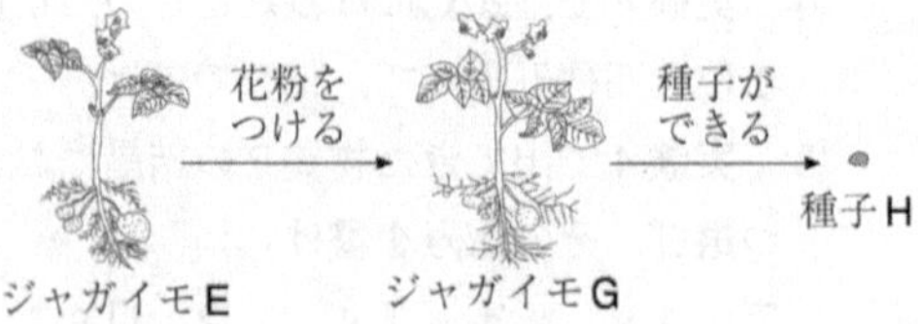

図3

⑴　図2のような無性生殖でできた子の形質について，親と子の遺伝子の関係に触れながら，解答欄の書き出しに続けて簡単に書け。

⑵　次の文の①～③の｛　｝の中から，それぞれ適当なものを1つずつ選び，その記号を書け。

図3で，花粉は，おしべの①｛**ア**　やく　　**イ**　柱頭｝でつくられ，めしべの②｛**ア**　やく　　**イ**　柱頭｝につく。このことを，③｛**ア**　受粉　　**イ**　受精｝という。

(3)　図４は，ジャガイモＥとジャガイモＧの葉の細胞を，染色体をそれぞれ２本として，模式的に表したものである。ジャガイモＥがつくる生殖細胞と，種子Ｈの胚《はい》の細胞は，それぞれどのように表すことができるか。図４にならってかけ。

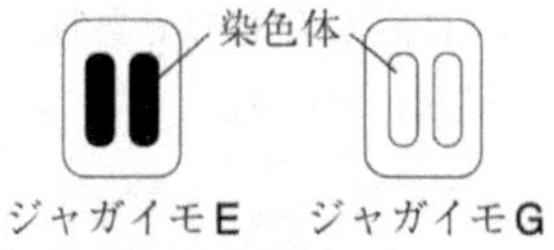

図４

(四)　地震と天体に関する後の１，２の問いに答えなさい。

１　図１は，ある地域で起こった地震Ｊについて，ゆれを観測した地点Ａ～Ｄにおける，初期微動の始まりの時刻と初期微動継続時間との関係を表したものである。ただし，地震Ｊで発生したＰ波，Ｓ波の伝わる速さはそれぞれ一定で，場所によって変わらないものとする。

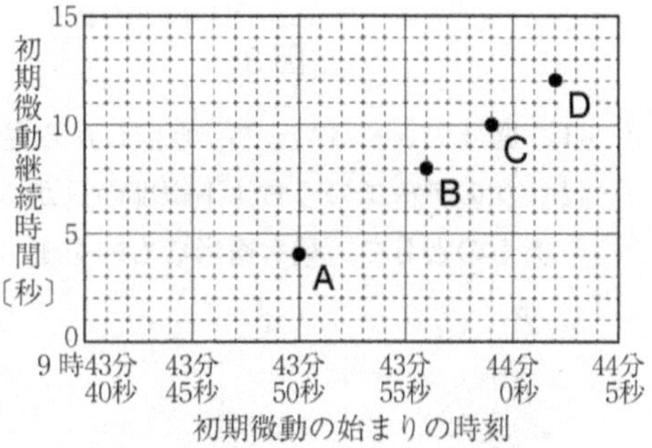

図１（Ａ～Ｄの各点は，グラフの縦軸，横軸の目盛線の交点上にある。）

(1)　次の文は，気象庁が発表した，地震Ｊの情報をまとめたものである。

> ９時43分頃，地震がありました。この地震の［　Ｘ　］の深さは約10km，地震の規模を示す［　Ｙ　］は，7.2と推定されます。この地震による［　Ｚ　］の心配はありません。

①　表１のア～エのうち，Ｘ，Ｙに当てはまる言葉の組み合わせとして，適当なものを１つ選び，その記号を書け。

表１

	Ｘ	Ｙ
ア	震源	マグニチュード
イ	震源	震度
ウ	震央	マグニチュード
エ	震央	震度

②　Ｚは，地震による海底の地形の急激な変化にともない，海水が持ち上げられることで発生する波である。Ｚに当てはまる最も適当な言葉を書け。

(2)　図２は，地点Ａ～Ｄのいずれかにおいて，地震Ｊのゆれを地震計で記録したもののうち，初期微動が始まってからの30秒間の記録を示したものである。地点Ａ～Ｄのうち，図２に示すゆれが記録された地点として，最も適当なものを１つ選び，Ａ～Ｄの記号で書け。

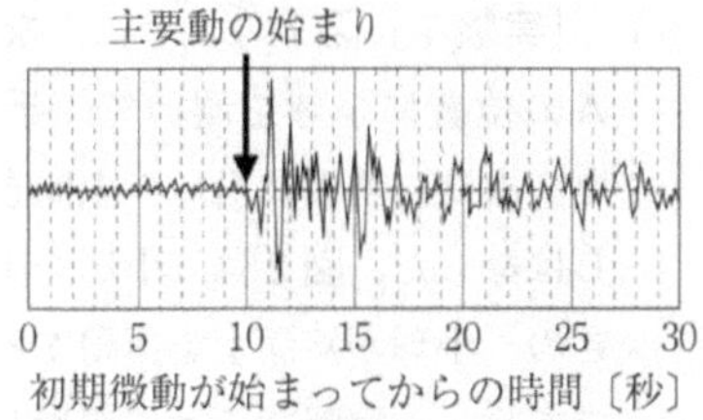

図２

(3)　図１をもとに，地震Ｊの発生時刻を書け。

(4)　地震Ｊでは，緊急地震速報が９時43分55秒に発表された。地点Ｂで，地震Ｊの主要動が観測され始めたのは，緊急地震速報が発表されてから何秒後か。次のア～エのうち，最も適当なものを１つ選び，その記号を書け。

ア　１秒後　　イ　８秒後　　ウ　９秒後　　エ　11秒後

２　次のページの図３は，地球と太陽の位置関係を模式的に表したものであり，Ｅ，Ｆ，Ｇ，Ｈは，春分，夏至，秋分，冬至いずれかの地球の位置を示している。また，次のページの図４は，地球が図３のＨの位置にある日の，四国のある地点Ｏにおける太陽の通り道を天球上に模式的に表したものであり，a，b，c，dは，地点Oから見た，東，西，南，北いずれかの方位を示している。

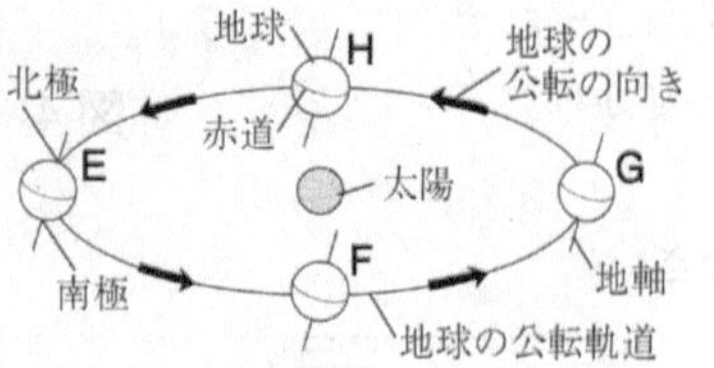

図3

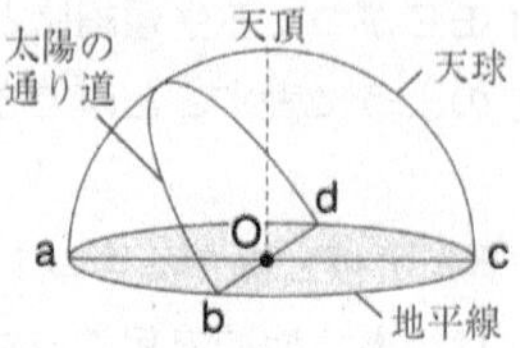

図4

⑴　図4のa～dのうち，地点Oから見た西として，適当なものを1つ選び，その記号を書け。

⑵　次のア～エのうち，下線部の日から1か月後の，地点Oにおける太陽の通り道を示しているものとして，最も適当なものを1つ選び，その記号を書け。

ア
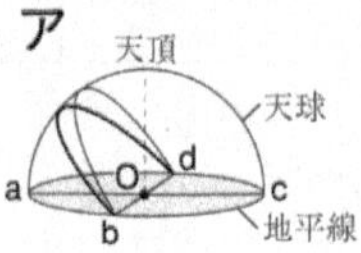

イ
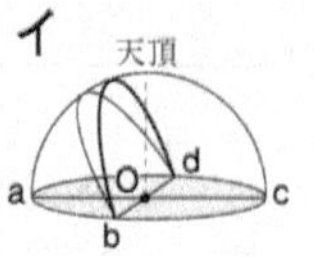

ウ
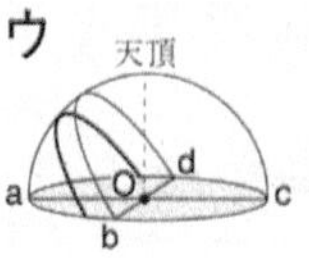

エ
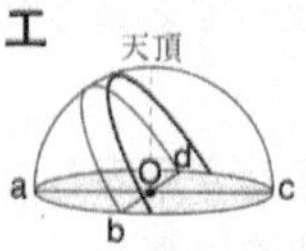

〔— は，地球が図3のHの位置にある日の，— は，その1か月後の，地点Oにおける太陽の通り道を示す。〕

⑶　南極や北極のような緯度の高い地域では，太陽が1日中沈むことなく地平線の近くを移動する，白夜という現象が起こる。南極点（南緯90°）で白夜が見られるのは，地球が，図3のどの区間にあるときか。次のア～エから，南極点で白夜が見られるときの地球の位置を全て含む区間として，最も適当なものを1つ選び，ア～エの記号で書け。

ア　E→F→Gの区間　　イ　F→G→Hの区間
ウ　G→H→Eの区間　　エ　H→E→Fの区間

（五）　後の1～4の問いに答えなさい。

1　［実験1］図1のように，なめらかな斜面上のAの位置に小球を置いて，手で支えて静止させた。次に，斜面に沿って上向きに，小球を手で押しはなした。図2は，小球を手で押しはなしたときの，小球が斜面上を運動する様子を表したものであり，一定時間ごとに撮影した小球の位置を，A～Fの順に示している。また，表1は，図2の各区間の長さを測定した結果をまとめたものである。ただし，摩擦や空気抵抗はないものとする。

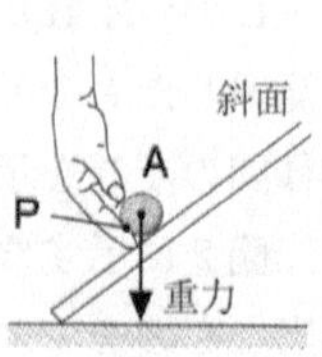

図1

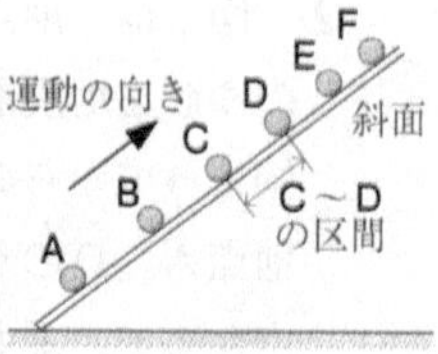

図2

表1

区間	B～C	C～D	D～E	E～F
区間の長さ〔cm〕	11.3	9.8	8.3	6.8

⑴　図1の矢印は，小球にはたらく重力を示したものである。Aの位置で，手が小球を静止させる，斜面に平行で上向きの力を，解答欄の図中に，点Pを作用点として，矢印でかけ。

⑵　次の文の①，②の｛　｝の中から，それぞれ適当なものを1つずつ選び，その記号を書け。

表1から，B～Fの区間で小球が斜面上を運動している間に，小球にはたらく，斜面に平行な力の向きは，①｛ア　斜面に平行で上向き　　イ　斜面に平行で下向き｝で，その力の

大きさは，② {ア　しだいに大きくなる　　イ　しだいに小さくなる　　ウ　一定である}ことが分かる。

2　花子さんは，理科の授業で，タブレット端末を用いて気象情報を収集した。**図3**は，ある年の10月21日12時の天気図であり，**表2**は，**図3**と同じ日時における，地点X，Yで観測された，気圧，気温，天気についてまとめたものである。また，後の会話文は，花子さんが先生と話をしたときのものである。

先　　生：**図3**の，地点Xと地点Yは，1020hPaの等圧線上にあります。

花子さん：**表2**を見てください。地点Xの気圧の値は1020hPaなのに，地点Yの気圧の値は，1020hPaよりかなり小さいです。

先　　生：等圧線が示す気圧の値は，実際に測定された気圧の値となるわけではありません。気圧の値は，**表2**に示されていない，他の条件で変わりますよね。その条件をもとに，計算し直された気圧の値を使って等圧線は記入されています。では，**表2**で気圧の値が940hPaである地点Yが，**図3**では1020hPaと大きくなっているのは，地点Yがどのような場所だからですか。

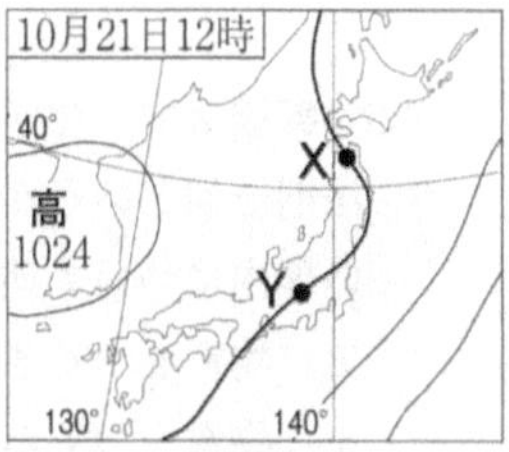

図3

表2

地点	気圧〔hPa〕	気温〔℃〕	天気
X	1020	19.3	○
Y	940	14.2	⦶

花子さん：地点Yは，［　　　　　］場所だからです。

先　　生：そのとおりです。ところで，**表2**の，地点Xと地点Yのように気圧の値が異なると，大気の重さによって生じる，面を垂直に押す力の大きさが異なります。どのくらい異なるのか，大気が身近なものを押す力について考えてみましょう。1hPaは100Paであることを，覚えていますね。

花子さん：はい。それでは，大気が私のタブレット端末の画面を押す力について考えてみます。

(1)　［　　］には，地点Xと比べて，地点Yがどのような場所であるかを示す言葉が入る。［　　］に適当な言葉を書き入れて，会話文を完成させよ。ただし，「地点X」という言葉を用いること。

(2)　下線部について，花子さんは，**表2**で示された気圧の値をもとに，地点X，Yにおいて，大気がタブレット端末の画面を押す力の大きさをそれぞれ計算した。このとき，求めた2つの力の大きさの差は何Nか。ただし，タブレット端末の画面の面積は0.03m^2であり，**図4**のように，タブレット端末は，水平な机の上に置かれているものとする。

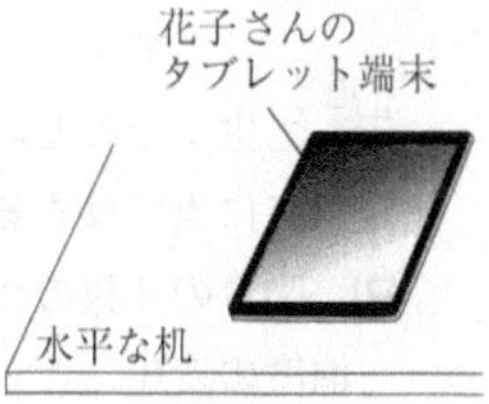

図4

3　化学変化の前後で物質の質量がどうなるか確かめるために，次の実験を行った。

［実験2］　次のページの**図5**のように，うすい塩酸が入った試験管と炭酸水素ナトリウムをプラスチックの容器に入れ，ふたを閉めてⓐ容器を含めた全体の質量を測定した。次に，ふたを閉めたまま容器を傾けて，うすい塩酸と炭酸水素ナトリウムを混ぜ合わせると，気体が発生した。再びⓑ容器を含めた全体の質量を測定すると，下線部ⓑの質量は，下線部ⓐの質量と等しかった。

⑴　**実験**２のあと，容器のふたを開けて，しばらくしてから，ふたと容器を含めた全体の質量を測定すると，質量はどのようになったか。「大きくなった」「小さくなった」「変わらなかった」のいずれかの言葉を書け。また，そのようになった理由を，解答欄の書き出しに続けて簡単に書け。

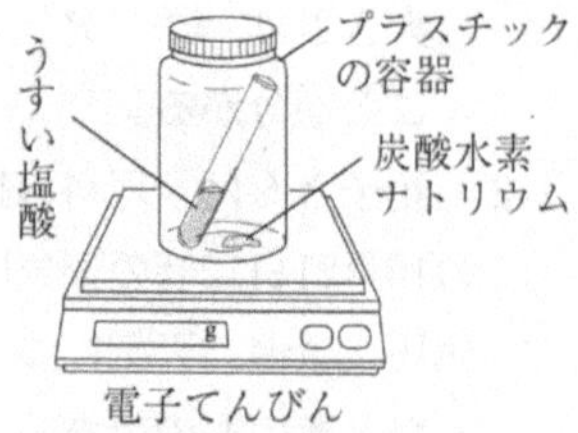

図５

⑵　**実験**２で，化学変化の前後で物質全体の質量は変化しないと確認できた。確認できたこの法則を何というか。また，次の**ア**～**エ**のうち，化学変化の前後で物質全体の質量が変化しない理由について述べたものとして，最も適当なものを１つ選び，その記号を書け。

ア　物質をつくる原子の種類と数は変わるが，原子の組み合わせは変わらないから。
イ　物質をつくる原子の種類と組み合わせは変わるが，原子の数は変わらないから。
ウ　物質をつくる原子の数は変わるが，原子の種類と組み合わせは変わらないから。
エ　物質をつくる原子の組み合わせは変わるが，原子の種類と数は変わらないから。

4　**図６**は，イカ，イヌ，イモリ，ニワトリの４種類の動物がかかれたカードである。これらのカードを利用して，４枚のカードの中から，先生が選んだ１枚のカードを，太郎さんが当てるゲームを行った。次の会話文は，太郎さんが，先生と話をしたときのものである。

先　　生：授業で習った，動物を分類するときの，動物の特徴についての質問をして，私がどの動物のカードを選んだか当ててください。
太郎さん：その動物は，背骨を持っていますか。
先　　生：はい。背骨を持っています。
太郎さん：その動物は，卵を産みますか。
先　　生：はい。卵を産みます。
太郎さん：その動物の卵に，殻はありますか。
先　　生：いいえ。卵に殻はありません。
太郎さん：先生が選んだカードは，［　X　］のカードです。
先　　生：そのとおりです。

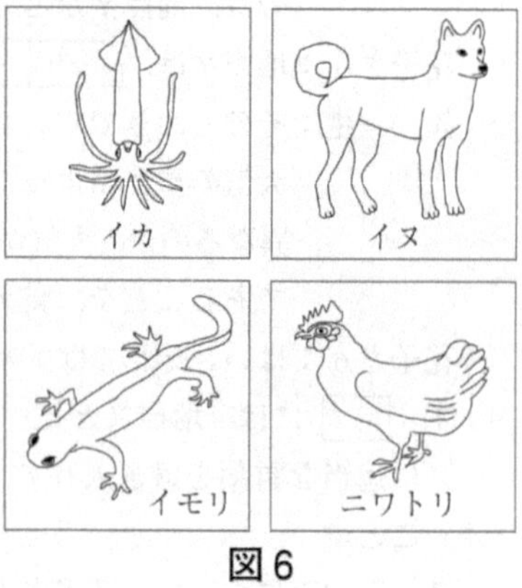

図６

⑴　Xに当てはまる動物は何か。その動物の名称を書け。

⑵　**図６**の４枚のカードにかかれた動物を，体温調節に着目してグループ分けすると，周囲の温度の変化にともない体温が変化するグループと，周囲の温度が変化しても体温がほぼ一定に保たれるグループとに分けることができる。４枚のカードにかかれた動物の中から，周囲の温度が変化しても体温がほぼ一定に保たれる動物を全て選ぶと，［　Y　］が当てはまる。このように，周囲の温度が変化しても体温がほぼ一定に保たれる動物は，［　Z　］動物と呼ばれる。

①　Yに当てはまる動物は何か。その動物の名称を**全て**書け。
②　Zに当てはまる適当な言葉を書け。

＜社会＞

時間　50分　　満点　50点

(一)　右の略年表を見て，1～7の問いに答えなさい。

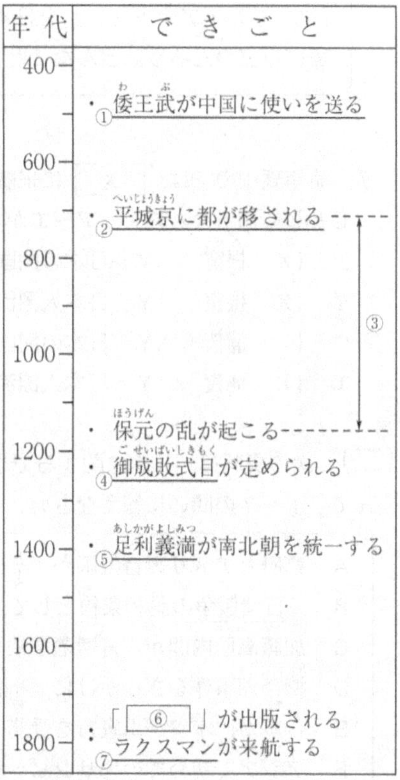

年代	で　き　ご　と
400	・① 倭王武（わおうぶ）が中国に使いを送る
600	
800	・② 平城京（へいじょうきょう）に都が移される
1000	③
1200	・保元（ほうげん）の乱が起こる ・④ 御成敗式目（ごせいばいしきもく）が定められる
1400	・⑤ 足利義満（あしかがよしみつ）が南北朝を統一する
1600	
1800	・「⑥　　　」が出版される ・⑦ ラクスマンが来航する

1　略年表中の①のできごとが起こった頃の我が国の社会の様子について述べた文として最も適当なものを，ア～エから一つ選び，その記号を書け。

ア　明《みん》から大量の銅銭が輸入され，定期市における取り引きなどで使用された。

イ　備中《びっちゅう》ぐわや千歯《せんば》こきが使われるようになり，農業生産力が上がった。

ウ　「源氏《げんじ》物語」や「枕草子《まくらのそうし》」など，かな文字を用いた文学が発達した。

エ　渡来人《とらいじん》が伝えた新しい技術によって作られた，須恵器《すえき》と呼ばれる土器が普及した。

2　次の文は，略年表中の②のできごとが起こった頃に行われていた班田収授法《はんでんしゅうじゅのほう》について述べたものである。文中の□に適当な言葉を書き入れて文を完成させよ。ただし，□には 戸籍 全ての人々 の二つの言葉を含めること。また，口《く》分田《ぶんでん》が与えられ始める年齢を明らかにすること。

> 班田収授法では，□に口分田が与えられ，死後は国に返すきまりとなっていた。

3　略年表中の③の期間に起こったできごととして適当なものを，ア～エから二つ選び，年代の古い順に左から並べ，その記号を書け。

ア　坂上田村麻呂《さかのうえのたむらまろ》が征夷大将軍《せいいたいしょうぐん》となった。　イ　白村江《はくすきのえ》の戦いが起こった。

ウ　源頼朝《みなもとのよりとも》が征夷大将軍となった。　エ　藤原純友《ふじわらのすみとも》が反乱を起こした。

4　略年表中の④は，武家《ぶけ》社会の慣習に基づく裁判の基準などを示しか鎌倉幕府の法律であり，執権《しっけん》の□が定めた。□に当てはまる人物の氏名を書け。

5　略年表中の⑤が政治を行った頃に栄えた北山《きたやま》文化について説明するときに使う資料として最も適当なものを，ア～エから一つ選び，その記号を書け。

ア

イ

ウ

エ

6　前のページの略年表中の⑥には，ある書物の名称が当てはまる。また，次の資料は，⑥を出版するきっかけとなったできごとについて，⑥の出版の中心的な役割を果たした蘭学《らんがく》者が記した文章の一部を，要約したものである。⑥に当てはまる書物の名称を書け。

【資料】

今日の解剖は驚くことばかりで，これまで知らなかったことが恥ずかしい。何とかこの「ターヘル・アナトミア」を日本語に翻訳できれば，体の内外の状態が分かり，今後の治療に役立つだろう。どんなことをしても，翻訳したい。

（「蘭学事始《らんがくことはじめ》」による）

7　略年表中の⑦は，［ X ］に来航し，［ Y ］。X，Yにそれぞれ当てはまる言葉の組み合わせとして適当なものを，ア～エから一つ選び，その記号を書け。

ア　{X　根室《ねむろ》　　Y　日本の開国を求める，アメリカ大統領の国書を幕府に渡した}
イ　{X　根室　　Y　日本人漂流民を送り届けるとともに，日本との通商を要求した}
ウ　{X　浦賀《うらが》　　Y　日本の開国を求める，アメリカ大統領の国書を幕府に渡した}
エ　{X　浦賀　　Y　日本人漂流民を送り届けるとともに，日本との通商を要求した}

(二)　次の資料は，日本に関するできごとを年代の古い順に上から並べたものである。これを読んで，1～7の問いに答えなさい。

A	幕府とアメリカ合衆国が，①日米和親条約を結んだ。
B	②日清戦争の講和条約として，日本と清が，下関条約を結んだ。
C	加藤高明《かとうたかあき》内閣が，普通選挙法を成立させた。
D	柳条湖《りゅうじょうこ》事件をきっかけに，③満州《まんしゅう》事変が始まった。
E	日本が，ポツダム宣言を受諾し，連合国に降伏した。
F	アジアで初めてのオリンピックが，東京で開かれた。

1　①を結んだことにより開港し，ハリスが，アメリカ総領事として着任した港町の位置として適当なものを，右の地図中のア～エから一つ選び，その記号を書け。

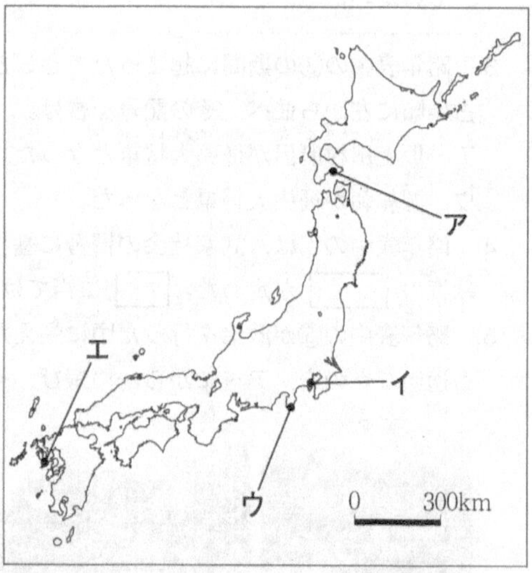

2　Aのできごとから Bのできごとまでの期間に起こった，次のア～エのできごとを年代の古い順に左から並べ，その記号を書け。

ア　国会期成同盟が結成された。
イ　大日本帝国憲法が発布された。
ウ　岩倉《いわくら》使節団が日本を出発した。
エ　西南戦争が起こった。

3　次のページの文は，②が始まるきっかけとなった，日本と清の対立について述べたものである。文中の［　　］に当てはまる最も適当な言葉を書け。

朝鮮で，政治改革の実現や外国勢力の排除を目指して，農民が，［　　］と呼ばれる反乱を起こした。朝鮮の政府が，その反乱の鎮圧のため，清に出兵を求めると，これに対抗した日本も，朝鮮に出兵したため，日本と清の対立が深まった。

4　右の資料は，Cのできごとが起こった頃から全国に普及し始めた，ある電気製品を，先生が描いた絵であり，次の文は，先生がこの資料を用いて，大正時代の文化の特徴について説明したものである。文中のXに当てはまる最も適当な言葉を書け。

この資料は，［X］を描いた絵です。大正時代は，日本において文化の大衆化が進んだ時代であり，各種の雑誌や新聞のほか，1925年に始まった［X］放送が人々の情報源となりました。

5　国際連盟は，③についての調査を行うため，イギリス人の［Y］を団長とする調査団を派遣した。この調査団は，一般に［Y］調査団と呼ばれている。Yに当てはまる人物の名を書け。

6　次の文は，Eのできごとの後，GHQの指令に従って進められた，日本の民主化について述べたものである。文中の［　　］に適当な言葉を書き入れて文を完成させよ。ただし，［　　］には，治安維持法　政治活動　の二つの言葉を含めること。

政治の面において，［　　　　］。また，女性の参政権が認められ，20歳以上の男女が選挙権を得た。

7　次の文で述べたできごとを，前のページの資料中のB～Fの間に加えて，年代の古い順に並べたとき，当てはまる位置として適当なものを，下のア～エから一つ選び，その記号を書け。

官営の八幡《やはた》製鉄所が設立された。

ア　BとCの間　　イ　CとDの間　　ウ　DとEの間　　エ　EとFの間

(三)　後の1～5の問いに答えなさい。

1　右の図は，新しい人権と，日本国憲法で定められている権利と責任について説明するために，先生が作成したものであり，次の会話文は，直子さんと先生が，図を見ながら話をしたときのものである。これを読んで，(1)，(2)の問いに答えよ。

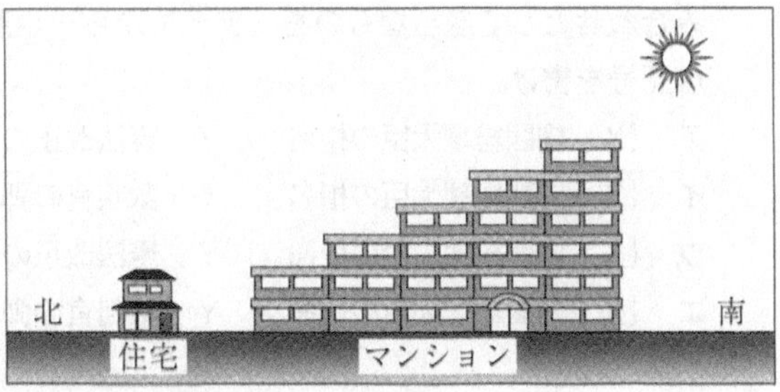

先　　生：図のマンションは，屋上が階段状になっています。なぜ，このような形になっているか分かりますか。

直子さん：はい。北側に隣接する住宅の住民の，［　①　］からです。
先　　生：そのとおりです。国民には，憲法によって自由や権利が認められています。それと同時に，②他の人の人権を守ったり，より快適な社会を実現したりする責任もともないます。

⑴　文中の［①］に適当な言葉を書き入れて文を完成させよ。ただし，新しい人権として主張されている具体的な権利を明らかにして書くこと。

⑵　②について，日本国憲法では，全ての人の幸福や社会全体の利益を，［a］という言葉で表しており，第12条において，国民は，自由及び権利を常に［a］のために利用する責任を負うと規定している。aに当てはまる最も適当な言葉を書け。

2　下の表は，我が国が参加した，国際連合の平和維持活動の一部について，派遣年，派遣先，活動内容をまとめたものである。表のような国際連合の平和維持活動は，［　］という略称で呼ばれている。［　］に当てはまる最も適当な言葉を，アルファベットで書け。

派遣年	派遣先	活動内容
1992～1993	カンボジア	停戦の監視，道路・橋の修理
2002～2004	東ティモール	道路・橋の維持補修，物資輸送
2008～2011	スーダン	難民の帰還の促進
2010～2013	ハイチ	地震後の被災者支援

（内閣府資料ほかによる）

3　右の資料は，比例代表制の議席配分のしくみについて説明するために，先生が作成したものである。資料のような投票結果の選挙において，「ドント式」で議席を配分した場合，A～C党の当選者数はそれぞれ何人になるか書け。ただし，この選挙区の定数は5人であり，各政党とも4人の候補者を立てているものとする。

◇投票結果

政党名	A党	B党	C党
得票数	1,500票	900票	600票

4　右の図は，我が国の三権分立のしくみを模式的に表したものである。図中のX，Yにそれぞれ当たる言葉の組み合わせとして適当なものを，ア～エから一つ選び，その記号を書け。

ア　{X　内閣総理大臣の指名　　Y　憲法改正の発議}
イ　{X　内閣総理大臣の指名　　Y　裁判官の弾劾裁判}
ウ　{X　内閣総理大臣の任命　　Y　憲法改正の発議}
エ　{X　内閣総理大臣の任命　　Y　裁判官の弾劾裁判}

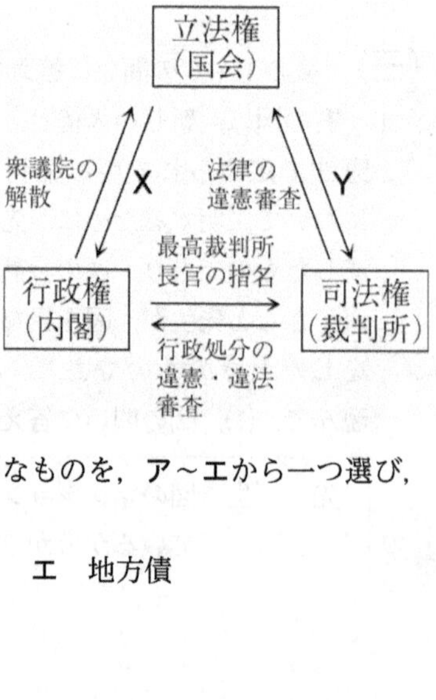

5　地方公共団体の自主財源に分類される収入として最も適当なものを，ア～エから一つ選び，その記号を書け。

ア　地方交付税交付金　　イ　国庫支出金　　ウ　地方税　　エ　地方債

(四) 次の1～5の問いに答えなさい。

1　右の図は，流通のしくみを模式的に表したものであり，次の会話文は，健太さんと先生が，図を見ながら話をしたときのものである。文中の □ に適当な言葉を書き入れて文を完成させよ。ただし，□ には，卸売業者　生産者　直接 の三つの言葉を含めること。

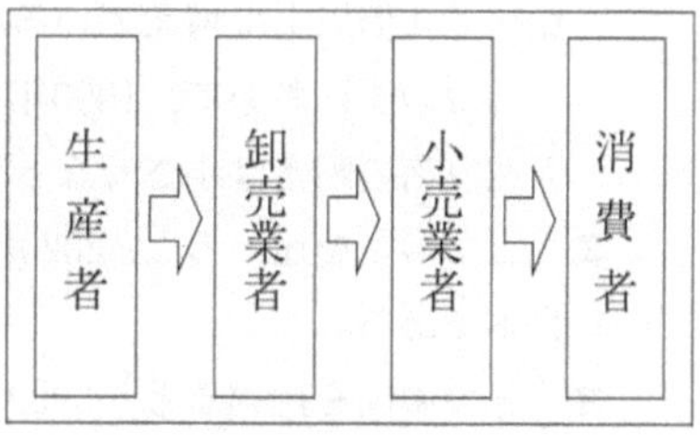

> 先　　生：商品が消費者の手元に届くまでの流通経路として，図のような流れが主流ですが，図とは異なる経路としてどのようなものがありますか。
> 健太さん：はい。小売業者が，商品を，□ 経路があります。この経路により，小売業者は，商品を安く仕入れ，消費者に商品を販売することができます。
> 先　　生：そのとおりです。

2　我が国の中央銀行である日本銀行は，日本銀行券と呼ばれる紙幣を発行する，□ 銀行としての役割を持っている。□ に当てはまる適当な言葉を書け。

3　我が国の財政政策について述べた次の文の①，②の｛　｝の中から適当なものを，それぞれ一つずつ選び，その記号を書け。

> 政府は，景気が悪いときには，公共事業への支出を①｛**ア**　増やし　　**イ**　減らし｝たり，②｛**ウ**　増税　　**エ**　減税｝を行ったりして，景気の回復を促す。

4　発展途上国などにおいて，貧困や経済格差の解消に向け，事業を始めたい人々の自立を促すための少額融資が行われている。このような少額融資は，一般に □ と呼ばれている。□ に当てはまる最も適当な言葉を書け。

5　次のグラフは，それぞれ1990年から2020年における，日本，アメリカ合衆国，イギリスの，総発電電力量に占める，発電に用いられるエネルギー源別発電電力量の割合の推移を表したものである。グラフから読み取れることを述べた文として適当なものを，後の**ア**～**オ**から**全て**選び，その記号を書け。

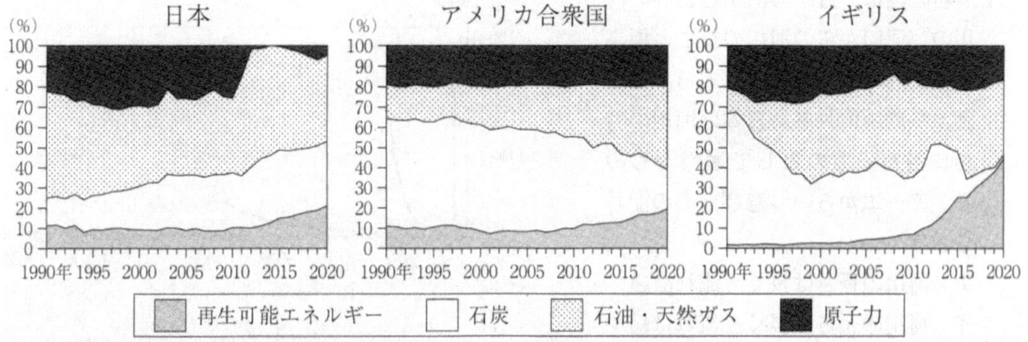

(注)　再生可能エネルギーは，水力，風力，太陽光，地熱などを合わせたものである。　(Our World in Data による)

ア　三つの国において，2020年の発電に用いられるエネルギー源別発電電力量の割合が最も大きいのは，いずれも石炭である。

イ　イギリスにおける，2020年の発電に用いられる再生可能エネルギーの割合は，2010年と比べて4倍以上に増えている。

ウ　三つの国において，1990年と2020年を比べると，いずれの国も，発電に用いられる石油・天然ガスの割合は小さくなっている。

エ　三つの国を比べると，2020年において，発電に用いられる原子力の割合が最も大きいのは，日本である。

オ　三つの国を比べると，2000年において，発電に用いられる石炭の割合が最も大きいのは，アメリカ合衆国である。

(五)　後の1～4の問いに答えなさい。

1　右の地図を見て，(1)～(3)の問いに答えよ。

(1)　地図中の━━印で示した［A］山脈は，東北地方の中央部に位置している。Aに当てはまる山脈の名を書け。

(2)　下の表は，2021年における我が国の，米の収穫量の多い都道府県を，上位4位まで表したものである。表中のaに当てはまる県として適当なものを，地図中のあ～えから一つ選び，その記号と県名を書け。

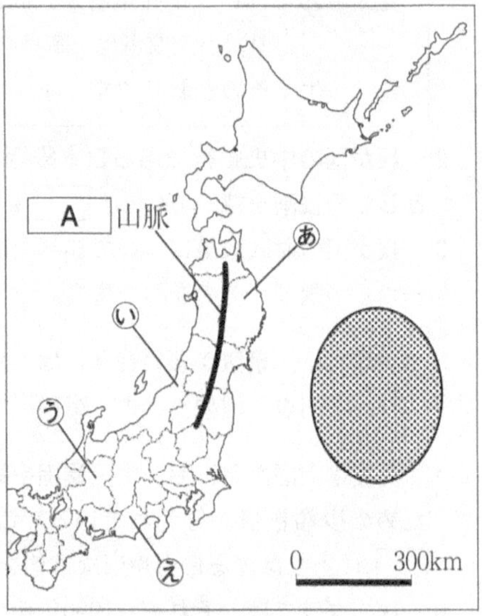

都道府県	収穫量(t)
[a] 県	620,000
北 海 道	573,700
秋 田 県	501,200
山 形 県	393,800

(注)　収穫量は，水稲のみのものであり，玄米の重さで表されている。
(2022-23年版　日本国勢図会による)

(3)　地図中の◯印で示した海域は，暖流の□ので，多くの魚が集まる豊かな漁場になっている。□に適当な言葉を書き入れて文を完成させよ。ただし，□には，寒流 親潮 黒潮 潮目 の四つの言葉を含めること。

2　右の図は，日本の河川と世界の河川の，河口からの河川の長さと標高を模式的に表したものである。この図から読み取れる，日本の河川の特色に当たるものとして適当なものを，ア～エから一つ選び，その記号を書け。

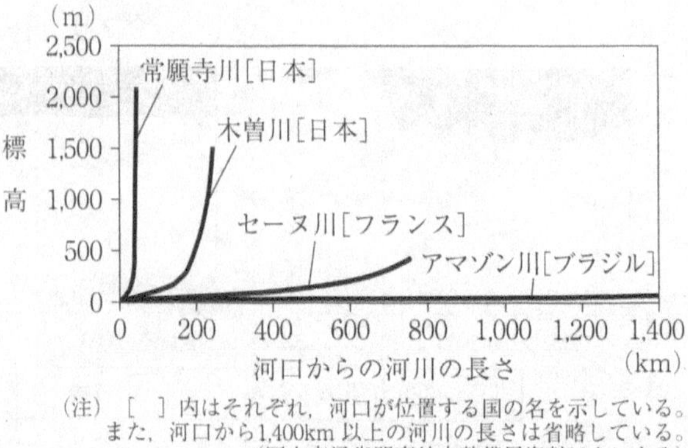

(注)　[　]内はそれぞれ，河口が位置する国の名を示している。また，河口から1,400km以上の河川の長さは省略している。
(国土交通省関東地方整備局資料ほかによる)

ア　河川の長さは長く，流れは急

イ　河川の長さは長く，流れは緩やか

ウ　河川の長さは短く，流れは急

エ　河川の長さは短く，流れは緩やか

3　右のグラフは，1970年から2010年における，我が国の工業別の工業製品出荷額の推移を表したものであり，グラフ中のX～Zは，それぞれ機械工業，化学工業，繊維工業のいずれかに当たる。X～Zにそれぞれ当たるものの組み合わせとして適当なものを，ア～エから一つ選び，その記号を書け。

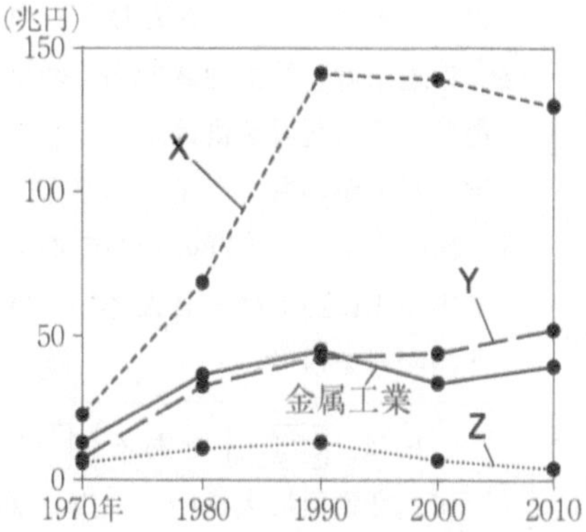

(数字でみる日本の100年による)

ア {X　機械工業　　Y　化学工業　　Z　繊維工業}
イ {X　機械工業　　Y　繊維工業　　Z　化学工業}
ウ {X　化学工業　　Y　機械工業　　Z　繊維工業}
エ {X　化学工業　　Y　繊維工業　　Z　機械工業}

4　次のア～エのグラフは，それぞれ，1930年，1970年，2010年，2050年のいずれかの年における，我が国の年齢別人口の割合を表したものであり，グラフ中の■印は0～14歳，▨印は15～64歳，□印は65歳以上を示している。2010年のグラフに当たるものとして適当なものを，ア～エから一つ選び，その記号を書け。

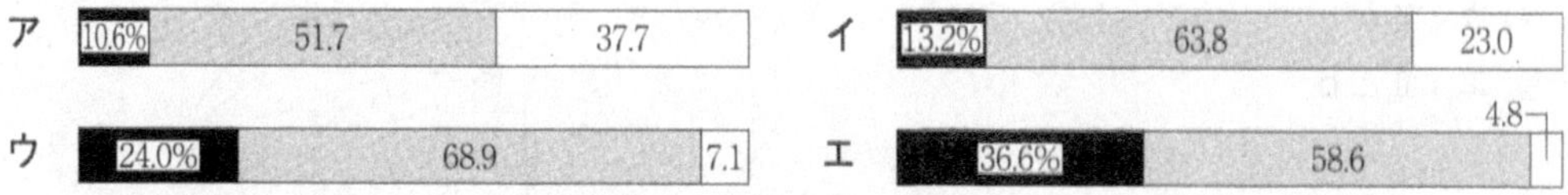

(注)　2050年のグラフは，2017年における推計により作成したものである。　(2022-23年版　日本国勢図会ほかによる)

(六)　後の1～3の問いに答えなさい。

地図1

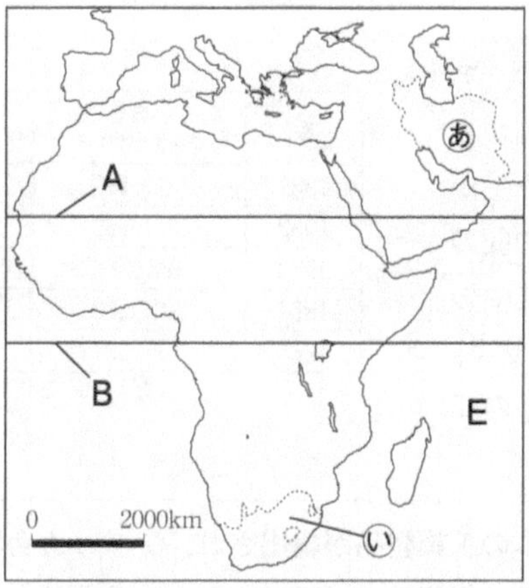

地図2

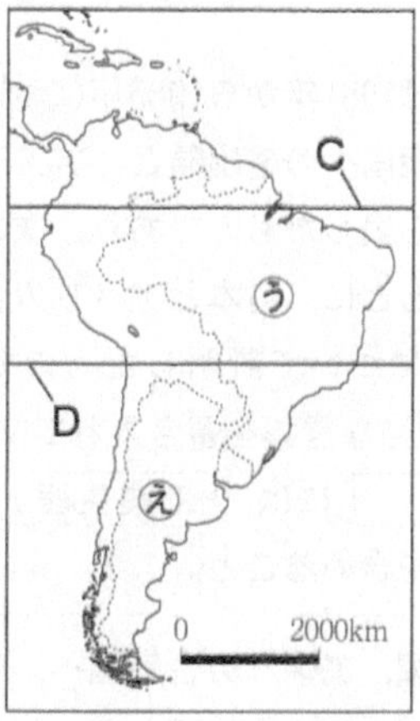

1　地図1，2を見て，(1)～(4)の問いに答えよ。

(1)　地図1，2中のA～Dの線は，緯線を示している。赤道を示している緯線の組み合わせとして適当なものを，次のページのア～エから一つ選び，その記号を書け。

ア　AとC　　イ　AとD　　ウ　BとC　　エ　BとD

(2)　赤道に近い熱帯地域で多く栽培されている作物として最も適当なものを，ア～エから一つ選び，その記号を書け。

ア　じゃがいも　　イ　ぶどう　　ウ　小麦　　エ　キャッサバ

(3)　次の文は，三大洋の一つである，前のページの地図１中のEについて述べたものである。文中の①に当てはまる大洋の名称を書け。また，②の｛　｝の中から適当なものを一つ選び，その記号を書け。

> Eは，①である。①の面積は，三大洋の中で，②｛ア　最も大きい　イ　２番目に大きい　ウ　最も小さい｝。

(4)　地図１，２中のあ～えのうち，それぞれの国の総人口に占める，イスラム教を信仰している人口の割合が最も大きい国として適当なものを一つ選び，その記号と国の名を書け。

2　右下のⅠ，Ⅱのグラフは，それぞれ2019年における世界の，石炭と原油のいずれかの，国別の生産量の割合を表したものであり，グラフⅠ，Ⅱ中のa，bは，それぞれ中国，ロシアのいずれかに当たる。原油の国別の生産量の割合を表したグラフに当たる記号と，中国に当たる記号の組み合わせとして適当なものを，ア～エから一つ選び，その記号を書け。

ア　Ⅰとa
イ　Ⅰとb
ウ　Ⅱとa
エ　Ⅱとb

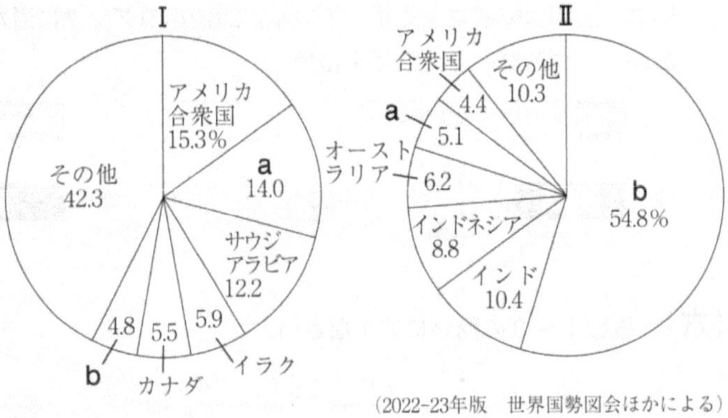

(2022-23年版　世界国勢図会ほかによる)

3　右の表は1981年から1985年における日本の，アメリカ合衆国への輸出額と，アメリカ合衆国からの輸入額を表したものであり，次の文は，先生がこの表をもとに，日本とアメリカ合衆国との間の貿易摩擦について説明したものである。文中の□に適当な言葉を書き入れて文を完成させよ。ただし，□には，工業生産　失業者　の二つの言葉を含めること。

(単位：億円)

年	アメリカ合衆国への輸出額	アメリカ合衆国からの輸入額
1981	85,187	55,522
1982	90,152	59,905
1983	101,786	58,553
1984	142,212	63,636
1985	155,827	62,134

(数字でみる日本の100年による)

> この頃，アメリカ合衆国へ，多くの日本の工業製品が輸出され，アメリカ合衆国への輸出額とアメリカ合衆国からの輸入額の差は，毎年拡大していました。それにともない，アメリカ合衆国では，□ので，日本に対し，輸出入額の差を改善するように強く求めました。

〔令和五年度　国語　作文問題〕

次の資料を見て、大切にしたい時間についてのあなたの考えを、なぜそう考えるかという理由を含めて、後の**注意**に従って述べなさい。

資料

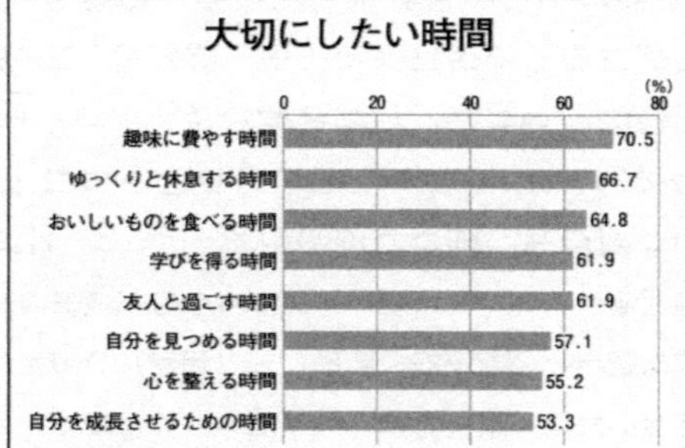

全国の18歳、19歳の105人が回答している。（選択式、複数回答。）ここでは、主なものを八つ示している。

（ある会社が令和３年に実施した調査による。）

〈注意〉

1 上の資料を見て気づいたことを交えて書くこと。

2 あなたが体験したことや見聞したことを交えて書いてもよい。

3 段落は、内容に応じて設けること。

4 文章の長さは、三百字以上、四百字以内とする。

5 資料の中の数値を使う場合は、次の例に示したどちらの書き方でもよいこととする。

例　七〇・五%　または　七十・五%

　　六六・七%　または　六十六・七%

なお、「%」は、「パーセント」と書いてもよい。

6 氏名は右の氏名欄に書き、**文題は書かない**こと。

100字

200字

300字

400字

得点

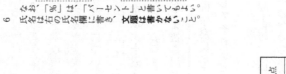

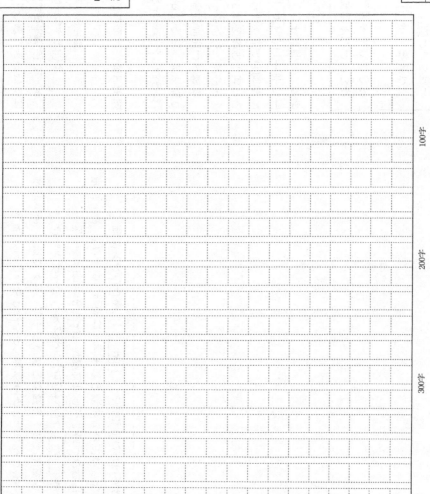

「あな、むつかしきことのたまふ人かな。ひなの、(注5)羽ならはしに出でて、おのが巣にかへる道にまどふを、親鳥の、巣より呼ぶを(注6)おしなべて呼子鳥とは言ふなれば、これの鳥のみ②をしへまゐらせて、何にかはしたまはん。」と答へけり。はじめて呼千鳥は一つ鳥にあらざりけりと、さとりたるよし語りけるとぞ。

（『紙魚室雑記《しみむろざっき》』による。）

（注1）鶴丸翁＝人名。　（注2）浪花＝今の大阪市およびその付近。
（注3）石見国＝今の島根県の西部。　（注4）つと＝旅の土産。
（注5）羽ならはし＝飛ぶ練習。　（注6）おしなべて＝全て。

1　――線②「をしへまゐらせて」を現代仮名遣いに直し、**全て平仮名**で書け。

2　――線①「童のかく言へるは」は、「童がこのように言ったのは」という意味であるが、童はどのようなことを言ったのか。童が言った言葉を、文中から**六字**以上**十字**以内でそのまま抜き出して書け。

3　次の会話は、この文章を読んだ愛美《まなみ》さんと康太《こうた》さんが、先生と一緒に、浪花人と老婆のやり取りについて話し合った内容の一部である。会話の中の［a］、［b］、［c］に当てはまる適当な言葉を書け。ただし、［a］は**十字**以上**十五字**以内、［b］は**二十字**以上**二十五字**以内の**現代語**で書くこと。また、［c］は**十二字**で、最も適当な言葉を文中からそのまま抜き出して書くこと。

愛美さん　「浪花人は、呼子鳥にとても強い興味を示していたけれど、どうしてそれほどまでに興味をもったのでしょうか。」

康太さん　「浪花人は、呼子鳥については、『［a］』程度で、どのような鳥かわかっていなかったと話していましたね。」

先　生　「呼子鳥は、この頃の知識人にはよく知られていて、古くは、『万葉集』や『古今和歌集』にも登場しています。浪花人は、それほど有名な鳥なのに、よくわかっていなかったから、興味をもったのでしょう。」

愛美さん　「浪花人は、呼子鳥を鳥の種類の一つだと思っていたようですが、実はそうではなくて、［b］を全て呼子鳥と言うのだと、老婆は言っていましたね。」

康太さん　「だから、老婆は、呼子鳥の姿をよく見たいと言う浪花人のことを、『［c］』だと思ったのですね。」

その最初の**三字**を書け。

(2) 妻木は、洋風の建築物である大審院に日本の伝統的な装飾を織り込むことで、大審院をどのような建物にしたいと考えたのか。――線②より後の文中から**二十五字以上三十字以内**でそのまま抜き出して書け。

4 ――線③「哀しい思いをするのは、もうたくさんだろう?」とあるが、妻木が考えたミナの「哀しい思い」と、妻木にこのように言われたときのミナの心情について説明した次の文章の a 、 b に当てはまる適当な言葉を書け。ただし、 a は、文中の言葉を使って、**二十字以上二十五字以内**で書くこと。また、 b は、最も適当な言葉を、文中から**十六字**でそのまま抜き出して書くこと。

> 妻木は、ミナの以前言った言葉から、ミナが、 a ことに対して哀しい思いを抱いていると考えていた。そのことを気遣うような妻木の言葉を聞いたミナは、自分ではあまり意識していなかった、 b を、妻木が感じ取っていたことに戸惑っている。

5 本文についての説明として最も適当なものを、次のア~エの中から一つ選び、その記号を書け。

ア ミナは、建築家として成功を収めている夫を誇りに思う一方で、妻である自分のことを顧みることなく、仕事に夢中になっている妻木を前に、自分の存在価値を見いだすことができずに苦しんでおり、その胸の内を妻木に打ち明けようと試みるもののうまくいかず、やりきれない思いを募らせている。

イ ミナは、建築家としての仕事を愛おしみ、大審院のことを笑顔で話す妻木を見て安堵しつつも、自分はそのような笑顔を引き出せなかったことを妻として情けなく思っていたが、実は妻木はミナの思いを受けとめてその思いに応えようとしていたことに気づき、今までの二人の歩みを思い返している。

ウ 妻木は、現場の職人たちの協力を得て、ドイツ人の建築家が設計した建築物にこっそりと手を加え、遊び心をもちながら純粋に自分の理想とする建築を追求しようとする一方で、何とかして自分の功績を後世に残そうと奔走しているが、ミナは、そのような妻木のことを夫として頼もしく思っている。

エ 妻木は、自ら手掛けた大審院のできばえに満足し、これからの建築に新たな技術を取り入れることで、東京を後世まで誇りに思える街にしていこうと決意を新たにしているが、ミナは、建築のことに関心がもてず、妻木のことを心強く感じる一方で、妻木が遠く離れていくような心細さを感じている。

(五)

次の文章を読んで、1~3の問いに答えなさい。

(注1)鶴丸翁《つるまるをう》の知る(注2)浪花《なには》の人、(注3)石見国《いはみのくに》に行きたりしに、何かは知らねど、あたりなる梢《こずゑ》に鳥のこぼこぼと鳴きけり。遊び居たる童《わらは》が、老婆《らうば》に、呼子鳥《よぶこどり》のまた鳴くよと告ぐるを、かの浪花人はやく聞きつけて、老婆に、「童の言ひつる呼子鳥といふは、今、梢にこぼこぼ鳴くなる鳥のことにや。」と尋ねしに、「いかにもさなり。」と答へけり。「呼子鳥といふ名は昔より物に見えたれど、何といふこと定《さだ》かならぬを、今、①童のかく言へるはこのあたりにては、常に言ふことか。」と問ふに、「めづらしくも尋ねたまふものかな。この所にては童までもよく知りて、言ふになん。」と答ふるに、(注4)「さらばその今鳴く鳥の梢はいづこなりや。姿もよく見置きて、友のつとにも語らん。」と請《こ》ひけり。老婆、

としかできないが、彼らはそれを実際に形にしてくれる。本当にすばらしいよ。」

先だって(注3)鎗田《やりた》が漏らした局内での(注4)確執のようなものを、今横にいる妻木の表情から感じ取ることはできなかった。彼は濁りのない健やかな笑みを、大審院に向けている。その笑みに、哀《かな》しい影は見えない。ただただ、自らの仕事を愛《いと》おしみ、楽しんでいる顔だった。

――この人はきっと、自分の役目に救われているのだ。建築家という仕事に。

心の底から安堵《あんど》した。同時に、私がどう支えても、こんな笑顔にさせることはできなかったな、と不甲斐《ふがい》なさも覚える。

「君が以前、言ったことがあったね。」

不意に言われて横を見上げると、日に焼けた顔に白い歯をのぞかせて、夫がこちらを見つめていた。

「江戸には、いいところがたくさんあったのに、って。みんなおとぎ話のようだって。」

「……ええ。」

一緒になってしばらく経《た》った頃だ。こんなふうに散歩に出たとき、どんどん変わっていく街並みが寂しく思え、つい［A］のだ。

「こうして、西欧風の建物が建ってしまうと、江戸の頃はまた遠くに行っちまうような気がするかもしれない。国の機関はどうしても、機能を重んじる向きがあるからね。だが、僕が設計するからには、新たな技術を取り入れながらも、この国の、自分たちの根源を忘れずに引き継いでいくような建物にしたいと思っている。そういう建物がいくつも建つことで、江戸のような、心地いい街並みがきっとできる。子供たちの、またその子供たちの世代まで、誇りになるような街がね。」

妻木はそこで、再び大審院に視線を戻した。

「③哀しい思いをするのは、もうたくさんだろう?」と喉元まで出掛かった声を、すんでのところでミナはのみ込んだ。

――私が、哀しそうに見えたのだろうか。江戸に生まれ育った者が抱く喪失感を、夫は私の中にも見ていたのだろうか。

これまでふたりで歩いた道程が、目の前に浮かんでは消えていく。

「いい街にするよ、必ず。」

妻木は静かに(注5)宣《せん》して、大審院に向かって大きく伸びをした。

（木内　昇『剛心』による。）

(注1) 外套＝オーバーコート。　(注2) 意匠＝装飾に関するデザイン。
(注3) 鎗田＝妻木の同僚。　(注4) 確執＝もめごと。
(注5) 宣して＝宣言して。

1　文中の［A］には、「無意識に言った」という意味の言葉が当てはまる。［A］に当てはまる最も適当な言葉を、次のア～エの中から一つ選び、その記号を書け。

ア　口走った　　イ　口籠もった
ウ　口を出した　エ　口を合わせた

2　――線①「月並みな」と同じ意味をもつ言葉として最も適当なものを、次のア～エの中から一つ選び、その記号を書け。

ア　上品な　イ　稚拙な　ウ　平凡な　エ　容易な

3　――線②「日本風の装飾に?」について、次の(1)、(2)の問いに答えよ。

(1)　文中には、ミナが、大審院に対して、洋風の建築物がかもし出す気品のある雰囲気を感じる一方で、なじみのある身近なものに対して抱く感覚を覚えていたことがわかる一文がある。その一文として最も適当な一文を、――線②より前の文中から抜き出し、ナ」に見せようと話しかける場面から始まっている。これを読んで、1～5の問いに答えなさい。

「出掛けないか、少し。」

庭に水をまいていると、声が掛かった。縁側でくつろいでいた妻木が、新聞越しにこちらを見ている。

「どちらへ。」

「なに、すぐそこさ。」

栃木の仕事に一段落つけて、東京に戻って二日目のことだった。庭では山茶花《さざんか》が燃えるように咲き、落ち葉を掃く音がそこここに立っている。

「着物もそのままでいい。すぐそこだから。」

重ねて言われ、ミナは小走りに家に入って、割烹着《かっぽうぎ》を脱いだ。髪を整え、薄く紅を引く。廊下に出ると、すでに妻木はシャツの上に(注1)外套《がいとう》を羽織って、玄関口に立っていた。

「私、こんな普段着でよろしいのかしら。」

「ああ。ちょいと歩くだけだ。」

そう答えたのに、妻木は日枝《ひえ》神社から溜池《ためいけ》のほうへと歩を進めるのだ。

「近くじゃございませんの?」

「そんなに歩きはせんさ。」

彼は背を向けたまま言い、けれどそれから二十分ほども黙々と歩き続けた。溜池から葵橋《あおいばし》を過ぎ、彦根《ひこね》井伊家《いいけ》の上屋敷の方角へと向かう。遠出するならそれなりの格好をするのに、と夫を恨めしく思う。どこへ行くのか見当もつかないまま仕方なくついていくと、やがて平《へい》坦《たん》に舗装された、まるで大河のように幅の広い道路に出た。桜田通りだ。

「あの……どちらへ。」

言いさして、「あ」と息をのむ。

目の前に途方もなく大きな洋風建築物が現れたのだ。

赤煉瓦《あかれんが》が鈍色《にびいろ》の光を受けて、柔らかく景色に溶け込んでいる。石がアーチ状に積まれて窓をかたどっている。貴婦人のように凛《りん》と美しいたたずまいなのに、どこか親しみやすく、温かみすら感じる建物だった。

「これ……大審院ですのね、昨年完成したという。」

建物を呆然《ぼうぜん》と見上げて、ミナはつぶやいた。

「ああ。君にも見せておきたいと思って。」

「なんて立派だこと。それに、本当にきれい。」

感動を表すのに①月並みな語彙しか浮かばないことに焦《じ》れつつも、夫が自分の知らないところでこれほどの大仕事を成し遂げたのだと思えば誇らしく、同時に恐ろしくもあった。彼がまた少し遠くに行ってしまったような心細さも覚えた。

「この建物は僕の設計じゃあないんだ。そら、いっとき留学していたドイツの、エンデという建築家の作品だ。ただ、(注2)意匠は多少造り替えた。日本ならではの装飾を織り込んでみたくてね。」

「②日本風の装飾に?」

「ああ。西洋の柱に大瓶束《たいへいづか》なんぞを合わせてみた。天井にも海老虹梁《えびこうりょう》のような日本の伝統的な装飾を施してね。エンデが見たら、さぞ驚くだろうな。」

いたずらっぽく妻木は笑う。

「でも、現場の職人はみな賛同してくれたんだ。彼らがいなければ、そんな意匠にすることはかなわなかった。僕は紙の上で図面を引くこ

> 人間は、言葉を使うことで、[a]ことができ、その繰り返しで共感の精度が高まる。また、[b]によって、人間は、微妙な感情の違いや自我に関わる感情を共有することが可能になる。それは、人間に独自な意味の世界の共有であり、動物に比べて共感の対象が複雑になる。

5　[5]段落の[B]に当てはまる最も適当な言葉を、次のア～エの中から一つ選び、その記号を書け。

ア　模範的　イ　独善的　ウ　積極的　エ　義務的

6　[7]段落の――線③「人間の場合、想像力と推論する理性の力によって、さらに複雑な共感が可能になる。」とあるが、「想像力と推論する理性の力」によって「さらに複雑な共感」が生じる過程を、[8]・[9]段落の文中の言葉を使って、**五十字以上六十字以内**で書け。

7　[10]・[11]段落に述べられている、情動的共感と認知的共感の共通点と相違点をまとめた次の表の[a]、[b]、[c]に当てはまる最も適当な言葉を、[10]・[11]段落の文中から、[a]は**五字**で[b]は**七字**で、[c]は**十一字**で、それぞれそのまま抜き出して書け。

共通点	相手のための行動、つまり、[a]を生じさせ、道徳的行為の動機となり得る。
相違点	自分の中に湧き上がった感情に衝き動かされるだけの「情動的共感」による行動と比べて、「認知的共感」による行動においては、相手の立場や状況を考え、[b]ことが可能である。このことから、「認知的共感」には、[a]を、[c]があると言える。

8　本文に述べられていることと最もよく合っているものを、次のア～エの中から一つ選び、その記号を書け。

ア　人間は他者の様々な感情に共感するが、嫉妬や怒りは喜びと比べてより大きな共感を生じさせる。

イ　人間は他者の感情状態に没入すると自我がめばえ、実在しない架空の世界を認識するようになる。

ウ　共感は相手と自分の感情が共有できているという確信であり、相手に対して親和的な感情を生む。

エ　共感は自己了解と他者の感情了解の二つの側面があり、幼児や動物には起こり得ないことである。

(二)　次の1～4の各文の――線の部分の読み方を平仮名で書きなさい。

1　搭乗手続きを済ませる。　2　物語の梗概を話す。

3　意見に隔たりがある。　4　梅のつぼみが綻びる。

(三)　次の1～4の各文の――線の部分を漢字で書きなさい。ただし、必要なものには送り仮名を付けること。

1　ようさん農家が桑を栽培する。

2　国民しゅくしゃに泊まる。

3　重力にさからう。

4　いさましい姿に感動する。

(四)　次の文章は、明治時代の東京を舞台としており、内務省土木局の技師で建築家の「妻木《つまき》」が、自ら現場を監督・管理する立場として建築に携わった大審院（現在の最高裁判所に当たる。）を、妻の「ミび、私たちは他者の内面を想像し、他者の状況を考慮することで、他者の感情や思考を推理することができる。そして、他者の感情や思考、価値観の中に自分と同一なもの、重なるものを見いだせば、共感が生じることになる。それは、感情が同期(注2)してリアルにその感情状態に没入する情動的共感とは異なり、相手との同一性を認識することで感じる認知的共感であり、自我がめばえ、言葉が使えるようになり、想像力、推論する理性の力が形成された段階で生じる、人間に特有な共感なのである。

10　共感は相手に対して親和的な感情を生み、相手のための行動を引き起こす。共感が道徳的行為の動機となるのもうなずける。困っている人、苦しんでいる人に共感すれば、そこから同情や憐憫《れんびん》(注3)などの感情が二次的に生じ、助けなければ、慰めなければ、という行動が生じ得る。この点は認知的共感も情動的共感も変わらない。サルやイルカ、クジラも苦しんでいる仲間に共感し、助けようとする。まだ言葉を使うことができず、想像力や理性の力の弱い幼児でも、泣いている子を慰めようとする。想像力や推論する力が必要な認知的共感ではなく、感情が同期するだけの情動的共感であっても、利他的行為は引き起こされるのだ。

11　ただし、認知的共感は利他的行為をより適切な方向へ導く力をもっている。自分の中に湧き上がった感情に衝《つ》き動かされるだけでなく、相手の立場、状況を考慮して行動できるからだ。また、情動的共感ほど熱くならず、比較的冷静に対処することもできる。

12　共感は人間にとって、利他的行為、道徳性の動機となる、とても大事な現象なのである。

（山竹伸二『共感の正体』による。）

（注1）　フィードバック＝行動や反応を、その結果を参考にして修正し、より適切なものにしていくこと。

（注2）　同期＝ここでは、自分と相手の感情が一致すること。

（注3）　憐憫＝あわれむこと。

1　1段落の═══線a「に」、b「の」、c「ば」、d「を」の助詞の中から、種類の異なるものを一つ選び、その記号を書け。また、一つだけ異なるものの助詞の種類として適当なものを、次のア～エの中から一つ選び、その記号を書け。

ア　格助詞　　イ　副助詞　　ウ　接続助詞　　エ　終助詞

2　5段落の――線②「相互」と熟語の構成（組み立て方）が同じものを、次のア～エの中から一つ選び、その記号を書け。

ア　陰影　　イ　往復　　ウ　俊足　　エ　遷都

3　3段落の［A］、6段落の［C］にそれぞれ当てはまる言葉の組み合わせとして最も適当なものを、次のア～エの中から一つ選び、その記号を書け。

ア（A　あるいは　　C　そこで）

イ（A　ところが　　C　または）

ウ（A　そのうえ　　C　むしろ）

エ（A　もちろん　　C　しかも）

4　5段落の――線①「人間と動物の共感の大きな違いは、言葉で相手の気持ちを確認できることだ。」とあるが、人間の共感において、言葉の使用により可能となることについて、本文の趣旨に添って説明した次のページの文章の［a］、［b］に当てはまる最も適当な言葉を書け。ただし、［a］は、5・6段落の文中から**二十九字**でそのまま抜き出し、その最初と最後のそれぞれ**五字**を書くこと。また、［b］は、5・6段落の文中から**十一字**でそのまま抜き出して書くこと。

＜国語＞

時間　国語　四五分　作文　二五分　　満点　五〇点

(一) 次の文章を読んで、1〜8の問いに答えなさい。（1〜12は、それぞれ段落を示す番号である）

1 共感という経験は対人関係ａにおける感情共有の確信であり、共感が生じると多くの場合、相手に対して親和的な感情が生じ、他人事ではないと感じられる。喜びへの共感であれば、自分ｂのことのようにうれしくなり、「よかったな」と声をかけるだろう。悲しみへの共感であれば、涙があふれ、慰めるであろうし、苦しみに共感すれｃば、助けてあげたいと感じ、助力ｄを惜しまないことも少なくない。

2 このとき、自己了解（自己の感情への気づき）と同時に、他者の感情了解が生じている。自己了解が「自分がどうしたいのか」という欲望を告げ知らせる以上、共感は「他者がどうしてほしいのか」を理解し、相手が望む行為の選択を、つまり利他的行為を可能にするのである。

3 [A]、自分の感情と相手の感情が同じであるという保証はない。だが、私たちは共感を手がかりにして、相手に気持ちや望みを言葉で確認することができるし、それによって適切な対応を取ろうとする。そうやって経験を何度も積み重ねるほど、次第に的を外すことなく相手の感情を理解できるようになり、適切な対応が可能になる。

4 こうした理解力を培《つちか》うには、言葉と想像力、推論する理性の力を身に付けることが必要である。それは、人間の共感を動物の共感と区別する上でも重要なものだと言える。

5 ①人間と動物の共感の大きな違いは、言葉で相手の気持ちを確認できることだ。共感は相手と自分の感情が同じであるという確信だが、言葉がなければ、その確信が正しいかどうかを知ることはできない。言葉があるからこそ、共感が勘違いだった場合に確認できるし、正解だったと喜ぶこともできる。そして、こうした自分の共感による他者理解が正しいのか間違っているのかを知る、というフィードバック（注1）の経験が繰り返されることで、私たちの共感の精度（当たっている確率）は高くなる。言葉による②相互理解がなければ、共感は[B]な他者理解に陥ってしまう可能性があるのだ。

6 また、言葉の使用は、人間に独自な意味の世界の共有をもたらしている。言葉は感情を細分化するため、共感される感情も微細に区分され、微妙な感情の違いの共有をも可能にする。[C]、人間は、嫉妬や恥、羨望《せんぼう》のような自我に関わる感情もあるため、さらに共感の対象は複雑になる。たとえば、怒りや苦しみは動物にも共感できるかもしれないが、嫉妬や羞恥心、自尊心に関する共感が生じることはないだろう。それは自我のある人間だけがもつ感情であり、言葉による感情の細分化を経ているからこそ生じ得るのだ。

7 ③人間の場合、想像力と推論する理性の力によって、さらに複雑な共感が可能になる。

8 私たちは目の前の世界を生きているだけでなく、実在しない架空の世界、ずっと先の未来の世界にも想像の中で生きることができる。様々な記憶をたどり、知識を駆使して予想し、推論し、多様な状況を想像することができるのだ。このような想像的な世界もまた、言葉によって分節された意味の世界に基づいている。

9 こうした想像力、推論する力は、当然、他者の内面世界にまで及

2023年度

解答と解説

《2023年度の配点は解答用紙集に掲載してあります。》

＜数学解答＞

(一)　1　7　　2　$7x+y-3$　　3　$-\dfrac{9}{4}xy$　　4　$-\sqrt{6}$
5　$2x^2-5x-13$

(二)　1　$(2x+3y)(2x-3y)$　　2　$h=\dfrac{3V}{S}$　　3　エ
4　$\dfrac{7}{36}$　　5　16(回)　　6　右図1
7　6，7，8(求める過程は解説参照)

(三)　1　(1)　イ　　(2)　①　イ　　②　ウ
2　(1)　(午前)9(時)15(分)　　(2)　右図2
(3)　(午前)9(時)31(分)40(秒)

(四)　1　$2\leqq y\leqq\dfrac{9}{2}$　　2　$(a=)\dfrac{1}{2}$　　3　(1)　10
(2)　6

(五)　1　解説参照　　2　(1)　3(cm)
(2)　$\dfrac{3\sqrt{15}}{5}$(cm^2)

図1

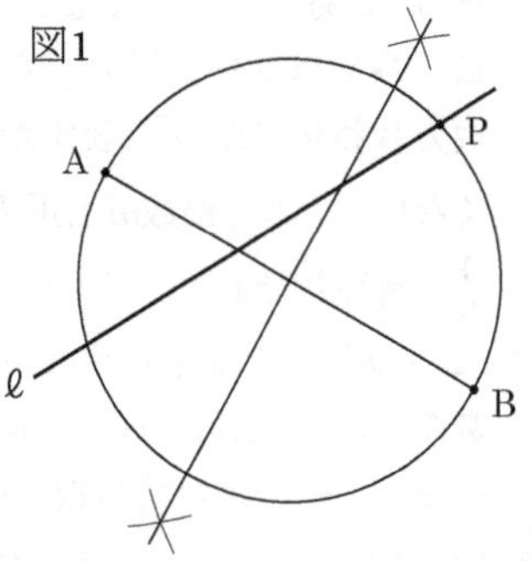

図2

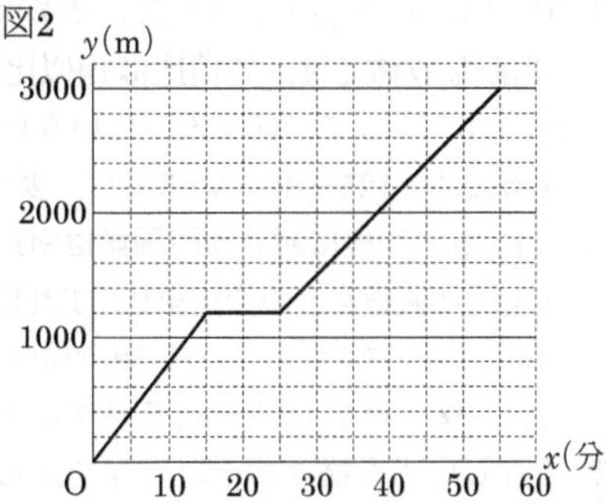

＜数学解説＞

(一)　(数・式の計算，平方根，式の展開)

1　正の数・負の数をひくには，符号を変えた数をたせばよい。$3-(-4)=3+(+4)=3+4=7$

2　分配法則を使って，$4(x-2y)=4\times x+4\times(-2y)=4x-8y$，$3(x+3y-1)=3\times x+3\times 3y+3\times(-1)=3x+9y-3$だから，$4(x-2y)+3(x+3y-1)=(4x-8y)+(3x+9y-3)=4x-8y+3x+9y-3=4x+3x-8y+9y-3=7x+y-3$

3　$\dfrac{15}{8}x^2y\div\left(-\dfrac{5}{6}x\right)=\dfrac{15x^2y}{8}\div\left(-\dfrac{5x}{6}\right)=\dfrac{15x^2y}{8}\times\left(-\dfrac{6}{5x}\right)=-\dfrac{15x^2y\times 6}{8\times 5x}=-\dfrac{9}{4}xy$

4　乗法公式$\boldsymbol{(x+a)(x+b)=x^2+(a+b)x+ab}$より，$(\sqrt{6}-2)(\sqrt{6}+3)=\{\sqrt{6}+(-2)\}(\sqrt{6}+3)=(\sqrt{6})^2+\{(-2)+3\}\sqrt{6}+(-2)\times 3=6+\sqrt{6}-6=\sqrt{6}$，$\dfrac{4\sqrt{3}}{\sqrt{2}}=\dfrac{4\sqrt{3}\times\sqrt{2}}{\sqrt{2}\times\sqrt{2}}=\dfrac{4\sqrt{6}}{2}=2\sqrt{6}$だから，$(\sqrt{6}-2)(\sqrt{6}+3)-\dfrac{4\sqrt{3}}{\sqrt{2}}=\sqrt{6}-2\sqrt{6}=-\sqrt{6}$

5　分配法則を使って，$(3x+1)(x-4)=3x(x-4)+1(x-4)=3x\times x+3x\times(-4)+x-4=3x^2-12x+x-4=3x^2-11x-4$，乗法公式$\boldsymbol{(a-b)^2=a^2-2ab+b^2}$より，$(x-3)^2=x^2-2\times x\times 3+3^2=x^2-6x+9$だから，$(3x+1)(x-4)-(x-3)^2=(3x^2-11x-4)-(x^2-6x+9)=3x^2-11x-4-x^2+6x-9=3x^2-x^2-11x+6x-4-9=2x^2-5x-13$

(二) (因数分解，等式の変形，数の性質，有理数と無理数，確率，体積比，作図，方程式の応用)

1 **乗法公式$(a+b)(a-b)=a^2-b^2$**より，$4x^2-9y^2=(2x)^2-(3y)^2=(2x+3y)(2x-3y)$

2 $V=\frac{1}{3}Sh$ 左辺と右辺を入れかえて$\frac{1}{3}Sh=V$ 両辺に3をかけて$\frac{1}{3}Sh\times 3=V\times 3$ $Sh=3V$ 両辺をSで割って$Sh\div S=3V\div S$ $h=\frac{3V}{S}$

3 ア **数直線上で，ある数に対応する点と原点との距離を，その数の絶対値という**。また，ある数の絶対値は，その数から＋や－の符号を取った数ということもできる。3＝＋3より，3の絶対値は3である。正しくない。 イ 例えば，$m=1$，$n=1$のとき，$m-n$は，$m-n=1-1=0$で，自然数ではない。正しくない。 ウ 正の数aの**平方根**のうち，正の方を$\sqrt{a}$，負の方を$-\sqrt{a}$，両方合わせて$\pm\sqrt{a}$と表すから，$\sqrt{25}$は25の平方根$\pm\sqrt{25}=\pm5$のうち，正の方の＋5である。正しくない。 エ **整数mと正の整数nを用いて，分数$\frac{m}{n}$の形に表される数を有理数という**。よって，$\frac{4}{3}$は有理数である。正しい。

4 2つのさいころを同時に投げるとき，全ての目の出方は6×6＝36(通り)。このうち，出る目の数の和が5の倍数，即ち，5，10のいずれかになるのは，一方のさいころの出た目の数をa，他方のさいころの出た目の数をbとしたとき，$(a,\ b)=(1,\ 4)$，$(2,\ 3)$，$(3,\ 2)$，$(4,\ 1)$，$(4,\ 6)$，$(5,\ 5)$，$(6,\ 4)$の7通り。よって，求める確率は$\frac{7}{36}$

5 **相似な立体では，体積比は相似比の3乗に等しい**から，容器Aと容器Bの容積の比は$2^3:5^3=8:125$ よって，何も入っていない容器Bに，容器Aを使って水を入れるとき，容器Bを満水にするには，125÷8＝15…5より，少なくとも容器Aで15＋1＝16(回)水を入れればよい。

6 (着眼点)**直径に対する円周角は90°**だから，線分ABを直径とする円と直線ℓとの交点をPとすれば，∠APB＝90°となる。(作図手順)次の①～③の手順で作図する。 ① 線分ABを引く。 ② 点A，Bをそれぞれ中心として，交わるように半径の等しい円を描き，その交点を通る直線(線分ABの**垂直二等分線**)を引く。 ③ 線分ABと，線分ABの垂直二等分線との交点(線分ABの中点)を中心として，点Aを通る円を描き，直線ℓとの交点をPとする。

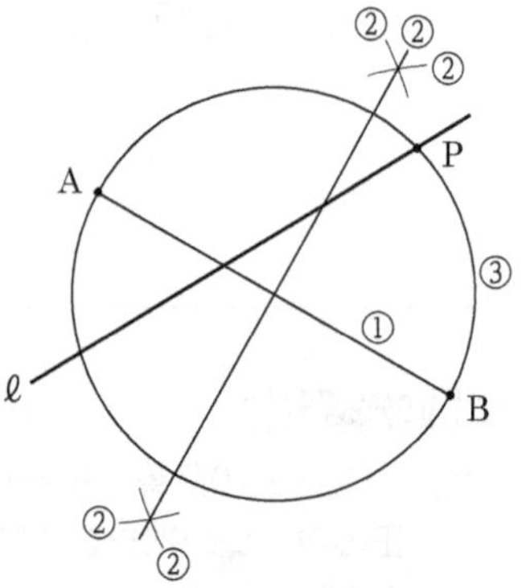

7 (例)連続する3つの自然数のうち，最も小さい自然数をxとすると，連続する3つの自然数は，x，$x+1$，$x+2$となり，$x^2+(x+1)^2=10(x+2)+5$ これを解くと，$(x+2)(x-6)=0$ $x=-2,\ 6$ xは自然数だから，$x=-2$は問題に適していない。$x=6$のとき，連続する3つの自然数は6，7，8となり，これは問題に適している。

(三) (資料の散らばり・代表値，関数とグラフ，グラフの作成)

1 (1) 問題図1より，1組30人の結果に関して，**最小値**は30点以上40点未満の**階級**に含まれる。**最大値**は90点以上100点未満の階級に含まれる。また，**第1四分位数**は点数の低い方から8番目だから，50点以上60点未満の階級に含まれる。**第2四分位数(中央値)**は点数の低い方から15番目と16番目の平均値だから，60点以上70点未満の階級に含まれる。**第3四分位数**は点数の高い方から8番目だから，70点以上80点未満の階級に含まれる。以上より，1組30人の結果を表した**箱ひげ図**はイである。

(2) ① 箱ひげ図の箱で示された区間に，全てのデータのうち，真ん中に集まる約半数のデータが含まれる。この箱の横の長さを**四分位範囲**といい，第3四分位数から第1四分位数を引いた値で求められる。これより，3組の箱の横の長さの方が，2組の箱の横の長さより明らかに長いから，四分位範囲は，2組より3組の方が大きい。正しくない。　②　2組も3組も，それぞれの箱ひげ図より(最小値＜45点＜第1四分位数)だから，点数が45点以下の生徒は7人以下であることはわかるが，2組と3組でどちらが多いかは，この箱ひげ図からはわからない。

2　(1)　学校から公園までの1200mの道のりを分速80mの一定の速さで歩いたから，かかった時間は1200(m)÷分速80(m)＝15(分)　これより，太郎さんが公園に到着したのは午前9(時)＋15(分)＝午前9(時)15(分)である。

(2)　太郎さんが学校を出発してから公園に到着するまで($0 \leqq y \leqq 1200$)のxとyの関係は，y(m)＝分速80(m)×x(分)より$y=80x$　(1)より，$y=1200$のときのxの値は$x=15$　太郎さんが公園を出発するのは，$x=15+10=25$のとき。そのときのyの値は$y=1200$　太郎さんが公園を出発してから図書館に到着するまで($1200 \leqq y \leqq 3000$)のxとyの関係は，y(m)＝分速60(m)×($x-25$)(分)＋1200(m)より$y=60x-300$…①　図書館に到着したとき($y=3000$)のxの値は，①に$y=3000$を代入して，$3000=60x-300$　$x=55$　以上より，太郎さんが学校を出発してから図書館に到着するまでのxとyの関係を表すグラフは，点(0，0)，(15，1200)，(25，1200)，(55，3000)を線分で結んだ折れ線のグラフとなる。

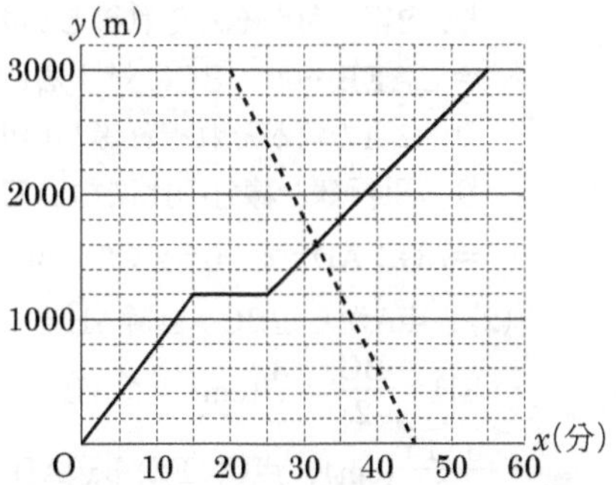

(3)　花子さんのxとyの関係を表すグラフを右図の破線で示す。これより，花子さんが太郎さんと出会ったのは，太郎さんが公園を出発して図書館へ向かう途中であることがわかる。**横軸が時間，縦軸が道のりのグラフでは，速さが一定の場合の時間と道のりの関係のグラフは直線になる。また，その直線の傾きは速さに等しい。**花子さんの走る速さは，3000(m)÷(45(分)－20(分))＝分速120(m)だから，花子さんのxとyの関係は$y=-120x+b$とおける。このグラフが点(45，0)を通るから，$0=-120\times45+b$　$b=5400$　よって，$y=-120x+5400$　以上より，花子さんが太郎さんと出会った点の座標は，連立方程式$\begin{cases} y=60x-300 \cdots ② \\ y=-120x+5400 \cdots ③ \end{cases}$の解。②を③に代入して，$60x-300=-120x+5400$　$x=\dfrac{95}{3}=31\dfrac{2}{3}$　以上より，花子さんが太郎さんと出会ったのは午前9時$31\dfrac{2}{3}$分＝午前9時31分40秒である。

(四)　(図形と関数・グラフ)

1　一次関数$y=\dfrac{1}{2}x+3$は右上がりの直線で，xの値が増加するときyの値も増加するから，yの最小値は$x=-2$のとき，$y=\dfrac{1}{2}\times(-2)+3=2$，$y$の最大値は$x=3$のとき，$y=\dfrac{1}{2}\times3+3=\dfrac{9}{2}$　よって，**yの変域は**$2 \leqq y \leqq \dfrac{9}{2}$

2　前問1より，A$(-2,\ 2)$，B$\left(3,\ \dfrac{9}{2}\right)$　$y=ax^2$は点Aを通るから，$2=a\times(-2)^2=4a$　$a=\dfrac{1}{2}$

3　(1)　**放物線がy軸に関して線対称である**ことを考慮すると，直線ACがx軸と平行になるとき，2点A，Cはy軸に関して線対称となり，C(2，2)　よって，このときの平行四辺形ACBDの面積は，AC×(点Bのy座標－点Cのy座標)＝$\{2-(-2)\}\times\left(\dfrac{9}{2}-2\right)=10$

(2)　四角形ACBDは平行四辺形だから，AD//BC，AD＝BCより，点Aと点Dのx座標の差と，点

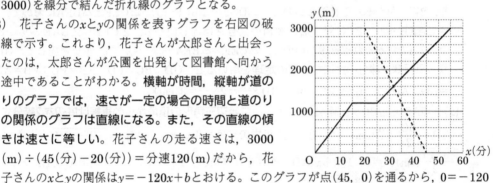

Bと点Cのx座標の差は等しいから，点Cのx座標をcとおくと，$0-(-2)=3-c$より，$c=1$ 点Cは$y=\frac{1}{2}x^2$上にあるから，そのy座標は$y=\frac{1}{2}\times 1^2=\frac{1}{2}$ よって，$C\left(1,\ \frac{1}{2}\right)$ 同様にして，点Aと点Dのy座標の差と，点Bと点Cのy座標の差は等しいから，点Dのy座標をdとおくと，$d-2=\frac{9}{2}-\frac{1}{2}$より，$d=6$

(五) (合同の証明，三平方の定理，円の性質，線分の長さ，面積)

1 (証明) (例)△ACGと△ADEにおいて，共通な角だから，∠CAG=∠DAE…① 仮定より，AB=AC…② AB=AD…③ ②，③から，AC=AD…④ $\overset{\frown}{AF}$に対する**円周角**だから，∠ACG=∠ABF…⑤ △ABDはAB=ADの二等辺三角形だから，∠ABF=∠ADE…⑥ ⑤，⑥から，∠ACG=∠ADE…⑦ ①，④，⑦で，2つの三角形は，1辺とその両端の角がそれぞれ等しいことがいえたから，△ACG≡△ADE

2 (1) △DGFと△CEFにおいて，GD=AD−AG=AC−AE=EC…① ∠GDF=∠ECF…② ∠FGD=180°−(∠GDF+∠DFG)=180°−(∠ECF+∠CFE)=∠FEC…③ ①，②，③より，1組の辺とその両端の角がそれぞれ等しいので，△DGF≡△CEF…④ △DGFと△BCFにおいて，∠DFG=∠BFC…⑤ **平行線の錯角は等しい**から，∠GDF=∠CBF…⑥ ⑤，⑥より，2組の角がそれぞれ等しいので，△DGF∽△BCF…⑦ △CEFと△BEAにおいて，∠FEC=∠AEB…⑧ $\overset{\frown}{BC}$に対する円周角の大きさは等しいから，∠CFE=∠BAE…⑨ ⑧，⑨より，2組の角がそれぞれ等しいので，△CEF∽△BEA…⑩ ④，⑦，⑩を考慮して，GD//BCより，**平行線と線分の比についての定理**を用いると，GD：BC=FD：FB=FC：FB=AE：AB=AG：AD=4：6=2：3 $BC=GD\times\frac{3}{2}=2\times\frac{3}{2}=3$(cm)

(2) 点Aから辺BCへ垂線AHを引くと，**二等辺三角形の頂角からの垂線は底辺を2等分する**から，$BH=\frac{BC}{2}=\frac{3}{2}$(cm) △ABHに**三平方の定理**を用いると，$AH=\sqrt{AB^2-BH^2}=\sqrt{6^2-\left(\frac{3}{2}\right)^2}=\frac{3\sqrt{15}}{2}$(cm) 点C，Fから辺ADへそれぞれ垂線CI，FJを引くと，四角形AHCIは長方形となるから，$IC=AH=\frac{3\sqrt{15}}{2}$(cm) (1)の④，⑦，⑩を考慮して，FJ//CIより，平行線と線分の比についての定理を用いると，JF：IC=FG：GC=FG：(FG+FC)=FE：(FE+FC)=AE：(AE+AB)=4：(4+6)=2：5 $JF=IC\times\frac{2}{5}=\frac{3\sqrt{15}}{2}\times\frac{2}{5}=\frac{3\sqrt{15}}{5}$(cm) 以上より，$\triangle DGF=\frac{1}{2}\times GD\times JF=\frac{1}{2}\times 2\times\frac{3\sqrt{15}}{5}=\frac{3\sqrt{15}}{5}$(cm²)

＜英語解答＞

(一) 1 エ 2 ウ 3 ア

(二) 1 ア 2 エ

(三) 1 ウ 2 イ 3 ア 4 エ

(四) 1 (1) (エ)・(イ)・(ア)・(ウ) (2) (ウ)・(イ)・(エ)・(ア)

2 (1) (例)① Japan has its own food culture. ② I will read books about traditional Japanese food. (2) (例)What school events does your school have?

(五) 1 ① ア ② イ ③ ア 2 (例)(ア) We will try something new during the summer vacation. (イ) I am not good at speaking English.

3　エ　4　(1)　エ　(2)　ウ　(3)　イ

(六)　1　イ　2　be more interested in　3　(C)　asking　(D)　seen

4　(例)①　困難なことが起こったら　②　お互いに話し合うように言う

5　ウ　6　ウ，オ

＜英語解説＞

(一)・(二)・(三)　(リスニング)

放送台本の和訳は，45ページに掲載。

(四)　(語句の並べ換え，条件・自由英作文：比較，文の構造　他)

1　(1)　A：私の学校の男子の間ではサッカーは野球と同じくらい人気が出てきています。／B：そうなのですか？　私の学校では，男子はサッカーよりも野球が好きです。**<A is as ＋形容詞～＋ as B>** ＝AはBと同じくらい～だ

(2)　A：この花の日本語名は何ですか？／B：それを日本語でヒマワリと呼びます。私の好きな花の1つです。 **<call A B>**＝AをBと呼ぶ

2　(解答例訳)(1)　①　日本には独自の食文化があります。　②　私は伝統的な日本の食べ物についての本を読むつもりです。　(2)　あなたの学校にはどんな学校行事がありますか？

(五)　(会話文問題，メモなどを用いた問題：文の挿入，和文英訳，適語補充，内容真偽)

(全訳)　スミス：ハイ，アヤ。ハイ，ナミ。何をしているのですか？

綾　：こんにちは，スミス先生。私たちはこの夏の計画について考えているところです。

奈美　：(ア)私たちは，夏休み中に，何か新しいことに挑戦するつもりです。

スミス：それはとてもいいですね！　良いお知らせがありますよ。私たちの市のイングリッシュキャンプが8月に開催されます。私は先生としてそれに参加する予定です。君たちが英語がとても好きだということは知っていますよ。君たちがキャンプに参加してくれるといいと思います。

綾　：面白そうですね。もっと詳しく教えていただけますか？

スミス：もちろんです。これがそのキャンプについてのチラシです。8月1日から3日までわかば学習センターで行われます。生徒たちはそこに3日間滞在します。

奈美　：①夜はそこで眠るのですか？

スミス：そうです。家から離れて2晩過ごすために必要なものを持って来なければいけません。またイングリッシュキャンプの費用も持って来る必要があります。君たちはイングリッシュキャンプをきっと楽しめると思いますよ，英語もより上手になるでしょう。

綾　：プログラムは生徒たちがたくさんの英語の活動をすることを示しています。1日目の，ゲームと外国の文化ではどんなことをするのですか？

スミス：ゲームでは，先生たちが作ったクイズを楽しみます。いろいろな学校から来た生徒たちがゲームを通してお互いに良い関係を築くことができると思いますよ。外国の文化では，さまざまな国から来たすべての先生たちが彼らの国の文化について話をします。

奈美　：わかりました。②2日目はどうですか？　ロールプレイについて教えてください。

スミス：いいですよ。買い物や道案内などのようないくつかの場面での役割を通して，生徒たちはそれぞれの場面で英語でなんと言うのかを学びます。

奈美　：楽しそうですね。生徒たちはその日の夕方は夕食を作るのですか？

スミス：そうです。先生たちと一緒に外国の料理を作ります。その活動では，③先生たちがそれらの作り方を生徒たちに教えます。

奈美　：すごいですね！　たくさん興味深い活動があります。イングリッシュキャンプに参加しましょう，綾。

綾　　：いいわ！スミス先生，特別活動について質問があります。1日目にひとつだけ活動を選び，2日目にもう1つ選ぶのですか？

スミス：そうです。イングリッシュキャンプに参加する前に，各日どれを選ぶか決めなければいけません。

綾　　：分かりました。私は1日目にスピーキングコースを選びたいです。あなたはどちらのコースを選びたい，奈美？

奈美　：そうねえ…，(イ)私は英語を話すことが得意ではありません。リスニングコースを選ぼうかなと思っているわ。

スミス：それもいいですね，でも君はスピーキングコースを選んだ方がいいと思いますよ。君にとって弱点を克服することは大切なことです。

奈美　：先生のおっしゃりたいことはよく分かります，スミス先生。だから私はそのコースを選ぶことにします。綾，2日目はどちらのコースを選ぶつもり？

綾　　：私はライティングコースを選ぶつもりなの，私は時々外国にいる友だちにメールを送るからよ。

奈美　：わかったわ。私も同じコースを選ぶわ。スミス先生，3日目には何をするのですか？

スミス：各グループが先生たちから与えられたテーマについて英語で発表をします。

綾　　：ワクワクします。奈美，今から一緒にイングリッシュキャンプのウェブサイトを見ましょう。ありがとうございました，スミス先生。

奈美　：ありがとうございました，スミス先生。イングリッシュキャンプが待ち遠しいです。

スミス：私もです。それではまた会いましょう。

イングリッシュキャンプ(中学生向け)

日付：8月1日～3日

場所：わかば学習センター

［わかば駅からわかば学習センターまで私たちのバスに乗ることができます。］

費用：3,700円

生徒数：50人

ウェブサイトを訪問してください

https://www.○○○.com/

より詳しいイングリッシュキャンプの情報と参加方法が分かります。

《プログラム》

1日目：グループミーティング，ゲーム，外国の文化

特別活動１

リスニングコースまたはスピーキングコース

2日目：ロールプレイ，お楽しみタイム，夕食作り

特別活動２

リーディングコースまたはライティングコース

3日目：発表をする

1　全訳参照。　①　空所①直前及び直後のスミス先生の発言に注目。3日間滞在し，宿泊に必要なものを持って来る必要があると説明している。　②　空所②の後の奈美とスミス先生の発言及びチラシの内容に注目。ロールプレイの活動があるのは2日目。How about ～？＝～はどうですか？　③　空所③直前のスミス先生の発言に注目。先生たちと夕食を作ると説明しているのでアが適当。　how to ～＝どのように～するのか，～のしかた

2　(ア)　意志を表す未来　will を使って表現できる。**something** は**<something ＋形容詞>の形で後ろから修飾する。**　(イ)　**～することが得意＝<be 動詞＋ good at ＋～ ing>**

3　(問題文・解答訳) 最終的に奈美は1日目と2日目にどのコースを選びましたか？／彼女は1日目はⓐスピーキングコースを，2日目はⓑライティングコースを選びました。　全訳参照。スミス先生の9番目の発言から奈美の8番目の発言までの内容に注目。

4　全訳参照。　(1)　スミス先生はイングリッシュキャンプで〔ア　買い物のような場面でいくつかの役割を楽しむ。　イ　彼の国の文化について話す予定ではない。　ウ　1日目にどのコースを選ぶかと綾に聞く。　エ　綾と奈美に何をするかを話す。(○)〕　スミス先生は対話の中でイングリッシュキャンプでは何をするのかを綾と奈美に説明している。　(2)　綾と奈美は〔ア　お互いに英語でメールをやり取りしたいと思っている　イ　彼女たちが選んだテーマについて発表をすることができる　ウ　先生たちが作った英語のクイズで楽しむ(○)　エ　スミス先生に他の先生たちと良い関係を築くように言う〕。　スミス先生の5番目の発言に注目。　(3)　チラシが示していることは〔ア　バスが生徒たちを家からわかば学習センターまで連れていくということだ　イ　ウェブサイトにイングリッシュキャンプのより詳しい情報があるということだ(○)　ウ　お楽しみタイムはイングリッシュキャンプの最初の日に行われる　エ　生徒たちはわかば学習センターまでバスで50分を要する〕。チラシの内容参照。

(六)　(長文読解問題・エッセイ：文の挿入，語句の挿入，語形変化，日本語で答える問題，内容真偽)

(全訳)　僕はボランティア活動が好きです。僕にとって，ボランティア活動で熱心に働く人たちと触れ合うのは楽しいことです。2週間前，僕は僕のような人たちのためのイベントに参加しました。そのイベントでは，多くの人たちが僕に話しをしてくれました，そして僕は彼らから興味深い話を聞きました。今日は，それらの話の中からいくつかをお話しするつもりです。

最初の話はミカから聞きました。彼女は20歳です。現在彼女は芸術学校で写真を学んでいます。[ア]彼女はお父さんからカメラをもらい，14歳の時に写真を撮り始めました。彼女のお父さんは彼女がとった写真が大好きで，彼女によくこう言っていました，「(A)君が撮る写真は人を幸せにすることができるよ。」彼の言葉のおかげで彼女は写真の力に気づきました。そして彼女は写真を通してどのように他の人たちの助けになることができるかということに思いをめぐらせました。毎週末，彼女は彼女の町の観光スポットを訪れ多くの観光客に会い，彼らのカメラで彼らの写真を撮っています。彼らの写真を撮る前に，彼女はいつも彼らと話す時間をもち，彼らの顔に笑顔が生まれるように努力しています。彼女は良い写真にはそれが必要だと信じているのです。そして彼女は，彼女が撮る一枚一枚の写真が，観光客が彼女の町で過ごした良い時間を思い出すことに役立てばいいと思っているのです。(B)彼女はまた，観光客に彼女の町に[もっと興味をもって]もらいたいと思っています。実際，彼女は彼女が会った多くの観光客からよくメールを受け取ります。そして彼らは，彼女の町をもっとよく知るためにもう一度訪れるつもりだというのです。彼女はそれについてとても喜んでいます。

次はダイスケから聞いた話です。彼は17歳です。彼はインターネットで，お年寄りの中には若

い人たちと触れ合う機会をもたない人たちがいることを知りました。そこで彼は老人ホームでのボランティア活動に参加し，そういう人たちのために何かしようと決めました。今では，彼はそこのお年寄りに愛されています。はじめに，彼は彼らと話し軽い運動をする時間をもちます，それから彼らのために*抹茶*を淹れるのです。彼は高校で茶道部に入っています。その老人ホームのある老婦人は長年の茶道の経験があります。[イ]彼女の名前はタナカさんです。彼女は彼に良いアドバイスをくれます。彼は老人ホームを訪問すると，いつも茶道について彼女に(C)質問することを楽しんでいます。彼は，そこでのボランティア活動は彼の成長を助けていると言います。

最後はサキからの話です。彼女は22歳です。毎年夏に，彼女はボランティアスタッフのメンバーとして子どもたちを島に連れて行き，野外活動で楽しませています。彼女はこのボランティア活動に参加することを決めるのにそれほど多くの時間を必要としませんでした。彼女にはそのことに関して異なる2つの理由があります。ひとつ目は，彼女は子どもたちと触れ合うことが大好きなのです。彼女は，子どもたちが笑顔を見せてくれるといつも嬉しく感じます。[ウ]二つ目は，彼女は彼女自身を変えたいと思っているのです。彼女は内気で，人前でうまく話せない時があります。彼女はボランティア活動を通してそうではない人になれたらいいと思っているのです。島では，子どもたちは海水浴や山でハイキングをすることを通して楽しい時間を過ごします。山から(D)見える多くの島々はとても美しいです。子どもたちは自分のことは自分でしなければなりません，島には家族と一緒には来ることはできないからです。彼女には子どもたちと触れ合う時，(E)彼女自身のやり方があります。困った時に，彼女は子どもたちにアドバイスを与える前にお互いに話し合うように言います。彼女は子どもたちにどのようにして他の人たちを助けることができるのかを学んでほしいと思っているのです。彼女は，今何かが彼女の中で変わってきていることに気づいています。

皆さんはこれらの話についてどう思いますか？　僕たちはボランティア活動を通してたくさんの人生を豊かにするような経験をしています。僕の母はよくこう言います，「他の人たちを助けることは，つまりあなた自身を助けることなのよ。」確かにそうです。[エ]そして僕は，ボランティア活動はみんなにとってのより良い未来を作るために役立つと信じています。僕は，多くの人たちがボランティア活動にもっと興味をもつといいなと思います。

1　全訳参照。(A)直前の一文に注目。彼女の父は彼女が撮る写真が好きだったとあるのでイが適当。**<make A B>＝AをBにさせる，する**

2　全訳参照。(B)の文の前後の文脈から，ミカが彼女の町を訪れる観光客に対して彼女の街に関心を抱いてほしいと思っていることが読み取れる。それをふまえて[4]・[5]段落から近しい言葉を探す。be interested in ～＝～に興味がある

3　全訳参照。(C)　**enjoy ～ing ＝～することを楽しむ，～して楽しむ**　(D)　see の過去分詞 seen で「見られる」という受け身の意味を表す。seen from the mountain が Many islands を後ろから修飾している。

4　全訳参照。第4段落最後から3文目に注目。

5　全訳参照。第4段落空所[ウ]の前までの文脈に注目。サキがボランティア活動に参加する理由を説明しており，空所[ウ]の直前の2文で「ひとつ目」の理由の記述がある。

6　全訳参照。　ア　拓海はボランティア活動の経験がない人たちのためのイベントに参加した。　イ　ミカは彼女の町の観光スポットで，彼女のカメラで観光客の写真を撮っている。　ウ　ミカは観光客と触れ合うことで，良い写真のために彼らが笑顔を見せてくれるといいと思っている。(○)　第2段落9文目参照。　エ　ダイスケは高校で，タナカさんと彼女の友だちに茶道を習っている。　オ　ダイスケは，老人ホームでのボランティア活動を通して成長できると思っている。(○)　第3段落最後の一文参照。　カ　サキはボランティアスタッフのメンバーとして，子

どもたちと彼らの家族と共に島に滞在する。　キ　サキは，彼女にとって最も良いボランティア活動を選ぶのを手助けする人を必要としている。

2023年度英語　リスニングテスト

〔放送台本〕

(一)　次の1～3の英語による対話とそれについての質問が2回ずつ読まれる。その英文を聞いて，質問に対する答えとして最も適当なものを，問題用紙のア～エの中からそれぞれ一つ選び，その記号を解答欄に記入する。

1　A: This one looks so delicious. Can I get it?
B: Sure. Is that all?
A: Yes.
Question: Where are they talking?

2　A: Have you decided a birthday present for our father, Akira?
B: No, I haven't. Have you decided, Yumi?
A: Yes. I'm going to make a birthday cake for him. Akira, when you gave him a cap last year, he looked so happy. So I think you should give him something to wear.
B: Then, I'll give him a T-shirt. I know a good shop.
Question: What did Akira give his father as a birthday present last year?

3　A: Can we visit the bookstore before going to the museum tomorrow?
B: I think we should visit the museum first. At the bookstore, we always buy many books. I don't like visiting any places with heavy books we'll buy.
A: OK. I agree.
B: Before visiting the bookstore, do you want to go to the new coffee shop near the museum?
A: Yes. I hope tomorrow will be a nice day.
B: I hope so, too.
Question: Which is the third place they will visit tomorrow?

〔英文の訳〕

1　A：これがとてもおいしそうです。これをいただけますか？
B：かしこまりました。以上でよろしいですか？
A：はい。
質問：彼らはどこで話をしていますか？

2　A：お父さんへの誕生日プレゼントは決めたの，アキラ？
B：まだなんだ。君はもう決めたの，ユミ？
A：決めたわ。彼のために誕生日ケーキを作るつもりよ。アキラ，去年あなたが彼に帽子をあげた時，彼はとても嬉しそうだったわよ。だから何か着るものをあげるといいと思うわ。
B：それなら，僕は彼にTシャツをあげるよ。いいお店を知っているんだ。
質問：アキラは去年彼のお父さんに誕生日プレゼントとして何をあげましたか？

3 A：明日美術館に行く前に本屋さんに行くことはできますか？
B：美術館に先に行った方がいいと思います。本屋さんでは，私たちはいつもたくさん本を買います。買った重い本を持ってどこかへ行きたくありません。
A：そうですね。賛成です。
B：本屋さんへ行く前に，美術館の近くにある新しいコーヒーショップに行きたいですか？
A：はい。明日は晴れるといいですね。
B：私もそう思います。
質問：明日彼らが3番目に訪れる場所はどこですか？

〔放送台本〕

(二)　次の1，2の英語による対話が2回ずつ読まれる。その英文を聞いて，チャイムの部分に入る受け答えとして最も適当なものを，問題用紙のア～エの中からそれぞれ一つ選び，その記号を解答欄に記入する。

1 A: It's raining now. So I'll take you home by car.
B: You're so kind. Thank you.
A: (チャイム)

2 A: Sayaka, you said you were not feeling fine this morning. How are you feeling now?
B: I'm feeling cold. And I don't want to eat anything.
A: (チャイム)

〔英文の訳〕

1 A：今は雨が降っています。だからあなたを家まで車で連れていきますよ。
B：ご親切に。ありがとう。
答え　A：ア　かまいませんよ。

2 A：サヤカ，今朝具合が良くないと言っていましたね。今はどうですか？
B：寒く感じます。そして何も食べたくありません。
答え　A：エ　病院へ行くべきです。

〔放送台本〕

(三)　次の英文(ジョン先生が英語の授業で生徒に伝えた内容)が通して2回読まれる。その英文を聞いて内容についての1～4の英語の質問に対する答えとして最も適当なものを，問題用紙のア～エの中からそれぞれ一つ選び，その記号を解答欄に記入する。

Hello, everyone. My name is John. I'm from America. I'm thirty-two years old. I came to Japan three years ago as an English teacher. This is my second time to stay in Japan. Today, let me tell you about my first time.

When I was fifteen, I came to Japan with my father. My father has a friend who lives in Japan. His name is Mr. Kimura. We stayed at his house for three weeks. His favorite sport is baseball, and I love it, too. I talked a lot about baseball with him. One day, Mr. Kimura and I went to a stadium to watch a baseball game. That was my best experience.

Mr. Kimura has a child, Maki. She liked English and wanted to speak English better. So she talked to me in English many times. She also helped me learn Japanese. By using some Japanese, I made many friends in Japan.

It's fun to learn foreign languages. I hope you'll try to use English and make a lot of friends. That will make your life more exciting. Please enjoy English classes.

〔質問〕

1 How old was John when he came to Japan as an English teacher?

2 Who watched a baseball game with John at a stadium?

3 Why did Maki try to talk to John a lot?

4 What does John want the students to do?

〔英文の訳〕

こんにちは，皆さん。私の名前はジョンです。アメリカから来ました。32歳です。3年前に英語の教師として日本に来ました。これが2回目の日本滞在です。今日は，皆さんに私の初めて(の日本滞在)についてお話させてください。

私が15歳の時，父と一緒に日本に来ました。私の父には日本に住む友だちがいるのです。彼の名前はキムラさんです。私たちは彼の家に3週間滞在しました。彼の好きなスポーツは野球で，私も野球が大好きです。私は彼と野球の話をたくさんしました。ある日，キムラさんと私は球場に野球の試合を見に行きました。それは私のいちばんの経験でした。

キムラさんにはマキという子どもがいます。彼女は英語が好きで，英語をもっと上手に話したいと思っていました。だから彼女は私に英語で何度も話しかけました。彼女はまた，私が日本語を学ぶことを助けてくれました。(多少の)日本語を使って，私は日本でたくさんの友だちをつくりました。

外国語を学ぶことは楽しいです。私は，皆さんが英語を使って友だちをつくろうとしてくれるといいと思っています。そうすれば皆さんの人生はよりワクワクするものになるでしょう。英語の授業を楽しんでください。

〔質問〕

1　ジョンは，英語の教師として日本に来た時，何歳でしたか？
　答え：ウ　29歳

2　球場でジョンと一緒に野球を見たのは誰ですか？
　答え：イ　マキの父です。

3　なぜマキはジョンとたくさん話そうとしたのですか？
　答え：ア　なぜなら彼女は彼女の英語を上達させたかったからです。

4　ジョンは生徒たちに何をしてほしいと思っていますか？
　答え：エ　彼は生徒たちに，英語を通してたくさん友だちをつくってほしいです。

<理科解答>

(一)　1　(1)　0.25(A)　　(2)　エ

2　(1)　誘導電流　　(2)　イ

3　(1)　右図　　(2)　20.0(cm)

(3)　①　ア　　②　ウ

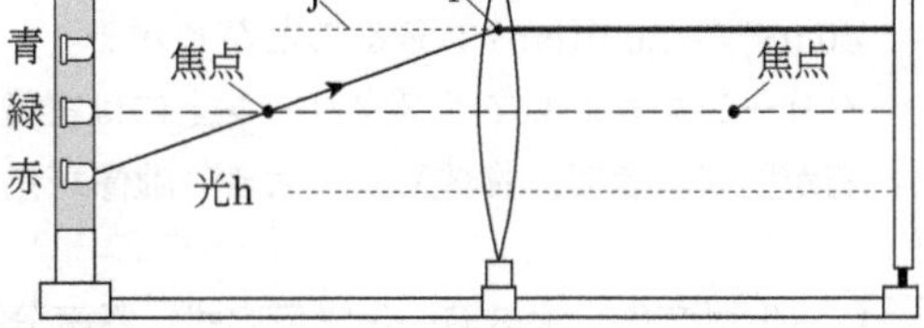

(二)　1　(1)　$(CuCl_2 \rightarrow)Cu^{2+} + 2Cl^-$

(2)　塩素　　(3)　①　イ　　②　エ

(4) ウ 2 (1) 溶媒 (2) S (3) イ
(4) 24(%) (5) イ

(三) 1 (1) Ⅰ A(と)C Ⅱ B(と)D (2) ア (3) ① 柔毛 ② ア
③ エ 2 (1) (子は，親と)同じ遺伝子を持つため，親と同じ形質が現れる。
(2) ① ア ② イ ③ ア (3) 右図

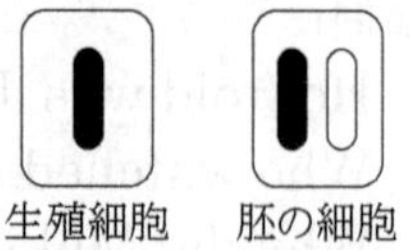

(四) 1 (1) ① ア ② 津波 (2) C
(3) (9時)43(分)44(秒) (4) ウ
2 (1) d (2) エ (3) イ

(五) 1 (1) 右図 (2) ① イ ② ウ

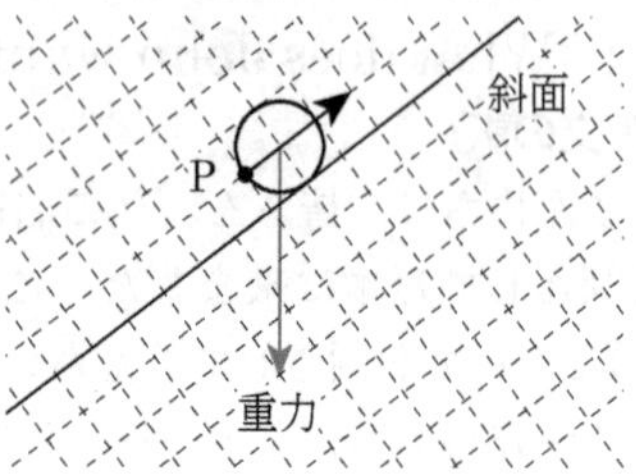

2 (1) 地点Xより標高が高い (2) 240(N)
3 (1) (質量) 小さくなった (理由) (発生した気体が)容器の外へ出ていったから。
(2) (法則) 質量保存(の法則) (理由) エ
4 (1) イモリ (2) ① イヌ，ニワトリ
② 恒温

＜理科解説＞

(一) (電流と磁界，光―抵抗，誘導電流，焦点距離，実像)

1 (1) **抵抗**(Ω)=電圧(V)÷電流(A)より，電流(A)=電圧(V)÷抵抗(Ω)=5.0(V)÷20(Ω)=0.25(A) (2) **磁界**の中でコイルに電流が流れると，コイルは力を受けて動く。このとき，受ける力の向きは，電流の向きと磁界の向きによって決まる。また，電流が大きいほど，コイルが磁界から受ける力は大きい。コイルが受ける力を大きくするためには，回路に流れる電流を大きくすればよいので，a～cを組み合わせた全体の抵抗がなるべく小さくなるように組み合わせる。それぞれの組み合わせでの全体の抵抗は，アは直列なので20+10=30(Ω)，イは並列なので10Ωより小さい。ウは10+5.0=15.0(Ω)，エは5.0Ωより小さい。

2 (1) 磁石やコイルを動かすことで，コイル内部の磁界が変化すると，電圧が生じてコイルに電流が流れる。この現象を**電磁誘導**といい，このとき流れる電流を**誘導電流**という。 (2) 実験3で，棒磁石のN極がコイルの上端に近づいたときに，発光ダイオードKの+から−に電流が流れて点灯した。実験4では，棒磁石のS極がdの向きに動いてコイルの上端に近づいたときは，実験3と逆の向きに電流が流れてLが一瞬点灯し，eの向きに動かしてS極がコイルの上端から遠ざかったときは，実験3と同じ向きに電流が流れてKが一瞬点灯する。

3 (1) 物体Mから出て凸レンズの軸に平行に進む光は，凸レンズを通って屈折し，**焦点**を通るようにスクリーンまで直進する。一方，物体Mから出て凸レンズの手前の焦点を通った光は，凸レンズを通ってから軸に平行に直進する。 (2) **焦点距離**の2倍の位置にある物体Mから出た光は，凸レンズを通って，焦点距離の2倍の位置にあるスクリーン上に，物体Mと同じ大きさのはっきりした**実像**を結ぶ。表1で，距離Zが実物と等しい3.0cmの測定2の結果から，焦点距離は，40.0÷2=20.0(cm)であることがわかる。 (3) 物体Mが焦点と凸レンズの間にあるとき，スクリーンを動かしてもスクリーン上には実像ができない。凸レンズをのぞくと，物体Mと上下左右が同じ向きで，物体Mより大きい**虚像**が見える。

(二) (化学変化，水溶液―化学反応式，電気分解，気体の性質)

1　(1)　水に溶かしたときに，水溶液に電流が流れる物質を**電解質**という。塩化銅($CuCl_2$)は電解質で，水に溶けると**電離**して銅イオン(Cu^{2+})と塩化物イオン(Cl^-)になる。　(2)　塩化銅水溶液に電流を流すと，陽極の表面では塩化物イオンが**電子**を1個失って塩素原子(Cl)になる。この塩素原子は2個ずつ結びついて塩素分子(Cl_2)になり，気体となって空気中に出ていく。$2Cl^- \rightarrow Cl^{2+}2e^-$　一方，陰極では銅イオンが電子2個を受けとって銅原子(Cu)となり，陰極の表面に付着する。$Cu^{2+}+2e^- \rightarrow Cu$　(3)　図1では，電極Nが陽極，電極Mが陰極になっていて，陰極の表面に銅が付着した。電極の接続を逆にすると，電極Nが陰極になり，銅が付着する。
(4)　塩酸は次のように電離する。$HCl \rightarrow H^+ + Cl^-$　うすい塩酸に電流を流すと，**電気分解**して陽極には塩素，陰極には水素(H_2)が発生する。気体Xは塩素，気体Yは水素である。アは塩素，イは二酸化炭素，エはアンモニアを確認する方法で，水素は気体そのものが空気中で燃焼する。

2　(1)　食塩水をつくったとき，食塩のように水に溶けている物質を**溶質**といい，水のように溶質を溶かす液体を**溶媒**という。溶質が溶媒に溶けた液全体を溶液という。また，溶媒が水である溶液を水溶液という。　(2)　一定量の水に，ある物質を溶ける量の上限まで溶かした水溶液を，その物質の**飽和水溶液**という。物質を100gの水に溶かして飽和水溶液にしたとき，溶けた物質の質量を**溶解度**という。図3にあるように，溶解度は物質によって異なり，水の温度によって変化する。60℃における溶解度の大きい順に示すと，P＞Q＞R＞Sとなる。これらを同じ質量ずつ同じ量の水に加えると，溶解度の最も小さい物質が最も多く溶け残る。　(3)　固体の物質を水に溶かし，温度による溶解度の差を利用して，再び**結晶**としてとり出すことを**再結晶**という。図3より，物質Pの溶解度が30g付近になる水の温度は，およそ18℃と読みとることができる。溶解度が30g以下になると，溶けきれなくなった溶質が結晶になって出てくる。　(4)　表1より，20℃における溶解度は32gなので，水25gでは，32÷4＝8(g)まで溶ける。このときの質量パーセント濃度は，質量パーセント濃度(％)＝溶質の質量(g)÷溶液の質量(g)×100＝溶質の質量(g)÷(溶質の質量＋溶媒の質量)(g)×100より，8÷(25＋8)×100≒24.2(％)　(5)　20℃の水25gに溶けている物質Pの質量は8gなので，再結晶によって出てきた物質Pの結晶は，15－8＝7(g)

(三)　(消化と吸収，生物のふえ方―対照実験，消化酵素，柔毛，遺伝子，生殖，染色体)

1　(1)　デンプンがあると，ヨウ素溶液と反応して青紫色に変化する。だ液のはたらきによってデンプンが変化したことを確認するには，だ液の有無だけが異なる試験管にヨウ素溶液を加えた結果を比較する。麦芽糖などがあると，ベネジクト溶液を加えて加熱すると赤褐色の沈殿が生じるので，麦芽糖の有無を確認することができる。　(2)　トリプシン(すい液に含まれる)とペプシン(胃液に含まれる)はタンパク質，リパーゼ(すい液に含まれる)は脂肪を分解する**消化酵素**である。　(3)　小腸のかべにはたくさんのひだがあり，その表面に**柔毛**があることで，小腸の表面積は非常に大きくなっている。このため効率よく養分を吸収することができる。デンプンが分解されてできたブドウ糖とタンパク質が分解されてできたアミノ酸は，柔毛で吸収されて**毛細血管**に入る。また，脂肪が分解されてできた脂肪酸とモノグリセリドは柔毛で吸収された後，再び脂肪になって**リンパ管**に入る。胆汁には消化酵素が含まれていないが，脂肪の分解を助けるはたらきがある。

2　(1)　動物では卵と精子，**被子植物**では卵細胞と精細胞の**生殖細胞**が結合し，1個の細胞になることを**受精**という。**無性生殖**は受精を行わない生殖で，図2のように，植物がからだの一部から新しい個体をつくる**栄養生殖**などがある。無性生殖では，子は親の**染色体**をそのまま受けつぐので，子の形質は親の**形質**とまったく同じものになる。　(2)　おしべの先端の**やく**で花粉がつくられ，この花粉がめしべの先端の**柱頭**につくことを**受粉**という。花粉から柱頭の内部へと**花粉管**

がのびて，精細胞がめしべの中を**胚珠**まで運ばれる。 (3) 生殖細胞がつくられるときは，**減数分裂**によって染色体の数は減数分裂前の半分になる。その結果，生殖細胞が受精してできる**受精卵**の染色体の数は，減数分裂前の細胞と同じになる。種子Hの**胚**の細胞は，Eの染色体1本とQの染色体1本の両方を受けついだ模式図で表すことができる。

(四) (地震，天体―震源，津波，初期微動，主要動，地球の公転，太陽の日周運動)

1 (1) ① 地震のゆれは，地下の岩盤のずれによって発生したP波とS波が地表まで伝わったもので，地下の地震が発生した場所を**震源**といい，震源の真上の地点を**震央**という。地震によるゆれの大きさは，日本では10段階の**震度**で表される。また，地震の規模を表すエネルギーの大きさは，**マグニチュード**で表される。 ② 海底の地下を震源とする大きな地震が発生すると，海底が急激に隆起したり沈降したりすることがある。それによって，海水が高波となって海岸地方に押し寄せるものが**津波**である。 (2) 地震が起こると，初めに小さくゆれる**初期微動**を伝えるP波と，その後に大きくゆれる**主要動**を伝えるS波が，震源で同時に発生する。P波の方がS波よりも速く伝わるため，初期微動が始まってから主要動が始まるまでの**初期微動継続時間**は，震源からの距離が大きいほど長くなる。図2で，初期微動は10秒間続いているので，図1で初期微動継続時間が10秒の地点を選ぶ。 (3) 初期微動継続時間は，震源からの距離に比例している。図1で，A～Dを直線で結び，初期微動継続時間が0秒になるときが，地震Jの発生時刻にあたる。
(4) 地震Bの初期微動継続時間は8秒なので，主要動が始まった時刻は9時43分(56＋8)秒，つまり9時44分4秒である。これは緊急地震速報が発表されてから9秒後にあたる。

2 (1) 図3で，**地軸**の傾きと地球の**公転**の向きから考えて，Eは夏至，Fは秋分，Gは冬至，Hは春分の地球の位置を示している。図4に示されたような地球の**自転**による太陽の1日の見かけの動きである**日周運動**を，北半球で春分に観測すると，太陽は真東から出て南の空を通り，真西に沈む。したがって，aは南，bは東，cは北，dは西にあたる。 (2) 天体が，天頂より南側で**子午線**を通過することを**南中**という。春分から1か月後には，日の出と日の入りの位置はいずれも北寄りに移動して，南中高度は高くなる。 (3) 秋分→冬至→春分の間の南極点での太陽の日周運動の道すじは，地平線に平行に，高さを変えることなく動いていくように観測される。

(五) (小問集合―力のはたらき，気象，化学変化，動物の分類)

1 (1) 小球にはたらく**重力**は，斜面に平行で下向きの**分力**と斜面に垂直な分力に**分解**することができる。このとき重力を示す矢印は，2つの分力を2辺とする平行四辺形の対角線になる。手が小球を静止させる力は，重力の斜面下向きの分力と同じ大きさで，向きが逆である。
(2) 斜面をのぼる運動をしている小球には，重力の斜面下向きの分力がはたらいている。運動の向きとは逆向きに一定の大きさの力がはたらくため，小球の運動の速さはしだいに小さくなっている。

2 (1) 地球上にあるものには，その上空の空気にはたらく重力による力が加わっていて，それによって**大気圧**が生じている。したがって，同じ地点でも高度が高くなるほど大気圧は小さくなる。 (2) **圧力**は，単位面積あたりにその面を垂直に押す力の大きさで表される。圧力(Pa)＝面を垂直に押す力(N)÷力がはたらく面積(m^2)なので，それぞれの地点で大気が押す力の大きさは，地点Xでは，102000(Pa)×0.03(m^2)＝3060(N)，地点Yでは，94000(Pa)×0.03(m^2)＝2820(N) したがって，3060－2820＝240(N)

3 (1) **化学変化**が起こる前後で，物質全体の質量は変わらない。これを**質量保存の法則**という。したがって，うすい塩酸と炭酸水素ナトリウムを混ぜ合わせて反応させても，容器のふたを閉めたままなら，物質の出入りがないので，容器を含めた全体の質量は変化しない。　(2)　化学変化では，物質をつくる原子どうしの組み合わせは変化するが，原子が新しくできたり，なくなったりはしない。そのため，化学変化の前後で原子の種類とそれぞれの数は変わらない。

4　(1)　背骨のある**セキツイ動物**にあてはまるのはイヌ，イモリ，ニワトリ。このうち**卵生**はイモリとニワトリだが，殻のない卵を産むのは両生類のイモリである。　(2)　①　体温がほぼ一定に保たれる動物には，セキツイ動物の中のホニュウ類(イヌ)と鳥類(ニワトリ)があてはまる。　②　体温をほぼ一定に保つしくみをもつ動物は，**恒温動物**とよばれる。一方，環境の温度の変化にともなって体温も変化する動物は，**変温動物**とよばれる。

＜社会解答＞

(一)　1　エ　　2　(例)戸籍に登録されている6歳以上の全ての人々(に)　　3　ア→エ
4　北条泰時　　5　ア　　6　解体新書　　7　イ

(二)　1　ウ　　2　ウ→エ→ア→イ　　3　甲午農民戦争　　4　ラジオ　　5　リットン
6　(例)治安維持法が廃止され，政治活動の自由が認められた　　7　ア

(三)　1　(1)　(例)日照権を守ろうとしている(から)　　(2)　公共の福祉　　2　PKO
3　(A党)　3(人)　　(B党)　1(人)　　(C党)　1(人)　　4　イ　　5　ウ

(四)　1　(例)卸売業者を通さず，生産者から直接買い付ける(経路)　　2　発券(銀行)
3　①　ア　　②　エ　　4　マイクロクレジット　　5　イ・オ

(五)　1　(1)　奥羽(山脈)　　(2)　(記号)　い　　(県名)　新潟(県)　　(3)　(例)(暖流の)黒潮と寒流の親潮がぶつかる潮目になっている(ので)　　2　ウ　　3　ア　　4　イ

(六)　1　(1)　ウ　　(2)　エ　　(3)　①　インド洋　　②　ウ　　(4)　(記号)　あ
(国の名)　イラン　　2　イ　　3　(例)工業生産が減少し，失業者が増加した(ので)

＜社会解説＞

(一)　(歴史的分野―日本史―時代別―古墳時代から平安時代，鎌倉・室町時代，安土桃山・江戸時代，日本史―テーマ別―政治・法律，文化・宗教・教育)

1　①は古墳時代のできごと。アは室町時代，イは江戸時代，ウは平安時代のできごと。

2　戸籍は**6年**ごとに作成された。奈良時代になると人口増加により**口分田**が不足し，**班田収授**が実施しづらくなっていった。

3　アは平安時代初期，イは663年，ウは1192年，エは939年のできごと。

4　**北条泰時**は鎌倉幕府3代執権。

5　**足利義満**が京都の北山に**金閣**を建てたことから，この頃の文化を**北山文化**という。イは平等院鳳凰堂(国風文化)，ウは姫路城(桃山文化)，エは東大寺南大門(鎌倉文化)。

6　『解体新書』は**杉田玄白**らによって著された。

7　**ラクスマン**は鎖国中の日本にやってきたロシア人。ウはペリーに関する内容。

(二)　(歴史的分野―日本史―時代別―安土桃山・江戸時代，明治時代から現代，日本史―テーマ別―政治・法律，経済・社会・技術，文化・宗教・教育，外交)

1　ハリスが着任したのは，日米和親条約で開港した**下田**(静岡県)。

2　アは1880年，イは1889年，ウは1871年，エは1877年のできごと。

3　東学党の乱ともいう。日清戦争の講和条約は**下関条約**。

4　ラジオ放送の開始によって，文化や政治の大衆化が加速した。

5　リットン調査団が**満州事変**のきっかけである**南満州鉄道**などの調査を行った結果，国際連盟は満州国を承認せず日本軍の撤兵を勧告した。

6　**治安維持法**は，共産主義を取り締まる法律。戦後日本では憲法により**精神の自由**が認められたため，特定の政治思想を持つことで処罰されることはない。

7　八幡製鉄所が**下関条約**で得た賠償金を使って建てられたことから判断する。

(三)　(公民的分野―憲法・基本的人権，国の政治の仕組み・裁判，民主主義，地方自治，国際社会との関わり)

1　(1)　日照権は**環境権**に含まれる。マンションの屋上を階段状にせずに建設した場合，北側の住居の日照時間が短くなる。　(2)　**公共の福祉**とは社会全体の利益や幸福のことで，これに反する場合は自由や権利は制限される。

2　**PKO**について定められたPKO協力法に基づいて，おもに自衛隊が活動する。

3　**ドント式**で議席を配分した場合，1人目の当選者がA党，2人目がB党，3人目がA党，4人目がC党，5人目がA党から，それぞれ選出される。

4　内閣総理大臣の任命は**天皇**が行う。憲法改正の発議は，**国会**が**国民**に向けて行う。

5　地方税収入は，地方公共団体の唯一の自主財源。

(四)　(公民的分野―経済一般，財政・消費生活，公害・環境問題)

1　流通経路が短くなればなるほど，末端価格は安くなる。

2　日本銀行は唯一の**発券銀行**。日本銀行は他に**銀行の銀行**，**政府の銀行**としての役割も担う。

3　景気の回復を促すときは，通貨量を**増やす**政策を行うことから判断する。

4　**マイクロクレジット**とは貧困などで一般の銀行から融資を受けられない人々を対象にした制度で，無償援助ではなく返済義務のある融資を行うことによって，自助努力による貧困からの脱出を促そうとしている。

5　ア　2020年の発電に用いられるエネルギー源別発電電力量の割合が最も大きいのは，日本・アメリカ合衆国が石油・天然ガス，イギリスが再生可能エネルギー。　イ　イギリスにおける再生可能エネルギーの割合は，2010年は10％未満だが，2020年は約40％であることが読み取れる。　ウ　1990年と比べたときの，2020年の発電に用いられる石油・天然ガスの割合は，アメリカ合衆国とイギリスでは大きくなっている。　エ　2020年における，発電に用いられる原子力の割合が最も小さいのが日本である。

(五)　(地理的分野―日本―日本の国土・地形・気候，人口・都市，農林水産業，工業)

1　(1)　**奥羽山脈**は「東北地方の背骨」とよばれる。　(2)　米は，北海道や北陸，東北地方での生産量が多い。新潟県は北海道と並んで，米の生産量が最も多い。　(3)　太平洋側を流れる暖流は**日本海流**，寒流は**千島海流**ともよばれ，それらがぶつかる**三陸海岸沖**は好漁場となっている。

2　日本の河川が短く急であるのは，国土の**3分の2**が山地で面積が狭いからである。

3　日本の工業製品出荷額の大半を占めるのは機械工業。軽工業に含まれる繊維工業は，重化学工業が主流となった戦後日本では割合が少なくなりつつあると考える。

4　年代を経るごとに少子化と高齢化が進むことから判断する。アは2050年，ウは1970年，エは

1930年のグラフ。

(六)　(地理的分野—世界—人々のくらし・宗教，地形・気候，産業，交通・貿易)

1　(1)　赤道は，アフリカ大陸の**ギニア湾**やビクトリア湖，南アメリカ大陸の**アマゾン川**河口付近を通る。　(2)　キャッサバなどのいも類は，アフリカの熱帯地域などで主食にされている。ア・イ・ウの作物は温帯地域などでの栽培がさかん。　(3)　アフリカ大陸の東側の大洋であることから判断する。三大洋のうち，面積が最も大きいのが**太平洋**，2番目に大きいのが**大西洋**。　(4)　(あ)がイラン，(い)が南アフリカ共和国，(う)がブラジル，(え)がアルゼンチン。イランが位置する西アジアは**イスラム教**徒が多い。(い)・(う)・(え)の国では，ともに**キリスト教**徒が多い。

2　サウジアラビアやイラクなど**西アジア**の国がみられることから，Ⅰが原油のグラフとわかる。残ったⅡが，中国が世界一の生産量をほこる石炭のグラフと判断する。

3　日本からの工業製品の輸入が増加する現象は，アメリカ合衆国内で生産された工業製品の売れ行きが悪くなる現象を引き起こすことから判断する。

＜国語解答＞

(一)　1　異なるものの記号　c　　助詞の種類の記号　ウ　　2　ア　　3　エ
4　a　(最初)　自分の共感　　(最後)　のかを知る　　b　言葉による感情の細分化
5　イ　　6　(例)他者の内面を想像し，状況を考慮することで，感情や思考を推理し，その感情や思考，価値観の中に，自分と同一なものを見いだす(という過程を経て，さらに複雑な共感が生じる。)　　7　a　利他的行為　　b　冷静に対処する
c　より適切な方向へ導く力　　8　ウ

(二)　1　とうじょう　　2　こうがい　　3　へだ(たり)　　4　ほころ(びる)

(三)　1　養蚕　　2　宿舎　　3　逆らう　　4　勇ましい

(四)　1　ア　　2　ウ　　3　(1)　貴婦人　　(2)　この国の，自分たちの根源を忘れずに引き継いでいくような建物(にしたいと考えた。)　　4　a　(例)西欧風の建物が増えて江戸の街並みが変わっていく　　b　江戸に生まれ育った者が抱く喪失感　　5　イ

(五)　1　おしえまいらせて　　2　呼子鳥のまた鳴くよ　　3　a　(例)名前を昔から何かで見ていた　　b　(例)飛ぶ練習に出て帰り道に迷うひなを，巣から呼ぶ親鳥　　c　むつかしきことのたまふ人

作文　(例)私が大切にしたいと考えているのは，休息する時間だ。資料でも「ゆっくりと休息する時間」は六割以上の回答を得ていて，多くの人が休息を大切にしているのだとわかる。

毎日たっぷり睡眠をとっているため，常によいパフォーマンスができているという一流アスリートの話を聞いたことがある。私は吹奏楽部に所属していて，ほぼ毎日練習がある。また，練習がない日でも個人練習を欠かしていない。以前は前日の疲れが残っていることが多かった。演奏会前日に練習をしすぎたせいで，演奏会で満足のいく演奏ができないこともあった。しかし，休むことが重要だと気づき，毎日十分な睡眠時間を確保できるように心がけた。今では前日の疲れが残っていることがほとんどなく，毎日の練習が充実している。先月の演奏会も，元気な状態で舞台に上がれ，いい音を出せたと思っている。

毎日を有意義に過ごすために，これからもゆっくりと休息する時間を大切にしたい。

＜国語解説＞

(一) (論説文－大意・要旨，内容吟味，接続語の問題，脱文・脱語補充，熟語，品詞・用法)

1 a「に」，b「の」，d「を」は格助詞。

2 「相互」と「陰影」は，似た意味の漢字を組み合わせた熟語。

3 Aは，前の「他者の感情了解が生じている」という内容を受けたうえで，後で「自分の感情と相手の感情が同じであるという保証はない」という当然のことを述べているので，言うまでもなくという意味の「もちろん」が合う。Cは，前の「言葉は感情を細分化する」ので「微妙な感情の違い」も共有できるという内容に，後で「自我に関わる感情」が人間にはあるために「さらに共感の対象は複雑になる」という内容を加えているので，「しかも」が適当。

4 a 「自分の共感による他者理解が正しいのか間違っているのかを知る」という経験を繰り返すことで共感の精度が高まると[5]段落で説明されている。 b 「微妙な感情の違い」や「自我に関わる感情」を共有できると述べられているのは[6]段落。それらの共有が可能なのは，「言葉による感情の細分化」を経ているからだとある。

5 「独善的」は，他者をかまわずに，自分だけが正しいと考えること。人間は，言葉によって相手と自分の感情が同じであると確信できるのだから，言葉による相互理解がないと，他者をひとりよがりな姿勢で理解してしまうと言える。

6 「想像力」や「推論する理性の力」は，「他者の内面を想像し，他者の状況を考慮することで，他者の感情や思考を推理すること」を可能にする。推理した「他者の感情や思考，価値観の中に自分と同一なもの，重なるもの」を見いだすことで，共感が生じるのである。

7 a 「相手のための行動」を意味する言葉が入る。[2]段落で，「相手が望む行為の選択」を「利他的行為」と言い換えている。 b・c 「認知的共感」が詳しく説明されているのは[11]段落。「認知的共感」による行動は，「情動的共感ほど熱く」はならず「比較的冷静に対処する」ことができるので，「利他的行為をより適切な方向へ導く力」を有しているのである。

8 アは，「嫉妬や怒りは喜びと比べてより大きな共感を生じさせる」が誤り。イは，「他者の感情状態に没入すると自我がめばえ」が正しくない。エは，「幼児や動物には起こり得ない」が合わない。

(二) (知識問題－漢字の読み書き)

1 「搭乗」は，飛行機や船舶に乗り込むこと。

2 「梗概」は，あらすじ。

3 音読みは「カク」で，熟語は「間隔」などがある。

4 音読みは「タン」で，熟語は「破綻」などがある。

(三) (知識問題－漢字の読み書き)

1 「養蚕」は，カイコを飼育し，マユを生産すること。

2 「宿舎」は，宿泊用の建物。

3 音読みは「ギャク」で，熟語は「逆転」などがある。

4 音読みは「ユウ」で，熟語は「勇気」などがある。

(四) (小説－情景・心情，内容吟味，文脈把握，語句の意味，ことわざ・慣用句)

1 「口走る」は，無意識のうちに言ってしまうという意味。

2 「月並み」は，平凡で新鮮さがない様子。

3　(1)　妻木に連れられて洋風建築物を初めて見たとき，ミナは「貴婦人のように凜と美しいたたずまい」という気品を感じながらも，「どこか親しみやすく，温かみ」もあるとも感じている。

(2)　妻木の発言に注目する。「この国の，自分たちの根源を忘れずに引き継いでいくような建物にしたい」という発言に，妻木の考えが示されている。

4　直後で，ミナは「江戸に生まれ育った者が抱く喪失感を，夫は私の中にも見ていた」のかもしれないと感じている。「江戸に生まれ育った者が抱く喪失感」とは，西欧風の建物が建つことで，「江戸の頃はまた遠くに行っちまう」と，街並みが変化することを寂しく思う気持ちのこと。

5　イが，本文中から読み取れるミナの心情と一致する。

(五)　(古文－内容吟味，文脈把握，仮名遣い)

〈口語訳〉　鶴丸翁が知っている浪花の人が，石見国に行ったとき，何かはわからないが，近くにある梢で鳥がこぼこぼと鳴いた。遊んでいた子どもが，老婆に，呼子鳥がまた鳴いているよと告げているのを，その浪花の人はすぐに聞きつけて，老婆に，「子どもが言った呼子鳥というのは，今，梢でこぼこぼと鳴いている鳥のことですか。」と尋ねたところ，「確かにそうです。」と答えた。「呼子鳥という名前は昔から書物などで目にしているのですが，何を指しているのかわからずにいて，今，子どもがあのように言ったのはこのあたりでは，いつも言うことなのですか。」と問うと，「めずらしいことをお尋ねになるのですね。このあたりでは子どもでもよく知っていて，言うのですよ。」と答えたところ，「ではその今鳴く鳥の梢はどこですか。姿もよく見て，友人への旅の土産にもしたい。」と頼んだ。老婆は，「ああ，難しいことをおっしゃる人ですよ。ひなの，飛ぶ練習に出て，自分の巣に帰る道に迷っているのを，親鳥が巣から呼ぶのを全て呼子鳥と言うので，この鳥のことだけをお教えして，何になりましょう。」と答えた。はじめて呼子鳥は一つの鳥ではないのだと，知ったと語ったということだ。

1　「を」は，助詞以外は「お」に直す。また，歴史的仮名遣いのハ行は，現代仮名遣いのワ行にあたる。「ゐ」は，「い」と読む。

2　二文目に，童が老婆に「呼子鳥のまた鳴くよ」と告げたとある。

3　a　浪花人は，「呼子鳥といふ名は昔より物に見えたれど，何といふこと定かならぬ」と言っている。呼子鳥について，書物などで名は知っていたけれども，どのような鳥なのかはわかっていなかったのである。　b　老婆の最後の発言中に，呼子鳥について詳しい説明がある。ひなが飛ぶ練習に出たものの巣に帰る道に迷っているとき，巣からひなを呼ぶ親鳥のことを全て呼子鳥と言うのである。　c　浪花人に呼子鳥の姿を見たいと言われた老婆は，「むつかしきことのたまふ人」だと言っている。

作文　(作文(自由・課題))

資料に挙げられている項目を参考に，自分が「大切にしたい時間」がどのようなものかを考える。自分の経験などを交えると，説得力のある文章になる。

MEMO

大切なことはメモしておこうネ！

愛媛県公立高等学校

2022年度

★★★★★★★★★★★★★★★★★★★★★★

入　試　問　題

2022年度

●くわしい解説……37ページ

＜数学＞

時間 50分 満点 50点

【注意】 答えに$\sqrt{\ }$が含まれるときは，$\sqrt{\ }$を用いたままにしておくこと。
また，$\sqrt{\ }$の中は最も小さい整数にすること。

(一) 次の計算をして，答えを書きなさい。

1 $-3-6$

2 $\dfrac{2x-5y}{3}+\dfrac{x+3y}{2}$

3 $(3x^2y-2xy^2)\div xy$

4 $\dfrac{\sqrt{10}}{\sqrt{2}}-(\sqrt{5}-2)^2$

5 $(a-3)(a+3)+(a+4)(a+6)$

(二) 次の問いに答えなさい。

1 二次方程式 $5x^2+4x-1=0$ を解け。

2 右の図で，$\ell \mathbin{/\mkern-5mu/} m$ のとき，$\angle x$ の大きさを求めよ。

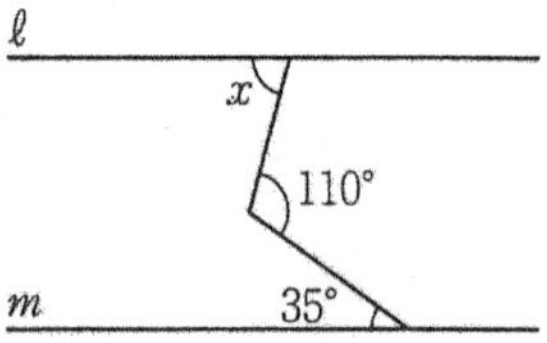

3 右の表は，Ａ中学校の１年生30人とＢ中学校の１年生90人について，ある日の睡眠時間を調べ，その結果を度数分布表に整理したものである。この表から分かることを述べた文として正しいものを，次の**ア**～**エ**から１つ選び，その記号を書け。

階級（時間）	Ａ中学校	Ｂ中学校
	度数（人）	度数（人）
4以上～ 5未満	0	1
5 ～ 6	3	8
6 ～ 7	10	27
7 ～ 8	9	29
8 ～ 9	7	21
9 ～ 10	1	4
計	30	90

ア Ａ中学校とＢ中学校で，最頻値は等しい。

イ Ａ中学校とＢ中学校で，８時間以上９時間未満の階級の相対度数は等しい。

ウ Ａ中学校で，７時間未満の生徒の割合は，40％以下である。

エ Ｂ中学校で，中央値が含まれる階級は，６時間以上７時間未満である。

4　下の図のように，袋の中に，赤玉４個と白玉２個の合計６個の玉が入っている。この袋の中から同時に２個の玉を取り出すとき，赤玉と白玉が１個ずつである確率を求めよ。ただし，どの玉が取り出されることも同様に確からしいものとする。

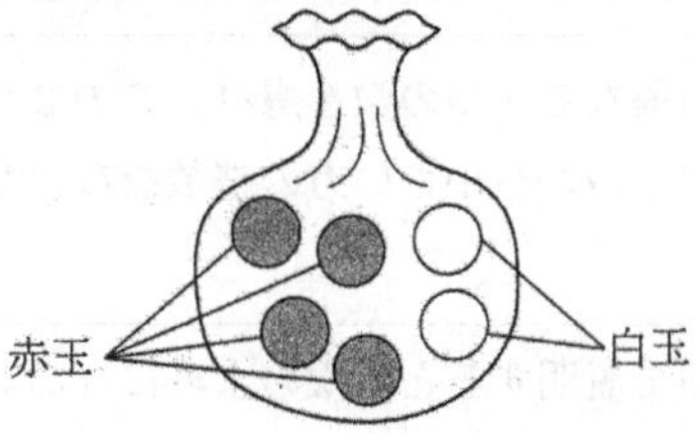

5　右の図は，円柱の投影図である。この円柱の体積を求めよ。(円周率はπを用いること。)

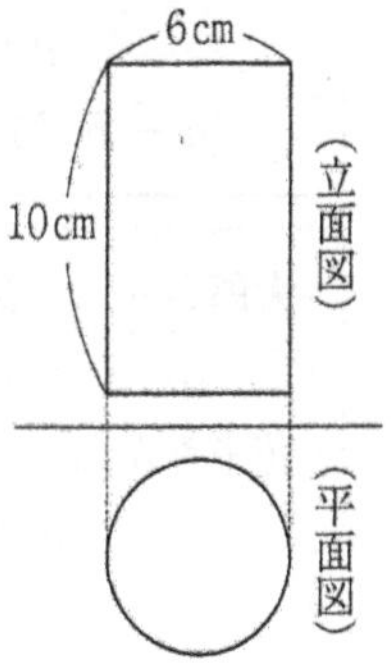

6　下の図のように，直線ℓ上に２点Ａ，Ｂがある。線分ＡＢを１辺とする正方形のうち，Ａ，Ｂ以外の頂点が，直線ℓより上側にあるものを解答欄に作図せよ。ただし，作図に用いた線は消さずに残しておくこと。

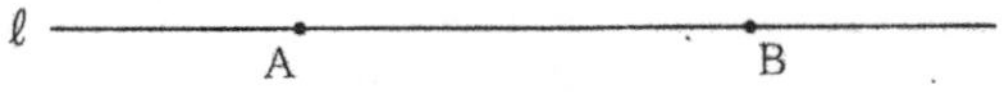

7　下の資料は，ある中学校が発行した図書館だよりの一部である。この図書館だよりを読んで，9月に図書館を利用した男子と女子の人数を，それぞれ求めよ。ただし，用いる文字が何を表すかを最初に書いてから連立方程式をつくり。答えを求める過程も書くこと。

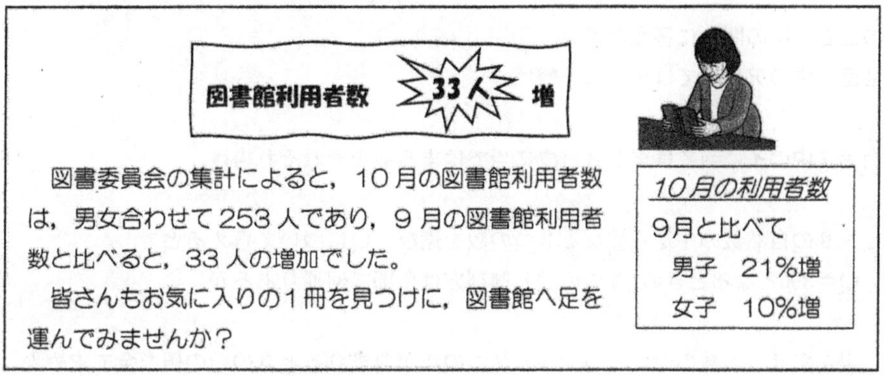

図書館利用者数　33人　増

　図書委員会の集計によると，10月の図書館利用者数は，男女合わせて253人であり，9月の図書館利用者数と比べると，33人の増加でした。
　皆さんもお気に入りの1冊を見つけに，図書館へ足を運んでみませんか？

10月の利用者数
9月と比べて
男子　21%増
女子　10%増

㈢　下の会話文は，太郎さんが，数学の授業で学習したことについて，花子さんと話をしたときのものである。

【数学の授業で学習したこと】

> 1～9の自然数の中から異なる2つの数を選び，この2つの数を並べてできる2けたの整数のうち，大きい方の整数から小さい方の整数をひいた値をPとすると，Pは9の倍数になる。
>
> このことを，文字式を使って説明すると，次のようになる。
> 選んだ2つの数をa，b（$a>b$）とすると，
> 大きい方の整数は$10a+b$，小さい方の整数は$10b+a$と表されるから，
> $$P=(10a+b)-(10b+a)=9a-9b=9(a-b)$$
> $a-b$は整数だから，Pは9の倍数である。

太郎さん：　選んだ2つの数が3，5のとき，大きい方の整数は53，小さい方の整数は35だから，P＝53－35＝18となり，確かにPは9の倍数だね。

花子さん：　それなら，3けたのときはどうなるのかな。1～9の自然数の中から異なる3つの数を選び，この3つの数を並べてできる3けたの整数のうち。最も大きい整数から最も小さい整数をひいた値をQとして考えてみようよ。

太郎さん：　例えば，選んだ3つの数が1，3，4のとき，並べてできる3けたの整数は，134，143，314，341，413，431だね。最も大きい整数は431，最も小さい整数は134だから，Q＝431－134＝297となるね。

花子さん：　選んだ3つの数が2，6，7のとき，Qは［ア］となるね。

太郎さん：　Qも何かの倍数になるのかな。授業と同じように，文字式を使って考えてみようよ。

花子さん：　選んだ3つの数をa，b，c（$a>b>c$）とすると，
最も大きい整数は$100a+10b+c$，最も小さい整数は［イ］と表されるよね。
すると，Q＝（$100a+10b+c$）－（［イ］）となって，これを計算すると，
［ウ］×（$a-c$）となるね。$a-c$は整数だから，Qは［ウ］の倍数となることが分かるよ。

このとき，次の問いに答えなさい。

1　会話文中のアに当てはまる数を書け。

2　会話文中のイに当てはまる式，ウに当てはまる数をそれぞれ書け。

3　1～9の自然数の中から異なる3つの数を選び，Qについて考えるとき，

(1)　Q＝396となるときの，3つの数の選び方は全部で何通りあるか。

(2)　選んだ3つの数の中に，3と8の，2つの数が含まれるときのQの値を**全て**求めよ。

(四)　下の図１のように，AB＝10㎝，BC＝a ㎝の長方形ABCDと，∠P＝90°，PQ＝PR＝b ㎝の直角二等辺三角形PQRがある。長方形ABCDの辺ABと直角二等辺三角形PQRの辺PQは直線 ℓ 上にあり，点Aと点Qは同じ位置にある。

この状態から，下の図２のように，直角二等辺三角形PQRを直線 ℓ にそって，矢印の向きに，点Qが点Bに重なるまで移動させる。AQ＝x ㎝のときの，２つの図形が重なっている部分の面積を y ㎠とする。

このとき，次の問いに答えなさい。

図１

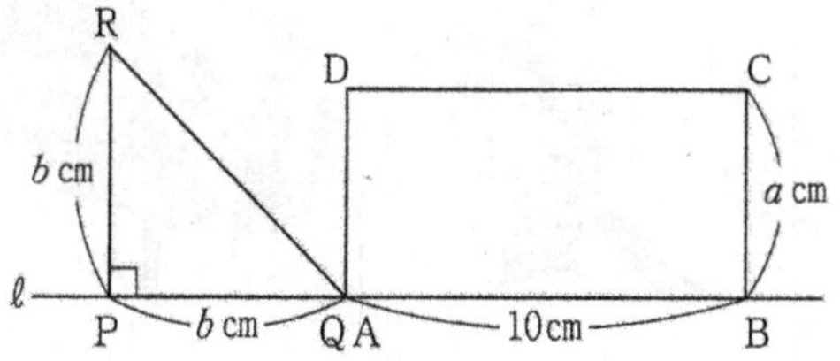

図２

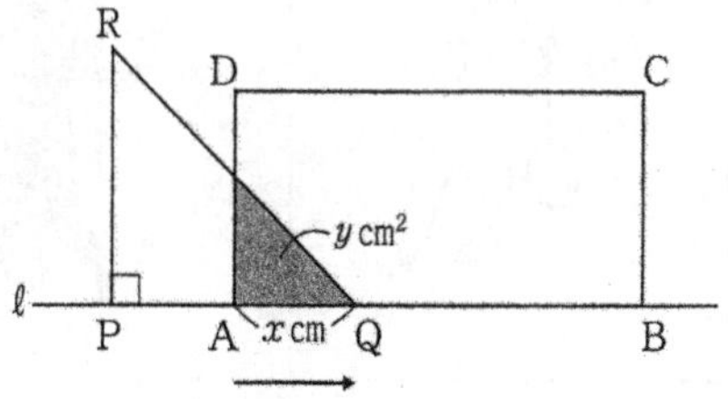

1　$a=5$，$b=6$ とする。$x=3$ のとき，y の値を求めよ。

図３

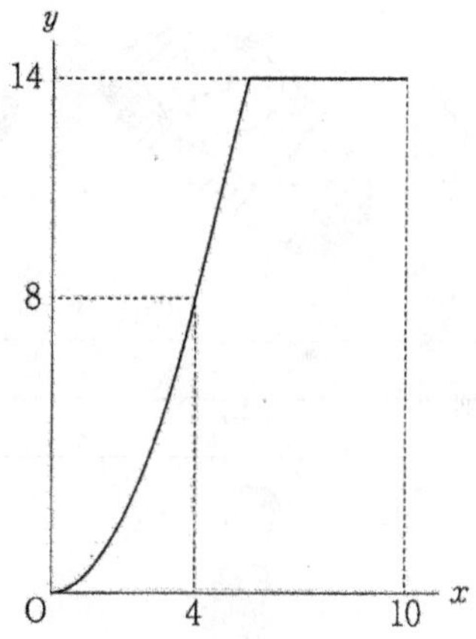

2　x と y の関係が右の図３のようなグラフで表され，$0 \leqq x \leqq 4$ では原点を頂点とする放物線，$4 \leqq x \leqq 10$ では右上がりの直線の一部分と，x 軸に平行な直線の一部分であるとき，

(1)　$0 \leqq x \leqq 4$ のとき，y を x の式で表せ。

(2)　a，b の値をそれぞれ求めよ。

(五)　右の図のような，線分ABを直径とする半円Oがある。$\overset{\frown}{AB}$上に点Cをとり，直線AC上に点Dを，∠ABD＝90°となるようにとる。

このとき，次の問いに答えなさい。（円周率は π を用いること。）

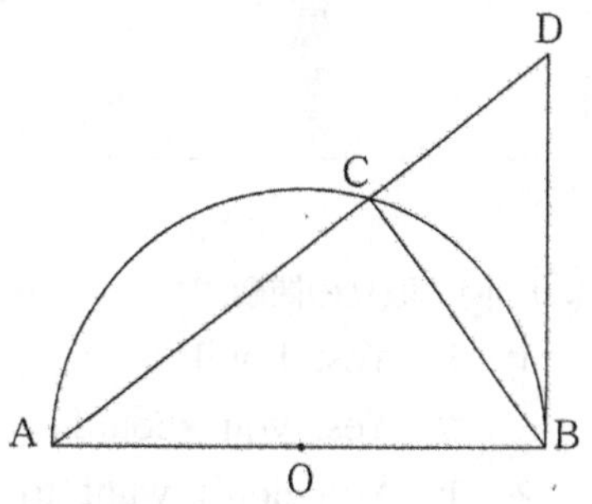

1　△ABC∽△BDC であることを証明せよ。

2　AC＝３㎝，CD＝１㎝であるとき，

(1)　線分BCの長さを求めよ。

(2)　線分BDと線分CDと$\overset{\frown}{BC}$とで囲まれた部分の面積を求めよ。

<英語>　時間　60分　　満点　50点

(一) 聞き取りの問題

	ア	イ	ウ	エ
1				

	ア	イ	ウ	エ
2				

	ア	イ	ウ	エ
3				

(二) 聞き取りの問題

1　ア　Yes, I will.　　イ　No, you can't.
　ウ　Yes, you should.　　エ　No, I didn't.

2　ア　You don't want to go there.　　イ　That's your second time.
　ウ　You have visited Tokyo.　　エ　That sounds good.

㈢ 聞き取りの問題

1　ア　In the library.　　イ　By a hospital.
　ウ　At Kumi's house.　　エ　At Shimanami Restaurant.

2　ア　Last Sunday.　　イ　Two weeks ago.
　ウ　Three years ago.　　エ　Four years ago.

3　ア　She will study Japanese with him.
　イ　She will go back to America with him.
　ウ　She will visit a famous temple with him.
　エ　She will learn how to take pictures with him.

4　ア　She wants to have her own restaurants.
　イ　She wants to teach Japanese in America.
　ウ　She wants to work at the library in her town.
　エ　She wants to help foreign people who live in Japan.

㈣ 次の1，2の問いに答えなさい。

1　次の⑴，⑵の各対話文の文意が通るように，（　）の中のア～エを正しく並べかえて，左から順にその記号を書け。

⑴　A：I need (ア at　イ up　ウ get　エ to) six o'clock tomorrow morning.
　　B：Really?　You should go to bed early today.

⑵　A：What (ア you　イ looking　ウ have　エ been) for since this morning?
　　B：My dictionary.　My father bought it for me.

2　次の⑴，⑵について，それぞれの指示に従って英語で書け。

⑴　次の①，②の質問に答える文を書け。ただし①と②は，二つとも，それぞれ6語以上の1文で書くこと。(「,」「.」などの符号は語として数えない。)

　①　あなたが今までの学校生活で学んだことのうち，特に大切に思うことについて，下級生に伝える機会があるとすれば，どのようなことを伝えますか。

　②　また，なぜそのことが大切だと思うのですか。

⑵　あなたのクラスでは，帰国するALT（外国語指導助手）のためのお別れ会を計画しており，下の案内状（invitation）を送ることになった。あなたは，クラスで，そのALTのためにどのようなことをするか。（　　）に当てはまるように文を書け。ただし，8語以上の1文で書くこと。(「,」「.」などの符号は語として数えない。)

Invitation

Hello.　We will have a party for you next Friday. (　　　　　　　　　　　　　　　　　　　　　　　　　　　　) We hope you will enjoy the party.

(五) 中学生の武史（Takeshi）と友紀（Yuki）がジョーンズ先生（Mr. Jones）と話をしている。対話文と下のグラフ（graph）をもとにして，1 ～ 4の問いに答えなさい。

なお，Graph A と Graph B の(a)，(b)には，それぞれ同一の国の名が当てはまる。

Graph A

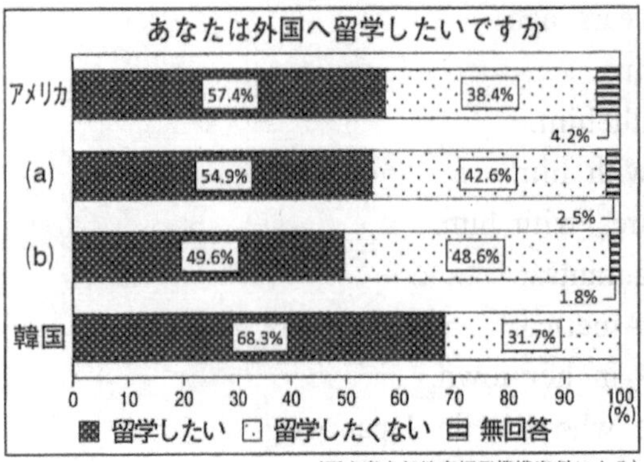

（国立青少年教育振興機構資料による）

Graph B

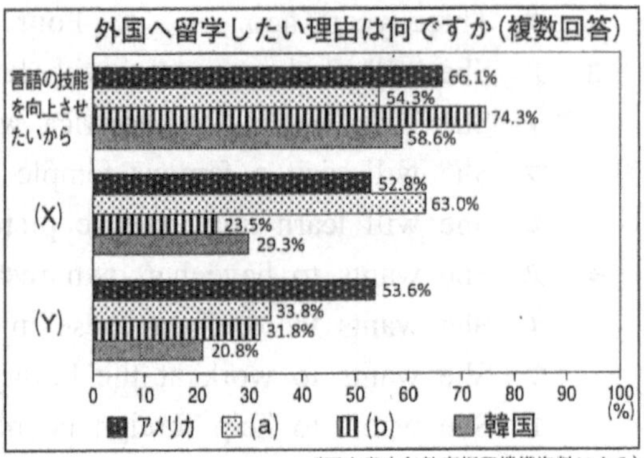

（国立青少年教育振興機構資料による）

Mr. Jones : Hi, Yuki. Hi, Takeshi. How are you?

Takeshi : I'm fine, thank you. And you?

Mr. Jones : I'm fine, too. (ア)あなたたちは，何について話しているのですか。

Yuki : About studying abroad. I'm going to study abroad next year.

Mr. Jones : Really? Where will you go?

Yuki : I'll go to America. I want to improve my English skills there.

Mr. Jones : [①]?

Yuki : For a year.

Takeshi : She says she wants to get a job that needs English. So studying abroad is good for her.

Yuki : I think people can learn a lot through studying abroad. But the percentage of Japanese students who are interested in it has gone down.

Takeshi : Here are two graphs about studying abroad. We found them on the Internet.

Mr. Jones : Oh, please explain them to me.

Takeshi : Sure. They show how high school students in Japan, America, China, and Korea feel about studying abroad. Graph A shows the result of the question: "Do you want to study abroad?" Japan has the highest percentage of students who don't want to do so.

Mr. Jones : I don't know why Japanese students don't want to study abroad.

Takeshi : We found some reasons on the Internet. I'll tell you one of them. They think living alone in a foreign country is difficult for them.

Mr. Jones : That's not difficult for them. [②]. When I was young, I went to a foreign country alone to study. Many people there were so kind, and I had a good time.

Yuki : I hope I'll have such a wonderful time in America. Mr. Jones, please look at Graph B. It shows the result of the question: "Why do you want to study abroad?" In Japan, America, and Korea, the most popular reason is "I want to improve my language skills." In China, the most popular one is "I want to get the advanced knowledge." As for the reason: "I want to make new friends," the percentage is higher in America than in the other countries.

Mr. Jones : [③]. I understand each country has a different characteristic.

Yuki : I also want to make new friends in America. Takeshi, do you want to study abroad?

Takeshi : Yes. I want to go to Australia in the future.

Yuki : Why?

Takeshi : Because I can learn a lot about tennis there. Many young people go there to learn it. My dream is to be a world tennis champion. Also, I have another reason. (イ)私が会いたい選手が，そこに住んでいます。 I hope I can become like him. I want to improve my English skills there, too.

Mr. Jones : You have a big dream! I think studying abroad gives you the chance to learn many things.

Takeshi : I think so, too. Thank you very much, Mr. Jones.

（注） abroad 外国で　skill(s) 技能　percentage 割合　explain ～ ～を説明する
China 中国　Korea 韓国　result 結果　reason(s) 理由　alone 一人で
advanced knowledge 先進的な知識　as for ～ ～について言えば　characteristic 特徴
champion チャンピオン　chance 機会

1　対話文中の①～③に当てはまる最も適当なものを，それぞれ次のア～エの中から一つずつ選び，その記号を書け。

① ア How much money will you need　イ How long will you stay there
　ウ How often will you go there　エ How old will you be next year

② ア They should not live in a foreign country
　イ They must go there with their friends
　ウ They can't be kind to foreign people
　エ They don't have to worry about that

③ ア You're welcome　イ Here you are
　ウ That's interesting　エ Call me soon

2　対話文中の(ア)，(イ)の日本語の内容を英語に直せ。

3　対話文の内容に合うようにGraph AやGraph Bの(a)，(b)，(X)，(Y)にそれぞれ当てはまる最も適当なものの組み合わせを，次のア～エの中から一つ選び，その記号を書け。

ア (a) 日本　(b) 中国　(X) 新しい友達を作りたいから　(Y) 先進的な知識を得たいから
イ (a) 日本　(b) 中国　(X) 先進的な知識を得たいから　(Y) 新しい友達を作りたいから
ウ (a) 中国　(b) 日本　(X) 新しい友達を作りたいから　(Y) 先進的な知識を得たいから
エ (a) 中国　(b) 日本　(X) 先進的な知識を得たいから　(Y) 新しい友達を作りたいから

4 次の(1)～(3)の英文の内容が，対話文，Graph A の内容に合うように〔 〕のア～エの中から，最も適当なものをそれぞれ一つずつ選び，その記号を書け。

(1) Takeshi says that〔ア it is difficult to explain the graphs to Mr. Jones イ Yuki should ask him which country to visit ウ it is good for Yuki to study abroad エ Mr. Jones should use the Internet to find the graphs〕.

(2) Yuki〔ア has to go to America to find a job イ wants to enjoy her stay in a foreign country like Mr. Jones ウ is going to learn a lot about tennis in Australia エ isn't interested in making friends in America〕.

(3) Graph A shows that〔ア Korea has the highest percentage of students who want to study abroad イ the students of each country have different reasons to study abroad ウ more than 50% of the students in America don't want to study abroad エ the percentage of students who want to study abroad has gone up〕.

㈥ 次の英文は，健太（Kenta）が英語の時間に発表したものである。これを読んで，1～6の問いに答えなさい。

I love the sea. I was born near the beautiful sea. When I was a small child, I often enjoyed swimming and playing with sea animals there. I cannot think about living without the sea. But now marine ecosystems are not in good condition. I worry about that. What can we do about that? Many people work together to protect marine ecosystems. I will tell you some examples from books which I [(A)] from the library last week.

In Australia, people have started a project for green sea turtles on an island. They go there to lay eggs on the beach. [ア] There is a problem. The sea level is getting higher. If their eggs are under water, their babies cannot come out of the eggs. So people thought about what to do for green sea turtles and tried to protect them by [(B)] the island's beach taller.

We can see projects to protect marine ecosystems also in Japan. In Aichi, people have started their *amamo* project. *Amamo* is a kind of plant. It is very important for small sea animals. [イ] It gives them oxygen. Also, it helps them stay away from bigger sea animals. We can say that it is home for (C) <u>them</u> because it is a safe place. However, the amount of *amamo* got smaller. So people have started to put *amamo* at the bottom of the sea. They hope that it will give a good life to small sea animals. Many projects like this are done in other parts of Japan, too.

In Chiba, (D) <u>a fisherman</u> has started his "sustainable fishing" project. He worries that the number of some kinds of fish living in the sea near Tokyo is getting smaller. So he doesn't catch fish with eggs and young fish. They are put back into the sea. Also, he visits a lot of places to let people know what he is doing. He hopes that people in the future can also enjoy eating many kinds of fish from the sea near Tokyo.

In Okinawa, people have started a project to protect coral. Some coral there died because of the red soil. Strong typhoons often come to the islands, and the red soil on the fields goes into the sea. When coral is under the red soil, it often dies. [ウ] If the fields are surrounded with plants which have strong roots, the red soil can stay on the fields. Many people have joined this project, and now much coral there is protected from the red soil.

I want to have a job that is related to marine ecosystems in the future. [エ] Many kinds of sea animals have been extinct. I am very sad about that. I am interested in starting my own project, and I want many people to join it. If we work together, we can do more things to protect marine ecosystems. I hope that everyone will think about what to do for marine ecosystems.

(注) marine ecosystem(s) 海洋生態系　be in good condition 良い状態である
protect ～ ～を守る　project(s) 計画　green sea turtle(s) アオウミガメ　island(s) 島
lay ～ ～を産む　beach 浜辺　level 高さ　baby (babies) 赤ちゃん　*amamo* アマモ
plant(s) 植物　oxygen 酸素　safe 安全な　amount 量　bottom 底
fisherman 漁師　sustainable fishing 持続可能な漁業　coral サンゴ　red soil 赤土
typhoon(s) 台風　field(s) 畑　be surrounded with ～ ～で囲まれる　root(s) 根
be related to ～ ～と関係がある　extinct 絶滅した

1 本文中の(A), (B)に入る英語として最も適当なものを，次の中から一つずつ選び，それぞれ正しい形の１語に直して書け。

become	borrow	forget	make	sell	wash	write

2 次の１文が入る最も適当な場所を，本文中のア～エの中から一つ選び，その記号を書け。

To stop that, a junior high school student gave people there a good idea.

3 本文中の(C)が指すものを，３語で本文中からそのまま抜き出して書け。

4 下の文は，本文中の(D)が行っている活動をまとめたものである。本文の内容に合うように文中の（①）～（③）にそれぞれ当てはまる適当な日本語を書け。（①，②の順序は問わない。）

（　①　）や（　②　）を捕らずに海に戻す。また，自分の取り組みを（　③　）ために，多くの場所を訪れる。

5 本文中に書かれている内容と一致するものを，次のア～キの中から二つ選び，その記号を書け。

ア Kenta likes the sea very much and thinks that it is important in his life.

イ Green sea turtles in Australia don't come out of the sea when they lay eggs.

ウ *Amamo* is a kind of plant which needs more oxygen than other plants in the sea.

エ The fisherman in Chiba wants many people to eat a lot of fish for their health.

オ Coral in Okinawa cannot live without the red soil which goes into the sea.

カ Plants which have strong roots can help the red soil stay on the fields.

キ Kenta hopes that many people will need him for their own projects.

6 この発表の題名として最も適当なものを，次のア～エの中から一つ選び，その記号を書け。

ア A way to become a good fisherman in the future

イ Working together for better marine ecosystems

ウ Many kinds of plants which have been extinct

エ Swimming with green sea turtles in the world

＜理科＞

時間　50分　　満点　50点

㈠　電流の性質と物体にはたらく力に関する次の１～３の問いに答えなさい。

1　［実験１］抵抗器ａを用いて，図１のような回路をつくり，電源装置の電圧を変えて，抵抗器ａの両端に加わる電圧と回路に流れる電流の大きさとの関係を調べた。図２は，その結果を表したグラフである。

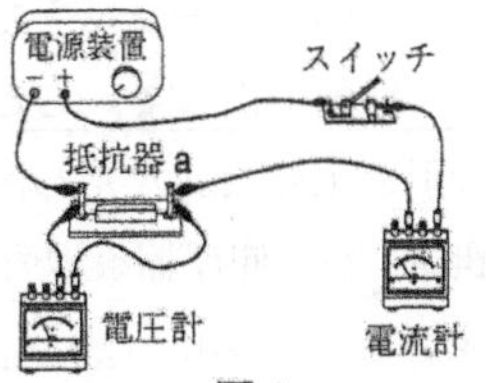

図１

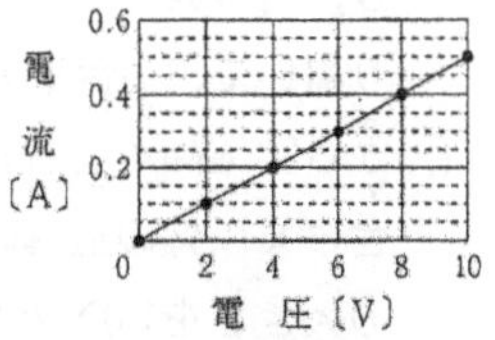

図２

［実験２］抵抗器ｂと，抵抗の値が10Ωの抵抗器ｃを用いて，図３のような回路をつくり，電源装置の電圧を変えながら，点Ｘ，Ｙを流れる電流の大きさを５回測定した。表１は，その結果をまとめたものである。

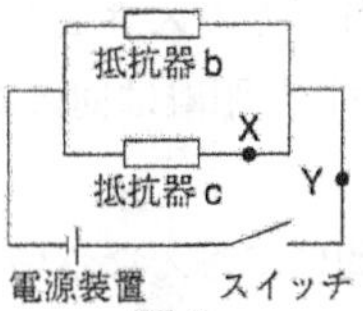

図３

表１

測定回数〔回〕	1	2	3	4	5
点Ｘを流れる電流の大きさ〔A〕	0.05	0.10	0.15	0.20	0.25
点Ｙを流れる電流の大きさ〔A〕	0.15	0.30	0.45	0.60	0.75

⑴　抵抗器ａの抵抗の値は何Ωか。

⑵　実験１で，電源装置の－《マイナス》極側の導線を，電流計の500mAの－《マイナス》端子につないで電圧を変えていくと，電流計の針は，図４のようになった。次の文の①，②の｛　｝の中から，それぞれ適当なものを１つずつ選び，その記号を書け。

図４

抵抗器ａに流れた電流の大きさは，①｛ア　35mA　　イ　350mA｝である。また，このとき，つないでいる電圧計の－端子は，②｛ウ　３Ｖの－端子　　エ　15Ｖの－端子｝である。

⑶　実験２で，点Ｘを流れる電流の大きさが0.20Ａのとき，抵抗器ｃが消費する電力は何Ｗか。

⑷　実験２で，抵抗器ｂの両端に加わる電圧と，抵抗器ｂに流れる電流の大きさとの関係はどうなるか。表１をもとに，その関係を表すグラフをかけ。

2　［実験３］図５のように，ばねばかりに物体Ｓをつり下げたところ，物体Ｓは静止した。このとき，ばねばかりの示す値は1.5Ｎであった。次に，図６のように，ばねばかりに物体Ｓ，Ｔをつり下げたところ，物体Ｓ，Ｔは静止した。このとき，ばねばかりの示す値は2.0Ｎであった。

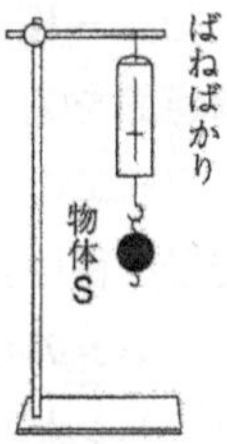

図５

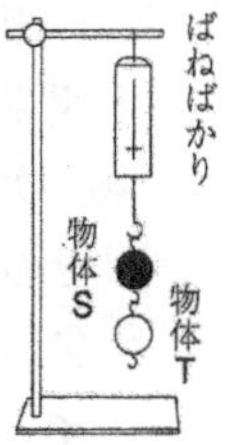

図６

⑴　図５で，物体Ｓには，ばねばかりが引く力と，地球が引く力がはたらいている。地球が物体Ｓを引く力の大きさは何Ｎか。

⑵　図６で，物体Ｓには，ばねばかりが引く力，物体Ｔが引く力，地球が引く力がはたらいている。このときの物体Ｓにはたらいている３つの力の大きさの比を，最も簡単な整数の比で書け。

3　［実験4］図7のように，質量1.5kgの台車Xを取り付けた滑車Aに糸の一端を結び，もう一端を手でゆっくり引いて，ⓐ台車Xを5.0cm／sの一定の速さで，36cm真上に引き上げた。次に，図8のように，なめらかな斜面上の固定したくぎに糸の一端を結び，滑車A，Bに通した糸のもう一端を手でゆっくり引いて，ⓑ台車Xを，斜面に沿って，もとの位置から36cm高くなるまで引き上げた。ただし，摩擦や台車X以外の道具の質量，糸の伸び縮みは考えないものとし，質量100gの物体にはたらく重力の大きさを1.0Nとする。

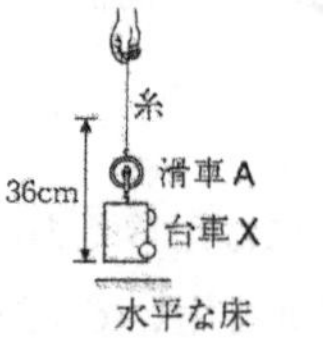

図7

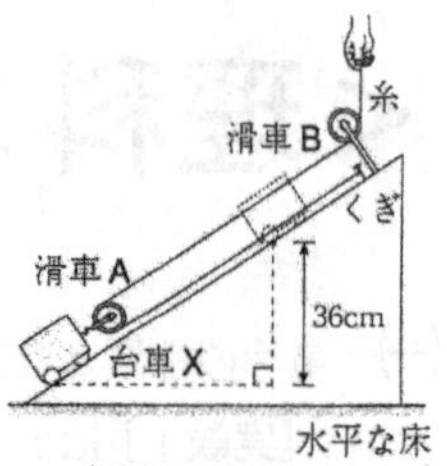

図8 （滑車Aの両側にかかる糸は斜面に平行である。また，斜面は固定されている。）

⑴　下線部ⓐのとき，台車Xを引き上げるのにかかった時間は何秒か。

⑵　下線部ⓑのとき，手が糸を引く力の大きさを，ばねばかりを用いて調べると4.5Nであった。台車Xが斜面に沿って移動した距離は何cmか。

㈡　化学変化に関する次の1・2の問いに答えなさい。

1　［実験1］表1のような，水溶液と金属の組み合わせで，水溶液に金属の板を1枚入れて，金属板に金属が付着するかどうか観察し，その結果を表1にまとめた。

［実験2］硫酸亜鉛水溶液に亜鉛板，硫酸銅水溶液に銅板を入れ，両水溶液をセロハンで仕切った電池をつくり，導線でプロペラ付きモーターを接続すると，モーターは長時間回転し続けた。図1は，その様子をモデルで表したものである。

表1

水溶液＼金属	マグネシウム	亜鉛	銅
硫酸マグネシウム水溶液	＼	×	×
硫酸亜鉛水溶液	○	＼	×
硫酸銅水溶液	○	○	＼

（○は金属板に金属が付着したことを，×は金属板に金属が付着しなかったことを示す。）

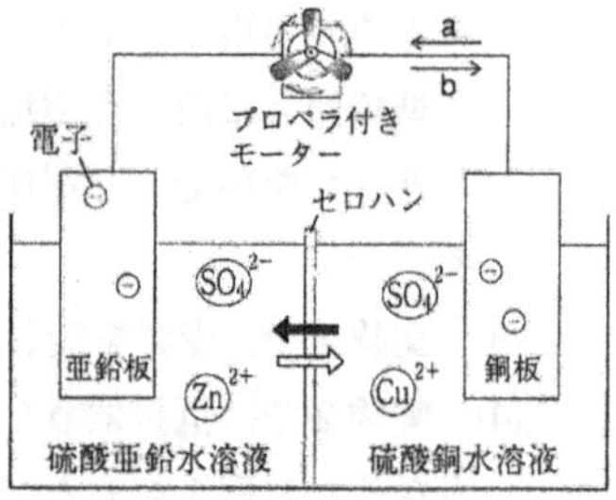

図1

⑴　表1の3種類の金属を，イオンになりやすい順に左から名称で書け。

⑵　実験1で，硫酸亜鉛水溶液に入れたマグネシウム板に金属が付着したときに起こる反応を，「マグネシウムイオン」「亜鉛イオン」の2つの言葉を用いて，簡単に書け。

⑶　次の文の①，②の｛　｝の中から，それぞれ適当なものを1つずつ選び，ア～エの記号で書け。

図1で，−極《マイナス》は①｛ア　亜鉛板　　イ　銅板｝であり，電流は導線を②｛ウ　aの向き　　エ　bの向き｝に流れる。

⑷　次のア～エのうち，図1のモデルについて述べたものとして，最も適当なものを1つ選び，その記号を書け。

ア　セロハンのかわりにガラス板を用いても，同様に長時間電流が流れ続ける。

イ　セロハンがなければ，銅板に亜鉛が付着して，すぐに電流が流れなくなる。

ウ　Zn^{2+}が⇨の向きに，SO_4^{2-}が⬅の向きにセロハンを通って移動し，長時間電流が流れ続ける。

エ　陰イオンであるSO_4^{2-}だけが，両水溶液間をセロハンを通って移動し，長時間電流が流れ続ける。

(5)　次の文の①，②の｛　｝の中から，それぞれ適当なものを１つずつ選び，その記号を書け。

実験２の，硫酸銅水溶液を硫酸マグネシウム水溶液，銅板をマグネシウム板にかえて，**実験２**と同じ方法で実験を行うと，亜鉛板に①｛**ア**　亜鉛　　**イ**　マグネシウム｝が付着し，モーターは**実験２**と②｛**ウ**　同じ向き　　**エ**　逆向き｝に回転した。

2　［**実験３**］マグネシウム，銅それぞれの粉末を空気中で加熱し，完全に反応させて酸化物としてから，加熱前の金属の質量と加熱後の酸化物の質量との関係を調べた。その結果，反応する銅と酸素の質量の比は４：１であり，同じ質量の，マグネシウム，銅それぞれと反応する酸素の質量は，マグネシウムと反応する酸素の質量の方が，銅と反応する酸素の質量より大きいことが分かった。**図２**は，**実験３**の結果を表したグラフである。

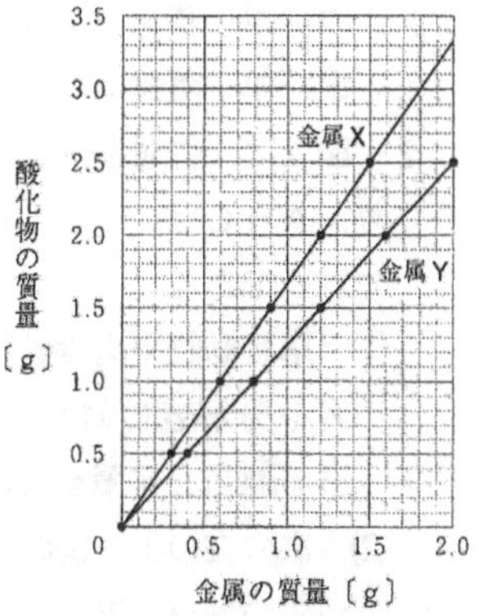

図２（金属X，Yは，マグネシウム，銅のいずれかである。）

(1)　マグネシウムが酸素と反応して，酸化マグネシウム（MgO）ができる化学変化を，化学反応式で書け。

(2)　酸素1.0gと反応するマグネシウムは何gか。

(3)　下線部の酸素の質量を比べると。マグネシウムと反応する酸素の質量は，銅と反応する酸素の質量の何倍か。次の**ア**～**エ**のうち，適当なものを１つ選び，その記号を書け。

ア　$\frac{4}{3}$倍　　**イ**　２倍　　**ウ**　$\frac{8}{3}$倍　　**エ**　４倍

(三)　植物の体のつくりと生態系に関する次の１・２の問いに答えなさい。

1　［**観察**］ユリとブロッコリーの茎のつくりを調べるために，それぞれの茎を，赤インクを溶かした水につけた。しばらく置いたのち，茎を輪切りにすると，**図１**のように，茎の断面に赤インクで染色された部分が観察できた。次に，ブロッコリーの茎を薄く切ってスライドガラスにのせ，水を１滴落とし，**図２**のように，カバーガラスを端から静かに置いてプレパラートをつくり，顕微鏡で観察した。**図３**は，そのスケッチである。

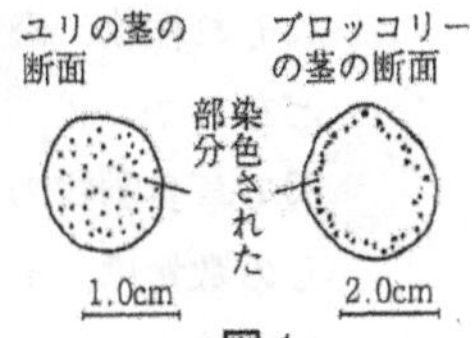

図１

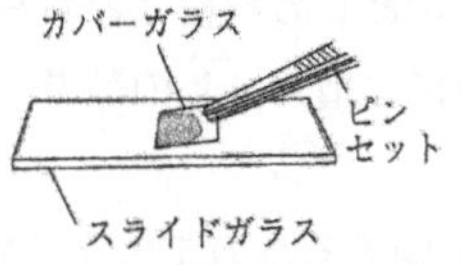

図２

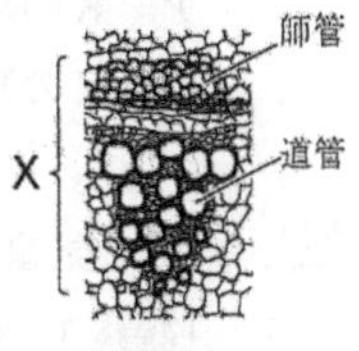

図３

(1)　プレパラートをつくるとき，カバーガラスを下線部のように置くのは，スライドガラスとカバーガラスの間に［　　　　］ようにするためである。［　］に当てはまる適当な言葉を，「空気の泡」という言葉を用いて簡単に書け。

(2)　次の文の①に当てはまる適当な言葉を書け。また，②，③の｛　｝の中から，それぞれ適当なものを１つずつ選び，その記号を書け。

図３で，道管と師管が集まって束になった**X**の部分は，［　①　］と呼ばれる。**図３**の道管と師管のうち，茎の中心側にあるのは②｛**ア**　道管　　**イ**　師管｝である。また，**図３**の道管と師管のうち，染色された部分は，根から吸収した水が通る③｛**ウ**　道管　　**エ**　師管｝である。

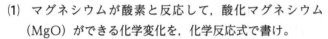

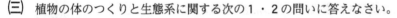

⑶ 次のア～エのうち，観察で，ユリとブロッコリーについて分かることとして，適当なものをそれぞれ1つずつ選び，その記号を書け。

ア 双子葉類であり，根は主根と側根からなる。

イ 双子葉類であり，根はひげ根からなる。

ウ 単子葉類であり，根は主根と側根からなる。

エ 単子葉類であり，根はひげ根からなる。

2 図4は，生態系における炭素の循環を模式的に表したものであり，A～Cは，それぞれ草食動物，肉食動物，菌類・細菌類のいずれかである。

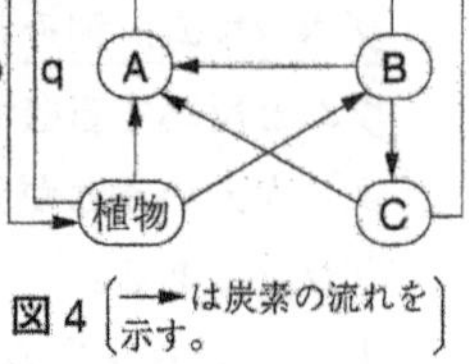

図4（→は炭素の流れを示す。）

⑴ 草食動物や肉食動物は，生態系におけるはたらきから，生産者や分解者に対して，［　　］者と呼ばれる。［　　］に当てはまる適当な言葉を書け。

⑵ 次の文の①，②の｛　｝の中から，それぞれ適当なものを1つずつ選び，ア～エの記号で書け。

植物は，光合成によって，①｛ア 有機物を無機物に分解する　イ 無機物から有機物をつくる｝。また，図4のp，qの矢印のうち，光合成による炭素の流れを示すのは，②｛ウ pの矢印　エ qの矢印｝である。

⑶ 菌類・細菌類は，図4のA～Cのどれに当たるか。A～Cの記号で書け。また，カビは，菌類と細菌類のうち，どちらに含まれるか。

⑷ 図5は，ある生態系で，植物，草食動物，肉食動物の数量的な関係のつり合いがとれた状態を，模式的に表したものでありK，Lは，それぞれ植物，肉食動物のいずれかである。K，Lのうち，肉食動物はどちらか。K，Lの記号で書け。また，図5の状態から，何らかの原因で草食動物の数量が急激に減ったとすると，これに引き続いてKとLの数量は，それぞれ一時的にどう変化するか。次のア～エのうち，最も適当なものを1つ選び，その記号を書け。

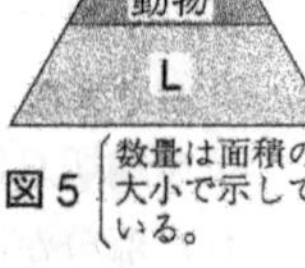

図5（数量は面積の大小で示している。）

ア Kの数量とLの数量はどちらも減る。　イ Kの数量は減り，Lの数量は増える。

ウ Kの数量は増え，Lの数量は減る。　エ Kの数量とLの数量はどちらも増える。

(四) 火山と気象に関する次の1・2の問いに答えなさい。

1 ［観察1］火山灰Aを双眼実体顕微鏡で観察し，火山灰Aに含まれる，粒の種類と，粒の数の割合を調べた。表1は，その結果をまとめたものである。

表1

粒の種類	結晶の粒				結晶でない粒
	長石《ちょうせき》	輝石《きせき》	角閃石《かくせんせき》	石英《せきえい》	
粒の数の割合〔%〕	50	7	5	3	35

［観察2］火成岩B，Cをルーペで観察したところ，岩石のつくりに，異なる特徴が確認できた。図1は，そのスケッチである。ただし，火成岩B，Cは，花こう岩，安山岩のいずれかである。

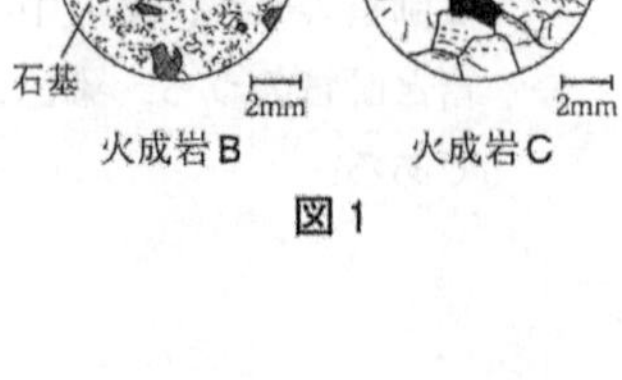

図1

⑴ 表1で，火山灰Aに含まれる粒の総数に占める，有色

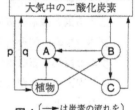

鉱物である粒の数の割合は □ ％である。□ に当てはまる適当な数値を書け。

⑵　次のア～エのうち，火山灰が堆積して固まった岩石の名称として，適当なものを１つ選び，その記号を書け。

ア　凝灰岩　　イ　石灰岩　　ウ　砂岩　　エ　チャート

⑶　図１の火成岩Ｂでは，石基の間に斑晶が散らばっている様子が見られた。このような岩石のつくりは □ 組織と呼ばれる。□ に当てはまる適当な言葉を書け。

⑷　次の文の①，②の｛　｝の中から，それぞれ適当なものを１つずつ選び，ア～エの記号で書け。

火成岩Ｂ，Ｃのうち，花こう岩は①｛ア　火成岩Ｂ　　イ　火成岩Ｃ｝である。また，地表で見られる花こう岩は，②｛ウ　流れ出たマグマが，そのまま地表で冷えて固まったもの　エ　地下深くでマグマが冷えて固まり，その後，地表に現れたもの｝である。

⑸　次の文の①，②の｛　｝の中から，それぞれ適当なものを１つずつ選び，その記号を書け。

一般に，激しく爆発的な噴火をした火山のマグマの粘りけは①｛ア　強く　　イ　弱く｝，そのマグマから形成される，火山灰や岩石の色は②｛ウ　白っぽい　　エ　黒っぽい｝。

2　図２は，ある年の８月１日15時の天気図である。この日は，一日を通して，日本の夏の特徴的な気圧配置が見られた。

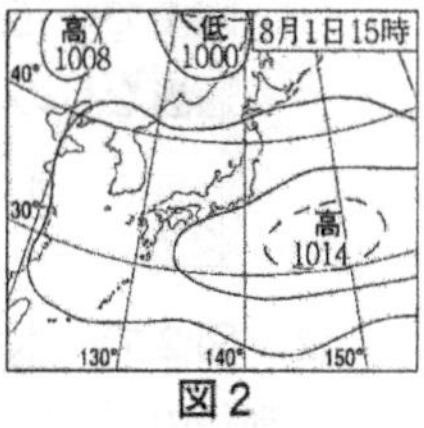

図２

⑴　次の文の①，②の｛　｝の中から，それぞれ適当なものを１つずつ選び，その記号を書け。

図２で，日本付近を広くおおっている高気圧から吹く季節風は，①｛ア　乾燥している　イ　湿っている｝。また，日本付近の等圧線の間隔が，日本の冬の特徴的な気圧配置における等圧線の間隔と比べて広いことから，日本付近で吹く季節風の強さを，夏と冬で比べると，②｛ウ　夏が強い　　エ　冬が強い｝と考えられる。

⑵　下線部の日の午後，図２の，高気圧におおわれた日本のいくつかの地点では，上昇気流が生じて積乱雲が発達し，一時的に雨が降った。次のア～エのうち，雨が降った地点で，上昇気流が生じたしくみについて述べたものとして，最も適当なものを１つ選び，その記号を書け。

ア　前線が通過し，あたたかい空気が冷たい空気の上にはい上がって，上昇気流が生じた。

イ　太陽の光であたためられた地面が周囲の空気をあたためて，上昇気流が生じた。

ウ　大陸の高気圧と海の高気圧それぞれからできる気団がぶつかって，上昇気流が生じた。

エ　高気圧の周辺から中心部に向かって風が吹き込むことで，上昇気流が生じた。

⑶　下線部の日に，図３の，海沿いの地点Ｐ，Ｑで，海風や陸風が吹いた。表２は，この日の，地点Ｐ，Ｑどちらかにおける風向と風力を，3時間ごとにまとめたものである。次の文の①，②の｛　｝の中から，それぞれ適当なものを１つずつ選び，ア～エの記号で書け。

表２で，風が陸風から海風に変わったのは，①｛ア　６時～９時　　イ　18時～21時｝の間であり，表２は，図３の②｛ウ　地点Ｐ　　エ　地点Ｑ｝の風向と風力をまとめたものである。

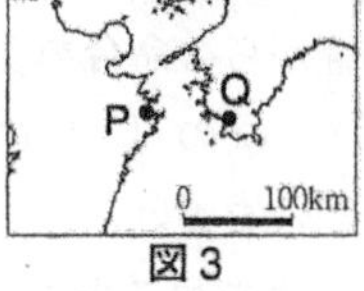

図３

表２

時刻	風向	風力
3時	北東	1
6時	東北東	2
9時	西南西	2
12時	南西	3
15時	西南西	3
18時	西南西	2
21時	北	1
24時	東北東	1

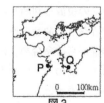

(五) 次の１～４の問いに答えなさい。

1 花子さんは，光の性質について調べ，その内容をノートにまとめた。

花子さんのノートの一部

【図１について】

私の正面にある「み」の文字が，水を入れたコップの水面に映っていた。調べると，位置Ｘの「み」からの光が，水面で反射して目に届いたとき，反射した光の延長線上の位置Ｙにできる像を見ていることが分かった。

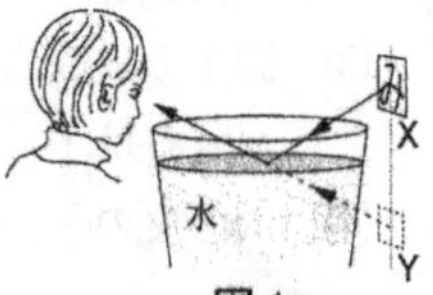

図１

【図２について】

水を入れたコップの底にある硬貨が，浮き上がって見えた。調べると，硬貨の点Ｐからの光が，水から空気中に出るとき，屈折角は入射角より大きくなるため，点Ｐは，目に届く屈折した光の延長線上の，点Ｑにあるように見えることが分かった。

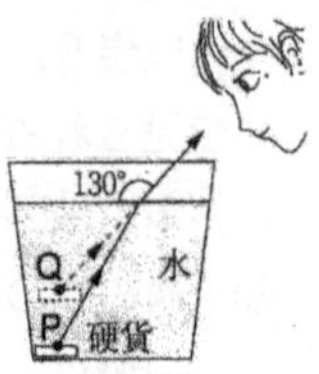

図２

(1) 図１で，花子さんには，位置Ｙにできる像がどのように見えたか。次のア～エのうち，最も適当なものを１つ選び，その記号を書け。

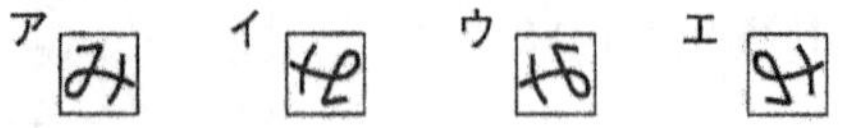

(2) 図２で，水面と屈折した光との間の角度が130°であった。このとき，屈折角は何度か。

2 理科の授業で，太郎さんは，ライオンとシマウマの目のつき方が，それぞれの生活のしかたと関係していることを学んだ。そこで，太郎さんは，視野の重なりの有無と距離のはかりやすさとの関係について調べるために，先生と，次の実験を行った。

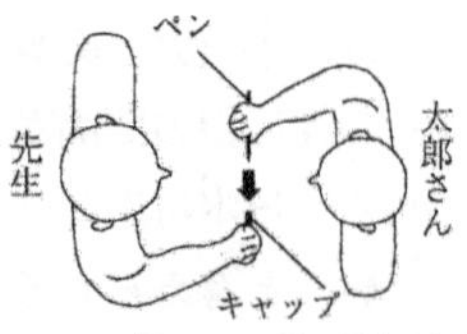

図３（真上から見た様子を表している。）

［実験１］キャップ付きのペンを用意し，図３のように，太郎さんがペンを，先生がキャップを，それぞれ右手に持って向かい合い，太郎さんの目の高さまで持ち上げた。太郎さんは，先生が動かさずに持っているキャップにペンをさし込むために，ペンを持ったうでを動かした。太郎さんは，下線部の動作を，両方の目で見たときと，片方の目で見たときとで，10回ずつ行った。表１は，その結果をまとめたものである。

表１

	さし込めた回数	さし込めなかった回数
両方の目で見たとき	8回	2回
片方の目で見たとき	2回	8回

(1) 次のア～エのうち，下線部における，太郎さんの行動に関する器官や神経について述べたものとして，適当なものを１つ選び，その記号を書け。

ア キャップからの光の刺激を受け取る器官は，運動器官である。

イ キャップの位置を判断する神経は，末しょう神経である。

ウ 中枢神経からの命令をうでに伝える神経は，運動神経である。

エ 中枢神経からの命令を受けて反応する器官は，感覚器官である。

(2) 次の文の①，②の｛ ｝の中から，それぞれ適当なものを１つずつ選び，その記号を書け。

表１から，物を見るとき，物との距離をはかるのに適しているの

図４

は，①｛ア　両方の目　　イ　片方の目｝で見たときと考えられる。また，前のページの図4のライオンとシマウマを比べると，物との距離をはかるのに適した目のつき方をしているのは，②｛ウ　ライオン　　エ　シマウマ｝である。

3　4種類の気体A～Dがある。これらは，水素，酸素，アンモニア，二酸化炭素のいずれかである。太郎さんは，A～Dが何かを調べるために，いくつかの実験を行った。**表2**は，気体ごとに，においと，同じ体積の空気と比べた重さについて調べた実験の結果をまとめたものである。続いて，**実験2・3**を行った。

表2

気体	におい	空気と比べた重さ
A	なし	重い
B	なし	軽い
C	なし	重い
D	刺激臭	軽い

[実験2] 図5のように，水が20cm³入った注射器に，Aを30cm³入れて，上下に振り，ピストンが静止したあと，ピストンの先端が示す注射器の目盛りを読んだ。次に，注射器内の水を試験管に入れ，緑色のBTB溶液を数滴加えて，水の色の変化を観察した。Cについても，同じ方法で実験を行った。**表3**は，その結果をまとめたものである。

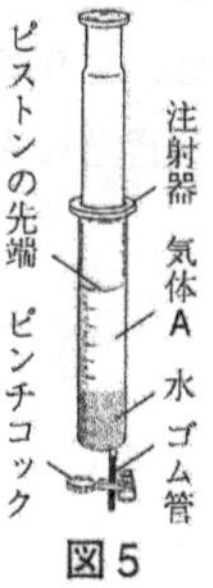

図5

表3

気体	注射器の目盛り	溶けた気体の体積	BTB溶液を加えた液体の色
A	50cm³	0 cm³	緑色
C	36cm³	③ cm³	黄色

（全ての物質の温度は同じで，常に一定であり，注射器に入れた水の体積は変化しないものとする。また，溶けた気体の体積は，注射器の目盛りをもとに計算した値である。）

[実験3] 図6のように，B，Dが入った試験管それぞれに，水で湿らせた赤色リトマス紙を近づけると，Dに近づけた赤色リトマス紙だけが，青色になった。

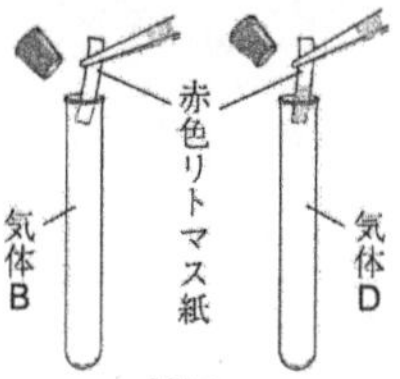

図6

(1)　次の文の①，②の｛　｝の中から，それぞれ適当なものを1つずつ選び，その記号を書け。また，③に当てはまる適当な数値を書け。

実験2で，Cは水に溶け，その水溶液が①｛ア　酸性　　イ　アルカリ性｝を示したことから，②｛ウ　酸素　　エ　二酸化炭素｝であることが分かる。また，このとき，水に溶けたCは［　③　］cm³であった。

(2)　Dの気体は何か。その気体の化学式を書け。

4　夏休みに，花子さんは，日本のある地点で金星を観察した。**図7**は，その結果をまとめた観察記録の一部である。また，8月30日に天体望遠鏡で観察した金星は，**図8**のように見えた。次の会話文は，夏休み明けに，花子さんが先生と話をしたときのものである。

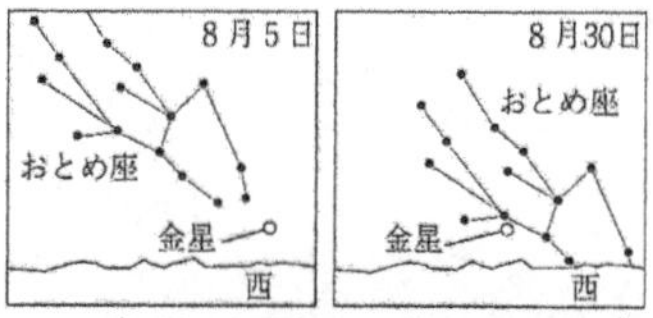

図7（日没1時間後の，金星とおとめ座の位置を記録している。また，おとめ座を形づくる星は恒星である。）

（肉眼で見る場合と，上下左右が逆になっている。）
図8

花子さん：　金星は，よいの明星と呼ばれるだけあって，周りの星よりも明るく見えました。

先　　生：　実際に観察すると，よく分かりますね。8月5日と30日の観察記録からは，金星が惑星であることも確認できますよ。観察記録のどのようなことから確認できるでしょうか。

花子さん：　はい。［　　　　　　］ことから確認できます。

先　　生：　よく気が付きましたね。ところで，金星は，今年の年末まで，よいの明星として観察できます。8月30日に天体望遠鏡で見た金星とは，形や見かけの大きさが変わっていくのでおもしろいですよ。

花子さん：　それは楽しみです。このあとも観察を続けてみます。

⑴ □ には，金星が惑星であることを示す言葉が入る。図7をもとに，□ に適当な言葉を書き入れて，会話文を完成させよ。ただし，「金星」「おとめ座」の２つの言葉を用いること。

⑵ 図９は，金星と地球の公転軌道と，８月５日と30日の地球の位置を模式的に表したものである。花子さんは，この年の11月30日に金星を観察した。図９のア～エのうち，11月30日の金星の位置として，最も適当なものを１つ選び，その記号を書け。

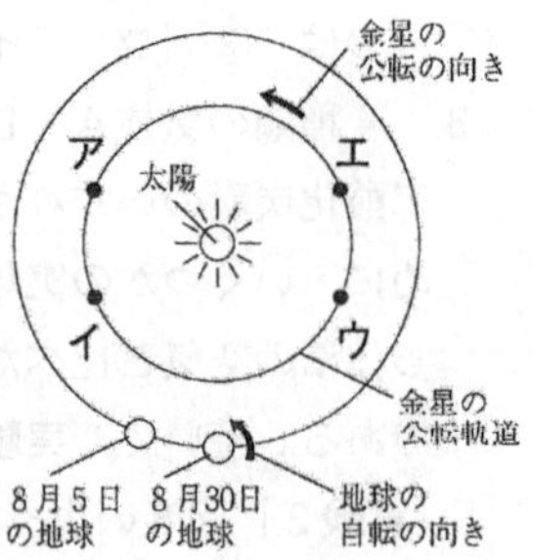

図９

＜社会＞

時間　50分　　満点　50点

(一)　次の資料は，日本のできごとを年代の古い順に上から並べたものである。これを読んで，1～7の問いに答えなさい。

○　①倭《わ》の奴国《なこく》の王が，後漢《ごかん》に使者を送った。
○　②小野妹子《おののいもこ》が，隋《ずい》に送られた。
○　後鳥羽上皇《ごとばじょうこう》が鎌倉幕府の打倒を目指して挙兵し，③承久《じょうきゅう》の乱が始まった。
○　将軍のあとつぎをめぐる対立から，④応仁《おうにん》の乱が始まった。
○　⑤豊臣秀吉《とよとみひでよし》が，刀狩令《かたながりれい》を出した。
○　⑥新井白石《あらいはくせき》が，長崎での貿易を制限した。
○　⑦松平定信《まつだいらさだのぶ》が，江戸幕府の老中《ろうじゅう》となった。

1　①のできごとが起こった頃の我が国の社会の様子について述べた文として最も適当なものを，ア～エから一つ選び，その記号を書け。

ア　ナウマンゾウをとらえて食料とした。　　イ　弥生土器と呼ばれる土器がつくられた。
ウ　各地に国分寺《こくぶんじ》が建てられた。　　エ　古墳の周りや頂上に埴輪《はにわ》が並べられた。

2　②が隋に送られた年から白河《しらかわ》上皇が院政を始めた年までの期間に起こった，次のア～エのできごとを年代の古い順に左から並べ，その記号を書け。

ア　都が藤原京《ふじわらきょう》から平城京に移された。　　イ　菅原道真《すがわらのみちざね》の意見で遣唐使《けんとうし》が停止された。
ウ　藤原頼通《ふじわらのよりみち》が関白となった。　　エ　墾田永年私財法《こんでんえいねんしざいほう》が出された。

3　③の後，鎌倉幕府は，一般に［P］と呼ばれる機関を設置し，都の警備や西日本の武士の統率に当たらせるとともに，［Q］を行わせた。P，Qにそれぞれ当てはまる言葉の組み合わせとして適当なものを，ア～エから一つ選び，その記号を書け。

ア｛P　大宰府《だざいふ》　Q　朝廷の監視｝
イ｛P　大宰府　Q　中国や朝鮮に対する防衛｝
ウ｛P　六波羅探題《ろくはらたんだい》　Q　朝廷の監視｝
エ｛P　六波羅探題　Q　中国や朝鮮に対する防衛｝

4　④の後，実力のある者が地位の高い者をたおす下剋上《げこくじょう》の風潮が広がっていく中で，山城《やましろ》では国一揆《くにいっき》が起こり，［　　　］して自治を行った。［　　］に適当な言葉を書き入れて文を完成させよ。ただし，［　　］には，次の［語群］の言葉の中から一つ選び，その言葉と，武士や農民　追放　の二つの言葉の，合わせて三つの言葉を含めること。

［語群］　守護大名　荘園領主

5　⑤が政治を行った頃に栄えた文化は，一般に［X］文化と呼ばれている。右の絵は，［Y］が描いた屏風《びょうぶ》絵の一部であり，［X］文化を代表する作品の一つである。X，Yにそれぞれ当てはまる言葉の組み合わせとして適当なものを，次のページのア～エから一つ選び，その記号を書け。

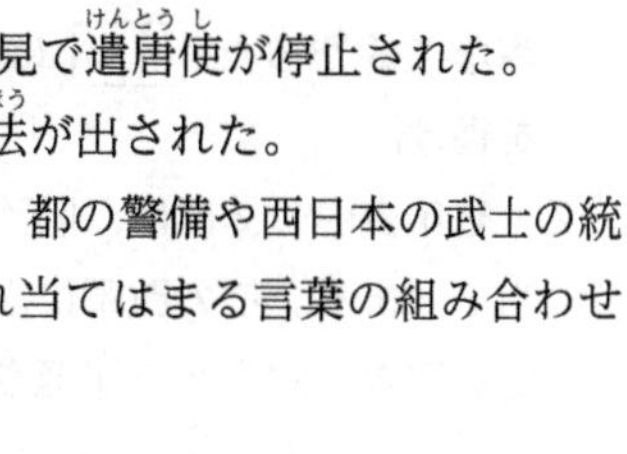

ア {X 東山《ひがしやま》 Y 雪舟《せっしゅう》} イ {X 東山 Y 狩野永徳《かのうえいとく》}
ウ {X 桃山《ももやま》 Y 雪舟} エ {X 桃山 Y 狩野永徳}

6 右の資料は，⑥が著した書物の一部を要約したものであり，次の会話文は，直子さんと先生が，資料を見ながら話をしたときのものである。文中のZに当てはまる人物の氏名を書け。

【資料】
幕府の財政がすでに行きづまっていたので，先代は，元禄《げんろく》八年九月から，貨幣の発行量を増やすために，貨幣の質を落とした。
（「折たく柴《しば》の記」による）

先　生： 資料中の先代とは，江戸幕府の将軍であった［ Z ］のことです。［ Z ］は，幕府の財政を立て直すために，この資料に書かれた政策を行いましたが，物価の上昇を招きました。その後，幕府の政治を担った⑥は，どのような対策を行いましたか。
直子さん： 貨幣の質を元にもどして，物価を引き下げようとしました。
先　生： そのとおりです。

7 ⑦は，旗本《はたもと》や御家人の，札差《ふださし》に対する借金を帳消しにするなど，幕府政治の改革を行った。この改革は，一般に［　］の改革と呼ばれている。［　］に当てはまる年号を書け。

(二) 右の略年表を見て，1～7の問いに答えなさい。

年代	できごと	
1860	①日米修好通商条約が結ばれる	
	［ ② ］が行われる	
1880		
	③大日本帝国憲法が発布される	
1900	④義和団《ぎわだん》事件が起こる	
1920	国際連盟が成立する	
	加藤高明《かとうたかあき》内閣が⑤普通選挙法を成立させる	⑥
1940		
	国際連合が成立する	
1960		
	⑦東海道新幹線が開通する	
1980		

1 略年表中の①は，貿易において，［　］を日本が自主的に決める権利がないことなど，日本にとって不平等な条約だった。［　］に当てはまる最も適当な言葉を書け。

2 略年表中の②には，明治政府が行った改革の名称が当てはまる。この改革により，藩《はん》にかえて全国に県や府を置き，政府から派遣された県令や府知事が，行政を担《にな》うこととなった。②に当てはまる改革の名称を書け。

3 略年表中の③のできごとが起こった頃，文学の世界では，文章を［ X ］の文体で表現する，言文一致《げんぶんいっち》と呼ばれる表現方法が用いられるようになり，［ Y ］が，［ X ］の文体で小説「浮雲《うきぐも》」を発表した。X，Yにそれぞれ当てはまる言葉の組み合わせとして適当なものを，ア～エから一つ選び，その記号を書け。

ア {X 口語 Y 二葉亭四迷《ふたばていしめい》}
イ {X 口語 Y 十返舎一九《じっぺんしゃいっく》}
ウ {X 文語 Y 二葉亭四迷}
エ {X 文語 Y 十返舎一九}

4 略年表中の④の後，満州《まんしゅう》に大軍を置いたロシアとの関係が悪化した日本は，1902年，［　］と同盟を結び，ロシアとの衝突に備えた。［　］に当てはまる国の名を書け。

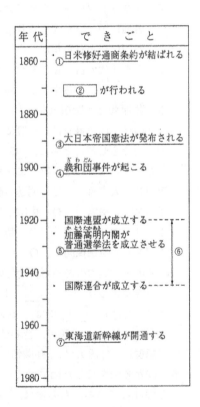

5　略年表中の⑤が成立する前と後を比べると，我が国の全人口に占める有権者の割合は，約4倍に増えた。有権者の割合が増えたのは，⑤の成立により，有権者の資格がどのようになったからか，簡単に書け。ただし，次の［語群］の言葉の中から一つ選び，その言葉と，納税額，25歳以上の二つの言葉の，合わせて三つの言葉を用いること。

［語群］　男女　男子

6　略年表中の⑥の期間に起こったできごととして適当なものを，ア～エから二つ選び，年代の古い順に左から並べ，その記号を書け。

ア　中華人民共和国が成立した。　　イ　中華民国が成立した。

ウ　アメリカでニューディール政策が始まった。　　エ　独ソ不可侵条約が結ばれた。

7　次のA～Cのグラフは，それぞれ，略年表中の⑦が開通した後の，1965年から1969年，1970年から1974年，1975年から1979年における，我が国の経済成長率の推移を表したグラフのいずれかに当たる。A～Cのグラフを年代の古い順に左から並べたものとして適当なものを，下のア～エから一つ選び，その記号を書け。

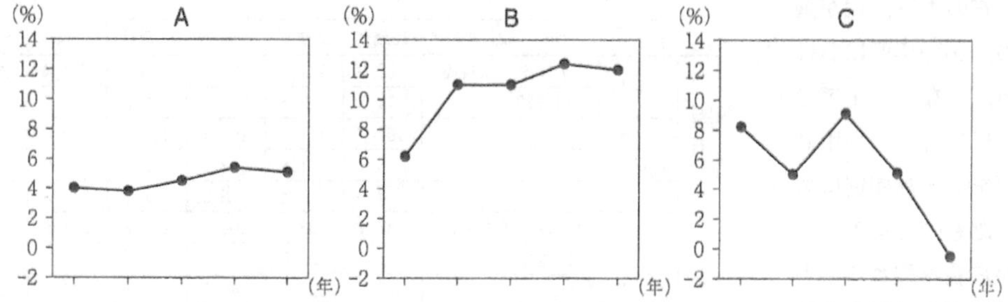

（数字でみる日本の100年による）

ア　A → B → C　　イ　A → C → B　　ウ　B → A → C　　エ　B → C → A

(三)　次の1～4の問いに答えなさい。

1　人権の国際的な広がりについて述べた次の文の①，②の｛　｝の中から適当なものを，それぞれ一つずつ選び，その記号を書け。

> 1948年に，①｛ア　世界人権宣言　　イ　国際連合憲章｝が採択され，人権保障の国際的な基準が示された。その後，1966年には，②｛ウ　権利章典　　エ　国際人権規約｝が採択され，この条約を結んだ国に人権の保障が義務付けられた。

2　我が国における，国会や選挙のしくみについて，(1)～(3)の問いに答えよ。

(1)　次の図は，ある年の国会の動きを模式的に表したものであり，図中の▨，■，▤印で示した期間は，それぞれ，種類の異なる国会の会期を表している。■印で示した期間に開かれていた国会の種類の名称を書け。

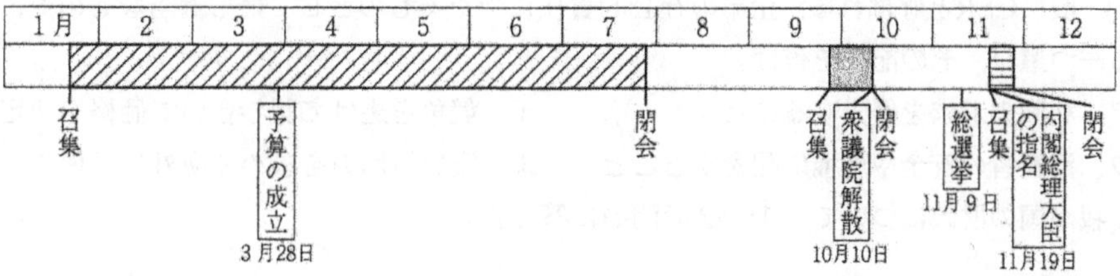

⑵ 衆議院と参議院に共通することがらについて述べた文として適当なものを，ア～エから一つ選び，その記号を書け。

ア　任期６年の議員によって組織される。　イ　解散されることがある。

ウ　内閣不信任を決議する権限を持つ。　エ　国政調査権を持つ。

⑶ 衆議院議員総選挙について述べた次の文のXの｛　｝の中から適当なものを一つ選び，その記号を書け。また，Yに当てはまる適当な言葉を書け。

> 現在の衆議院議員総選挙は，一つの選挙区からX｛ア　1人　イ　2～5人｝の議員が選出される小選挙区制と，得票数に応じて議席が政党に配分される［ Y ］制とを組み合わせた，小選挙区［ Y ］並立制で行われている。

3　最高裁判所が「憲法の番人」と呼ばれるのは，法律や政令などが［　　］を最終的に決定する権限を持つ機関だからである。［　］に適当な言葉を書き入れて文を完成させよ。ただし，［　］には，［憲法］の言葉を含めること。

4　右の表は，我が国の，2019年度における，主なメディアの１日当たりの利用時間を，年齢層別に表したものである。表から読み取れることを述べた文として適当なものを，ア～エから一つ選び，その記号を書け。

（単位：分）

	項目＼年齢層		10歳代	20歳代	30歳代	40歳代	50歳代	60歳代
平日	テレビ	リアルタイム視聴	69.0	101.8	124.2	145.9	201.4	260.3
		録画視聴	14.7	15.6	24.5	17.8	22.5	23.2
	インターネット		167.9	177.7	154.1	114.1	114.0	69.4
	新聞		0.3	1.8	2.2	5.3	12.0	22.5
	ラジオ		4.1	3.4	5.0	9.5	18.3	27.2
休日	テレビ	リアルタイム視聴	87.4	138.5	168.2	216.2	277.5	317.6
		録画視聴	21.3	23.0	31.0	37.5	48.0	28.1
	インターネット		238.5	223.2	149.5	98.8	107.9	56.1
	新聞		0.1	0.9	2.5	6.0	12.9	21.8
	ラジオ		0.0	1.2	2.0	5.0	6.6	18.5

（注）利用時間は，平均時間を表している。　（2021-22年版　日本国勢図会ほかによる）

ア　表中の全ての年齢層において，平日，休日ともに，ラジオの利用時間よりも新聞の利用時間の方が長い。

イ　10歳代と20歳代では，それぞれ，平日，休日ともに，リアルタイム視聴と録画視聴とを合わせたテレビの利用時間よりも，インターネットの利用時間の方が長い。

ウ　60歳代では，平日，休日ともに，インターネットの利用時間よりも，新聞とラジオとを合わせた利用時間の方が長い。

エ　表中の四つのメディアはいずれも，平日，休日ともに，年齢層が上がるほど利用時間が長くなっている。

四　次の１～４の問いに答えなさい。

1　一般にCSRと呼ばれる，企業の社会的責任に当たるものとして最も適当なものを，ア～エから一つ選び，その記号を書け。

ア　利潤の追求を優先すること　イ　競争を避けて話し合いで価格を決定すること

ウ　消費者の安全や環境に配慮すること　エ　安い労働力を求めて海外に工場を移すこと

2　我が国の財政について，⑴，⑵の問いに答えよ。

(1) 税の種類の一つである所得税は［A］に分類され，［B］。A，Bにそれぞれ当てはまる言葉の組み合わせとして適当なものを，ア～エから一つ選び，その記号を書け。

ア {A　直接税　　B　税を負担する人と納める人が異なる}
イ {A　直接税　　B　税を負担する人と納める人が同じである}
ウ {A　間接税　　B　税を負担する人と納める人が異なる}
エ {A　間接税　　B　税を負担する人と納める人が同じである}

(2) 右のグラフは，1990年度と2019年度における，我が国の歳入と歳出の項目別の割合を表したものであり，次の会話文は，直子さんと先生が，グラフを見ながら話をしたときのものである。文中の［　］に適当な言葉を書き入れて文を完成させよ。ただし，［　］には，歳出のグラフ中から適当な項目を一つ選び，その言葉と，［少子高齢化］の言葉の，合わせて二つの言葉を含めること。

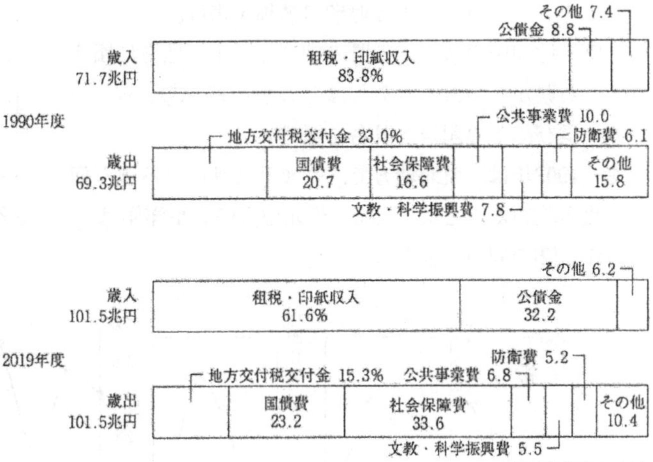

（財務省資料ほかによる）

先　　生：1990年度と2019年度の歳入を比べると，公債金の金額が増えていますが，その原因として，どのようなことが挙げられますか。
直子さん：はい。原因の一つとして，年金や医療保険などの［　　　　］ことが挙げられます。
先　　生：そのとおりです。

3　右の図は，我が国の領域及びその周辺を模式的に表したものである。図中のPの海域は［　］と呼ばれ，この海域では，どの国の船も，自由に航行したり，漁業をしたりすることができる。［　］に当てはまる最も適当な言葉を書け。

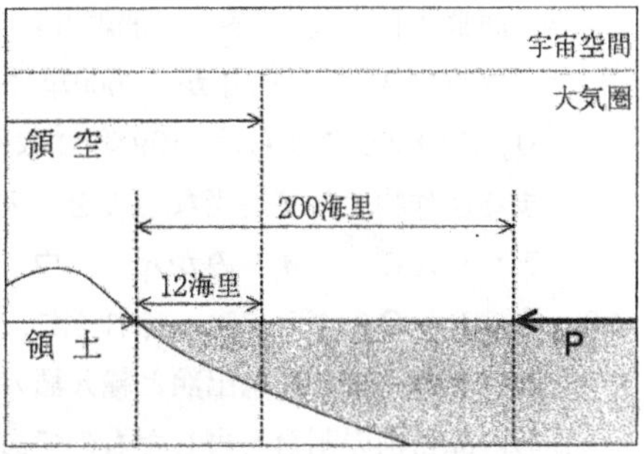

4　次の資料は，地球温暖化防止への国際的な取り組みについて説明するために，先生が作成したものの一部であり，資料中のQには，ある都市の名が当てはまる。Qに当てはまる都市の名を書け。

2015年，［Q］協定が採択される
◇世界の平均気温の上昇を，産業革命の前と比べて，2℃未満におさえる。
◇先進国，発展途上国の全ての国が，温室効果ガスの削減に取り組む。

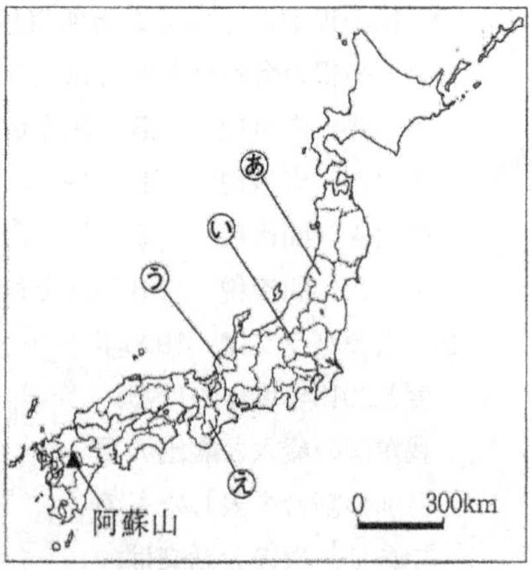

㈤ 次の１～４の問いに答えなさい。

1　右の地図を見て，(1)，(2)の問いに答えよ。

(1)　地図中の阿蘇山《あそさん》には，大きなくぼ地が見られる。このくぼ地は，火山活動によって火山灰や溶岩が噴き出したあとが，くぼんでできたものであり，このような地形は □ と呼ばれている。□ に当てはまる地形の名称を書け。

(2)　地図中のⓐ～ⓔの県の中には，中部地方に属する県が一つある。それはどれか。ⓐ～ⓔから一つ選び，その記号と県名を書け。

2　1993年は，東北地方で，やませと呼ばれる風が何度も吹いたことによって，東北地方の太平洋側は，大きな影響を受けた。グラフ１～３を見て，(1)，(2)の問いに答えよ。

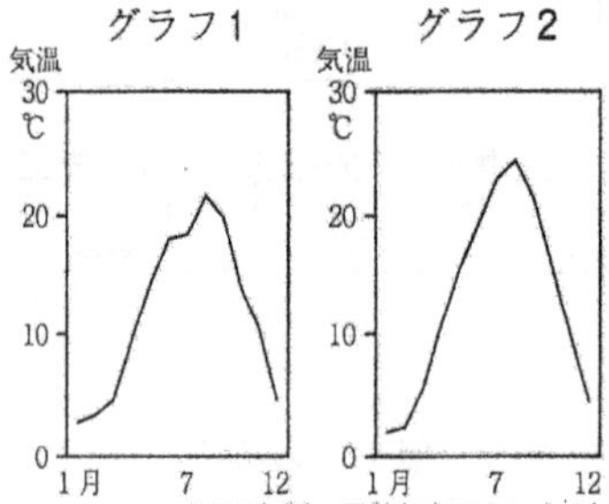

（2022年版　理科年表ほかによる）

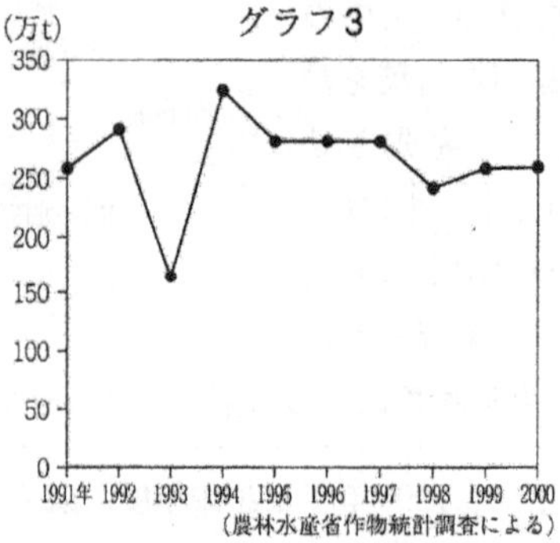

（農林水産省作物統計調査による）

(1)　グラフ１は，仙台市における1993年の月別の平均気温を表したものであり，グラフ２は，仙台市における2020年までの30年間の月別の平均気温を表したものである。グラフ１，２を参考にして，やませとはどのような風か，その特徴を簡単に書け。ただし，［語群Ⅰ］～［語群Ⅲ］の言葉の中からそれぞれ一つずつ選び，その三つの言葉を用いること。

［語群Ⅰ］ 夏　冬　［語群Ⅱ］ 北西　北東　［語群Ⅲ］ 暖かい風　冷たい風

(2)　グラフ３は，1991年から2000年における，東北地方の，□ の収穫量を表したものであり，このグラフからは，1993年に収穫量が大きく減少していることが分かる。□ に当てはまる農作物として適当なものを，ア～エから一つ選び，その記号を書け。

ア　りんご　　イ　みかん　　ウ　小麦　　エ　米

3　右のＰ，Ｑのグラフは，それぞれ，1980年における我が国の，輸出額と輸入額のいずれかの，品目別の割合を表したものであり，グラフ中のｒ，ｓは，それぞれ原油，自動車のいずれかに当たる。輸出額の品目別の割合を表したグラフに当たる記号と，原油に当たる記号の組み合わせとして適当なものを，ア～エから一つ選び，その記号を書け。

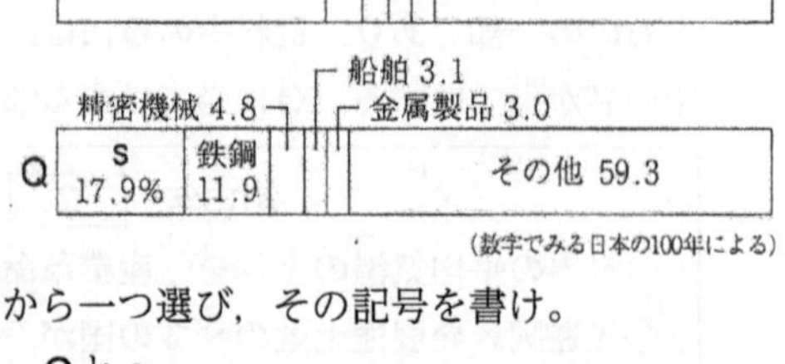

（数字でみる日本の100年による）

ア　Ｐとｒ　　イ　Ｐとｓ　　ウ　Ｑとｒ　　エ　Ｑとｓ

4　次のア～エは，社会科の授業で，身近な地域の調査をしたときの，調査項目が書かれたカードの一部である。国土地理院発行の２万５千分の１地形図に表されていることが書かれたカードとして適当なものを，ア～エから一つ選び，その記号を書け。

ア	イ	ウ	エ
土地の起伏	中学校の生徒数	バス停留所の位置	果樹園で栽培されている果樹の種類

㈥　次の１～３の問いに答えなさい。

1　地図１は，緯線と経線が直角に交わる地図であり，地図２は，東京からの距離と方位が正しい地図である。地図１，２を見て，(1)～(4)の問いに答えよ。

地図１

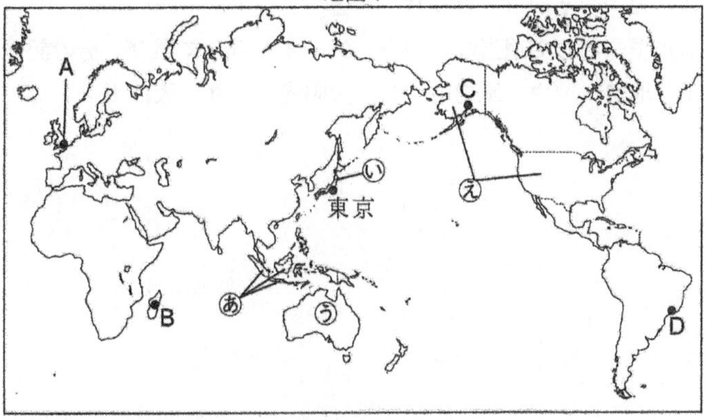

(1)　地図１では，［　　　］ほど，面積がより大きく表されている。［　　　］に適当な言葉を書き入れて文を完成させよ。ただし，［　　　］には，［赤道］の言葉を含めること。

地図２

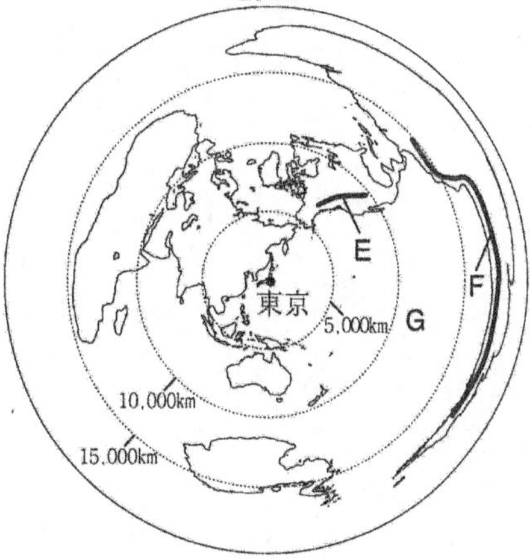

(2)　右の表は，2020年における，地図１中のあ～えのそれぞれの国の，人口密度を表したものであり，表中のa～dは，それぞれあ～えのいずれかに当たる。dに当たる国をあ～えから一つ選び，その記号と国の名を書け。

国	人口密度（人／km²）
a	339
b	143
c	34
d	3

(2021-22年版 世界国勢図会による)

(3)　地図１中のA～Dの都市を，東京からの実際の距離が近い順に左から並べ，その記号を書け。

(4)　地図２中の━━印で示した，EとFの山脈を含む造山帯は，三大洋の一つであるGを取り囲むようにつらなっていることから，［　　　］造山帯と呼ばれている。［　　　］に当てはまる最も適当な言葉を書け。

2 右の表は，2019年における，世界の州別の，小麦，とうもろこしの，世界の総生産量に占める生産量の割合と，原油の，世界の総産出量に占める産出量の割合を表したものであり，表中の**X**～**Z**は，それぞれアジア，北アメリカ，ヨーロッパのいずれかに当たる。**X**～**Z**にそれぞれ当たる州の組み合わせとして適当なものを，**ア**～**エ**から一つ選び，その記号を書け。

(単位：%)

州 ＼ 項目	小麦	とうもろこし	原油
X	44.0	32.1	39.2
Y	34.8	11.6	21.1
Z	11.5	34.1	22.6
南アメリカ	3.8	15.0	7.2
アフリカ	3.5	7.1	9.4
オセアニア	2.4	0.1	0.5

(注) ロシアは，ヨーロッパに含めている。

(2021-22年版 世界国勢図会による)

ア {**X** アジア **Y** 北アメリカ **Z** ヨーロッパ}
イ {**X** アジア **Y** ヨーロッパ **Z** 北アメリカ}
ウ {**X** 北アメリカ **Y** アジア **Z** ヨーロッパ}
エ {**X** 北アメリカ **Y** ヨーロッパ **Z** アジア}

3 再生可能エネルギーとして適当なものを，**ア**～**オ**から**全て**選び，その記号を書け。

ア 石炭 **イ** 地熱 **ウ** 風力 **エ** 太陽光 **オ** 天然ガス

全日制 定時制	科	受検番号	号	氏名	

〔令和四年度　国語　作文問題〕

あなたは、創造力とはどのような力であると考えるか。次の資料を参考にしながら、そう考える理由を含めて、後の**注意**に従って述べなさい。

資料

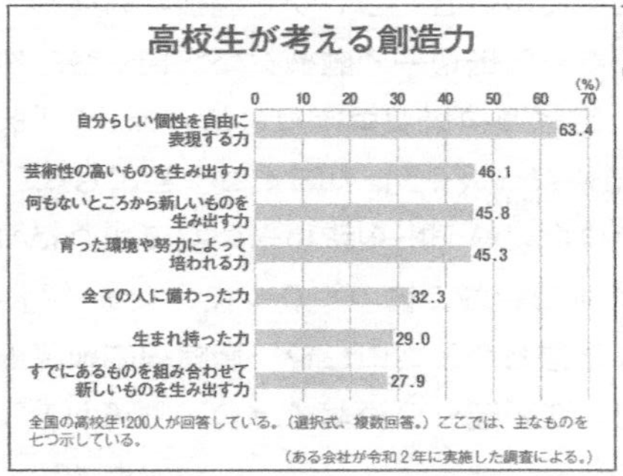

全国の高校生1200人が回答している。(選択式、複数回答。)ここでは、主なものを七つ示している。
(ある会社が令和2年に実施した調査による。)

〈**注意**〉

1　上の資料を見て気づいたことを交えて書くこと。
2　あなたが体験したことや見聞したことを交えて書いてもよい。
3　段落は、内容に応じて設けること。
4　文章の長さは、三百字以上、四百字以内とする。
5　資料の中の数値を使う場合は、次の例に示したどちらの書き方でもよいこととする。
　例　六三・四％　または　六十三・四％
　　　二九・〇％　または　二十九％
　なお、「％」は、「パーセント」と書いてもよい。
6　氏名は右の氏名欄に書き、**文題は書かない**こと。

得点

100字　200字　300字　400字

翌朝、妻、壁を切り抜きたるを見て、「定めて盗人のしわざならん。昨日、淀侯よりたまはりたる金は、いづくへ置きたまふや。」と言ふ。大雅、さらに驚く気色《けしき》なく、床の上へ置きたり。無くば、盗人持ち去りたるならんと言ふ。門人ども来たり、この体《てい》を見て、「先生何故《なにゆゑ》にこのやうに壁を切り抜きたまふや。」と言へば、昨日の夜、盗人入りて、淀侯より謝礼にもらひたる金子《きんす》(注3)を持ち去りたるさうなと言ふ。門人の言はく、「壁あのさまにては見苦し。つくろひたまへ。」と言へば、かへつて②さいはひなり。時は今、夏日にて、涼風を引き入るるによろし。また、外へ出るに、戸を開くのうれへ(注4)なしと言ふとぞ。

（『逢原記聞《ほうげんきぶん》』による。）

（注1） 大雅＝江戸時代の画家である池大雅《いけのたいが》。
（注2） 淀侯＝淀藩（現在の京都府の一部）の藩主。
（注3） 金子＝お金。　（注4） うれへ＝煩わしいこと。

1 ――線②「さいはひなり」を現代仮名遣いに直し、**全て平仮名**で書け。

2 ――線①「たまふ」は「お与えになる」という意味であるが、誰が与えたのか。最も適当なものを、次のア〜エの中から一つ選び、その記号を書け。

ア 大雅　イ 淀侯　ウ 妻　エ 門人

3 文中には、大雅が言った言葉が三か所ある。その中で、二番目に言った言葉をそのまま全て抜き出し、その最初と最後のそれぞれ**三字**を書け。

4 次の会話は、この文章を読んだ誠司《せいじ》さんと菜月《なつき》さんが、先生と一緒に、大雅の人物像について話し合った内容の一部である。会話の中の a 、 b 、 c に当てはまる適当な言葉を書け。ただし、 a は**五字**で、 b は**二字**で、最も適当な言葉をそれぞれ文中からそのまま抜き出して書くこと。また、 c は**三十字以上四十字以内**の**現代語**で書くこと。

誠司さん 「家の中が散らかっていたり、せっかくもらった謝礼を、 a 床の上に置いたりしているところや、切り抜かれた壁を修理せずに済ませようとしているところから、大雅はいいかげんなところがある人物だと考えました。」

菜月さん 「私は、細かいことにこだわらない、おおらかな人物だと考えました。家の中が散らかっているのは、絵をかくことに没頭しているからで、謝礼に関しては、なくなっていても、 b 様子がないことから、お金に執着していないのだと思います。」

誠司さん 「切り抜かれた壁を修理しなかった点については、どうですか。」

菜月さん 「切り抜かれた壁については、 c と言っているから、そうなってしまったことにくよくよせず、前向きに捉えようとしたということだと思います。」

先　生 「大雅は、江戸時代を代表する画家です。さまざまな捉え方ができますが、いずれにしても芸術に対して一心に取り組むことができる人物だったからこそ、多くのすばらしい作品を残せたのでしょうね。」

A に当てはまる最も適当な、身体の一部を表す漢字一字を書け。

2 ——線①「「とめろ！」島さんが、怒鳴り声をあげていた。」とあるが、島さんが、怒鳴り声をあげて、雨宮を強く制止した理由について説明した次の文の□に当てはまる適当な言葉を、文中の言葉を使って**十字以上十五字**以内で書け。

> 島さんは、雨宮がローラーの運転操作を誤って整備に失敗したのを見て、失敗の原因は、□ことにあると思ったから。

3 ——線②「打ちひしがれ、ローラーから降りた。」とあるが、このときの雨宮について説明したものとして最も適当なものを、次のア～エの中から一つ選び、その記号を書け。

ア　入社して身に付けた技術の成果を発揮しようとしていたのに、島さんに遮られて不満に思っている。

イ　事前にグラウンド整備の仕方をよく確認しないで始めてしまった、自分の準備不足を後悔している。

ウ　整備には自信があったのに、一瞬にして自分の素質のなさを実感し、仕事を辞める決意をしている。

エ　島さんから指摘されて大変なミスを犯していたことに気が付き、改めて自分の無力さを感じている。

4 ——線③「おまえをここに立たせたのは、考えてもらうためや。」とあるが、島さんが雨宮に考えてもらおうとしたことについて説明した次の文の a 、 b に当てはまる最も適当な言葉を、 a は**五字**で、 b は**十三字**で、それぞれ文中からそのまま抜き出して書け。

> プロの選手は、 a によって選手生命が絶たれることもある厳しい世界で、人生がかかった戦いを続けており、雨宮には、その戦いの場を管理する、社会人としての b ということを考えてもらおうとした。

5 ——線④「よく日に焼けた顔を、島さんは今日初めてほころばせた。」とあるが、このあと、島さんは、雨宮からの質問を受け、雨宮だからこそできることを示し、グラウンドを整備する技術の上達を促そうとしている。島さんが雨宮に伝えた内容を、文中の言葉を使って、**四十字以上五十字**以内で書け。

6 本文についての説明として最も適当なものを、次のア～エの中から一つ選び、その記号を書け。

ア　比喩表現の多用により、雨宮と島さんの心理が変化していく様子がわかりやすく描かれている。

イ　擬態語の効果的な使用によって、長谷の言葉に苦悩を深める雨宮の内面が鮮明に描かれている。

ウ　短文による会話や方言を用いることで、リアリティや臨場感がより高まるように描かれている。

エ　雨宮の視点を通して、整備の技術を高める雨宮や指導する島さんの姿が客観的に描かれている。

(五) 次の文章を読んで、1～4の問いに答えなさい。

(注1)大雅《たいが》、かつて(注2)淀侯《よどこう》の金屛風《きんびやうぶ》をかきけり。謝礼として使者来たりけるに、台所の入口より古紙書物など取り散らし置きて、さらに上り所なし。古紙をかたよせ、使者を通しけるに、謝礼として三十金を①たまふ。大雅、礼を述べて、包みのまま床の上へ置きたり。その夜、盗人、床の側《そば》の壁を切り抜きて、包金《つつみがね》を持ち去れり。

かうなずいた。それを見て、俺も詰めていた息を吐き出した。

「俺たちは会社員やから、よっぽどのことがないかぎりクビにはならへん。でも、プロの選手はちゃうよな？　一つのけがが命とりや。それで選手生命絶たれたら、球団から簡単にクビ切られんねん。人生、かかってんねん。」

　ゴールデンウィークのこどもの日、俺に優しく話しかけてくれた、ベテラン選手の顔が自然と思い浮かんだ。約二十年間、第一線でプレーを続けるには、相当の苦労があったはずだ。その戦いの場を、俺たちは管理しているのだ。生半可な覚悟じゃ務まらない。

「おまえは、今、一人の社会人としてここに立っとる。その行動一つ一つに責任が生じる。」

　プレーヤーの気持ちは、プレーヤーにしかわからない。その言葉が、さらに重みを増して俺の肩にのしかかる。辞めるなら、今かもしれない……。

　立ち去りかけた島さんに思い切って声をかけた。

「あの……。」島さんの答えによっては、早く退職届を出したほうが自分のためにも、会社のためにもいいかもしれないと思った。唾を飲み込んでから、質問をぶつけた。

「選手の気持ちは、選手を経験した人にしかわからないんでしょうか。」

　④よく日に焼けた顔を、島さんは今日初めてほころばせた。

「そんなもん、俺かて、わからんわ。」

「へっ……？」

「俺、少年野球どまりやし。長谷レベルの選手の気持ちなんて、わかるわけないやん。」

　決して投げやりではなく、しかし、冗談でもなく、島さんは(注7)訥々《とつとつ》と言葉を続けた。

「でもな、大事なのは想像してみることや。雨宮はマネージャーやったんやろ？　選手がどうしてほしいか、想像してみることくらいできるやろ？」

　そう問いかけられて、自然とうなずいていた。できる。それなら、できる。頭がちぎれるくらい考えてやる。うなずくだけでは足りない気がして、「はい。」と、胸を張って返事した。

「想像してみて、実際にやってみる。試してみる。それで失敗するかもしれへん。でも、そういう姿勢が見えたら、俺だって⑤[A]ごなしに叱らへん。誰だってその試行錯誤の繰り返しで、上達していくんやないんか。」

　ベンチ前は人の出入りが激しいので、唯一、人工芝が敷かれている。俺は数歩前に出て、しゃがみ込み、上の部分にそっと右手を置いた。硬く、しかし、柔らかく、しっとりと湿り気を帯びた優しい手触りだった。

（朝倉宏景『あめつちのうた』による。）

（注1）島さん＝雨宮の上司で、グラウンドキーパーのトップである球場施設部長。
（注2）この車両＝グラウンドを整地するために使用する、ローラーがついた車両のこと。ここでは、「ローラー」と呼んでいる。
（注3）ゴロ＝地面を転がる打球。
（注4）ノック＝守備の練習のためにボールを打つこと。
（注5）イレギュラー＝ボールが不規則な跳ね方をすること。
（注6）スパイク＝靴底に金具をつけたシューズ。
（注7）訥々＝とぎれとぎれに話すさま。

1　――線⑤「[A]ごなし」が、「相手の言い分をよく聞かず、最初から一方的にものを言うこと」という意味の言葉になるように、立った整備ができる。マウンドや内野グラウンドの硬さは、野球のプレーのしやすさに直結する重大な要素だ。選手の気持ちがわかれば、グラウンドキーパーにとってそれがいちばんの武器になる。しかし、俺はキャッチボールすらまともにできない。満足にスポーツのできない人間が、整備のプロになることなど到底かなわないのかもしれない。

　エンジン音にまぎれさせるように、大きなため息をついた。目の前に、まるでヒッチハイクのように、日に焼けた黒い腕が差し出されたのは、そのときだった。

①「とめろ!」(注1)島さんが、怒鳴り声をあげていた。

　何が起こったのかわからないまま、慌ててブレーキを踏んだ。

「エンジンを切って、降りろ。」

「でも……。」

「はよ、降りてくれ。」

「ちゃんと、できます。」

「集中できてへんのは、明らかや。」

　ハンドルを強くつかんだ。ここで降ろされたら、そのまま帰らされると思った。

「見てみい。」島さんは、グラウンドを指差した。「進路がふくらみすぎや。」

　慌てて身を乗り出し、足元を見た。ハッとした。渦巻きを描くように(注2)この車両を走らせるわけだから、前の周回で自分が通ったすぐ外側を、間隔を空けずにローラーで踏んでいかなければならない。しかし、俺は知らず知らずのうちに運転操作を誤り、外側へふくらみすぎていた。結果として、整地できていないところが、飛び地のようにできてしまった。

②打ちひしがれ、ローラーから降りた。「ベンチの前で見てろ。」と言われ、すごすごと引っ込む。代わりにローラーに乗った島さんは、器用に車両をバックさせながら、俺が踏み残した箇所を的確に均《なら》していく。

　失敗したなら、また一からやり直せばいいという、簡単な話ではない。ローラーが何度そこを通ったかで、グラウンドの硬さは刻々と変わってしまう。結果、ゴロ(注3)の跳ね方も、スピード大きく変わる。

　新人であり、なおかつ野球のノック(注4)すらまともに受けたことのない俺は、その変化すら感知することができないのだ。ローラーを終えた島さんがゆっくりと近づいてきた。

　そこまで身長は高くないのに、その立ち居振る舞いには威厳が感じられる。胸板が厚いからかもしれない。プロ野球選手とはまた違う筋肉のつきかただ。

「雨宮、③おまえをここに立たせたのは、考えてもらうためや。」

　眼光がものすごい。すぐ目の前に立たれると、一歩後ろに退《ひ》きたくなる。

「踏んでる箇所と、踏んでない箇所ができたら、どないなる?　もし、そこにボールが弾んだら?」

　俺はその場にかろうじて踏ん張って答えた。

「イレギュラー(注5)を起こす可能性が高まります。」

「もし、その上を選手が走ったら?」

「スパイク(注6)の刃のかかり具合が違って……、転倒するかもしれません。」

「万が一、けがする選手がおったら、どないなる?」

「……取り返しがつきません。」

　一問一答が続いた。島さんは俺の回答を全て聞き終えてから、何度選び、その記号を書け。

ア（B 心性　C 感性　D 心性　E 感性）
イ（B 心性　C 感性　D 感性　E 心性）
ウ（B 感性　C 心性　D 感性　E 心性）
エ（B 感性　C 心性　D 心性　E 感性）

6　⑦段落の――線③「料理は飲食の一部でしかない。」とあるが、料理と飲食について、本文の趣旨に添って説明した次の文章の［a］、［b］、［c］に当てはまる最も適当な言葉を、⑦・⑧段落の文中から、［a］は**十一字**で、［b］は**五字**で、［c］は**九字**で、それぞれそのまま抜き出して書け。

> 飲食は、食べ物への嗜好や食べ方、食べる時間や空間の設定などを含めた［a］である。その一部である料理は、［b］を持ち、いろいろなものをつなぐ仲介項としてクローズアップされるため、食文化そのものと捉えられてしまうが、［b］を保つことが難しく、［c］文化とはならないものである。

7　⑩段落の――線④「堂々めぐり」とは、「議論や思考が進まず、同じ所をめぐっている」という意味である。筆者は、飲食において、「感性や心性」と「飲食行為」とのどのような関係が、堂々めぐりの関係にあると述べているか。⑨段落の文中の言葉を使って、**二十五字以上三十五字以内**で書け。

8　本文に述べられていることと最もよく合っているものを、次のア～エの中から一つ選び、その記号を書け。

ア　目に見える文化は、独自色が強くわかりやすいことから、研究対象にはなり得ないと言える。
イ　静的でありながら動的な面も合わせ持つ飲食の両義性が、飲食行為の革新を生み出している。
ウ　飲食は外部の対象の主体内への摂取にすぎないが、うまさを見いだす感性も磨くべきである。
エ　文化的行為としての飲食は国際交流の影響を受け、感性や心性のグローバル化が進んでいる。

(二)　次の1～4の各文の――線の部分の読み方を平仮名で書きなさい。

1　一日中、曇天だった。　2　心の葛藤に苦しむ。
3　感動の涙で目が潤む。　4　節分用の煎り豆。

(三)　次の1～4の各文の――線の部分を漢字で書きなさい。ただし、必要なものには送り仮名を付ける

1　電車がけいてきを鳴らす。
2　はちくの勢いで、試合を勝ち進む。
3　毛糸でマフラーをあむ。
4　本の表紙がそる。

(四)　次の文章は、プロ野球が行われる球場の整備を請け負う会社に就職した「雨宮《あめみや》」が、試合前にグラウンドの整備を行う場面を描いたものである。雨宮は、会社の先輩で強豪校の元球児である「長谷《はせ》」から言われた言葉が頭から離れないまま、整備を始めた。これを読んで、1～6の問いに答えなさい。

「プレーヤーの気持ちは、プレーヤーにしかわからへん。」

重い言葉だった。ハンドルを操作する手に力がこもる。グラウンドキーパーは、ほぼ全員が野球経験者だ。だからこそ、選手の視点に

[8] いろいろなものをつなぐ仲介項だから、飲食で料理が(注2)クローズアップされるのは、いたしかたのないことかもしれない。しかし、この料理も、そのときどきに形を取って目に見えるものになるものの、美術品や文学作品のように存続することは難しく、永続的に目に見える文化とはならない。それにもともと、飲食は料理だけに関わるものではない。食べ物への(注3)嗜好《しこう》や食べ方、食べる時間や空間の設定など、多方面にわたって多様な意味を持つ複雑な文化的行為の全体が飲食なのだ。

[9] そして、そのような文化的行為としての飲食を支えるのは、行為の主体である私たちが持つ感性であり、さらにその個人の感性を大きく規定するのが、アナール派的に見れば時代の心性なのである。何をうまいと思い、どのような行為をよしとするか、それは私たちの感性に、あるいはそのもとになる心性による。では、そのような飲食行為における感性や心性は何によって形づくられるのだろうか。それは、まさに繰り返される飲食行為そのものによって形づくられるのだ。

[10] どこか④堂々めぐりのようだが、飲食は、そのような目に見えない文化の、ときに(注4)スタティックでありつつ(習慣的な行動によって日本人ならふっくらとしたご飯を好み、フランス人ならパリッとしたパンが好きといった味覚が形成される)、場合によって［F］に対応する(注5)ダイナミックさ(パサパサしたご飯もチャーハンにするとおいしいと思うようになる、モッチリしたパンにもうまさを見いだすといった、これまでとは異なった飲食行動の形成)を合わせ持った複雑な文化現象なのだ。

[11] 一度刷り込まれた飲食行為が、保守的な面を持ちながら、一方でときに革新的な面を示すのも、こうした飲食の両義性に由来している。

(福田育弘『ともに食べるということ』による。)

(注1) アナール派＝人間社会や生活の面を重視しようとする現代フランス歴史学の主要な学派。
(注2) クローズアップ＝大きく取り上げること。　(注3) 嗜好＝好み。
(注4) スタティック＝静的。　(注5) ダイナミック＝動的。

1 [5]段落の――線②「私たちは死ぬまで飲食から逃れられない」の中には、助詞が三つある。それらを**全て**そのまま抜き出して書け。

2 [5]段落と[7]段落［A］には、同じ言葉が当てはまる。［A］に当てはまる最も適当な言葉を、次のア～エの中から一つ選び、その記号を書け。
ア つまり　イ たとえ　ウ それとも　エ なぜなら

3 [10]段落の［F］には、「その場その時に応じて適切な行動をとること」という意味の四字熟語が当てはまる。その四字熟語として最も適当なものを、次のア～エの中から一つ選び、その記号を書け。
ア 時期尚早　イ 品行方正　ウ 適材適所　エ 臨機応変

4 [2]段落の――線①「目に見えない文化」について、本文の趣旨に添って説明した次の文章の［a］、［b］、［c］に当てはまる最も適当な言葉を、[3]・[4]段落の文中から、［a］は**十八字**で、［b］は**八字**で、［c］は**十字**で、それぞれそのまま抜き出して書け。

> 目に見えない文化は、［a］ことから、目に見える文化と比べると、意識されることが少ない上に、［b］ということが言える。そうだとすれば、目に見えない文化は、［c］ものだと考えられる。

5 [6]段落の［B］、［C］、［D］、［E］にそれぞれ当てはまる言葉の組み合わせとして最も適当なものを、次のア～エの中から一つ

＜国語＞

時間　国語　四五分　作文　二五分　　満点　五〇点

㈠　次の文章を読んで、1～8の問いに答えなさい。（1～11は、それぞれ段落を示す番号である。）

1　飲食という行為の特徴とは、何だろうか。文化としての飲食という観点から考えてみたい。

2　文化には大きく分けて二つの形態がある。一つは、芸術品や建築物などの目に見える文化だ。もう一つは、制度や習慣などの①目に見えない文化である。

3　目に見える文化は、その文化に属している人にもいない人にも、それが文化であることがわかりやすい。エジプトのピラミッドや日本の寺院を見て、独自な文化を感じない人はいないだろう。わかりやすいので、意識されることも多いし、研究の対象にもなりやすい。これに対して、目に見えない文化は、多かれ少なかれ個人への刷り込みによって内面化されるため、普段は意識されることが少ない。意識されないので、検討の対象にもなりにくい。

4　しかし、目に見えるものより、目に見えないもののほうが、内面化されているがゆえに、より拘束力が強いとも言える。しかも、拘束力が強いにもかかわらず、意識されることが少ないとすれば、それは文化としてより根深いものではないだろうか。

5　人は、生まれ落ちて以来、生命維持のため、誰もが毎日複数回、飲食という行為を繰り返している。飲食を、外部の対象を主体内へ摂取することと考えれば、サプリメントや点滴も広い意味での飲食なので、②私たちは死ぬまで飲食から逃れられないことになる。［A］、長い不断の刷り込みによって形づくられるのが飲食という文化なのだ。そして、長い習慣的とも言える刷り込みがあるがゆえに、飲食という行為は、文化として個人の主体に深く根を下ろしている。飲食とは、こう言ってよければ、私たちの内部で一つの制度となった行為と判断の体系であり、「感性」となった習慣にほかならない。フランスの（注1）アナール派歴史学の用語を用いれば、「マンタリテ（心性）」となった習慣である。

6　アナール派の概念をここで持ち出したのは、より個人的でより個別的な意味合いの強い［B］に対して、［C］のほうが、ある文化でより永続性があり、より普遍性のある、主体の対象に対する内面的な価値観を指し示すのに適しているからである。個人的な好《こう》悪《お》の原因となる感性に比べて、アナール派的な心性は、ある時代を通じて見られる集団的に共有された持続的な心の状態である。ご飯にマヨネーズがうまいと思うのは個人の［D］だが、日本人ならパサついたご飯よりも、ふっくらと炊かれたご飯が好きだというのが［E］だと言ったらわかりやすいだろうか。いずれにしろ、飲食という行為は、それを文化として捉えた場合、まさに目に見えない文化の典型であることがわかる。

7　もちろん、飲食は、具体的な形を持つ料理や飲み物がなければ始まらない。そのため、③食文化というとすぐ、飲み物を含めた料理になってしまうが、実は、料理は飲食の一部でしかない。料理は、無数の食べられることが可能なものの中からあるものを選択して、食べるのにより適した形に変化させる変成過程の結果として生じたものである。［A］、自然と人間をつなぐ仲介項なのだ。さらに、料理は作る側と食べる側ともつなぐ。人と人とをつなぐ仲介項でもある。

2022年度

解答と解説

《2022年度の配点は解答用紙集に掲載してあります。》

<数学解答>

(一)　1　-9　2　$\frac{7x-y}{6}$　3　$3x-2y$　4　$5\sqrt{5}-9$　5　$2a^2+10a+15$

(二)　1　$x=\frac{1}{5}$，-1　2　75(度)　3　イ　4　$\frac{8}{15}$

5　90π (cm^3)　6　右図　7　9月に図書館を利用した男子100人，9月に図書館を利用した女子120人(求める過程は解説参照)

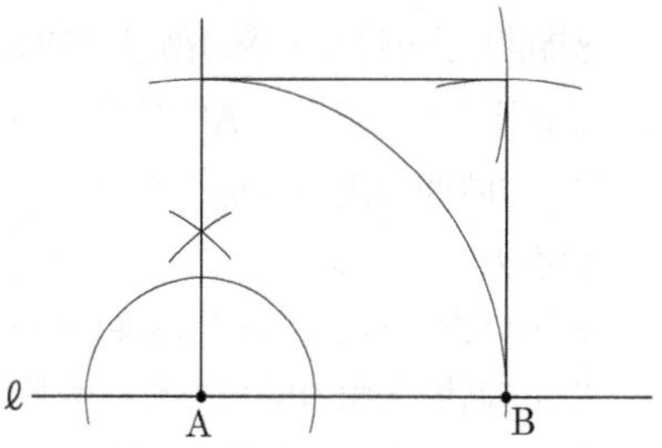

(三)　1　ア　495　2　イ　$100c+10b+a$　ウ　99

3　(1)　15(通り)　(2)　495，594，693

(四)　1　$(y=)\frac{9}{2}$　2　(1)　$y=\frac{1}{2}x^2$

(2)　$(a=)4$，$(b=)\frac{11}{2}$

(五)　1　解説参照　2　(1)　$\sqrt{3}$ (cm)　(2)　$\frac{5\sqrt{3}}{4}-\frac{\pi}{2}$ (cm^2)

<数学解説>

(一)　(数・式の計算，平方根，式の展開)

1　同符号の2数の和の符号は2数と同じ符号で，絶対値は2数の絶対値の和だから，$-3-6=(-3)+(-6)=-(3+6)=-9$

2　分母を3と2の最小公倍数の6に通分して，$\frac{2x-5y}{3}+\frac{x+3y}{2}=\frac{2(2x-5y)+3(x+3y)}{6}=\frac{4x+3x-10y+9y}{6}=\frac{7x-y}{6}$

3　$(3x^2y-2xy^2)\div xy=(3x^2y-2xy^2)\times\frac{1}{xy}=3x^2y\times\frac{1}{xy}-2xy^2\times\frac{1}{xy}=\frac{3x^2y}{xy}-\frac{2xy^2}{xy}=3x-2y$

4　$\frac{\sqrt{10}}{\sqrt{2}}=\sqrt{\frac{10}{2}}=\sqrt{5}$，乗法公式$\boldsymbol{(a-b)^2=a^2-2ab+b^2}$を用いて，$(\sqrt{5}-2)^2=(\sqrt{5})^2-2\times\sqrt{5}\times 2+2^2=5-4\sqrt{5}+4=9-4\sqrt{5}$だから，$\frac{\sqrt{10}}{\sqrt{2}}-(\sqrt{5}-2)^2=\sqrt{5}-(9-4\sqrt{5})=\sqrt{5}-9+4\sqrt{5}=\sqrt{5}+4\sqrt{5}-9=5\sqrt{5}-9$

5　乗法公式$\boldsymbol{(a+b)(a-b)=a^2-b^2}$，$\boldsymbol{(x+a)(x+b)=x^2+(a+b)x+ab}$より，$(a-3)(a+3)=a^2-3^2=a^2-9$，$(a+4)(a+6)=a^2+(4+6)a+4\times6=a^2+10a+24$だから，$(a-3)(a+3)+(a+4)(a+6)=(a^2-9)+(a^2+10a+24)=a^2+a^2+10a+24-9=2a^2+10a+15$

(二)　(二次方程式，角度，資料の散らばり・代表値，確率，体積，作図，連立方程式の応用)

1　二次方程式$\boldsymbol{ax^2+bx+c=0}$の解は，$\boldsymbol{x=\frac{-b\pm\sqrt{b^2-4ac}}{2a}}$で求められる。問題の二次方程式は，$a=5$，$b=4$，$c=-1$の場合だから，$x=\frac{-4\pm\sqrt{4^2-4\times5\times(-1)}}{2\times5}=\frac{-4\pm\sqrt{16+20}}{10}=\frac{-4\pm\sqrt{36}}{10}=$

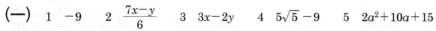

$\frac{-4\pm6}{10}$ よって，$x=\frac{-4+6}{10}=\frac{1}{5}$，$x=\frac{-4-6}{10}=-1$

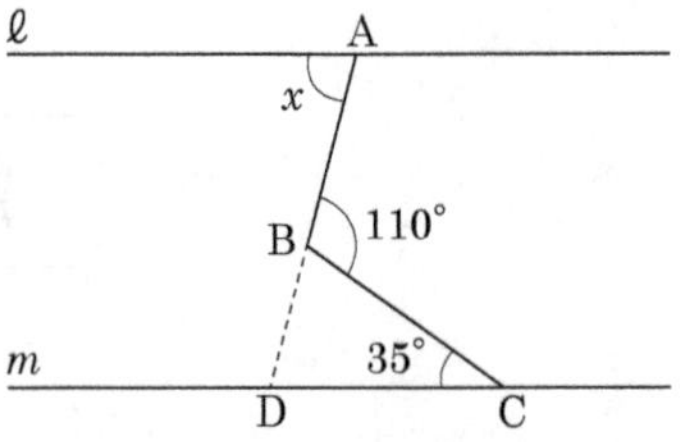

2 直線ABと直線mの交点をDとする。**平行線の錯角は等しい**から，$\angle BDC=\angle x$ △BCDの**内角と外角の関係**から，$\angle BDC=\angle x=\angle ABC-\angle BCD=110°-35°=75°$

3 ア **度数分布表**の中で**度数**の最も多い**階級**の**階級値**が**最頻値**。A中学校の最頻値は度数が10人で最も多い6時間以上7時間未満の階級の階級値$\frac{6+7}{2}=6.5$(時間)。B中学校の最頻値は度数が29人で最も多い7時間以上8時間未満の階級の階級値$\frac{7+8}{2}=7.5$(時間)。アは正しくない。 イ **相対度数**$=\frac{\text{各階級の度数}}{\text{度数の合計}}$ 8時間以上9時間未満の階級に関して，A中学校とB中学校の相対度数はそれぞれ$\frac{7}{30}$，$\frac{21}{90}=\frac{7}{30}$ イは正しい。 ウ A中学校で，6時間以上7時間未満の階級の**累積度数**は$0+3+10=13$(人)だから，7時間未満の生徒の割合は$\frac{13}{30}\times100=43.3\cdots$(%) ウは正しくない。 エ **中央値**は資料の値を大きさの順に並べたときの中央の値。B中学校の生徒の人数は90人で偶数だから，睡眠時間の短い方から45番目と46番目の生徒が含まれている階級が，中央値の含まれている階級。6時間以上7時間未満の階級の累積度数は$1+8+27=36$(人)，7時間以上8時間未満の階級の累積度数は$36+29=65$(人)だから，睡眠時間の短い方から45番目と46番目の生徒が含まれている階級，すなわち，中央値の含まれている階級は，7時間以上8時間未満。エは正しくない。

4 4個の赤玉を赤1，赤2，赤3，赤4，2個の白玉を白1，白2と区別すると，この袋の中から同時に2個の玉を取り出すとき，すべての取り出し方は，(赤1，赤2)，(赤1，赤3)，(赤1，赤4)，(赤1，白1)，(赤1，白2)，(赤2，赤3)，(赤2，赤4)，(赤2，白1)，(赤2，白2)，(赤3，赤4)，(赤3，白1)，(赤3，白2)，(赤4，白1)，(赤4，白2)，(白1，白2)の15通り。このうち，赤玉と白玉が1個ずつである取り出し方は，〰〰を付けた8通り。よって，求める確率は$\frac{8}{15}$

5 問題の円柱は，底面の円の半径が3cm，高さが10cmの円柱だから，その体積は，底面積×高さ$=\pi\times3^2\times10=90\pi$(cm^3)

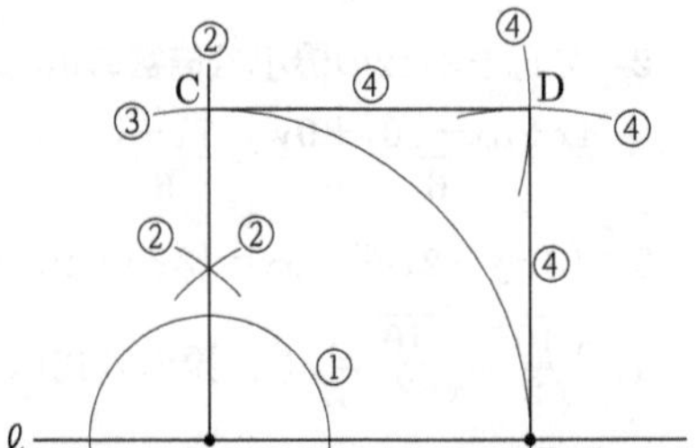

6 (着眼点) 正方形は，1つの内角の大きさが90°のひし形とみることができる。 (作図手順) 次の①～④の手順で作図する。 ① 点Aを中心とした円を描き，直線ℓ上に交点をつくる。 ② ①でつくったそれぞれの交点を中心として，交わるように半径の等しい円を描き，その交点と点Aを通る直線(点Aを通る直線ℓの垂線)を引く。 ③ 点Aを中心とした半径ABの円を描き，点Aを通る直線ℓの垂線との交点をCとする。 ④ 点B，Cをそれぞれ中心とした半径ABの円を描き，交点をDとし，線分BD，CDを引く。(ただし，解答用紙には点C，Dの表記は不要である。)

7 (求める過程) (例)9月に図書館を利用した男子をx人，女子をy人とすると，

$$\begin{cases} x+y=253-33\cdots① \\ \frac{21}{100}x+\frac{10}{100}y=33\cdots② \end{cases}$$

②から，$21x+10y=3300\cdots$③ ③－①×10から，$x=100$ $x=100$を①に代入して解くと，$y=120$ これらは問題に適している。

(三) (数の性質，式による証明，場合の数)

1 選んだ3つの数が2，6，7のとき，並べてできる3けたの整数は，267，276，627，672，726，762の6個。このうち，最も大きい整数は762，最も小さい整数は267だから，Q＝762－267＝

495となる。

2　選んだ3つの数をa，b，$c(a>b>c)$とすると，最も大きい整数は$100a+10b+c$，最も小さい整数は$100c+10b+a$(イ)と表される。すると，$\mathrm{Q}=(100a+10b+c)-(100c+10b+a)=100a+10b+c-100c-10b-a=100a-a+10b-10b+c-100c=99a-99c=99\times(a-c)$(ウ)となる。ここで，$a-c$は整数だから，$\mathrm{Q}=99\times(a-c)=99\times$(整数)より，Qは99の倍数となることが分かる。

3　(1)　Q＝396となるとき，前問2より，$99\times(a-c)=396$　$a-c=4$　これを満たす自然数a，cの組は$(a,\ c)=(9,\ 5)$，$(8,\ 4)$，$(7,\ 3)$，$(6,\ 2)$，$(5,\ 1)$の5通り。そのそれぞれの自然数a，cの組に対して，$a>b>c$を満たす自然数bが3通りずつあるから，Q＝396となるときの，3つの数をa，b，cの選び方は全部で$3\times5=15$(通り)ある。

(2)　選んだ3つの数を3，8，xとすると，$x>8>3$，$8>x>3$，$8>3>x$の3つの場合が考えられる。$x>8>3$のとき，$x=9$と決まるから，$\mathrm{Q}=99\times(9-3)=594$　$8>x>3$のとき，$\mathrm{Q}=99\times(8-3)=495$　$8>3>x$のとき，$x=2$，1の2通りが考えられるから，$\mathrm{Q}=99\times(8-2)=594$，$\mathrm{Q}=99\times(8-1)=693$　以上より，考えられるQの値は495，594，693の3つ。

(四)　(関数とグラフ)

1　図2で，辺DAと辺RQの交点をEとすると，$a=5$，$b=6$で，$x=3$のとき，△AQEはAQ＝AE＝3cmの直角二等辺三角形だから，$y=\triangle\mathrm{AQE}=\frac{1}{2}\times\mathrm{AQ}\times\mathrm{AE}=\frac{1}{2}\times3\times3=\frac{9}{2}$

2　(1)　原点を頂点とする放物線は$y=cx^2$と表され，図3より$x=4$のとき$y=8$だから，$8=c\times4^2=16c$　$c=\frac{8}{16}=\frac{1}{2}$　よって，$0\leqq x\leqq4$のとき，$y=\frac{1}{2}x^2$

図4
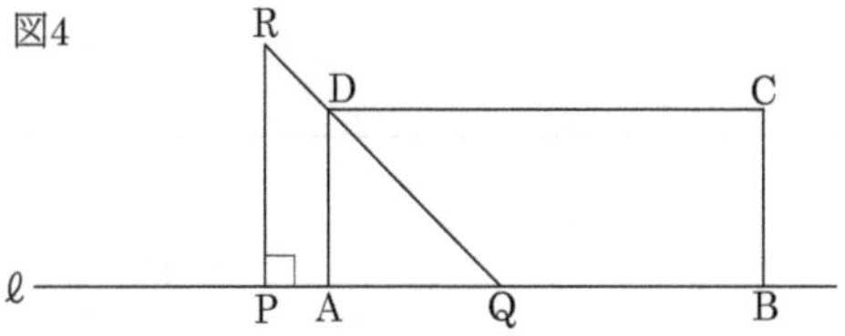

図5
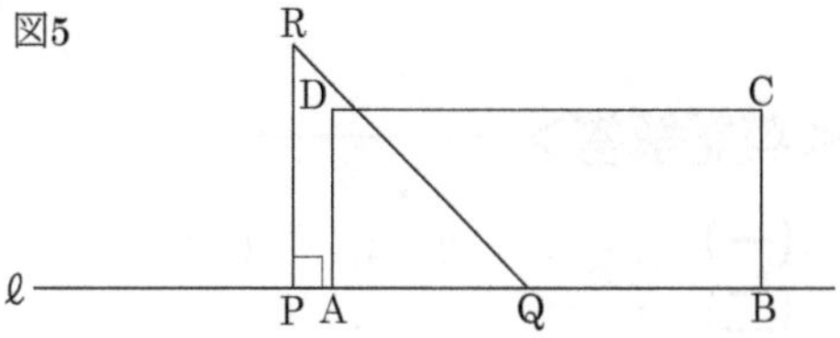

図6
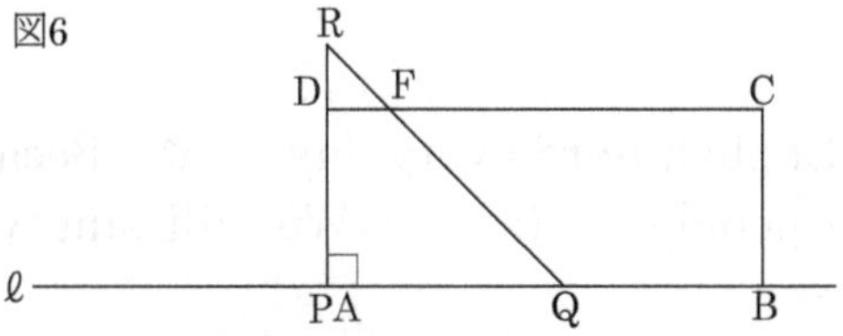

図7
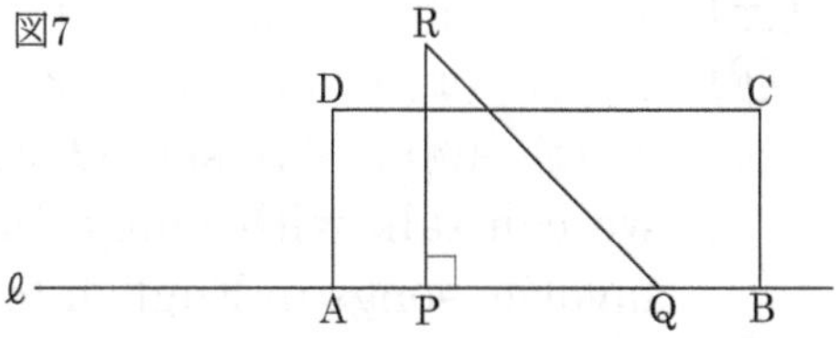

図8
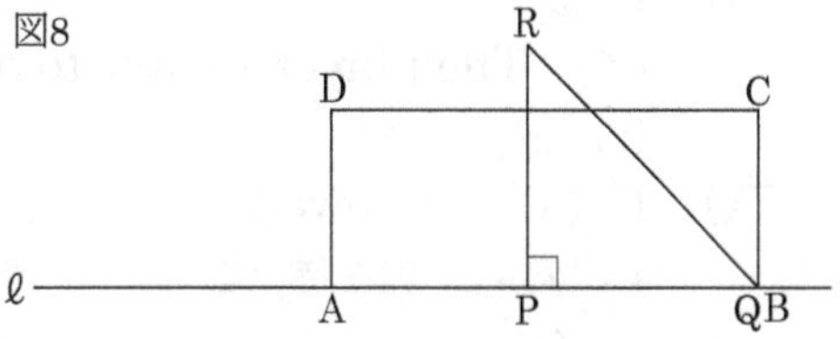

(2)　$4\leqq x\leqq10$の状態を図4～8に示す。ここで，図3のグラフで，右上がりの直線の右側の端点の座標を$(s,\ 14)$とすると，図4は$x=4$のときの状態を，図5は$4<x<s$のときの状態を，図6は$x=s$のときの状態を，図7は$s<x<10$のときの状態を，図8は$x=10$のときの状態をそれぞれ表す。図4に関して，△AQDはAQ＝AD＝$a$cmの直角二等辺三角形で，その面積が8cm^{2}だから，$\frac{1}{2}a^2=8$　$a^2=16$　$a>0$より$a=\sqrt{16}=4$

また，図6に関して，$\triangle\mathrm{PQR}=\frac{1}{2}\mathrm{PQ}^2=\frac{1}{2}b^2\mathrm{cm}^2$　$\triangle\mathrm{DFR}=\frac{1}{2}\mathrm{DF}^2=\frac{1}{2}\mathrm{DR}^2=\frac{1}{2}(\mathrm{PR}-\mathrm{DA})^2=\frac{1}{2}(b-a)^2=\frac{1}{2}(b-4)^2\mathrm{cm}^2$　そして，台形PQFDの面積が14cm^{2}であることから，(台形PQFDの面積)$=\triangle\mathrm{PQR}-\triangle\mathrm{DFR}=\frac{1}{2}b^2-\frac{1}{2}(b-4)^2=14$　$b^2-(b-4)^2=28$　$\{b+(b-4)\}\{b-(b-$

4)}=28 (2b−4)×4=28 $b=\frac{11}{2}$

(五) (相似の証明，三平方の定理，円の性質，線分の長さ，面積)

1 (証明) (例)△ABCと△BDCにおいて，線分ABは直径だから，∠ACB=∠BCD=90°…① △ABCで∠ACB=90°だから，∠BAC=90°−∠ABC…② また，∠ABD=90°だから，∠DBC=90°−∠ABC…③ ②，③から，∠BAC=∠DBC…④ ①，④で，2つの三角形は，2組の角がそれぞれ等しいことがいえたから，△ABC∽△BDC

2 (1) △ABC∽△BDCより，AC：BC=BC：DC BC×BC=BC^2=AC×DC=3×1=3 BC>0よりBC=$\sqrt{3}$ cm

(2) △ABCは，∠ACB=90°，AC：BC=3：$\sqrt{3}$=$\sqrt{3}$：1より，30°，60°，90°の直角三角形で，3辺の比は2：1：$\sqrt{3}$ △ABC∽△BDCより，△BDCも30°，60°，90°の直角三角形で，3辺の比は2：1：$\sqrt{3}$ これより，AB=2BC=2$\sqrt{3}$ cm BD=2CD=2cm △OBCはOB=OCで，∠OBC=60°だから正三角形で，∠BOC=60° 点Cから線分ABへ垂線CHを引く。△ABCの底辺と高さの位置をかえて面積を考えると，$\frac{1}{2}$×AB×CH=$\frac{1}{2}$×AC×BC CH=$\frac{AC\times BC}{AB}$=$\frac{3\times\sqrt{3}}{2\sqrt{3}}$=$\frac{3}{2}$(cm) 以上より，求める面積は，△ABD−△ACO−おうぎ形OBC=$\frac{1}{2}$×AB×BD−$\frac{1}{2}$×AO×CH−π×OB^2×$\frac{60°}{360°}$=$\frac{1}{2}$×2$\sqrt{3}$×2−$\frac{1}{2}$×$\sqrt{3}$×$\frac{3}{2}$−π×$(\sqrt{3})^2$×$\frac{60°}{360°}$=$\frac{5\sqrt{3}}{4}-\frac{\pi}{2}$($cm^2$)

<英語解答>

(一) 1 エ 2 イ 3 ア

(二) 1 ア 2 エ

(三) 1 イ 2 ウ 3 ウ 4 エ

(四) 1 (1) (エ)・(ウ)・(イ)・(ア) (2) (ウ)・(ア)・(エ)・(イ)
2 (1) (例)① We should study English hard every day. ② Because we can talk with many foreign people. (2) (例)We will sing your favorite songs in English together.

(五) 1 ① イ ② エ ③ ウ 2 (例)(ア) What are you talking about? (イ) The player I want to meet lives there. 3 エ 4 (1) ウ (2) イ (3) ア

(六) 1 (A) borrowed (B) making 2 ウ 3 small sea animals
4 (例)① 卵を持つ魚 ② 稚魚 ③ 人々に知ってもらう 5 ア・カ
6 イ

<英語解説>

(一)・(二)・(三) (リスニング)

放送台本の和訳は，44ページに掲載。

(四) (語句の並べ換え，条件・自由英作文：前置詞，不定詞，現在完了)

1 (1) A：私は明日の朝6時に起きる必要があります。／B：そうなのですか？　今日は早く寝た方がいいですね。　get up ＝起きる　need to ～＝～する必要がある

(2) A：今朝から何を探しているのですか？／B：私の辞書です。私の父が私のために買ってくれました。 **<have been ～ing since …>で「…以来～している」(現在完了進行形)** look for ～＝～を探す

2 (解答例訳)(1) ① (私たちは)毎日一生懸命英語を勉強した方がいいです。 ② なぜならたくさんの外国の人たちと話すことができるからです。 (2) (案内状　こんにちは。次の金曜日に先生のためにパーティーを開くつもりです。)私たちは先生の好きな歌を一緒に歌います。(先生がパーティーを楽しんでくれるといいと思います。)

(五) (会話文問題：文の挿入，和文英訳，グラフを用いた問題，内容真偽)

(全訳) ジョーンズ：ハイ，ユキ。ハイ，タケシ。元気ですか？

武史　：元気です，ありがとう。先生は？

ジョーンズ：私も元気です。(ア)あなたたちは何について話しているのですか。

友紀　：外国で勉強することについて話しています。私は来年外国で勉強するつもりなのです。

ジョーンズ：そうなのですか？　どこへ行くつもりですか？

友紀　：アメリカへ行きます。私はそこで英語の技能を向上させたいのです。

ジョーンズ：①そこにどのくらい滞在するつもりですか？

友紀　：1年間です。

武史　：彼女は英語を必要とする仕事に就きたいと言っているのです。だから外国で勉強することは彼女にとって良いことなのです。

友紀　：外国で勉強することを通してたくさんのことを学ぶことができると思います。でもそれ(外国で勉強すること)に興味のある日本の学生の割合は減っています。

武史　：ここに，外国で勉強することについての2つのグラフがあります。僕たちはこれをインターネットで見つけました。

ジョーンズ：おお，そのグラフを私に説明してください。

武史　：分かりました。それらは日本，アメリカ，中国，そして韓国の高校生たちが外国で勉強することについてどのように感じているかを表しています。グラフAはこの質問の回答を表しています，「あなたは外国で勉強したいですか？」日本は，そうしたくないと思っている学生が最も高い割合です。

ジョーンズ：日本の学生たちがなぜ外国で勉強したくないと思うのか分かりません。

武史　：僕たちはその理由をインターネットで見つけました。そのうちのひとつをお話しします。彼らは外国で一人で暮らすことは難しいと思っているのです。

ジョーンズ：それは日本の学生たちにとって難しいことではありませんよ。②それを心配する必要はありません。私は若い時，勉強のために一人で外国に行きました。そこの多くの人たちはとても親切で，私は楽しく過ごしましたよ。

友紀　：私もアメリカでそんな素敵な時間が過ごせるといいなと思います。ジョーンズ先生，グラフBを見てください。これはこの質問の回答を表しています，「なぜ外国で勉強したいのですか？」 日本，アメリカ，そして韓国で最も多い回答は「言語の技能を向上させたいから」です。中国では，最も多かった回答は「先進的な知識を身につけたいから」です。「新しい友だちをつくりたいから」について言えば，他の国々より

もアメリカが高い割合です。

ジョーンズ：③それは興味深いですね。それぞれの国でさまざまな特徴があることが分かります。

友紀：私もアメリカで新しい友だちをつくりたいです。武史，あなたは外国で勉強したいと思う？

武史：うん。将来オーストラリアに行きたいと思っているよ。

友紀：どうして？

武史：そこでテニスについてたくさん学びたいからだよ。多くの若い人たちがそれ(テニス)を学ぶためにそこ(オーストラリア)に行くんだ。僕の夢はテニスの世界チャンピオンになることだよ。それからもうひとつ理由があるんだ。(イ)僕が会いたい選手がそこに住んでいるんだよ。僕は彼のようになれたらいいなと思っているんだ。僕は英語の技術もそこで向上させたいと思っているよ。

ジョーンズ：大きな夢をもっているね！　外国で勉強することは多くのことを学ぶ機会を与えてくれると思いますよ。

武史：僕もそう思います。どうもありがとうございます，ジョーンズ先生。

1　全訳参照。 ①　空所①直後の友紀の発言に注目。「1年間です」と答えていることからイが適当。How long ～＝どのくらいの長さ～ですか？（時間にも距離にも使う）　②　空所②の後のジョーンズ先生の発言に注目。自分の経験を伝え「心配ない」と言っている。　③　空所③の前の友紀の発言内容に注目。グラフから読み取れることを説明している。それに対してジョーンズ先生が「興味深い」と言っていると考えるのが自然。

2 （ア） talk about ～＝～について話す　**<be動詞＋～ ing>**＝～しているところだ(進行形)を使って表現できる。　（イ） the player を関係代名詞 **who** を使って後ろから説明すればよい。解答例では who が省略されている。

3　全訳及びグラフ参照。(a)・(b)については，武史の4番目の発言参照。(X)・(Y)については，友紀の5番目の発言参照。

4　全訳参照。　(1)　武史は[ア　ジョーンズ先生にグラフを説明するのは難しいと　イ　友紀はどの国に行くかを彼に相談する方がいいと　ウ　友紀が外国で勉強することは良いことだと(○)　エ　ジョーンズ先生はグラフを見つけるためにインターネットを使う方がいいと]言っている。武史の2番目の発言参照。　(2)　友紀は[ア　仕事を見つけるためにアメリカへ行かなければならない　イ　ジョーンズ先生のように外国での滞在を楽しみたいと思っている(○)　ウ　オーストラリアでテニスについてたくさん学ぶつもりだ　エ　アメリカで友だちをつくることに興味がない]。友紀の5番目の発言に注目。ジョーンズ先生の発言を受けてイの内容のように発言している。　(3)　グラフAによると[ア　韓国は外国で勉強したいと思っている学生の割合が最も高い(○)　イ　それぞれの国の学生たちには外国で勉強するさまざまな理由がある　ウ　アメリカでは50％以上の学生が外国で勉強したくないと思っている　エ　外国で勉強したいと思っている学生の割合は上がっている]。グラフA参照。

(六) (長文読解問題・エッセイ：語句の問題，語形変化，文の挿入，語句の解釈，日本語で答える問題，内容真偽)

(全訳)　僕は海が大好きです。僕は美しい海のそばで生まれました。僕は小さい時，よくそこ(その海)で泳いだり海の動物と遊んだりしました。海なしの暮らしは考えられません。しかし今，海洋生態系は良い状態ではありません。僕はそのことを心配しています。僕たちはそれに関して何ができるでしょう？　たくさんの人々が海洋生態系を守るために一緒に活動しています。先週図書館で(A)借りた本からいくつかの例をお話しします。

オーストラリアでは，島のアオウミガメのための計画をスタートさせています。アオウミガメは卵を産むために浜辺にやって来ます。[ア]問題が1つあります。海面が上がってきているのです。卵が水の下にあれば，アオウミガメの赤ちゃんは卵からかえることができません。そこで人々はアオウミガメのためにできることを考え，島の浜辺を高く(B)することでそれら(アオウミガメ)を守ろうとしました。

日本でも海洋生態系を守る計画が見られます。愛知県では，アマモ計画が始まっています。アマモは植物の一種です。小さな海の動物たちにとってはとても大切なものです。[イ]アマモは小さな海の動物たちに酸素を与えるのです。また，彼らよりも大きな海の動物たちから距離を取る助けになっています。それが安全な場所であることから，アマモは(C)彼らの家だということが言えるのです。しかし，アマモの量は減少してしまいました。そこで人々は海底にアマモを植えることを始めています。彼らはそのアマモが小さい海の動物たちに良い生活をもたらすことを望んでいます。このような多くの計画が日本の他の地域でも行われています。

千葉県では，(D)ある漁師が「持続可能な漁業」なる計画を始めています。彼は東京近海に住む数種類の魚の数が減ってきていることを心配しているのです。そういうわけで彼は卵を持つ魚や稚魚は漁獲しません。それらは海に戻されます。また，彼は彼がしていることを人々に知ってもらうためにたくさんの場所を訪れています。彼は未来の人たちにも東京近海で採れるたくさんの種類の魚を楽しんで食べてもらいたいと願っているのです。

沖縄県では，人々はサンゴを守る計画を始めています。沖縄のサンゴの中には赤土が原因で死んでしまったものもいるのです。沖縄の島々には強い台風が頻繁にきて，畑の赤土が海に流れ込んでしまうのです。サンゴは赤土に覆われてしまうと死んでしまうことがよくあります。[ウ]それを阻止するために，ある中学生が人々に良い考えを提案しました。畑が強い根をもつ植物で囲まれれば，赤土は畑にとどまることができます。たくさんの人々がその計画に参加し，今では沖縄のより多くのサンゴが赤土から守られています。

僕は将来海洋生態系に関係する仕事に就きたいと思っています。[エ]たくさんの種類の海の動物たちが絶滅しました。僕はそのことをとても悲しく思っています。僕は自分自身の計画を始めることに興味をもっています，そしてたくさんの人たちにその計画に参加してほしいです。力を合わせれば，海洋生態系を守るためにより多くのことができます。みんなが海洋生態系のためにできることについて考えるといいなと思います。

1　全訳参照。　(A)　borrow ＝借りる　「先週」とあるので過去形が適当。　(B)　**<make A B >で「AをBにする，させる」**。ここでは前置詞 by の目的語になるので ～ **ing**(**動名詞**)の形にする。

2　全訳参照。空所[ウ]の直前に問題点が述べられ，直後に解決策が書かれていることと，その解決策に多くの人たちが賛同したことが書かれていることに注目。

3　全訳参照。第3段落4文目に注目。

4　全訳参照。すべて第4段落に記述がある。　①　3文目　②　3文目　③　5文目

5　全訳参照。　ア　健太は海がとても好きで，海は彼の人生に大切なものだと思っている。(○)　第1段落1文目から4文目に注目。　イ　オーストラリアのアオウミガメは卵を産むときに海から出て来ない。　ウ　アマモは海の他の植物よりも酸素を必要とする種類の植物だ。　エ　千葉県の漁師は健康のために多くの人々にたくさん魚を食べてほしいと思っている。　オ　沖縄県のサンゴは海に流れ込む赤土がないと生きることができない。　カ　強い根をもつ植物は赤土が畑にとどまるために役立つ。(○)　第5段落最後から2文目に注目。　キ　健太は，多くの人々が彼

らの計画に彼を必要としてくれることを望んでいる。

6　全訳参照。第1段落の最後から2文目から最後の部分で発表のテーマを述べている。第2段落から第5段落で海洋生態系を守る活動の例を挙げ，第6段落の最後の部分で健太の希望を述べている，特に4文目から最後までに注目。

2022年度英語　リスニングテスト

〔放送台本〕

(一)　次の1～3の英語による対話とそれについての質問が2回ずつ読まれる。その英文を聞いて，質問に対する答えとして最も適当なものを，問題用紙のア～エの中からそれぞれ一つ選び，その記号を解答欄に記入しなさい。

1　A:　What did you do after school yesterday, Satoshi?
　B:　I played baseball with my friends. How about you, Keiko?
　A:　I practiced the piano.
　Question: What did Keiko do after school yesterday?

2　A:　Look, Yuka. My mother gave this to me for my birthday.
　B:　It's nice, Taro. You like watching birds in mountains. If you watch birds through it, you'll learn more about them.
　A:　That's right. I have wanted to get this for a long time.
　Question: What is Taro showing to Yuka?

3　A:　Kazuya, have you cleaned your room?
　B:　Yes, Mom.
　A:　Then, can you go shopping with me? I have many things to buy, and I want you to carry them.
　B:　Sure. But can I finish my English homework before that?
　A:　Of course.
　Question: What will Kazuya do after finishing his homework?

〔英文の訳〕

1　A：昨日放課後何をしたの，サトシ？
　B：僕は友だちと野球をしたよ。君はどう，ケイコ？
　A：私はピアノを練習したわ。
　質問：昨日放課後ケイコは何をしましたか？

2　A：ユカ，見て。お母さんが誕生日にこれをくれたんだ。
　B：いいわね，タロウ。あなたは山で鳥を見るのが好きだもの。それで鳥を見れば，鳥についてもっと学ぶでしょうね。
　A：その通りさ。これがずっと欲しかったんだ。
　質問：タロウはユカに何を見せていますか？

3　A：カズヤ，部屋は掃除したの？
　B：うん，したよ，お母さん。
　A：それじゃあ，一緒に買い物に行ってくれる？　買うものがたくさんあるの，運ぶのを手伝ってほしいのよ。

B：いいよ。でもその前に英語の宿題を終わらせていいかな？
A：もちろんよ。
質問：カズヤは宿題を終えたら何をしますか？

〔放送台本〕

(二)　次の1，2の英語による対話が2回ずつ読まれる。その英文を聞いて，チャイムの部分に入る受け答えとして最も適当なものを，問題用紙のア～エの中からそれぞれ一つ選び，その記号を解答欄に記入する。

A: Oh, this math question is very difficult for me.
B: You should ask Yoko about it. She likes math, and it's easy for her.
A: (チャイム)

A: Have you ever visited Tokyo?
B: No, I haven't. But one of my friends lives in Tokyo, and I'm going to visit her next spring vacation. I hope that day will come soon.
A: (チャイム)

〔英文の訳〕

1　A：わあ，この数学の問題は私にはとても難しいです。
B：ヨウコに聞くといいですよ。彼女は数学が好きだから，彼女にとっては簡単です。
答え　A：ア　はい，そうします。

2　A：東京に行ったことはありますか？
B：いいえ，ありません。でも友だちの1人が東京に住んでいるので，次の春休みに彼女を訪ねるつもりです。早くその日が来るといいなあと思います。
答え　A：エ　それはいいですね。

〔放送台本〕

(三)　次の英文が通して2回読まれる。その英文を聞いて，内容についての1～4の英語の質問に対する答えとして最も適当なものを問題用紙のア～エの中からそれぞれ一つ選び，その記号を解答欄に記入する。

Last Sunday, I went to the library to study. After studying, when I walked by a hospital, a foreign woman spoke to me in English. She said, "Do you know where Shimanami Restaurant is? I'm going to meet my brother and eat lunch with him there." I said, "I'll take you to the restaurant. It's near my house." She looked happy.

When we walked to the restaurant, we talked a lot. Her name is Judy, and she is from America. She came to Japan as an English teacher two weeks ago. Her brother's name is Mike. He came to Japan three years ago. He is learning Japanese, and his dream is to teach Japanese in America. They haven't seen each other for four years. They like taking pictures. They want to take pictures of temples in Japan. So I told her about a famous one in this town. She said, "I'll go there with him after lunch."

When we got to the restaurant, she said, "Thank you, Kumi. You're very kind." I was glad to hear that. It was a good day for me. In the future, I want to work for foreign people living in Japan.

〔質問〕

1 Where did Judy ask Kumi a question?

2 When did Mike come to Japan?

3 What will Judy do with Mike after lunch?

4 What does Kumi want to do in the future?

〔英文の訳〕

この前の日曜日，私は図書館に勉強をしに行きました。勉強の後，病院のそばを歩いている時，一人の外国人の女性が私に英語で話しかけました。彼女は言いました，「しまなみレストランはどこにあるかご存じですか？　私は兄[弟]と会ってそこで昼食をとる予定なのです。」私は言いました，「レストランまでお連れしましょう。私の家の近くなのです。」彼女は嬉しそうでした。

私たちはレストランへ歩いている時，たくさん話をしました。彼女の名前はジュディといい，アメリカ出身です。彼女は2週間前に英語の先生として日本にやって来ました。彼女の兄[弟]の名前はマイクです。彼は3年前に日本に来ました。彼は日本語を学んでいて，彼の夢はアメリカで日本語を教えることです。彼らは4年間会っていません。彼らは写真を撮ることが好きです。彼らは日本でお寺の写真を撮りたいと思っています。そこで私は彼女にこの町の有名なお寺について話しました。彼女は言いました，「昼食の後彼とそこへ行きます。」

レストランに着いた時，彼女は言いました，「ありがとう，クミ。あなたはとても親切ね。」私はそれを聞いて嬉しかったです。私にとってその日は良い日でした。将来，私は日本に住む外国の人たちのために働きたいと思っています。

〔質問〕

1 ジュディはクミにどこで質問しましたか？

答え：イ　病院の近く

2 マイクはいつ日本に来ましたか？

答え：ウ　3年前

3 ジュディは昼食の後マイクと何をするつもりですか？

答え：ウ　彼女は彼と有名なお寺に行くつもりです。

4 クミは将来何をしたいと思っていますか？

答え：エ　彼女は日本に住む外国の人たちを手助けしたいと思っています。

＜理科解答＞

(一) 1 (1) 20(Ω)　(2) ① イ　② エ　(3) 0.40(W)　(4) 右図　2 (1) 1.5(N)　(2) ばねばかりが引く力：物体Tが引く力：地球が引く力＝4：1：3　3 (1) 7.2(秒)　(2) 60(cm)

(二) 1 (1) マグネシウム → 亜鉛 → 銅　(2) マグネシウムがマグネシウムイオンとなるときに放出した電子を，亜鉛イオンが受け取り亜鉛となる。　(3) ① ア　② ウ　(4) ウ　(5) ① ア　② エ

2 (1) $2Mg + O_2 \rightarrow 2MgO$　(2) 1.5(g)　(3) ウ

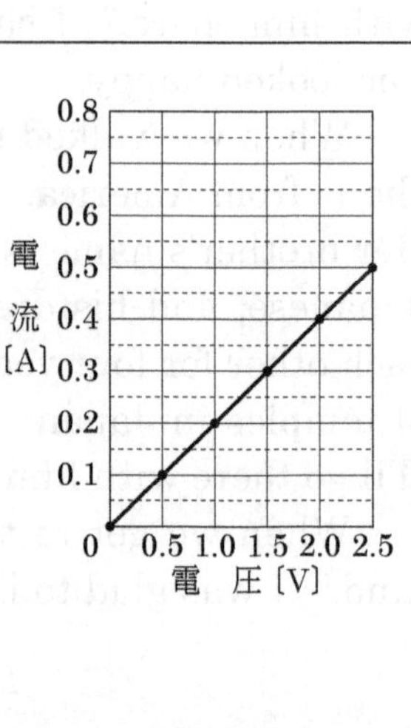

(三)　1　(1)　空気の泡が入らない　(2)　①　維管束　②　ア　③　ウ
(3)　ユリ　エ　ブロッコリー　ア　2　(1)　消費　(2)　①　イ　②　ウ
(3)　菌類・細菌類　A　カビ　菌類　(4)　肉食動物　K　数量の変化　イ

(四)　1　(1)　12　(2)　ア　(3)　斑状　(4)　①　イ　②　エ　(5)　①　ア
②　ウ　2　(1)　①　イ　②　エ　(2)　イ　(3)　①　ア　②　エ

(五)　1　(1)　エ　(2)　40(度)　2　(1)　ウ　(2)　①　ア　②　ウ
3　(1)　①　ア　②　エ　③　14　(2)　NH_3　4　(1)　金星とおとめ座の位置関係が変わっている　(2)　ウ

<理科解説>

(一)　(電流，力 ─ 抵抗，電流計，電力，重力，力のつり合い，仕事)

1　(1)　抵抗(Ω)＝電圧(V)÷電流(A)　図2より，2Vのとき0.1Aの電流が流れているので，2(V)÷0.1(A)＝20(Ω)　(2)　電流計は回路に**直列**につなぎ，つないだ－端子の値は，針が目盛りいっぱいにふれたときの値を示している。したがって，図4ではいちばん下の段の目盛りを使って読みとる。図2より，このときの電圧は7Vなので，3Vの－端子では針がふり切れてしまう。(3)　点Xを流れる電流の大きさが0.20Aのとき，電源電圧は，0.20(A)×10(Ω)＝2.0(V)　このとき抵抗器cが消費する**電力**は，2.0(V)×0.20(A)＝0.40(W)　(4)　抵抗器bに流れる電流の大きさは，両端に加わる電圧の大きさに比例するので，グラフは**原点を通る直線**になる。点Xを流れる電流の大きさが0.20Aのとき，電源電圧(抵抗器bの両端に加わる電圧)は2.0V，点Yを流れる電流の大きさは0.60Aで，図3は**並列回路**なので，抵抗器Bを流れる電流の大きさは，0.60－0.20＝0.40(A)

2　(1)　地球上にあるすべての物体は，地球から地球の中心の向きに力を受けており，この力を**重力**という。物体Sには，ばねばかりが引く力と地球が引く力である重力がはたらき，これらがつり合っているので，この2力の大きさは等しく，向きは逆である。　(2)　物体Tが物体Sを下向きに引く力の大きさは，2.0－1.5＝0.5(N)　したがって，(ばねばかりが引く力)：(物体Tが引く力)：(地球が引く力)＝2.0：0.5：1.5＝4：1：3

3　(1)　速さ(cm/s)＝移動距離(cm)÷移動にかかった時間(s)より，36(cm)÷5.0(cm/s)＝7.2(s)　(2)　物体を持ち上げるとき，重力とは逆向きの力を加えることになり，重力と同じ大きさで逆向きの力を加えれば，物体を持ち上げる仕事をすることになる。物体を持ち上げる**仕事**では，滑車やてこ，斜面などの道具を使うと必要な力を小さくすることができるが，力を加える距離は長くなる。したがって，その物体にする仕事の大きさは変わらない。これを**仕事の原理**という。摩擦がないので，図8では台車Xを斜面上で36cmの高さまで引き上げる仕事は，図7のように台車Xを36cm真上に引き上げる仕事の大きさと等しい。台車Xが斜面に沿って移動した距離をxmとすれば，滑車Aは動滑車なので台車Xを引く力は$\frac{1}{2}$になっているので，4.5(N)×2×x(m)＝15(N)×0.36(m)，x＝0.6(m)＝60(cm)

(二)　(化学変化─金属とイオン，ダニエル電池，酸化，化学反応式)

1　(1)　マグネシウムは，硫酸亜鉛水溶液に入れたとき，次のように**電子**2個を失ってマグネシウムイオン(Mg^{2+})になってとけ出し，この電子を水溶液中の亜鉛イオン(Zn^{2+})が受けとってマグネシウムの板の表面に金属の亜鉛が付着した。$Mg \rightarrow Mg^{2+} + 2e^-$　同様に，マグネシウムと硫酸銅水溶液でも，水溶液中の銅イオン(Cu^{2+})が電子を受けとってマグネシウム板の表面に金属の銅が付着した。亜鉛と硫酸銅水溶液では，水溶液中の銅イオンが電子を受けとって亜鉛の板の表面に金属の銅が付着したことから，亜鉛は銅よりもイオンになりやすいことがわかる。しかし，亜鉛と硫酸マグネシウム水溶液では亜鉛の板の表面に金属のマグネシウムが付着しないので，マグネシウムは亜鉛よりイオンになりやすい。 (2) マグネシウムの板の表面では，次のような反応が起こって金属の亜鉛が付着する。$Zn^{2+}+2e^- \rightarrow Zn$ (3) 図1の**ダニエル電池**では，−極で次のように亜鉛原子が硫酸亜鉛水溶液中にとけ出す。$Zn \rightarrow Zn^{2+}+2e^-$ ＋極には，導線を通って電子が流れてくるので，硫酸銅水溶液中の銅イオンが次のように電子を受けとって，銅板の表面に銅が付着する。$Cu^{2+}+2e^- \rightarrow Cu$ 電流の向きは，電子が移動する向きとは逆向きである。 (4) セロハン膜は2種類の水溶液がすぐに混ざらないようにするが，電流を流すために必要なイオンは通過させる。セロハン膜がなければ亜鉛板と銅イオンが直接ふれて，そこで電子の受けわたしが起こり，電流が流れなくなる。 (5) マグネシウムが硫酸マグネシウム水溶液中にとけ出すため，マグネシウム板が−極になる。硫酸亜鉛水溶液中の亜鉛イオンが電子を受けとり，亜鉛板の表面に亜鉛が付着し，電流の向きは図1と逆向きになる。

2 (1) 化学変化は，**元素記号**を用いて物質を表した**化学式**を組み合わせて式で表すことができる。この式が**化学反応式**である。化学反応式では，矢印の左右(反応の前後)で，原子の種類と数が一致していなければならない。 (2) 図2より，金属の質量と結びついた酸素の質量が比例していることがわかる。金属Xの質量(g)：反応する酸素の質量(g)＝1.5(g)：(2.5−1.5)(g)＝3：2 また，金属Yの質量(g)：反応する酸素の質量(g)＝2.0(g)：(2.5−2.0)(g)＝4：1 したがって，金属Xはマグネシウム，金属Yは銅である。3÷2＝1.5(g) (3) 図2より，金属1.2gと反応する酸素の質量は，マグネシウムが(2.0−1.2)g，銅は(1.5−1.2)gであることがわかる。$8 \div 3=\frac{8}{3}$(倍)

(三) (植物のつくり，生態系―観察方法，維管束，双子葉類と単子葉類，自然界のつながり)

1 (1) 1滴落とした水の中に空気の泡(気泡)が入ると，顕微鏡で観察するときに資料をはっきり確認できない。 (2) 根から吸収された水や，水にとけた肥料分などの通り道である**道管**は，茎では中心側を通り，葉脈では葉の表側を通っている。**葉緑体**で**光合成**によってつくられたデンプンなどの養分は，水にとけやすい物質に変化して，**師管**を通ってからだ全体の細胞に運ばれる。この道管と師管のたばを**維管束**という。 (3) 茎における維管束は，**単子葉類**では全体に散らばり，**双子葉類**では周辺部に輪の形に並んでいる。単子葉類の根は**ひげ根**で，双子葉類の根は太い**主根**とそこからのびる**側根**からなる。

2 (1) ある地域に生息・生育する全ての生物と，それらをとり巻く環境を**生態系**という。ほかの生物を食べることで有機物を得る生物は**消費者**とよばれる。草食動物は光合成を行う生物がつくり出した有機物を直接的に消費し，肉食動物は草食動物を食べることで，有機物を消費する。 (2) 光のエネルギーによって，二酸化炭素と水からデンプンなどの有機物をつくり出す光合成を行う生物は，**生産者**とよばれる。 (3) 有機物が最終的に無機物にまで分解される過程で，それにかかわっている生物を分解者とよぶ。**分解者**には，ミミズなどの土壌動物と菌類，細菌類などの微生物がふくまれる。カビやキノコは菌類で，乳酸菌などは細菌類である。 (4) 自然界での食べる，食べられるという生物同士の関係を食物連鎖という。**食物連鎖**では，光合成を行う植物(L)を草食動物が食べ，草食動物を肉食動物(K)が食べる。草食動物の数量が減ると，食べられていた植物は増えるが，草食動物を食べていた肉食動物は減る。

(四) (火山，気象―鉱物，堆積岩，斑状組織，火成岩，マグマ，季節風，海陸風)

1　(1)　**マグマ**が冷えてできた粒のうち，いくつかの平面で囲まれた規則正しい形をした**結晶**になったものを鉱物という。長石と石英は無色鉱物で，輝石と角閃石は有色鉱物。7＋5＝12(％)

(2)　れき，砂，泥などの堆積物が固まってできた岩石を**堆積岩**，マグマが冷え固まってできた岩石を**火成岩**という。石灰岩やチャートはサンゴや海水中の小さな生物の骨格や殻が集まったものである。　(3)　安山岩などの**火山岩**は，比較的大きな鉱物(**斑晶**)のまわりを，形がわからないほど小さな鉱物の集まりやガラス質の部分(**石基**)がうめていて，このつくりを**斑状組織**という。

(4)　花こう岩のような**深成岩**は，マグマが地下の深いところで長い時間をかけて冷えてできるため，図1の火成岩Cのように，大きく成長した鉱物の粒が組み合わさってできた**等粒状組織**になっている。　(5)　マグマのねばりけが弱いと，溶岩は流れやすいので傾斜がゆるやかな火山をつくる。一方，マグマのねばりけが強いと，溶岩は流れにくいので盛り上がった形の火山をつくり，爆発的な激しい噴火になることがある。マグマのねばりけが弱いと黒っぽい溶岩になり，ねばりけが強いと白っぽい溶岩になる。

2　(1)　夏は太平洋に比べてユーラシア大陸があたたまるので気圧が低くなり，太平洋のほうが気圧が高いので大規模な高気圧ができる。そのため，夏は太平洋からユーラシア大陸へ向かって南寄りの**季節風**がふく。空気は気圧の高いところから低いところへ移動して，この空気の動きが風になる。**等圧線**の間隔がせまいところは気圧の変化が急なので，強い風がふく。　(2)　アは**温暖前線**付近の説明なので，広い範囲に雲ができる。エの高気圧では，中心で下降気流が起こっている。高気圧は周辺より中心のほうが気圧が高いので，中心から周辺へ向かって風がふく。

(3)　表2で，風向は6時～9時に北寄りから南寄りへ，18時～21時に南寄りから北寄りへ変わっている。**海陸風**が北⇔南にふくのは地点Qで，陸風から海風に変わるとき，風向は北寄りから南寄りに変わる。

(五)　(小問集合―光，刺激と反応，気体の性質，天体)

1　(1)　図1では，水面が鏡と同様のはたらきをしている。鏡だけでなく，表面が平らでなめらかな物体は光を**反射**するので，鏡のように物体をうつす。水やガラスのように光を通すものでも，光の一部がその表面で反射するので，水面やガラスに物体がうつって見えることがある。位置Yにできる像は，位置Xの文字と線対称の形になる。　(2)　境界面に垂直な線と屈折した光のつくる角を**屈折角**という。130－90＝40(度)

2　(1)　**感覚器官**で受けとられた外界からの刺激は，信号として**感覚神経**に伝えられる。外から入ってきた光は感覚器官である目で受けとられ，信号が感覚神経に伝わる。さらに脳などへ伝えられて，脳で行われる判断や命令が，**運動神経**によって**運動器官**へ伝えられる。脳やせきずいを**中枢神経**，中枢神経から枝分かれして全身に広がる神経を**末しょう神経**という。　(2)　ライオンなどの肉食動物の目は前向きについていて，物を立体的に見ることができ，目的物までの距離を正確にとらえることができる。一方，シマウマなどの草食動物の目は横向きについていて，広い範囲を見渡すことができ，周囲を警戒するのに都合がよい。

3　表2より，Bはにおいがなくて空気より軽いので水素，Dは刺激臭があるのでアンモニアである。A，Cは表2だけでは見分けることができない。　(1)　BTB溶液は酸性で黄色，中性で緑色，アルカリ性で青色を示す。Aは水に溶けないので酸素，Cは水溶液が酸性を示すので二酸化炭素であることがわかる。水に溶けたCの体積は，20＋30－36＝14(cm^3)　(2)　アンモニアの気体は特有の刺激臭があり，水に非常によく溶けて，その水溶液はアルカリ性を示す。

4　(1)　おとめ座のような星座を形づくる星や太陽は，自ら光や熱を出して輝いている天体で，これらを**恒星**という。一方，金星は満ち欠けをすることから，太陽の光を反射して輝いている。金星のように，星座の中を動いて見える天体を**惑星**という。 (2) 図8の上下左右が逆になっている形の金星の位置を考えると，8月30日の金星の位置はア。金星の**公転周期**は0.62年なので，8月30日から3か月後の11月30日の金星は，アからおよそ180° 回転した位置である。

＜社会解答＞

(一) 1 イ 2 ア→エ→イ→ウ 3 ウ 4 (例)武士や農民が，守護大名を追放 5 エ 6 徳川綱吉 7 寛政

(二) 1 関税 2 廃藩置県 3 ア 4 イギリス 5 (例)納税額による制限がなくなり，25歳以上の全ての男子が有権者の資格を持つことになった。 6 ウ→エ 7 エ

(三) 1 ① ア ② エ 2 (1) 臨時会 (2) エ (3) X ア Y 比例代表 3 (例)憲法に違反していないかどうか 4 イ

(四) 1 ウ 2 (1) イ (2) (例)社会保障費の支出が，少子高齢化に伴って増えた 3 公海 4 パリ

(五) 1 (1) カルデラ (2) 記号 う 県名 福井 2 (1) (例)夏に北東から吹く冷たい風。 (2) エ 3 ウ 4 ア

(六) 1 (1) (例)赤道から離れる (2) 記号 う 国の名 オーストラリア (3) C→A→B→D (4) 環太平洋 2 イ 3 イ・ウ・エ

＜社会解説＞

(一) **(歴史的分野―日本史―時代別―旧石器時代から弥生時代，古墳時代から平安時代，鎌倉・室町時代，安土桃山・江戸時代，日本史―テーマ別―政治・法律，経済・社会・技術，文化・宗教・教育)**

1 ①のできごとが起こったのは弥生時代。アが旧石器時代，ウが奈良時代，エが古墳時代のできごと。

2 アが710年，イが894年，ウが1019年，エが743年のできごと。

3 **承久の乱**が，鎌倉幕府に対する**後鳥羽上皇**らの不満が引き起こしたものであることから判断する。

4 **守護大名**とは，南北朝時代に守護が力をつけ勢力を拡大した者のこと。荘園領主は，**下剋上**の風潮が広がった室町時代後期(戦国時代)にはすでに形骸化しており，大した力は持っていないことから，下剋上の対象とはみなされなかったと判断する。

5 絵は，狩野永徳の代表作である「唐獅子図屏風」。室町幕府8代将軍**足利義政**の頃の文化を東山文化といい，水墨画を描いた**雪舟**らが活躍した。

6 資料中の「元禄」「貨幣の質を落とした」などから判断する。新井白石は，江戸幕府6・7代将軍に仕えて「正徳の治」を行った儒学者。

7 **寛政の改革**は厳しすぎたため，「白河の 清きに魚も住みかねて もとのにごりの 田沼恋しき」などの狂歌が詠まれるなどして批判された。

(二) **(歴史的分野―日本史―時代別―安土桃山・江戸時代，明治時代から現代，日本史―テーマ別**

—政治・法律，経済・社会・技術，文化・宗教・教育，外交，世界史—政治・社会・経済史)

1　**日米修好通商条約**における日本にとって不平等な内容とは，アメリカに領事裁判権(治外法権)を認めること，日本に関税自主権がないことの二点。問題文中の「日本が自主的に決める権利がない」から判断する。

2　問題文中の「藩にかえて全国に県や府を置き」などから判断する。

3　大日本帝国憲法が発布されたのは明治時代。問題文中の「言文一致」「浮雲」から判断する。

4　**日英同盟**は，ロシアの南下政策に対してイギリスと共同して対抗するために結ばれた。

5　大正時代には民主主義や普通選挙を求める**大正デモクラシー**の風潮が高まり，1925年に普通選挙法が制定された。

6　国際連盟が成立したのが1920年。国際連合が成立したのが1945年。アが1949年，イが1912年，ウが1933年，エが1939年。

7　日本の**高度経済成長**の期間が1950年代後半～1973年の石油危機であること，石油危機以降は安定成長の期間であることから判断する。

(三)　(公民的分野—憲法の原理・基本的人権，三権分立・国の政治の仕組み)

1　**世界人権宣言**の内容に法的拘束力を持たせたのが**国際人権規約**。

2　(1)　1月から開かれるのが**常会**(通常国会)。衆議院議員総選挙後に召集され，内閣総理大臣の指名が行われるのが**特別会**(特別国会)。**臨時会**(臨時国会)は，内閣の要求またはいずれかの議院の総議員の4分の1以上の要求があるときに開かれる。　(2)　アは参議院，イ・ウは衆議院。
(3)　Xについて，文中の「小選挙区制」から判断する。Yの比例代表制では，得票数に応じて議席を政党に配分する方法として**ドント方式**を採用している。

3　裁判所は，法律や政令などが憲法に違反していないかを判断する**違憲審査権**を持つ。

4　リアルタイム視聴と録画視聴とを合わせたテレビの利用時間について，10代は平日が83.7時間，休日が108.7時間，20代は平日が117.4時間，休日が161.5時間となる。

(四)　(公民的分野—財政・消費生活・経済一般，国際社会との関わり)

1　CSRとは，企業は利益の追求だけでなく，法律を守ることや環境破壊に対する責任を持つべきという考え方。

2　(1)　**直接税**には所得税の他に法人税や相続税などがあり，所得が多いほど税率が高くなる**累進課税制度**が採用されている。　(2)　会話文中の□の直前に「年金や医療保険」とあることから，歳出に占める社会保障費の割合が増加していることに触れる必要があると判断する。

3　図中のPが200海里の**排他的経済水域外**にあること，また，問題文中に「どの国の船も，自由に航行したり，漁業をしたりすることができる」とあることから判断する。

4　資料中の「2015年」「先進国，発展途上国の全ての国が，温室効果ガスの削減に取り組む」から判断する。

(五)　(地理的分野—日本—地形図の見方，日本の国土・地形・気候，農林水産業，貿易)

1　(1)　熊本県に位置する**阿蘇山**には，世界最大級のカルデラが存在する。　(2)　(あ)の山形県は東北地方，(い)の群馬県は関東地方，(え)の奈良県は近畿地方に属する。

2　(1)　グラフ1・2から，**やませの影響**が大きかった1993年は，例年より夏の気温が低いことが読み取れる。やませは東北地方の太平洋側に冷害をもたらすことがある。　(2)　東北地方は米の生産がさかんな穀倉地帯。夏に降水量が多く気温が上がらないと，米の生育に支障が出る。

3　日本がかつて**加工貿易**を行っていたことから，木材や液化天然ガス，石炭などの原料にあたる品目が多く見られるPが輸出額の割合を表したグラフとわかり，同様の理由からrも原料にあたる品目があてはまると判断する。

4　地形図中の等高線や地図記号を読み取ることで，土地の起伏の様子や土地利用などを把握することができる。イ・エ…中学校や果樹園の位置は把握できても，生徒数や果樹の種類までは描かれない。ウ…バス停留所を表す地図記号は，地形図には描かれない。

(六)　(地理的分野—世界—地形・気候，人口・都市，産業，資源・エネルギー)

1　(1)　**メルカトル図法**で描かれた地図1には，高緯度ほど東西に引き延ばされて描かれる特徴がある。　(2)　あ⃝はインドネシア，い⃝は日本，う⃝はオーストラリア，え⃝はアメリカ合衆国。dの人口密度が極端に低いことから判断する。aがい⃝，bがあ⃝，cがえ⃝。　(3)　東京からの実際の距離を把握するためには，東京を中心とした**正距方位図法**で描かれた地図2中に，A～Dの都市をそれぞれ描き込む必要がある。　(4)　地図2中のEがロッキー山脈，Fがアンデス山脈，Gが太平洋を示すことから判断する。

2　小麦と原油の割合が高いXがアジア，とうもろこしの割合が高いZが北アメリカ，残ったYがヨーロッパと判断する。

3　**再生可能エネルギー**は，二酸化炭素などの温室効果ガスを排出しない。ア・オは火力発電で用いられるのは化石燃料。

＜国語解答＞

(一)　1　は・まで・から　　2　ア　　3　エ　　4　a　個人への刷り込みによって内面化される　　b　より拘束力が強い　　c　文化としてより根深い　　5　ウ　　6　a　複雑な文化的行為の全体　　b　具体的な形　　c　永続的に目に見える　　7　(例)飲食行為を支える感性や心性が，飲食行為そのものによって形づくられる(という関係。)　　8　イ

(二)　1　どんてん　　2　かっとう　　3　うる(む)　　4　い(り)

(三)　1　警笛　　2　破竹　　3　編む　　4　反る

(四)　1　頭　　2　(例)明らかに整備に集中できていない　　3　エ　　4　a　一つのけが　　b　行動一つ一つに責任が生じる　　5　(例)マネージャーだった経験を生かして，選手がどうしてほしいかを想像しながら，試行錯誤を繰り返すこと(によって上達できる。)　　6　ウ

(五)　1　さいわいなり　　2　イ　　3　(最初)　昨日の　　(最後)　さうな　　4　a　包みのまま　　b　驚く　　c　(例)今は夏で涼しい風を引き入れるのによく，外へ出るときに戸を開ける煩わしさがない

(作文)　(例)資料を見ると，創造力とは個性を表現する力や，芸術性の高いものを生み出す力だと考えている人が多くいることがわかる。しかし，創造力とはそのようなものに限られるものではないと私は考える。

　人間は，よりよい生活を送るために長い歴史の中でさまざまな道具を作り出してきた。また，不用品から別のものを作り出すこともある。自分でも着られなくなった洋服からポーチを作ったりしている。これらはすべて創造力によるものだと思う。絵を描いたり音楽を作ったりして，個性を表現することだけが創造力ではない。便利なものを求めた

りむだをなくしたいと考えたりすることから何かを生み出す力も創造力と言えると思う。日常生活において工夫しながら何かを作るという，あらゆる人に備わった力が創造力だととらえたい。

＜国語解説＞

(一)　(論説文－大意・要旨，内容吟味，接続語の問題，脱文・脱語補充，熟語，品詞・用法)

1　助詞とは，それだけでは文節を作ることができず，活用しない語。

2　「つまり」は，前で述べた内容を後で言い換えたり詳しく説明したりするときに用いる。[5]，[7]段落のAの前後では，いずれもそのような文脈になっている。

3　「臨機応変」は，機に応じて適切な手段をとるという意味。「時期尚早」は，行動を起こすには早すぎるということ。「品行方正」は，行いがきちんとしていて正しいこと。「適材適所」は，その人の能力や適性に合わせた地位や仕事を与えるという意味。

4　a　「目に見えない文化」が「意識されることが少ない」のは，「個人への刷り込みによって内面化される」ためだと[3]段落に述べられている。　b　「目に見えないもの」の特徴として，[4]段落で「より拘束力が強い」ということが挙げられている。　c　筆者は，「目に見えない文化」は拘束力が強いのに意識されにくいのだから，「文化としてより根深い」ものだと考えている。

5　「感性」は「個人的な好悪の原因となる」もので，「心性」は「ある時代を通じて見られる集団的に共有された持続的な心の状態」だと説明されている。よって，「より個人的でより個別的な意味合いの強い」のは「感性」であるとわかるので，Bには「感性」，Cには「心性」が入ることになる。また，「個人の」に続くのだから，Dには「感性」，対照的な内容が前に述べられているEには「心性」があてはまると判断できる。

6　a　飲食は「食べ物への嗜好や食べ方，食べる時間や空間の設定など」の多様な意味を持つ「複雑な文化的行為の全体」であると[8]段落の最後でまとめられている。　b・c　料理は「そのときどきに形を取って目に見える」という「具体的な形」があるものだが，美術品などのように存続するわけではないので「永続的に目に見える」文化にはならないのである。

7　直前の内容について「堂々めぐり」だと表現している。「飲食行為における感性や心性」が「何によって形づくられるのか」という問いに対する答えは，「飲食行為そのもの」である。「飲食行為」の支えるものが「飲食行為」に形づくられるということになり，「飲食行為」というものから離れられない「堂々めぐり」の状態になっているというのである。

8　最後の二段落の内容とイが合う。

(二)　(知識問題－漢字の読み書き)

1　「曇天」は，くもりのこと。

2　「葛藤」は，相反する感情の間で迷うこと。

3　音読みは「ジュン」で，熟語は「豊潤」などがある。

4　音読みは「セン」で，熟語は「煎茶」などがある。

(三)　(知識問題－漢字の読み書き)

1　「警笛」は，注意を知らせるために鳴らす笛。

2　「破竹の勢い」で，激しい勢いという意味。

3　音読みは「ヘン」で，熟語は「編集」などがある。

4 音読みは「ハン」「タン」で，熟語は「反対」「反物」などがある。

(四) (小説－情景・心情，内容吟味，ことわざ・慣用句)

1 「頭ごなし」は，相手の言い分を聞かずに決めつけた態度をとる様子のこと。

2 ちゃんとできると反論する雨宮に対し，島さんは「集中できてへんのは，明らかや」と言っている。

3 「打ちひしがれる」とは，気力を失うこと。雨宮は島さんに言われ，初めて自分が「知らず知らずのうちに運転動作を誤り」続けていたと気づき「ハッと」している。グランドキーパーの仕事は「失敗したなら，また一からやり直せばいいという，簡単な」ものではないうえに，雨宮は自身に野球の経験がないことから「整備のプロになることなど到底かなわない」と感じている。そのため，自分の失敗を目の当たりにしたことで自分の無力さを改めて思い知り，打ちひしがれたのである。

4 a 「プロの選手」は，「一つのけがが命とり」となって「選手生命が絶たれ」ることもあると語っている。 b 雨宮が「一人の社会として」ここにいることによって，「その行動一つ一つに責任が生じる」のだと島さんは教えている。

5 この後の島さんの言葉に注目する。雨宮はマネージャーだったのだから，「選手がどうしてほしいか，想像してみること」はできるのだから，「想像してみて，実際にやってみる。試してみる」という「試行錯誤の繰り返し」をすることで上達していくだろうと，島さんは雨宮に伝えているので，その内容をまとめる。

6 比喩表現が多用されているとは言えないので，アは合わない。擬態語が効果的に使われている部分もないので，イも不適当。雨宮の姿が客観的に描かれている文章でもないので，エも正しくない。

(五) (古文－内容吟味，文脈把握，仮名遣い)

〈口語訳〉 大雅は，以前に淀侯の金屏風を描いた。謝礼を払いに使者が来たところ，台所の入口から古紙や書物などが散らかって置いてあり，まったく上がれる所がない。古紙をよせて，使者を通したので，謝礼として三十金をお与えになる。大雅は礼を述べて，包みのまま床の上に置いた。その夜，盗人が床の近くの壁を切り抜いて，包金を持ち去った。

翌朝，妻は壁が切り抜かれているのを見て，「きっと盗人のせいだろう。昨日，淀侯からいただいた金はどこに置かれたのですか」と言う。大雅はまったく驚く様子がなく，「床の上に置いた。ないのなら，盗人が持ち去ったのだろう」と言う。門番たちが来て，この様子を見て，「先生，なぜこのように壁を切り抜かれたのですか」と言うと，「昨日の夜，盗人が入って，淀侯から謝礼としてもらったお金を持ち去ったそうだ」と言う。門番が言うには，「壁があのようでは見苦しい。修繕なさいませ」と言うと，「かえって幸運だ。時期は今，夏の日だから，涼風を引き入れるのによい。また，外に出るときに，戸を開ける煩わしさがない」と言うとかということだ。

1 文頭と助詞以外の歴史的仮名遣いのハ行は，現代仮名遣いのワ行にあたる。

2 大雅に与えた，淀侯の金屏風を描いたことに対する謝礼である。よって，与えた人物は淀侯である。使者は，淀侯が謝礼を大雅に渡すために遣わせた者のこと。

3 古文の会話の終わりは「と」「とて」が続いている場合がほとんどであるので，それを目印に探す。「床の上へ～持ち去りたるならん」，「昨日の夜～持ち去りたるさうな」，「かへつて～うれへなし」の三か所が大雅の言った部分である。

4 a 謝礼をもらった大雅は，それを「包みのまま床の上へ置」いている。 b 盗人が謝礼を持ち去った翌朝，妻はもらった謝礼がどうなったかを気にしているが，大雅は「驚く気色」を見せていない。　c　壁を繕うべきだという門番に対する大雅の言葉が最後の部分。壁が切り抜かれたので，「夏日にて，涼風を引き入るるによろし」「外へ出るに，戸を開くのうれへなし」という理由を挙げ，かえって幸いだと言っている。

(作文)　(作文(自由・課題))

指定された条件を満たすこと。資料に挙げられている項目を参考に，どのような力を創造力と言えるかを考える。

書き始めや段落の初めは1文字空けるなど，原稿用紙の使い方にも注意する。書き終わったら必ず読み返して，誤字・脱字や表現がおかしなところは書き改める。

MEMO

大切なことはメモしておこうネ！

2021年度

★★★★★★★★★★★★★★★★★★★★★★★

入　試　問　題

●くわしい解説……37ページ

2021年　愛媛県公立高校入試　出題範囲縮小内容

令和２年５月13日付け２文科初第241号「中学校等の臨時休業の実施等を踏まえた令和３年度高等学校入学者選抜等における配慮事項について（通知）」を踏まえ，出題範囲について以下通りの配慮があった。

○出題範囲から除外する内容。

数学	・資料の活用（標本調査）
英語	・関係代名詞のうち、目的格の that、which の制限的用法
理科	○第１分野 ・科学技術と人間 ○第２分野 ・自然と人間
社会	○公民的分野 ・私たちと国際社会の諸課題
国語	書写に関する事項

＜数学＞

時間　50分　　満点　50点

【注意】 答えに$\sqrt{\ }$が含まれるときは，$\sqrt{\ }$を用いたままにしておくこと。
また，$\sqrt{\ }$の中は最も小さい整数にすること。

(一) 次の計算をして，答えを書きなさい。

1　$(-3)\times 5$

2　$\dfrac{x}{2}-2+\left(\dfrac{x}{5}-1\right)$

3　$24xy^2\div(-8xy)\times 2x$

4　$(\sqrt{3}+\sqrt{2})(2\sqrt{3}+\sqrt{2})+\dfrac{6}{\sqrt{6}}$

5　$(x-3)^2-(x+4)(x-4)$

(二) 次の問いに答えなさい。

1　$x^2-8x+12$ を因数分解せよ。

2　気温は，高度が100m増すごとに0.6℃ずつ低くなる。地上の気温が7.6℃のとき，地上から2000m上空の気温は何℃か求めよ。

3　右の図のように，底面が正方形BCDEである正四角すいABCDEがある。次の**ア**～**キ**のうち，直線BCとねじれの位置にある直線はどれか。適当なものを**全て**選び，その記号を書け。

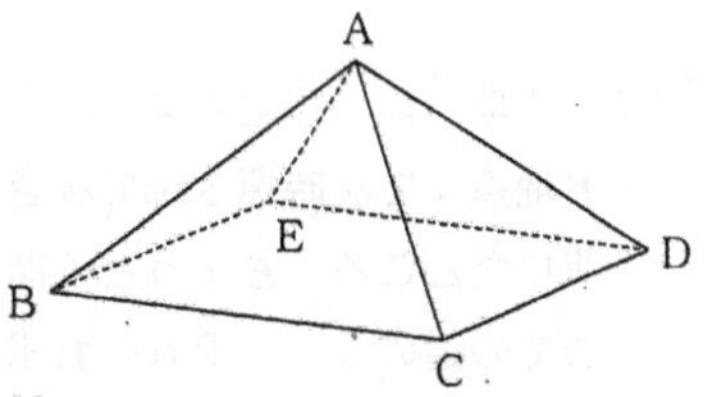

ア　直線ＡＢ　　**イ**　直線ＡＣ　　**ウ**　直線ＡＤ
エ　直線ＡＥ　　**オ**　直線ＢＥ　　**カ**　直線ＣＤ
キ　直線ＤＥ

4　下の表は，あるクラスの13人のハンドボール投げの記録を，大きさの順に並べたものである。この13人と太郎さんを合わせた14人の記録の中央値は，太郎さんを合わせる前の13人の記録の中央値と比べて，１m大きい。

このとき，太郎さんの記録は何mか求めよ。

（単位：m）

15	18	19	20	23	25	26	29	29	30	32	33	34

5　下の図のように，2つの袋A，Bがあり，袋Aの中には，グー のカードが2枚と チョキ のカードが1枚，袋Bの中には，チョキ のカードが2枚と パー のカードが1枚入っている。太郎さんが袋Aの中から，花子さんが袋Bの中から，それぞれカードを1枚取り出し，取り出したカードでじゃんけんを1回行う。

このとき，あいこになる確率を求めよ。ただし，それぞれの袋について，どのカードが取り出されることも同様に確からしいものとする。

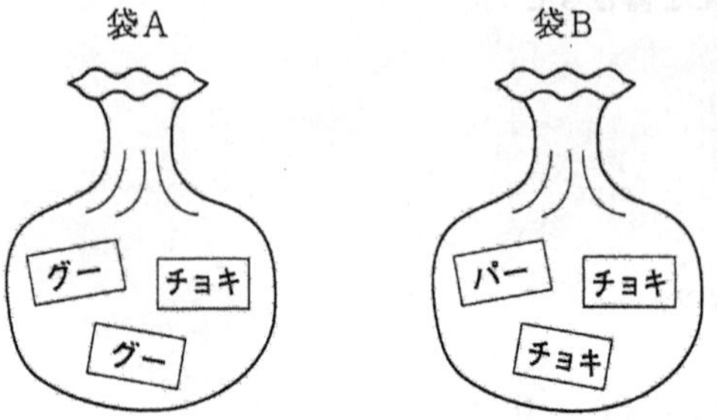

6　下の図のような△ABCで，辺BCを底辺とみたときの高さをAPとするとき，点Pを解答欄に作図せよ。ただし，作図に用いた線は消さずに残しておくこと。

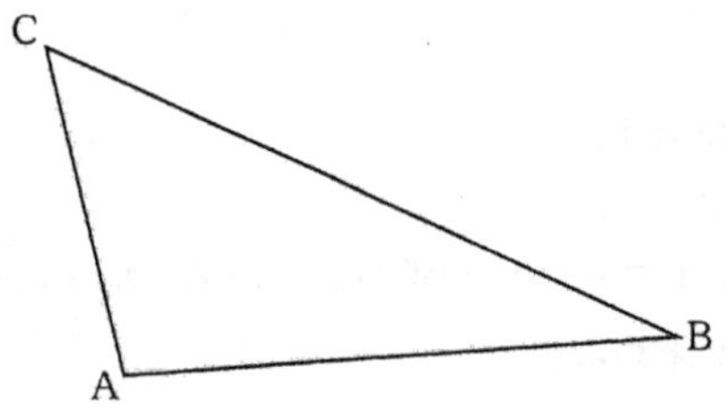

7　A地点からC地点までの道のりは，B地点をはさんで13kmある，まことさんは，A地点からB地点までを時速3kmで歩き，B地点で20分休憩した後，B地点からC地点までを時速5kmで歩いたところ，ちょうど4時間かかった。A地点からB地点までの道のりとB地点からC地点までの道のりを，それぞれ求めよ。ただし，用いる文字が何を表すかを最初に書いてから連立方程式をつくり，答えを求める過程も書くこと。

(三)　次の会話文は，太郎さんが，夏休みの自由研究で作ったロボットについて，花子さんと話をしたときのものである。

太郎さん：　このロボットは，リモコンのボタンを1回押すと，まっすぐ10cm進み，その位置で，進んだ方向に対して，右回りに$x°$だけ回転し，次に進む方向を向いて止まるよ。止まるたびにボタンを押すと，ロボットは同じ動きを繰り返して，やがてスタート位置に戻ってくるよ。また，このロボットにはペンが付いていて，進んだ跡が残るよ。スタート位置に戻ってきたら，その後はボタンを押さず，進んだ跡を見てみるよ。最初に，x の値を 0 より大きく180より小さい範囲の整数から 1 つ決め，ロボットをスタートさせるよ。

花子さん：　面白そうね。x の値を60にしてボタンを押してみるよ。

（ボタンを合計 6 回押すと，ロボットはスタート位置に戻り，図 1 のような跡を残した。）

花子さん：　すごいね。進んだ跡は正六角形になったよ。x の値を変えると，いろいろな跡が残りそうね。

太郎さん：　そうなんだよ。正四角形，つまり正方形になるには，x の値を90にして，ボタンを合計 **ア** 回押せばいいし，正三角形になるには，x の値を **イ** にして，ボタンを合計 3 回押せばいいよ。

花子さん：　本当だ。それなら，正五角形になるには…。分かった。x の値を **ウ** にして，ボタンを合計 5 回押せばいいのよ。

太郎さん：　確かに正五角形になるね。よし，今度は x の値を **エ** にして，ボタンを合計 5 回押してみるよ。

（ロボットは図 2 のような跡を残した。）

花子さん：　不思議だね。正多角形でない図形になることもあるのね。

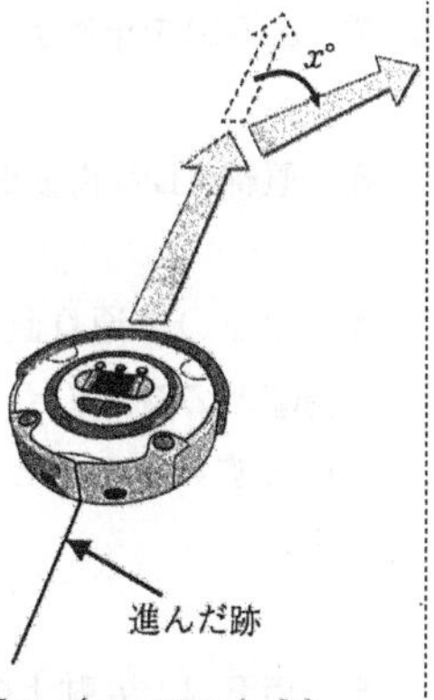

図 1 （x=60のとき）

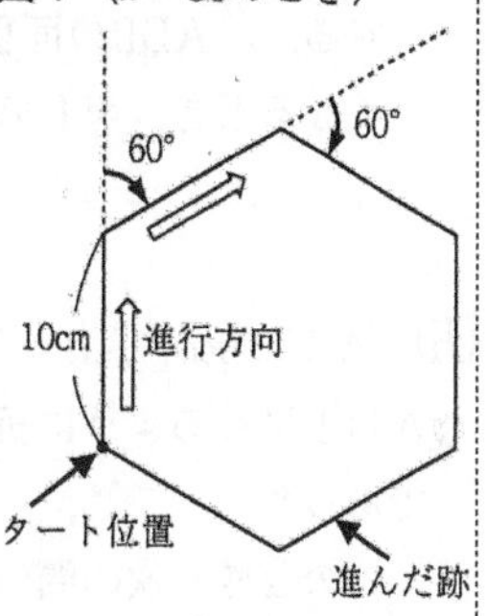

図 2

このとき，次の問いに答えなさい。

1　会話文中の**ア**～**エ**に当てはまる数を書け。

2　ロボットの進んだ跡が正多角形となるような x の値は，全部で何個か求めよ。ただし，x は 0 より大きく180より小さい整数とする。なお，360の正の約数は24個ある。

(四)　次のページの図において，放物線①は関数 $y = ax^2$ のグラフであり，双曲線②は関数 $y = \frac{16}{x}$ のグラフである。放物線①と双曲線②は，点Aで交わっており，点Aの x 座標は 4 である。また，放物線①上の x 座標が -2 である点をBとする。

このとき，あとの問いに答えなさい。

1　次の**ア**～**エ**のうち，関数 $y = \frac{16}{x}$ について述べた文として正しいものはどれか。適当なものを 1 つ選び，その記号を書け。

ア　対応する x と y の値の和は一定である。

イ　$x < 0$ の範囲で，x の値が増加すると，y の値は減少する。

ウ　y は x に比例する。

エ　グラフは y 軸を対称の軸として線対称である。

2　a の値を求めよ。

3　直線ABの式を求めよ。

4　原点Oを通り直線ABに平行な直線と双曲線②との交点のうち，x 座標が正である点をCとする。このとき，△ABCの面積を求めよ。

5　点Pは，y 軸上の $y>0$ の範囲を動く点とする。△ABPの面積と△AOPの面積が等しくなるとき，点Pの y 座標を**全て**求めよ。

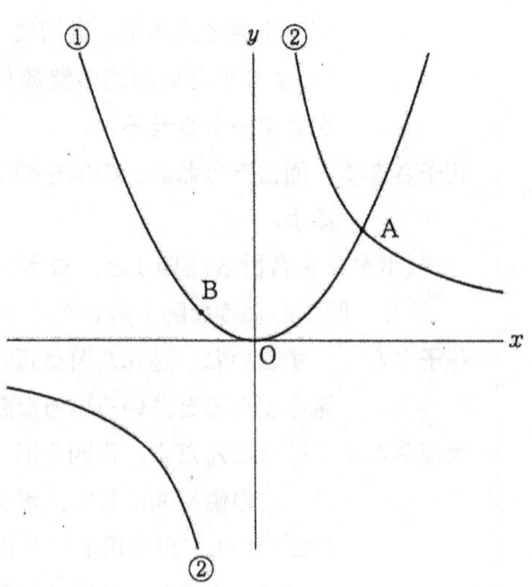

(五)　AB＝10㎝，AB＜ADの長方形ABCDを，下の図1のように，折り目が点Cを通り，点Bが辺AD上にくるように折り返す。点Bが移った点をEとし，折り目を線分CFとすると，AF＝4㎝であった。

このとき，次の問いに答えなさい。

1　△AEF∽△DCEであることを証明せよ。

2　線分AEの長さを求めよ。

3　下の図2のように，折り返した部分をもとにもどし，線分CEと線分BDとの交点をGとする。このとき，四角形BGEFの面積を求めよ。

図1

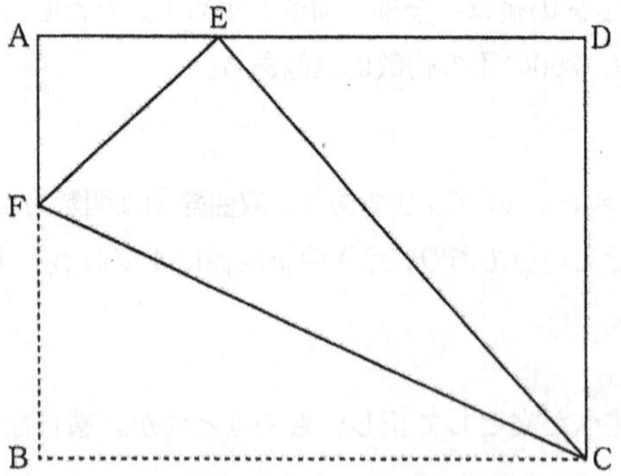

図2

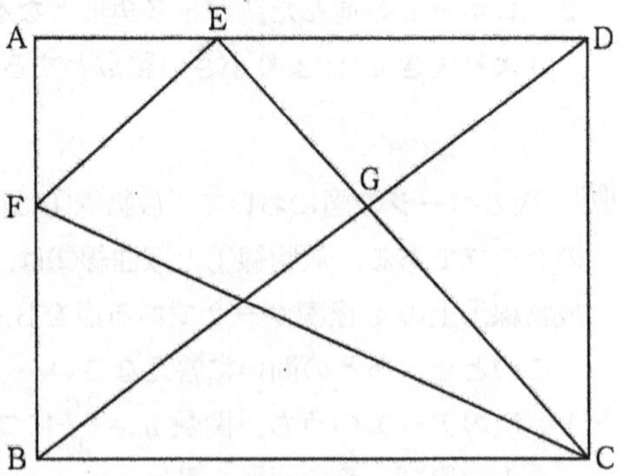

＜英語＞

時間　60分　　満点　50点

(一)　聞き取りの問題

	ア	イ	ウ	エ
1				

	ア	イ	ウ	エ
2				

	ア	イ	ウ	エ
3				

(二)　聞き取りの問題

1　ア　Three times.　　イ　For a week.
　　ウ　Next month.　　エ　Last week.

2　ア　I'm looking for it.　　イ　I'll help you.
　　ウ　I've just found it.　　エ　I like you.

(三) 聞き取りの問題

1 ア On July 4. イ On July 5.
ウ On August 4. エ On August 5.

2 ア They want to go back to America.
イ They want to know about Japanese events.
ウ They want to have a chance to learn Japanese.
エ They want to teach English words to the students.

3 ア Mr. Yamada will. イ The students will.
ウ Tom and John will. エ Mr. Yamada and the students will.

4 ア He tells them to speak about their school or city.
イ He tells them to make six groups in their class.
ウ He tells them to talk with Tom and John.
エ He tells them to give him their ideas.

(四) 次の１，２の問いに答えなさい。

1 次の(1)，(2)の各対話文の文意が通るように，（ ）の中のア～エを正しく並べかえて，左から順にその記号を書け。

(1) A：Do you（ア get イ she'll ウ when エ know）to the station?
B：Yes. At 11:30.

(2) A：I want to practice the guitar. But I don't have one.
B：OK. You can use mine. I'll（ア it イ to ウ bring エ you）tomorrow.

2 次の(1)，(2)について，それぞれの指示に従って英語で書け。

(1) 次の①，②の質問に答える文を書け。ただし，①と②は，二つとも，それぞれ６語以上の１文で書くこと。（「,」「.」などの符号は語として数えない。）

① あなたは，夏休み中に，どのようなことをしましたか。
② また，そのとき，どのように思いましたか。

(2) 海外の生徒たちと，オンラインで交流することになった。あなたが，自分たちの学校のよさを伝えるとしたら，どのように伝えるか。下の（ ）に当てはまるように文を書け。ただし，８語以上の１文で書くこと。（「,」「.」などの符号は語として数えない。）

Hello. Today, I'll tell you about our school. ( ) So we love our school.

(五) 留学中の美香（Mika）と美香のホームステイ先のケイト（Kate）が話をしている。対話文と次のページのちらし（flyer）をもとにして，１～５の問いに答えなさい。

Kate : Hi, Mika. How is your life here?

Mika : I'm enjoying it very much. I like this city because there are many traditional places. I'm very interested in history. I want to learn about

Flyer

CITY HISTORY MUSEUM

Opening Hours

Museum	9:00-17:30
Shop	10:00-17:30
Restaurant	11:00-14:00

Closed

Mondays
January 1
December 25

Tickets

Adult	12 dollars
Child (11-15 years old)	6 dollars
Child (5-10 years old)	4 dollars
Child (0-4 years old)	Free
Pair [one adult and one child (5-15 years old)]	15 dollars

This year only!! If you buy tickets on our website, you can get a 10% discount.

Saturdays: Special Event
"Life in the Past" Free!

Please become a member of our museum!

Only members can
- join field trips
- join special classes by famous teachers
- get an e-mail about history every week

Visit our website:
https://www.cityexample.com/

the history of this city.

Kate : Really? There is a big history museum in this city. It's very popular. I often hear many adults and children go to the museum. Wait.... Here is a flyer. I received it at school about two weeks ago.

Mika : (ア)この博物館はおもしろそうに見えます。 Have you ever been there?

Kate : Yes. I went there with my family last year, and learned a lot about the history of this city and people's lives in the past. I had a wonderful time.

Mika : Oh, I want to go there! [①]?

Kate : Yes, of course. Let's go there next Sunday. I think my father can take us there by car.

Mika : Well.... the flyer shows the museum has a special event on Saturdays. What is it?

Kate : We can enjoy the experience of life in the past. When I went there last year, I tried on traditional clothes. I enjoyed that very much. And the special event was free.

Mika : Wow! I want to do that! Shall we go there next Saturday?

Kate : Sure. But my father works every Saturday. So we have to go to the museum by bike.

Mika : No problem. Kate, the flyer shows the opening hours. (イ)私は長い間そこに滞在するために午前中に家を出発したいです。

Kate : All right. And let's have lunch at the museum restaurant. So we'll need some money.

Mika : OK. And I need six dollars to buy a ticket, right?

Kate : That's right. Oh, the flyer shows we can get a 10% discount if we buy tickets on the museum website now. But we are too young to buy tickets on the Internet. So [②].

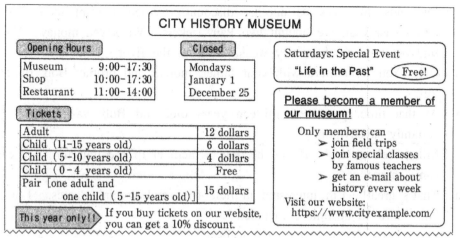

Mika: : Thank you.

Kate : The museum gives us another discount. When I went there with my family last year, we bought two Pair Tickets. We saved money. You can find out how much money we saved from the flyer.

Mika : OK. You went there with your father, mother and brother Bob, right?

Kate : Yes.

Mika : At that time, you were thirteen years old, and Bob was ten.... (A) You certainly saved money!

Kate : Mika, look at this! If you become a member of the museum, you can do some things.

Mika : That's great! I'm interested in field trips and special classes. I want to know how to become a member.

Kate : OK. Let's find (B) that on the website.

Mika : Sure.

Kate : Mika, you really love history. You can learn a lot at the museum.

Mika : Yes. I hope the weekend will come soon.

（注） adult(s) 大人　past 過去　try on ～ ～を試着する　free 無料の
opening hours 開館時間　ticket(s) チケット　discount 割引　website ウェブサイト
pair ペア　save ～ ～を節約する　find out ～ ～がわかる　certainly 確かに
member(s) 会員　field trip(s) 実地見学

1　対話文中の①，②に当てはまる最も適当なものを，それぞれ次のア～エの中から一つずつ選び，その記号を書け。

①　ア　Are you busy next Sunday
　　イ　Can you come with me
　　ウ　Will you make a flyer
　　エ　Do you like this city

②　ア　I'll ask my father to get them
　　イ　I'll talk about that with young people
　　ウ　we can buy them on the Internet
　　エ　we can get a 10% discount

2　対話文中の(ア)，(イ)の日本語の内容を英語に直せ。

3　対話文中の(A)について，ケイトの家族は，何ドル節約したか。数字で書け。

4　対話文中の(B)が指す内容を，日本語で書け。

5　次の⑴～⑶の英文の内容が，対話文，Flyer の内容に合うように，［　］のア～エの中から，最も適当なものをそれぞれ一つずつ選び，その記号を書け。

⑴　Kate［ア tried to make traditional clothes at the museum　イ became a member of the museum last year　ウ learned about the history of her city at school　エ got the museum flyer at school］.

⑵　Mika and Kate decided to go to the museum［ア by car next Saturday

イ by bike next Saturday　ウ by car next Sunday　エ by bike next Sunday〕.

(3) The flyer shows that〔ア people can eat at the museum restaurant at 10:00　イ the museum isn't closed on the first day of the year　ウ an e-mail about history is sent to members of the museum every week　エ all children have to buy tickets to go into the museum〕.

(六) 次の英文は，和也（Kazuya）が英語の時間に発表したものである。これを読んで，1～6の問いに答えなさい。

What do you want to do in the future? (A) What (　　　　　) of person do you want to be? Today, I will talk about three people.

The first person is my uncle. He works at a hospital as a children's doctor. Why did he decide to be a children's doctor? One day, when he was a junior high school student, he learned on TV that so many children around the world could not get medical treatment at hospitals because they were poor. He said to me, "No one thought I would become a doctor. But I studied very hard." After he graduated from high school, he [(B)] his job. He also said, "I remember all the children who were in my hospital. I need to study harder to be a better doctor, and I will help more children." I hear that he will work abroad in the future. I think that he will help many sick children all over the world.

The second person is a woman who was born in America about 150 years ago. When I was ten years old, I went to an elementary school in Colorado, America. One day, our teacher told us about a black woman. Her father and mother were enslaved. Many black people had to live like them in America at that time. I was very surprised to hear that. Her father and mother escaped and became free. After that, she was born. When she was a small child, she wanted to be like her mother. Her mother was a nurse. She often visited sick people with her mother. She was a very good student at school. She studied very hard. Finally, she graduated from medical college. That was about 120 years ago. A few years later, she moved to Colorado. She became the first black woman doctor in Colorado. She helped sick people there for fifty years.

The third person is a girl [(C)] in Jharkhand, India. I learned about her on the Internet. She is thirteen years old. Her dream is to be a doctor. But some people who live near her house, especially old people, want her to get married before her eighteenth birthday. In Jharkhand, about 40% of girls get married before the age of eighteen. She works on children's problems in India and tries to find ways to make her country better. She often tells her friends to study with her. She says that they can change their futures if they study harder. She gets up at three thirty every morning and studies hard to fulfill her dream.

Her father says, "Studying hard is good. I am proud of her." She is glad to hear that. She says, "I have a dream. [　(D)　]" I think that she is now studying very hard.

In the future, I want to be a doctor and work abroad. Like these three people, I want to be kind to other people and study hard to fulfill my dream. I think that a lot of sick children need someone who gives them support. I hope that I can give (E) <u>them</u> medical treatment. So I study very hard every day, especially English. I can work with more people around the world if I use English. Everyone can help someone who needs support I believe that the world will be a better place if people help each other.

（注） medical treatment 治療　no one ～ だれも～ない　graduate 卒業する
Colorado コロラド州　black 黒人の　enslave ～ ～を奴隷《どれい》にする　escape 逃れる
nurse 看護師　medical college 医学部　Jharkhand ジャールカンド州　India インド
get married 結婚する　age 年齢　work on ～ ～に取り組む　fulfill ～ ～を実現する
be proud of ～ ～を自慢に思う　support 支援

1　本文中の(A)について，（　）に英語1語を入れて文を完成させるとき，（　）に入れるのに適当な1語を，最後の段落の文中から，そのまま抜き出して書け。ただし，その1語は，最後の段落の文中では，異なった意味で使用されている。

2　本文中の(B)，(C)に入る英語として最も適当なものを，次の中から一つずつ選び，それぞれ正しい形の1語に直して書け。

agree	choose	finish	live	miss	turn	watch

3　本文中の(D)に当てはまる最も適当なものを，次のア～エの中から一つ選び，その記号を書け。
ア No one can stop it.　イ Everyone can change it.
ウ I cannot follow it.　エ My father cannot understand it.

4　本文中の(E)が指すものを，5語で本文中からそのまま抜き出して書け。

5　本文中に書かれている内容と一致するものを，次のア～キの中から二つ選び，その記号を書け。
ア Kazuya's uncle works on children's problems as an English teacher.
イ Kazuya's uncle has worked very hard to make his hospital bigger.
ウ The woman in America went to Colorado when she was ten years old.
エ The woman in America worked as a doctor in Colorado for fifty years.
オ The girl in India gets up early and studies hard to become a doctor.
カ The girl in India is proud of her father because he was a good student.
キ Kazuya hopes that the world will be better through teaching English.

6　この発表の題名として最も適当なものを，次のア～エの中から一つ選び，その記号を書け。
ア My Favorite Uncle　イ My Favorite Country
ウ My Future Dream　エ My Future Family

＜理科＞

時間　50分　　満点　50点

㈠　電流とその利用，浮力に関する次の１～３の問いに答えなさい。

１　［実験１］図１のように，蛍光板を入れた真空放電管の電極Ａ，Ｂ間に高い電圧を加えると，蛍光板上に光る線が現れた。さらに，図２のように，電極Ｃ，Ｄ間にも電圧を加えると，光る線は電極Ｄ側に曲がった。

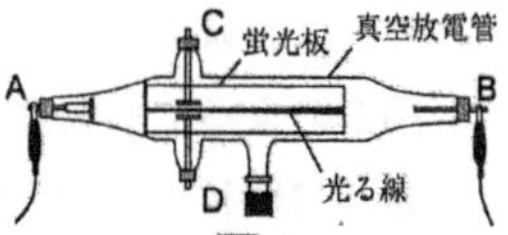

図１

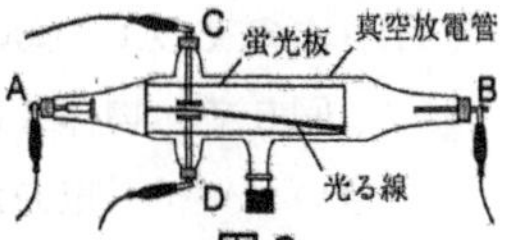

図２

⑴　図１の蛍光板上に現れた光る線は，何という粒子の流れによるものか。その粒子の名称を書け。

⑵　図２の電極Ａ，Ｃは，それぞれ＋《プラス》極，－《マイナス》極のいずれになっているか。＋，－の記号で書け。

２　［実験２］電熱線ａを用いて，図３のような装置をつくった。電熱線ａの両端に加える電圧を8.0Ｖに保ち，8分間電流を流しながら，電流を流し始めてからの時間と水の上昇温度との関係を調べた。この間，電流計は2.0Ａを示していた。次に，電熱線ａを電熱線ｂにかえて，電熱線ｂの両端に加える電圧を8.0Ｖに保ち，同じ方法で実験を行った。図４は，その結果を表したグラフである。

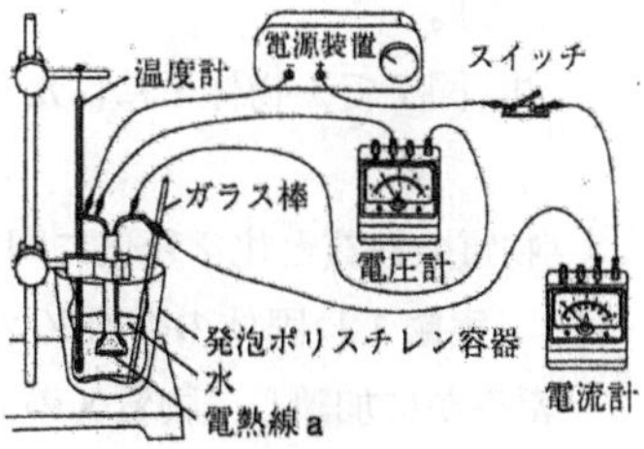

図３

［実験３］図３の装置で，電熱線ａの両端に加える電圧を8.0Ｖに保って電流を流し始め，しばらくしてから，電熱線ａの両端に加える電圧を4.0Ｖに変えて保つと，電流を流し始めてから８分後に，水温は8.5℃上昇していた。下線部のとき，電流計は1.0Ａを示していた。

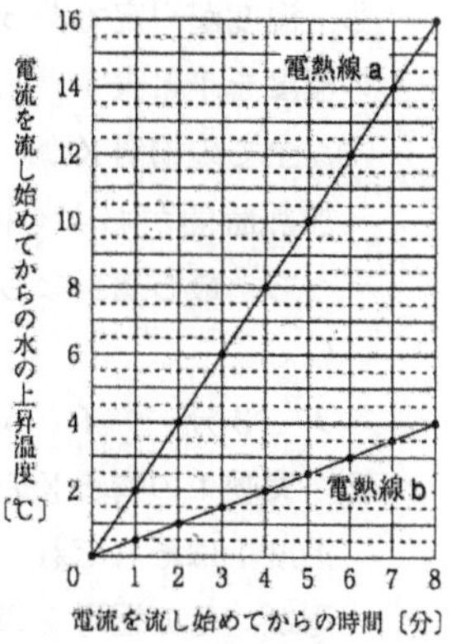

図４

ただし，実験２・３では，水の量，室温は同じであり，電流を流し始めたときの水温は室温と同じにしている。また，熱の移動は電熱線から水への移動のみとし，電熱線で発生する熱は全て水の温度上昇に使われるものとする。

⑴　電熱線ａの抵抗の値は何Ωか。

⑵　次の文の①，②の｛　｝の中から，それぞれ適当なものを１つずつ選び，その記号を書け。

実験２で，電熱線ａが消費する電力は，電熱線ｂが消費する電力より①｛ア　大きい　イ　小さい｝。また，電熱線ａの抵抗の値は，電熱線ｂの抵抗の値より②｛ウ　大きい　エ　小さい｝。

⑶　実験３で，電圧を4.0Ｖに変えたのは，電流を流し始めてから何秒後か。次のア～エのうち，最も適当なものを１つ選び，その記号を書け。

ア　30秒後　　イ　120秒後　　ウ　180秒後　　エ　240秒後

3　［実験４］重さ0.84Nの物体Ｘと重さ0.24Nの物体Ｙを水に入れたところ，図５のように，物体Ｘは沈み，物体Ｙは浮いて静止した。

［実験５］図６のように，物体Ｘとばねばかりを糸でつなぎ，物体Ｘを水中に沈めて静止させたところ，ばねばかりの示す値は0.73Nであった。次に，図７のように，物体Ｘ，Ｙ，ばねばかりを糸でつなぎ，物体Ｘ，Ｙを水中に沈めて静止させたところ，ばねばかりの示す値は0.64Nであった。ただし，糸の質量と体積は考えないものとする。

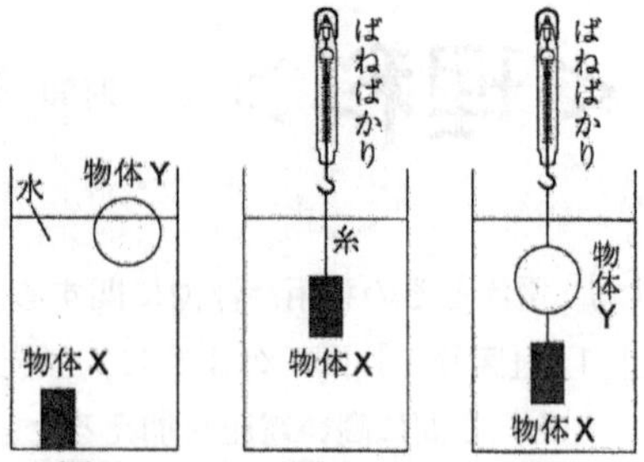

図５　図６　図７

⑴　次の文の①，②の｛　｝の中から，それぞれ適当なものを１つずつ選び，その記号を書け。

図５で，物体Ｘにはたらく，浮力の大きさと重力の大きさを比べると，①｛ア　浮力が大きい　　イ　重力が大きい　　ウ　同じである｝。図５で，物体Ｙにはたらく，浮力の大きさと重力の大きさを比べると，②｛ア　浮力が大きい　　イ　重力が大きい　　ウ　同じである｝。

⑵　図７で，物体Ｙにはたらく浮力の大きさは何Ｎか。

㈡　物質の性質と化学変化に関する次の１・２の問いに答えなさい。

1　［実験１］固体の物質Ｘ２ｇを試験管に入れておだやかに加熱し，物質Ｘの温度を１分ごとに測定した。図１は，その結果を表したグラフである。ただし，温度が一定であった時間の長さをｔ，そのときの温度をＴと表す。

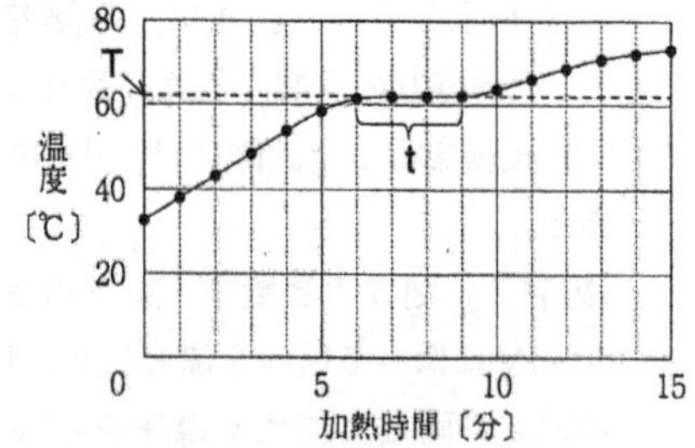

図１

⑴　全ての物質Ｘが，ちょうどとけ終わったのは，加熱時間がおよそ何分のときか。次のア～エのうち，最も適当なものを１つ選び，その記号を書け。

ア　3分　　イ　6分　　ウ　9分　　エ　12分

⑵　実験１の物質Ｘの質量を２倍にして，実験１と同じ火力で加熱したとき，時間の長さｔと温度Ｔはそれぞれ，実験１と比べてどうなるか。次のア～エのうち，最も適当なものを１つ選び，その記号を書け。

ア　時間の長さｔは長くなり，温度Ｔは高くなる。
イ　時間の長さｔは長くなり，温度Ｔは変わらない。
ウ　時間の長さｔは変わらず，温度Ｔは高くなる。
エ　時間の長さｔも，温度Ｔも変わらない。

⑶　表１は，物質Ａ～Ｃの融点と沸点を表したものである。物質Ａ～Ｃのうち，１気圧において，60℃のとき液体であるものを１つ選び，Ａ～Ｃの記号で書け。また，その物質が，60℃のとき液体であると判断できる理由を，融点，沸点との関係に触れながら，解答欄の書き出

表１〔１気圧における融点，沸点〕

	融点〔℃〕	沸点〔℃〕
物質Ａ	−115	78
物質Ｂ	−95	56
物質Ｃ	81	218

しに続けて，簡単に書け。

2　［実験２］黒色の酸化銅と炭素の粉末をよく混ぜ合わせた。これを図２のように，試験管Ｐに入れて加熱すると，気体が発生して，試験管Ｑの液体Ｙが白く濁り，試験管Ｐの中に赤色の物質ができた。試験管Ｐが冷めてから，この赤色の物質を取り出し，性質を調べた。

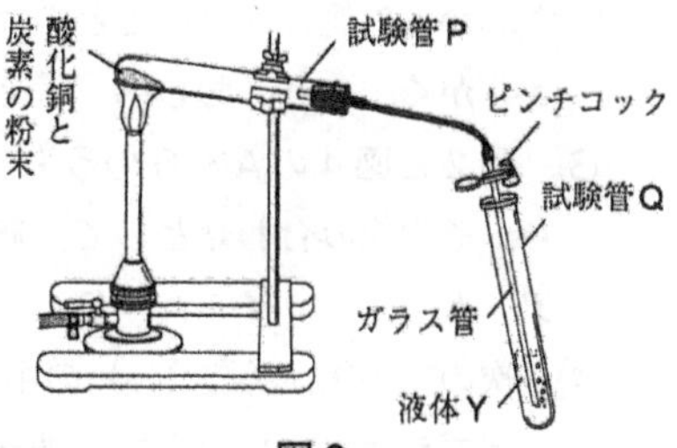

図２

(1)　次の文の①，②の｛　｝の中から，それぞれ適当なものを１つずつ選び，その記号を書け。

下線部の赤色の物質を薬さじでこすると。金属光沢が見られた。また，赤色の物質には，①｛ア　磁石につく　　イ　電気をよく通す｝という性質も見られた。これらのことから，赤色の物質は，酸化銅が炭素により②｛ウ　酸化　　エ　還元｝されてできた銅であると確認できた。

(2)　液体Ｙが白く濁ったことから，発生した気体は二酸化炭素であると分かった。次のア～エのうち，液体Ｙとして，最も適当なものを１つ選び，その記号を書け。

ア　食酢　　イ　オキシドール　　ウ　石灰水　　エ　エタノール

(3)　酸化銅と炭素が反応して銅と二酸化炭素ができる化学変化を，化学反応式で表すとどうなるか。解答欄の化学反応式を完成させよ。

(4)　実験２と同じ方法で，黒色の酸化銅2.00ｇと炭素の粉末0.12ｇを反応させたところ，二酸化炭素が発生し，試験管Ｐには，黒色の酸化銅と赤色の銅の混合物が1.68ｇ残った。このとき，発生した二酸化炭素の質量と，試験管Ｐに残った黒色の酸化銅の質量はそれぞれ何ｇか。ただし，酸化銅に含まれる銅と酸素の質量の比は４：１であり，試験管Ｐの中では，酸化銅と炭素との反応以外は起こらず，炭素は全て反応したものとする。

(三)　花のつくりと生命の維持に関する次の１・２の問いに答えなさい。

1　［観察］アブラナとマツの花を，図１のルーペを用いて観察した。はじめに，採取したアブラナの花全体を観察した。その後，アブラナの花を分解し，めしべの根もとのふくらんだ部分を縦に切ったものを観察した。図２は，そのスケッチである。次に，図３のマツの花Ｐ，Ｑからはがしたりん片を観察した。図４は，そのスケッチである。

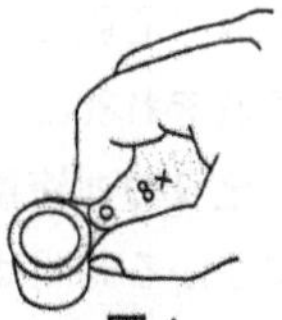

図１

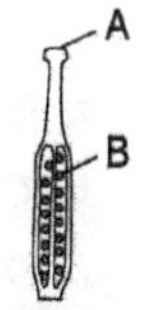

図２

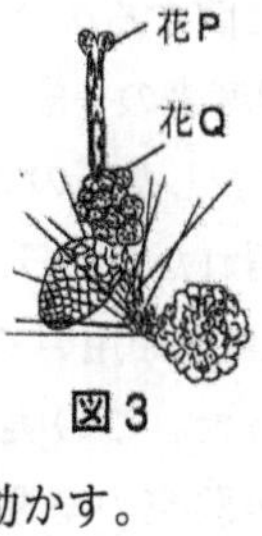

図３

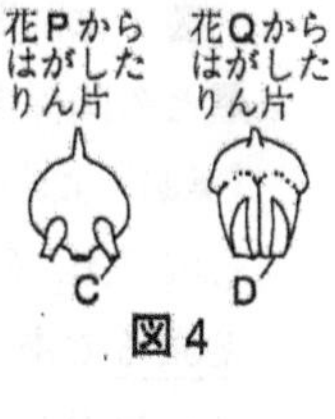

図４

(1)　次のア～エのうち，採取したアブラナの花全体を，図１のルーペを用いて観察するときの方法として，最も適当なものを１つ選び，その記号を書け。

ア　顔とアブラナの花は動かさず，ルーペを前後に動かす。

イ　ルーペを目に近づけて持ち，アブラナの花だけを前後に動かす。

ウ　ルーペをアブラナの花からおよそ30㎝離して持ち，顔だけを前後に動かす。

エ　ルーペを目からおよそ30㎝離して持ち，アブラナの花だけを前後に動かす。

⑵　アブラナの花全体を観察したとき，花の中心にめしべが観察できた。次のa～cは，花の中心から外側に向かってどのような順についているか。めしべに続けてa～cの記号で書け。

a　がく　　b　おしべ　　c　花弁

⑶　図2と図4のA～Dのうち，花粉がついて受粉が起こる部分はどこか。次のア～エのうち，その組み合わせとして，適当なものを1つ選び，ア～エの記号で書け。

ア　A，C　　イ　A，D　　ウ　B，C　　エ　B，D

⑷　次の文の①，②の｛　｝の中から，それぞれ適当なものを1つずつ選び，その記号を書け。

アブラナとマツのうち，被子植物に分類されるのは①｛ア　アブラナ　　イ　マツ｝であり，被子植物の胚珠は，②｛ウ　子房の中にある　　エ　むき出しである｝。

2　図5は，ヒトの血液の循環の様子を模式的に表したものである。

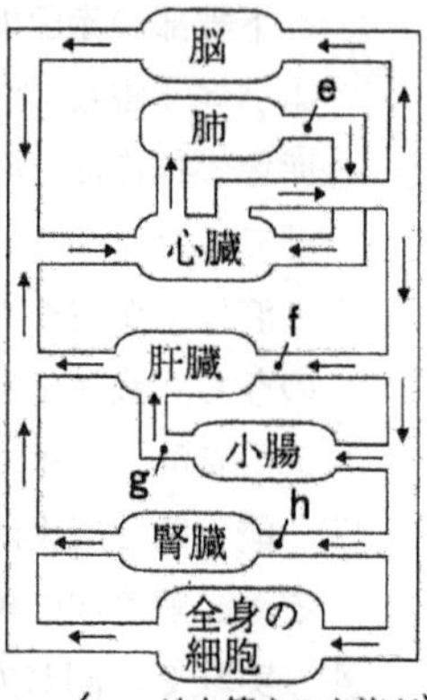

図5（→は血管中の血液が流れる向きを示す。）

⑴　図5のe～hのうち，栄養分を含む割合が最も高い血液が流れる部分として，最も適当なものを1つ選び，その記号を書け。

⑵　図6は，肺の一部を模式的に表したものである。気管支の先端にたくさんある小さな袋は何と呼ばれるか。その名称を書け。

⑶　血液が，肺から全身の細胞に酸素を運ぶことができるのは，赤血球に含まれるヘモグロビンの性質によるものである。その性質を，酸素の多いところと酸素の少ないところでの違いが分かるように，それぞれ簡単に書け。

⑷　次の文の①，②の｛　｝の中から，それぞれ適当なものを1つずつ選び，その記号を書け。

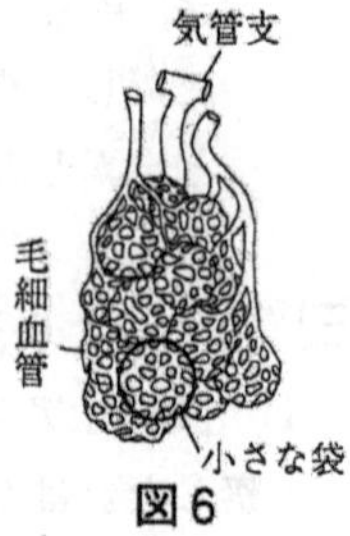

図6

細胞の生命活動によってできた有害なアンモニアは，①｛ア　腎臓　イ　肝臓｝で無害な②｛ウ　グリコーゲン　　エ　尿素｝に変えられる。

⑸　ある人の心臓は1分間に75回拍動し，1回の拍動で右心室と左心室からそれぞれ80cm³ずつ血液が送り出される。このとき，体循環において，全身の血液量に当たる5000cm³の血液が，心臓から送り出されるのにかかる時間は何秒か。

(四)　気象と天体に関する次の1・2の問いに答えなさい。

1　表1は，湿度表の一部，表2は，気温と飽和水蒸気量との関係を表したものである。

［実験］よく晴れた夏の日，冷房が効いた実験室の室温と湿度を，乾湿計を用いて調べると，ⓐ室温26.0℃，湿度62%であった。この実験室で，金属製のコップPに実験室の室温と同じ温度の水を$\frac{1}{3}$くらい入れ，次のページの図1のように，氷水を少しずつ加えて水温を下げていくと，

表1

乾球の示度〔℃〕	乾球の示度－湿球の示度〔℃〕						
	0.0	1.0	2.0	3.0	4.0	5.0	6.0
26	100	92	84	76	69	62	55

表2

気　温〔℃〕	14	16	18	20	22	24	26
飽和水蒸気量〔g/m³〕	12.1	13.6	15.4	17.3	19.4	21.8	24.4

コップPの表面がくもった。氷水を加えるのをやめ，しばらくコップPを観察すると，ⓑコップPの中の水温が上がり，表面のくもりがなくなった。ただし，コップPの表面付近の空気の温度はコップPの中の水温と等しく，実験室の室温と湿度は変化しないものとする。

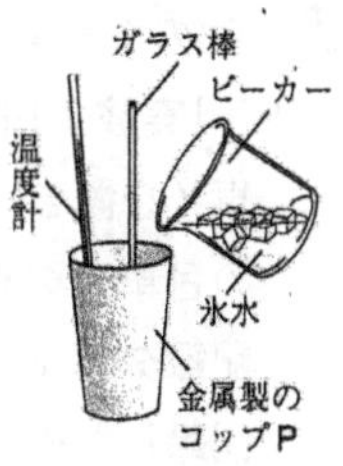

図1

(1)　下線部ⓐのとき，乾湿計の湿球の示度は何℃か。

(2)　下線部ⓑで，コップPの表面のくもりがなくなったのは，物質の状態変化によるものである。物質の状態変化に着目し，このときに起こった変化を，「水滴」という言葉を用いて，解答欄の書き出しに続けて簡単に書け。

(3)　下線部ⓑで，コップPの表面のくもりがなくなった直後の，コップPの中の水温はおよそ何℃か。次のア～エのうち，最も適当なものを1つ選び，その記号を書け。

ア　14℃　　イ　16℃　　ウ　18℃　　エ　20℃

(4)　**実験**を行っている間，実験室の外の廊下の気温は30.0℃，湿度は62%であった。次の文の①，②の｛　｝の中から，それぞれ適当なものを1つずつ選び，その記号を書け。

実験室と廊下のそれぞれにおける空気1 m^3中に含まれる水蒸気の量を比べると，①｛ア　実験室が多い　イ　廊下が多い　ウ　同じである｝。また，実験室と廊下のそれぞれにおける露点を比べると，②｛ア　実験室が高い　イ　廊下が高い　ウ　同じである｝。

2　ある日の23時に，日本のある地点で，**図2**のように，土星，木星，さそり座が南の空に見えた。このとき，さそり座の恒星Sは，日周運動により，真南から西へ30°移動した位置にあった。

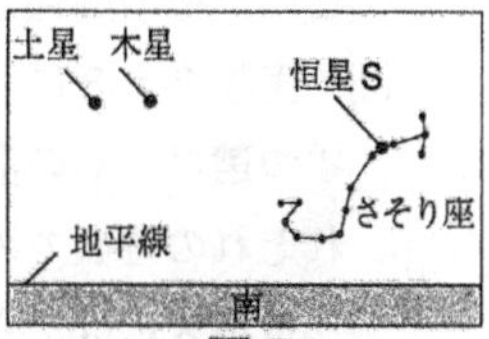

図2

(1)　天体の位置や動きを表すのに用いられる，観測者を中心とした，実際には存在しない見かけ上の球状の天井を何というか。

(2)　**図2**に示す，土星，木星，恒星Sを，地球からの距離が近い順に並べるとどうなるか。次のア～エから，適当なものを1つ選び，その記号を書け。

ア　土星→木星→恒星S　　イ　木星→土星→恒星S

ウ　恒星S→土星→木星　　エ　恒星S→木星→土星

(3)　下線部の日から1か月後の同じ時刻に，同じ場所で観察すると，**図2**に示す恒星Sの方位と高度は，下線部の日と比べてどうなるか。次のア～エのうち，最も適当なものを1つ選び，その記号を書け。

ア　方位は東に寄り，高度は高くなる。　イ　方位は東に寄り，高度は低くなる。

ウ　方位は西に寄り，高度は高くなる。　エ　方位は西に寄り，高度は低くなる。

(4)　**図3**は，太陽を中心とした地球の公転軌道と，地球がA～Dのそれぞれの位置にあるときの，真夜中に南中する星座を模式的に表したものである。**図3**で，地球がA→B→C→D→Aの順に公転するとき，下線部の日の地球はどの区間にあるか。次のア～エのうち，最も適当なものを1つ選び，ア～エの記号で書け。

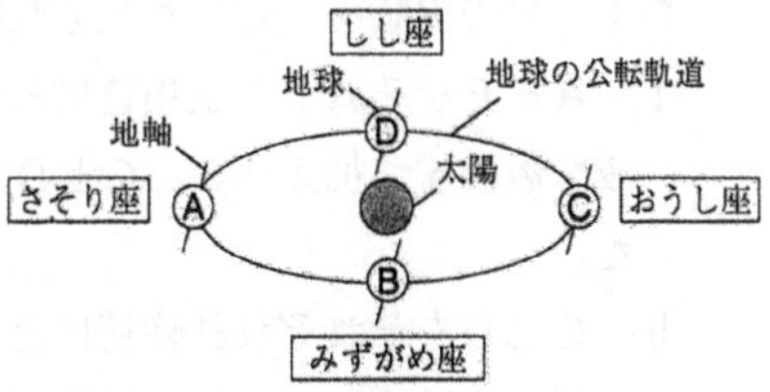

図3

ア　A→Bの区間　　イ　B→Cの区間　　ウ　C→Dの区間　　エ　D→Aの区間

(五) 次の1～4の問いに答えなさい。

1 **［実験1］** 図1のように，なめらかな水平面上に台車Xを置き，台車Xを手で押しはなした。このときの台車Xの運動の様子を，1秒間に60打点記録する記録タイマーを用いて調べた。図2は，この実験で記録した紙テープを6打点ごとに区切り，打点P以降の各区間の長さを表したものである。

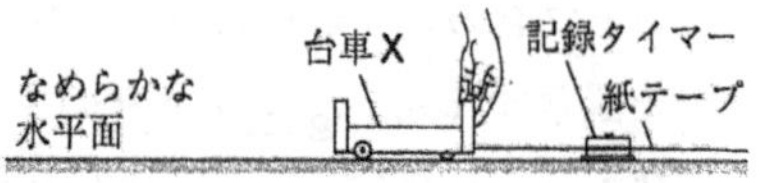

図1

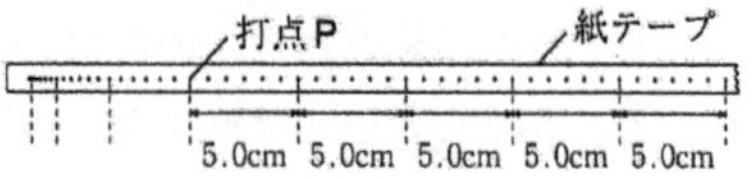

図2

［実験2］ 図3のように，傾きが一定のなめらかな斜面上に台車Xを置いて手で支え，その後，台車Xから静かに手をはなした。

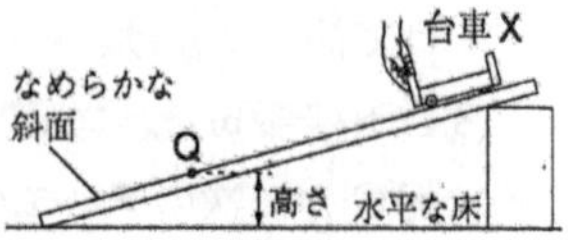

図3

［実験3］ 図4のように，図3の装置を用いて，斜面の傾きを大きくし，**実験2**と同じ方法で実験を行った。点Rは点Qと同じ高さである。

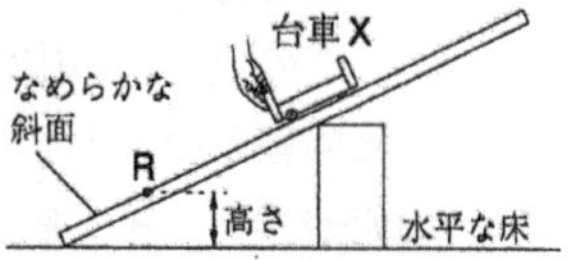

図4

ただし，摩擦や空気抵抗，紙テープの質量はないものとする。

(1) **実験1**で，打点Pを打ってから経過した時間と，その間に台車Xが移動した距離との関係はどうなるか。図2をもとに，その関係を表すグラフをかけ。

(2) **実験2・3**について述べた次の文の①～④の｛ ｝の中から，それぞれ適当なものを1つずつ選び，その記号を書け。ただし，斜面を下っている台車Xについて考えるものとし，それぞれの位置での台車Xの速さは，台車Xの先端が通過するときの速さとする。

台車Xにはたらく重力を，斜面に垂直な方向と平行な方向に分解したときの，重力の斜面に平行な方向の分力の大きさは，**実験2**より**実験3**が①｛ア 大きい　イ 小さい｝。台車Xにはたらく垂直抗力の大きさは，**実験2**より**実験3**が②｛ア 大きい　イ 小さい｝。また，点Qと点Rの位置での台車Xの速さが同じとき，点Q，Rから斜面に沿って同じ距離だけ下った位置での台車Xの速さを比べると，点Qから下った位置での速さより点Rから下った位置での速さが③｛ア 大きく　イ 小さく｝，点Q，Rから斜面に沿って同じ距離だけ手前にある位置での台車Xの速さを比べると，点Qの手前の位置での速さより点Rの手前の位置での速さが④｛ア 大きい　イ 小さい｝。

2 5種類の水溶液A～Eがある。これらは，砂糖水，塩化ナトリウム水溶液，塩酸，水酸化ナトリウム水溶液，水酸化バリウム水溶液のいずれかである。A～Eが何かを調べるために，次のⅠ～Ⅴの実験を，順にそれぞれ行った。

Ⅰ A～Eをそれぞれ試験管にとり，フェノールフタレイン溶液を数滴ずつ加えると，CとDだけ水溶液の色が赤色になった。

Ⅱ CとDをそれぞれ試験管にとり，うすい硫酸を加えると，Dだけ水溶液中に白色の沈殿ができた。

Ⅲ A～Eをそれぞれビーカーにとり，図5のような装置を用いて電圧を加えると，A～Dでは豆電球が点灯したが，Eで

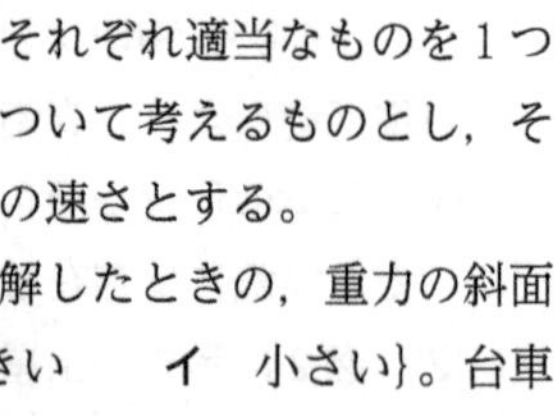

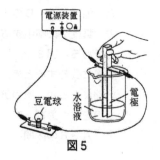

図5

は豆電球が点灯しなかった。

Ⅳ　A～Dをそれぞれ電気分解装置に入れ，電流を流すと，AとBだけ陽極から刺激臭のある塩素が発生した。

Ⅴ　AとBをそれぞれⓐ蒸発皿にとり，水分がなくなるまで加熱すると，Aを入れた蒸発皿にだけⓑ白色の物質が残った。

下線部ⓑの物質は何か。その物質の化学式を書け。また，B～Eから2つを選んで混合したものを，下線部ⓐのように加熱したとき，下線部ⓑと同じ物質ができるのは，どの水溶液を混合し加熱したときか。B～Eのうち，混合した水溶液として，適当なものを2つ選び，その記号を書け。

3　理科の授業で，花子さんは，エンドウの種子の形には丸形としわ形の対立形質があることや，丸形が優性形質，しわ形が劣性形質であることを学習した。花子さんが，丸形の種子を一粒育て，自家受粉させたところ，丸形の種子としわ形の種子ができた。次の会話文は，花子さんが，先生と話をしたときのものである。

先　生：　種子を丸形にする遺伝子をA，しわ形にする遺伝子をaとすると，花子さんが育てた丸形の種子の遺伝子の組み合わせは，どのように考えられますか。

花子さん：　自家受粉の結果，しわ形の種子もできたことから，私が育てた丸形の種子の遺伝子の組み合わせは，AAではなくAaであると考えられます。

先　生：　そうですね。では，自家受粉による方法以外にも，丸形の種子の遺伝子の組み合わせを調べる方法はありますか。

花子さん：　遺伝子の組み合わせを調べたい丸形の種子と，［ ① ］形の種子をつくる純系の種子とを，それぞれ育てて，かけ合わせる方法があります。このとき，調べたい丸形の種子の遺伝子の組み合わせは，丸形の種子だけができた場合はAAであると考えられ，丸形の種子としわ形の種子の両方ができた場合はAaであると考えられます。なお，調べたい丸形の種子の遺伝子の組み合わせがAaであるとき，この方法によってできる丸形の種子としわ形の種子の数の比は，理論的には［ ② ］：［ ③ ］なります。

先　生：　そのとおりです。

(1)　生殖細胞がつくられるとき，減数分裂が行われ，1つの形質を決める対になっている遺伝子が［ X ］して，別々の生殖細胞に入る。この法則を，［ X ］の法則という。Xに当てはまる適当な言葉を書け。

(2)　①に当てはまるのは，丸，しわのどちらか。また，下線部の比が，最も簡単な整数の比となるように，②，③に当てはまる適当な数値をそれぞれ書け。

4　次のページの図6は，日本列島周辺のプレートとその境界を表したものである。

(1)　次の文の①～③の｛　｝の中から，それぞれ適当なものを1つずつ選び，ア，イの記号で書け。

西日本の太平洋沖には，ユーラシアプレートとプレートXとの境界があり，①｛ア　ユーラシアプレート　　イ　プレートX｝は，②｛ア　ユーラシアプレート　　イ　プレートX｝

の下に少しずつ沈み込んでいる。プレートXは，③｛ア　フィリピン海プレート　　イ　太平洋プレート｝と呼ばれる。

⑵　プレートの運動による大きな力を長時間受けると，地層は，図7のように波打ち大きく曲げられることがある。このような地層の曲がりを何というか。

⑶　図8は，ある地層の様子を模式的に表しており，断層が見られる場所Yを境に，東西の地層は上下の方向にずれている。また，図7の地層は，東西方向に，押す力，引く力のいずれかの力がはたらいて曲げられており，図8の地層に対しても，同じ力がはたらいたことで断層ができたとすると，場所Yで見られる断層は，地層がどのようにずれてできたと考えられるか。次のア～エのうち，最も適当なものを1つ選び，その記号を書け。

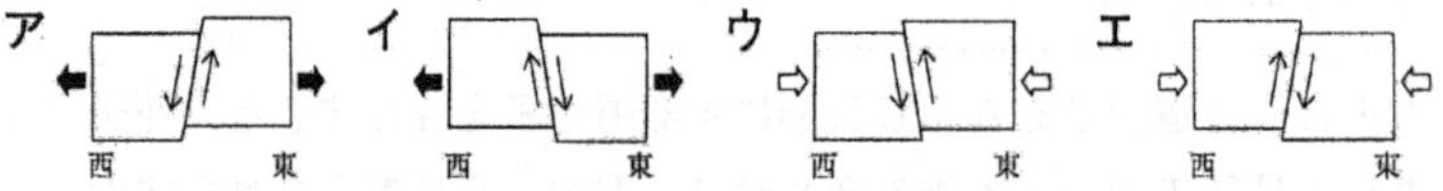

〔地層がずれるときに地層にはたらいた力のうち，➡は引く力，⇨は押す力を示している。→は地層のずれの向きを示しており，図8で各層を表している模様は省略している。〕

図6〔----はプレートの境界を示している。〕

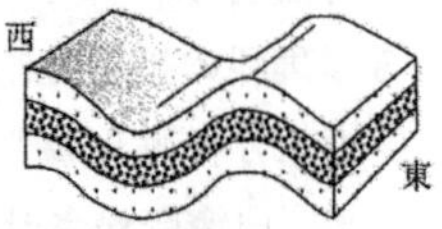

図7

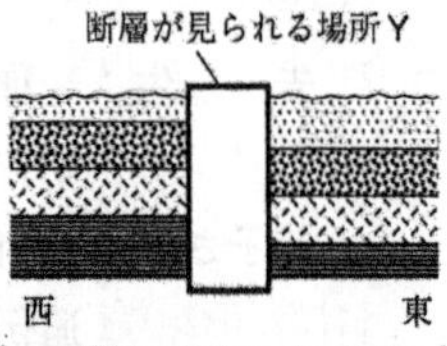

〔同じ模様で表されているところは，同じ層である。地層は水平に積み重なっている。〕

図8

＜社会＞

時間　50分　　満点　50点

㈠　右の略年表を見て，1 ～ 7 の問いに答えなさい。

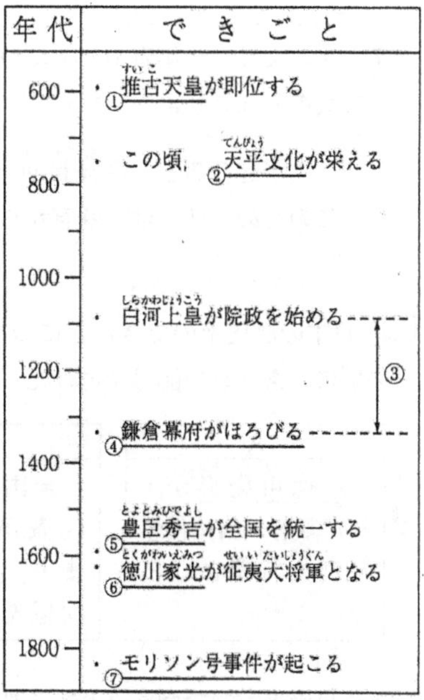

1　略年表中の①が即位すると，[A] が，摂政《せっしょう》となり，豪族の [B] とともに政治を行った。A，B にそれぞれ当てはまる人物の組み合わせとして適当なものを，ア～エから一つ選び，その記号を書け。

ア　{A　中大兄皇子《なかのおおえのおうじ》　B　中臣鎌足《なかとみのかまたり》}
イ　{A　中大兄皇子　B　蘇我馬子《そがのうまこ》}
ウ　{A　聖徳太子《しょうとくたいし》　B　中臣鎌足}
エ　{A　聖徳太子　B　蘇我馬子}

2　右の資料は，略年表中の②が栄えた頃につくられた，[X] の姿を表した彫刻の写真である。[X] は，日本における仏教の発展に貢献するため，[Y] 。X，Y にそれぞれ当てはまる言葉の組み合わせとして適当なものを，ア～エから一つ選び，その記号を書け。

ア　{X　空海《くうかい》　Y　唐《とう》から来日した}　　イ　{X　空海　Y　遣唐使《けんとうし》とともに唐に渡った}
ウ　{X　鑑真《がんじん》　Y　唐から来日した}　　エ　{X　鑑真　Y　遣唐使とともに唐に渡った}

3　略年表中の③の期間に起こったできごととして適当なものを，ア～エから二つ選び，年代の古い順に左から並べ，その記号を書け。

ア　応仁《おうにん》の乱が始まった。　　イ　平清盛《たいらのきよもり》が太政《だいじょう》大臣となった。
ウ　藤原道長《ふじわらのみちなが》が摂政となった。　　エ　承久《じょうきゅう》の乱が起こった。

4　略年表中の④のできごとの後，後醍醐《ごだいご》天皇は，公家《くげ》を重んじる政策を行うなど，朝廷中心の新しい政治を始めた。この政治は，一般に [　] の新政と呼ばれている。[　] に当てはまる最も適当な言葉を書け。

5　略年表中の⑤の政策として適当なものを，ア～エから一つ選び，その記号を書け。

ア　オランダ商館を長崎の出島に移した。　　イ　天正遣欧《てんしょうけんおう》少年使節を派遣した。
ウ　バテレン追放令を出した。　　エ　明《みん》との間で勘合《かんごう》貿易を始めた。

6　右のグラフは，松江藩《まつえはん》の，1768年10月から1769年 9 月における，支出総額に占める項目別の割合を表したものであり，次のページの会話文は，直子さんと先生が，グラフを見ながら，略年表中の⑥が定めた制度について話をしたときのものである。文中の [　] に当てはまる適当な言葉を書け。

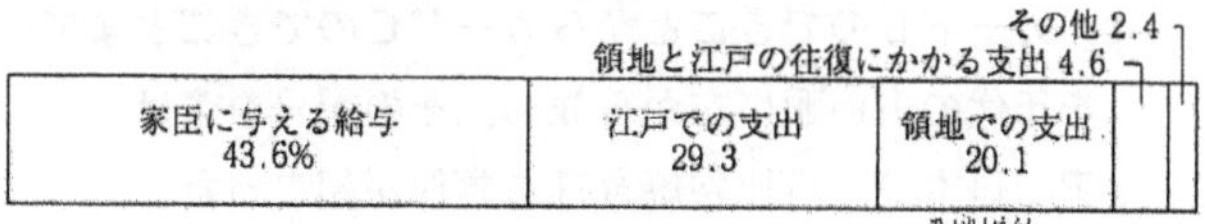

（松江藩・出入捷覧《でいりしょうらん》ほかによる）

先　　生：　このグラフから，江戸幕府の政治について，どのようなことが分かりますか。
直子さん：　⑥は，武家諸法度《ぶけしょはっと》において，□と呼ばれる制度を定めました。グラフを見ると，この制度は，約130年経過した後も，維持されていたことが分かります。
先　　生：　そのとおりです。

7　次の文は，略年表中の⑦について述べたものである。文中の□に適当な言葉を書き入れて文を完成させよ。ただし，□には，幕府　外国船　の二つの言葉を含めること。

⑦が起こると，高野長英《たかのちょうえい》と渡辺崋山《わたなべかざん》は，□ことを批判する書物を書いた。このため，彼らは，幕府から厳しい処罰を受けた。

(二)

日本の歴史上のできごとについて調べたことを簡単にまとめた歴史カードを作り，年代の古い順に，A～Dの記号を付けた。これらを見て，1～7の問いに答えなさい。

A	B	C	D
①徳川慶喜《とくがわよしのぶ》が，江戸幕府の第15代の征夷大将軍《せいいたいしょうぐん》となった。	全国の民権派の代表が，大阪に集まり，②国会期成同盟を結成した。	③第一次世界大戦が始まると，日本は，日英同盟に基づいて参戦した。	④第二次世界大戦におけるドイツの優勢を見て，日本は，日独伊三国同盟を結んだ。

1　幕府を武力で倒そうとする動きが強まると，①は，土佐藩《とさはん》のすすめを受けて，□。このできごとは，一般に大政奉還《たいせいほうかん》と呼ばれている。□に適当な言葉を書き入れて文を完成させよ。ただし，□には，政権　朝廷　の二つの言葉を含めること。

2　カードAのできごとからカードBのできごとまでの期間に，我が国では，欧米の文化が盛んに取り入れられ，都市部を中心として，伝統的な生活に変化が見られた。このような動きは，一般に□開化と呼ばれている。□に当てはまる最も適当な言葉を書け。

3　政府が，1881年に，10年後の②開設を約束すると，政党の結成が進められ，大隈重信《おおくましげのぶ》が X を結成した。一方，政府においても準備が進められ，1885年に内閣制度ができると，Y が初代の内閣総理大臣に就任した。X，Yにそれぞれ当てはまる言葉の組み合わせとして適当なものを，ア～エから一つ選び，その記号を書け。

ア　{X　自由党　　Y　板垣退助《いたがきたいすけ》}
イ　{X　自由党　　Y　伊藤博文《いとうひろぶみ》}
ウ　{X　立憲改進党　　Y　板垣退助}
エ　{X　立憲改進党　　Y　伊藤博文}

4　カードBのできごとからカードCのできごとまでの期間に起こった，次のア～エのできごとを年代の古い順に左から並べ，その記号を書け。

ア　日本で，日比谷《ひびや》焼き打ち事件が起こった。
イ　清《しん》で，義和団《ぎわだん》事件が起こった。
ウ　朝鮮で，甲午《こうご》農民戦争が起こった。
エ　清で，辛亥《しんがい》革命が起こった。

5　③をきっかけとする我が国の産業構造の変化について，グラフ１は，我が国の，1914年と1919年における，各種産業の生産総額に占める，産業別の生産額の割合を表したものであり，グラフ１中のａ，ｂは，それぞれ農業，工業のいずれかに当たる。また，グラフ２は，我が国の，1914年と1919年における，工業の生産総額に占める，工業分野別の生産額の割合を表したものであり，グラフ２中のｃ，ｄは，それぞれ軽工業，重化学工業のいずれかに当たる。ａ～ｄにそれぞれ当たるものの組み合わせとして適当なものを，下のア～エから一つ選び，その記号を書け。

グラフ１

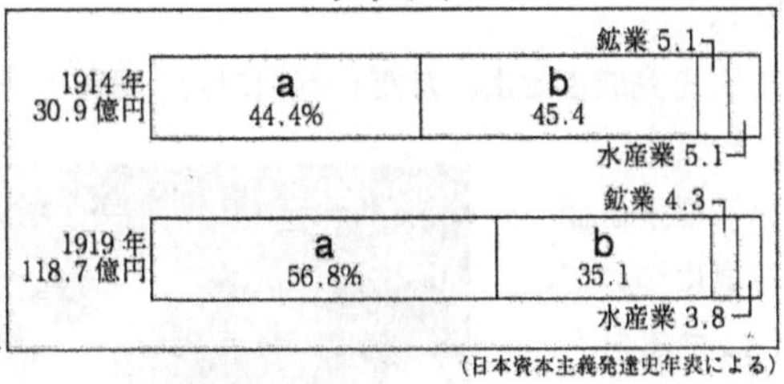

（日本資本主義発達史年表による）

グラフ２

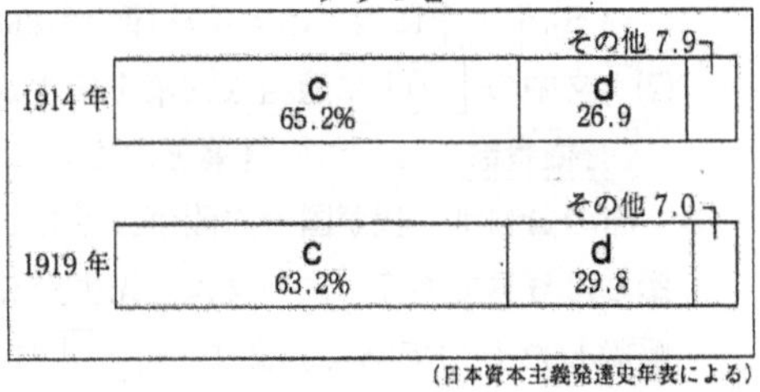

（日本資本主義発達史年表による）

ア　{a　農業　　b　工業　　c　軽工業　　d　重化学工業}
イ　{a　農業　　b　工業　　c　重化学工業　　d　軽工業}
ウ　{a　工業　　b　農業　　c　軽工業　　d　重化学工業}
エ　{a　工業　　b　農業　　c　重化学工業　　d　軽工業}

6　カードＤのできごとが起こった頃，日本は，［ Ｚ ］領インドシナの北部に軍を進めた。その後，日本が，［ Ｚ ］領インドシナの南部に軍を進めると，アメリカは，日本に対する石油輸出の禁止を決定した。Ｚに当てはまる国の名を書け。

7　④が終結した後，日本はアメリカを中心とする連合国に占領されていたが，1951年に講和会議が開かれ，当時の日本の内閣総理大臣であった［　　］が，この会議に出席し，サンフランシスコ平和条約に署名した。［　　］に当てはまる人物の氏名を書け。

(三)　次の１～５の問いに答えなさい。

1　右の会話文は，あるクラスの生徒が，文化祭での催しについて，話し合いをしたときのものである。文中の生徒Ａ～Ｃの発言の下線部の内容は，それぞれ，効率と公正のどちらの考え方に基づいたものか。生徒と考え方の組み合わせとして最も適当なものを，ア～エから一つ選び，その記号を書け。

生徒Ａ：　劇とモザイクアートのどちらにするか，クラス全員で，一人一人意見を述べ，それを反映させて決めていきましょう。
生徒Ｂ：　何回も集まらなくても制作できるから，劇よりもモザイクアートがいいと思います。
生徒Ｃ：　劇と比べて，体を動かさなくてもよいモザイクアートに賛成です。けがをして運動を控えている友達が，嫌な思いをしないからです。

ア　{A　公正　　B　効率　　C　効率}
イ　{A　公正　　B　効率　　C　公正}
ウ　{A　効率　　B　公正　　C　効率}
エ　{A　効率　　B　公正　　C　公正}

2　次の会話文は，直子さんと先生が，我が国の選挙について話をしたときのものである。これを読んで，(1)，(2)の問いに答えよ。

> 先　　生：　①選挙に関する，一票の格差の問題とは，どのような問題ですか。
> 直子さん：　全国を複数の選挙区に分けて選挙を行うとき，各選挙区の間で，［　②　］に差が生じ，その差が大きくなっている問題のことです。
> 先　　生：　そのとおりです。

(1)　我が国において，①の方法や選挙権年齢などの選挙制度は，［　　］によって定められている。［　　］に当てはまる法律の名称を書け。

(2)　文中の［②］に適当な言葉を書き入れて文を完成させよ。ただし，②には，［議員］［一人］［有権者数］の三つの言葉を含めること。

3　右の資料は，我が国の内閣が会議をしている様子を撮影した写真であり，次の文は，先生がこの写真について解説したものである。文中の［　　］に当てはまる最も適当な言葉を書け。

> 写真の会議は，内閣が政府の方針や行政の運営について決定するものであり，その議決は，内閣総理大臣と国務大臣の全員一致によることとされています。この会議は，一般に［　　］と呼ばれています。

4　次の文は，裁判の事例について述べたものであり，この裁判は，民事裁判，刑事裁判のいずれかに当たる。また，図１，２は，我が国で裁判が行われるときの，法廷における座席などの配置を模式的に表したものであり，図１，２は，それぞれ民事裁判，刑事裁判のいずれかのものに当たる。事例の裁判の種類と，この裁判が法廷で行われる場合の，法廷における座席などの配置を表した図の組み合わせとして適当なものを，下のア～エから一つ選び，その記号を書け。

> Oさんは，貸したお金を返してくれないPさんを訴えた。裁判所は，Oさんの訴えを認め，Pさんに返済と賠償金の支払いを命じた。

図１

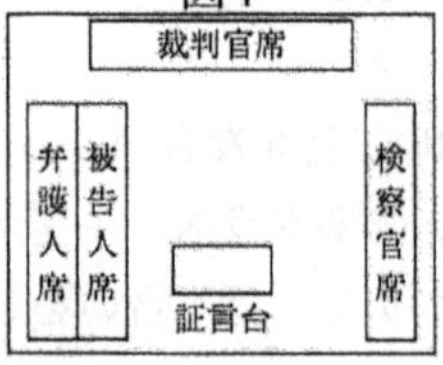

図２

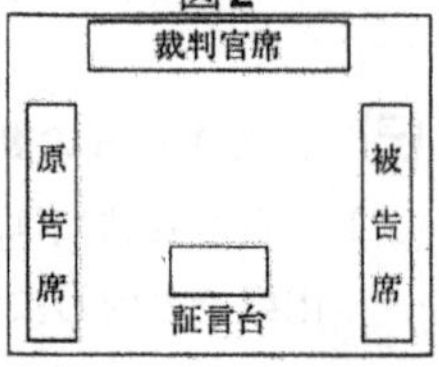

ア　民事裁判と図１　　イ　民事裁判と図２
ウ　刑事裁判と図１　　エ　刑事裁判と図２

5　次のX～Zは，我が国の地方の政治における，条例の制定や改廃を求める直接請求の手続きが書かれたカードである。X～Zのカードを条例の制定や改廃に向けた手続きの流れの順に左から並べ，その記号を書け。

X	住民が，首長に条例の制定や改廃を請求する。	Y	議会が招集され，条例案が審議される。	Z	住民が，必要な数の署名を集める。

(四) 次の１～５の問いに答えなさい。

1　右の資料は，ある法律について説明するために，先生が作成したものであり，資料中のAにはその法律の名称が当てはまる。Aに当てはまる法律の名称として適当なものを，ア～エから一つ選び，その記号を書け。

ア　労働組合法

イ　労働基準法

ウ　男女雇用機会均等法

エ　男女共同参画社会基本法

> ○ 　A　
> ◇法律の対象
> 　会社に雇われている人が広く対象
> ◇働くことができる年齢
> 　原則として15歳の年度末以降
> ◇働くことができる時間，休日
> 　・１日の上限：８時間，１週の上限：40時間（原則）
> 　・休日：少なくとも毎週１日（原則）
> ◇仕事の内容
> 　18歳未満：危険，有害な作業に就くことができない
> 　18歳以上：出産後１年以内の人等については，危険，有害な作業の一部に就くことができない

（厚生労働省資料による）

2　我が国の消費者保護制度の一つとして，訪問販売などで商品を購入した場合に，購入後一定期間内であれば消費者側から契約の取り消しができる，契約解除の制度がある。この制度は，一般に［　　］制度と呼ばれている。［　　］に当てはまる最も適当な言葉を書け。

3　右の図は，市場経済における一般的な商品の，価格に対する需要量と供給量を表したものであり，図中の曲線X，Yは，それぞれ需要曲線，供給曲線のいずれかに当たる。図について述べた次の文の①の｛　｝の中から適当なものを一つ選び，その記号を書け。また，［②］に適当な言葉を書き入れて文を完成させよ。ただし，②には［需要量］［供給量］の二つの言葉を含めること。

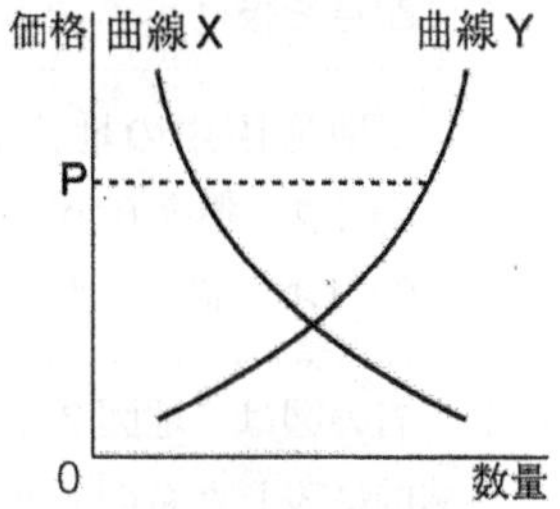

> 図において，曲線Xは，①｛ア　需要曲線　　イ　供給曲線｝に当たる。市場価格がPのとき，やがて市場価格は，Pより下がり［　②　］状態となるような価格に落ち着いていく。

4　我が国では，高齢化が進み，高齢者の［B］の問題が大きくなっている。このため，社会保険の一つとして，国民が，40歳に達すると加入して保険料を支払い，必要となったときにサービスを受けることができる，［B］保険制度が導入されている。Bに当てはまる適当な言葉を書け。

5　右の表は，1985年から2015年における，我が国の，百貨店，大型スーパー，コンビニエンスストアの，それぞれの事業所数と年間販売額の総額の推移を表したものである。表から読み取れることを述べた文として適当なものを，あとのア～エから一つ選び，その記号を書け。

ア　2015年の百貨店の年間販売額

項目／年	百貨店		大型スーパー		コンビニエンスストア	
	事業所数	年間販売額の総額（十億円）	事業所数	年間販売額の総額（十億円）	事業所数	年間販売額の総額（十億円）
1985	360	7,982	1,931	7,299	7,419	864
1990	378	11,456	1,980	9,486	17,408	2,694
1995	425	10,825	2,446	11,515	29,144	4,844
2000	417	10,011	3,375	12,622	35,461	6,680
2005	345	8,763	3,940	12,565	39,600	7,360
2010	274	6,842	4,683	12,737	42,347	8,114
2015	246	6,826	4,818	13,223	54,505	10,996

（注）　百貨店は，デパートとも呼ばれる。　　（数字でみる日本の100年による）

の総額は，1990年の百貨店の年間販売額の総額の半分以下である。

イ 2015年の大型スーパーの事業所数は，1985年の大型スーパーの事業所数の３倍以上である。

ウ コンビニエンスストアの年間販売額の総額が，同じ年の百貨店の年間販売額の総額を初めて上回ったのは，2005年である。

エ 2015年において，１事業所当たりの年間販売額を，百貨店，大型スーパー，コンビニエンスストアで比べると，最も多いのは百貨店である。

(五) 次の１～５の問いに答えなさい。

1 地図１は，地形図である。これを見て，(1)，(2)の問いに答えよ。

(1) 地形図の縮尺は，２万５千分の１である。そのことが分かる理由を，主曲線 の言葉を用いて，簡単に書け。

(2) 地形図について述べた次の文の①～③の｛ ｝の中から適当なものを，それぞれ一つずつ選び，その記号を書け。

地図１

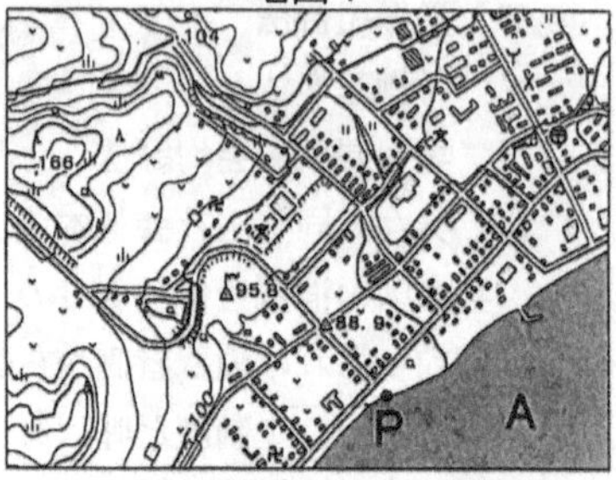

（国土地理院令和２年発行の地形図による）

地形図中の地点Ｐは，①｛**ア** 三角点 **イ** 水準点｝と等高線から判断すると，②｛**ウ** 標高０ｍ **エ** 標高80m～90mの間｝にある。このことから，地形図中のＡは，③｛**オ** 湖 **カ** 海｝であると考えられる。

2 右の図は，地図２中のＢＣ間の断面を模式的に表したものであり，図中の矢印は，ある季節の季節風の流れを表している。矢印の向きから考えられる**季節**と，図中の地点Ⅰ～Ⅲにおける風の性質の組み合わせとして最も適当なものを，**ア**～**エ**から一つ選び，その記号を書け。

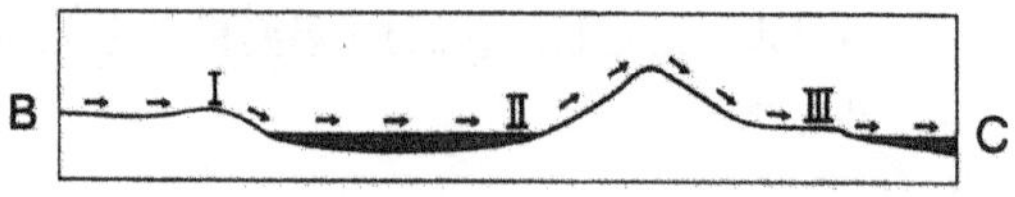

地図２

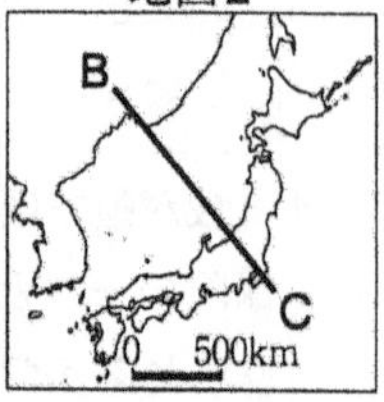

ア ｛季節 夏 Ⅰ 湿っている Ⅱ 乾いている Ⅲ 湿っている｝

イ ｛季節 夏 Ⅰ 乾いている Ⅱ 湿っている Ⅲ 乾いている｝

ウ ｛季節 冬 Ⅰ 湿っている Ⅱ 乾いている Ⅲ 湿っている｝

エ ｛季節 冬 Ⅰ 乾いている Ⅱ 湿っている Ⅲ 乾いている｝

3 下の文は，我が国の林業について述べたものである。また，右のグラフは，1960年から2010年における，我が国の木材供給量の推移を表したものであり，グラフ中の**ａ**，**ｂ**は，それぞれ国産材，輸入材のいずれかに当たる。文中のＲ，Ｓにそれぞれ当てはまる言葉の組み合わせとして最も適当なものを，次のページの**ア**～**エ**から一つ選び，その記号を書け。

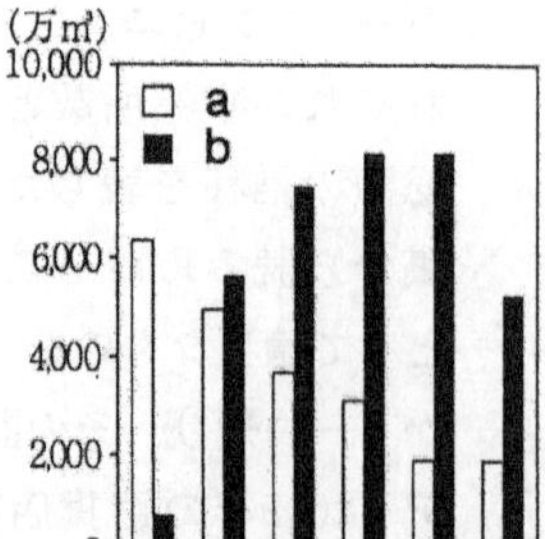

（数字でみる日本の100年による）

森林に恵まれた我が国では，古くから林業の盛んな地域があり，秋田 Ｒ などの特色ある木材が生産されている。また，我が国の木材供給量は，グラフのように推移しており，グラフ中の**ａ**は， Ｓ の供給量を表している。

ア {R　ひのき　　S　国産材}
イ {R　ひのき　　S　輸入材}
ウ {R　すぎ　　S　国産材}
エ {R　すぎ　　S　輸入材}

地図3

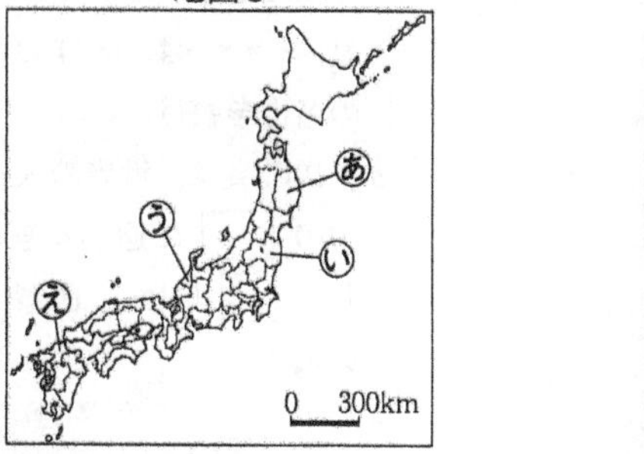

4　地図3中のあ～えのうち，工業が集中する，太平洋ベルトと呼ばれる地帯に位置する県として適当なものを一つ選び，その記号と県名を書け。

5　右のグラフは，1950年から2010年における，我が国の産業別就業者数の推移を表したものであり，グラフ中のX，Yは，それぞれ第2次産業，第3次産業のいずれかに当たる。グラフについて述べた次の文の①，②の｛　｝の中から適当なものを，それぞれ一つずつ選び，その記号を書け。

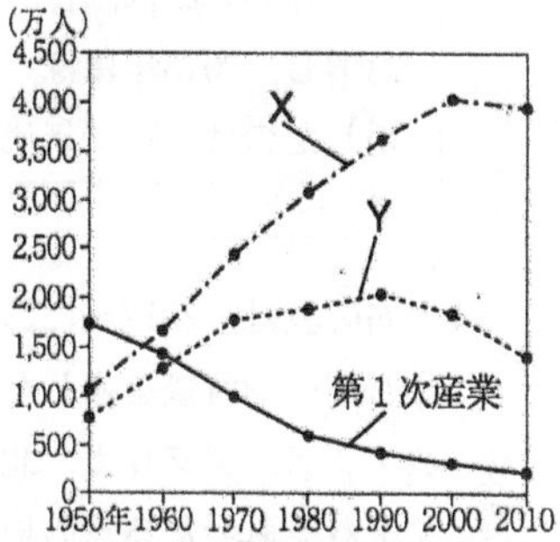

(数字でみる日本の100年による)

> グラフ中のYは，①｛ア　第2次産業　　イ　第3次産業｝に当たり，Yに含まれる産業には，②｛ウ　建設業　　エ　運輸業｝がある。

㈥　次の1～4の問いに答えなさい。

1　地図1，2を見て，⑴～⑶の問いに答えよ。

⑴　地図1，2中のA～Eの線は，緯線を示している。Eと同じ緯度の緯線として適当なものを，A～Dから一つ選び，その記号を書け。

⑵　地図1中の⬭印で示した区域において，伝統的に，主食とするために栽培されている作物として最も適当なものを，ア～エから一つ選び，その記号を書け。

ア　米　　　　　　　イ　小麦
ウ　とうもろこし　　エ　いも類

⑶　地図1，2中の●印は，それぞれ，地図1，2中のあ～えの国の首都の位置を示している。また，次のP～Sのグラフは，それぞれ，あ～えのいずれかの国の首都における，月別の平均気温と降水量を表したものである。Qに当たる首都がある国として適当なものを，あ～えから一つ選び，その記号と国の名を書け。

地図1

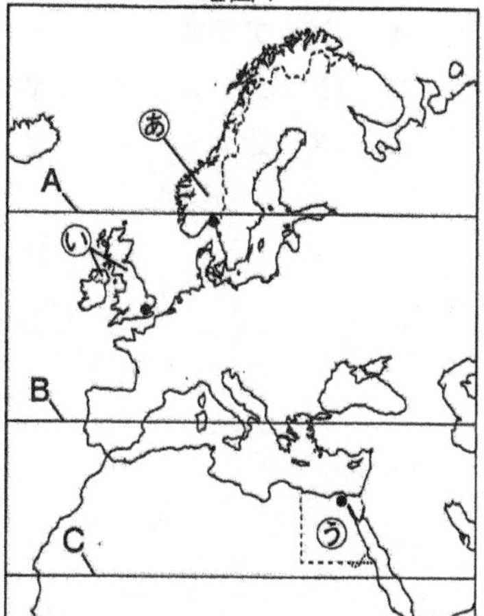

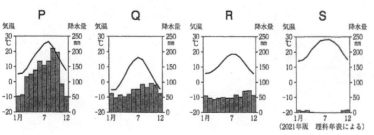

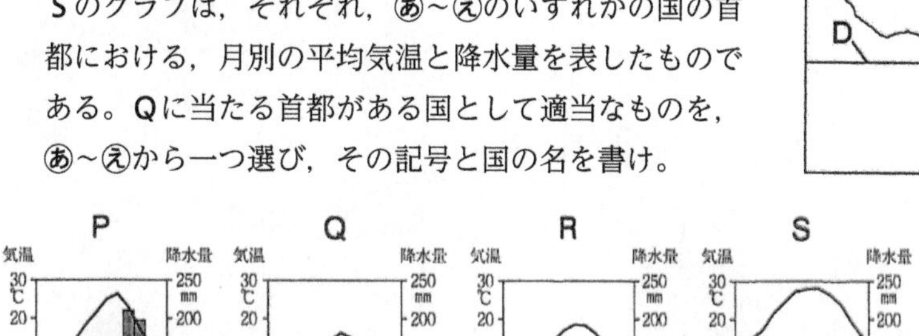

(2021年版　理科年表による)

地図2

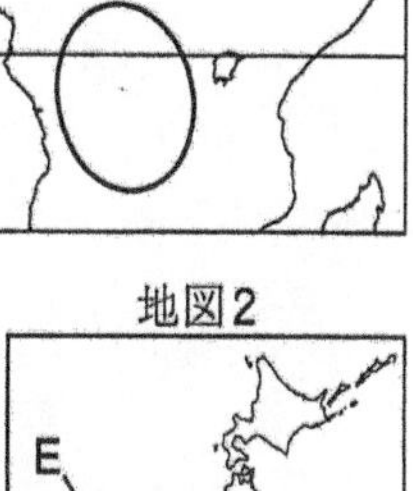

(注) 縮尺は，地図1と同一でない。

2　地図３中のⅠ～Ⅲは，それぞれ三大洋のいずれかを示しており，- - - -は，大洋の境界を示している。Ⅰが示している大洋の名称を書け。

地図３

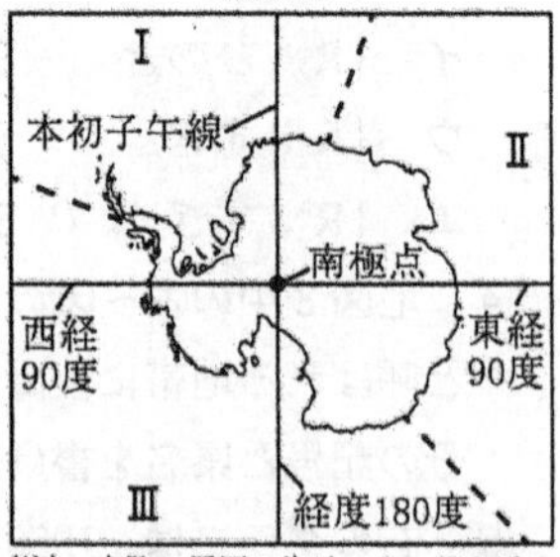

(注)　大陸の周囲の海は，Ⅰ～Ⅲの三つの大洋に含めている。

3　次の文は，世界の人口の変化について述べたものである。文中の □ に適当な言葉を書き入れて文を完成させよ。ただし，□ には，医療　死亡率　出生率 の三つの言葉を含めること。

> 世界の人口は，1950年に約25億人であったが，その後，急増し，2015年には，約73億人になった。世界の人口が急増したのは，1950年代以降，主にアジア，アフリカにおいて，□ からである。

4　右の表は，2017年における，世界の州別の，一人当たりのエネルギー消費量を表したものであり，表中のＸ～Ｚは，それぞれアジア，アフリカ，北アメリカのいずれかに当たる。Ｘ～Ｚにそれぞれ当たる州の組み合わせとして適当なものを，ア～エから一つ選び，その記号を書け。

州	一人当たりのエネルギー消費量(kg)
オセアニア	5,067
Ｘ	4,927
ヨーロッパ	3,471
Ｙ	1,527
南アメリカ	1,330
Ｚ	740

(注)　エネルギー消費量は，石油換算したものである。
ロシアは，ヨーロッパに含めている。
(2020-21年版　世界国勢図会ほかによる)

ア　{Ｘ　アジア　　Ｙ　北アメリカ　　Ｚ　アフリカ}
イ　{Ｘ　アジア　　Ｙ　アフリカ　　Ｚ　北アメリカ}
ウ　{Ｘ　北アメリカ　　Ｙ　アジア　　Ｚ　アフリカ}
エ　{Ｘ　北アメリカ　　Ｙ　アフリカ　　Ｚ　アジア}

〔令和三年度　国語　作文問題〕

次の資料を見て、普段の食生活で大切にしたいことについてのあなたの考えを、なぜそう考えるかという理由を含めて、後の**注意**に従って述べなさい。

〈注意〉

1　上の資料を見て気づいたことを交えて書くこと。
2　あなたが体験したことや見聞したことを交えて書いてもよい。
3　段落は、内容に応じて設けること。
4　文章の長さは、三百字以上、四百字以内とする。
5　資料の中の数値を使う場合は、次の例に示したどちらの書き方でもよいこととする。

例　四四・七%　または　四十四・七%

　　五〇・一%　または　五十・一%

なお、「%」は、「パーセント」と書いてもよい。

6　氏名は右の氏名欄に書き、**文題は書かないこと**。

得点

資料

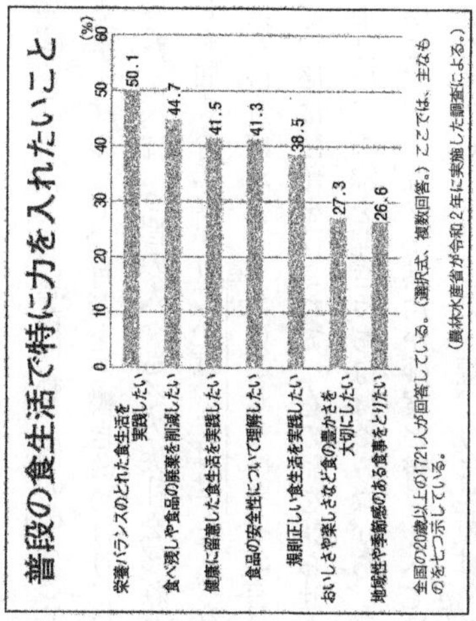

全国の20歳以上の1721人が回答している。(選択式、複数回答。) ここでは、主なものを七つ示している。
(農林水産省が令和2年に実施した調査による。)

100字

200字

300字

400字

※この解答用紙は150%に拡大していただきますと、実物大になります。

しばし沈吟しけるが、何思ひけむ、側《そば》の硯《すずり》なる筆押し取り、しら露をの五《いつ》文字（注5）を抹却（注6）して、月影をと書き改めけり。侯殊の外に御不興（注7）に見えさせたまへば、近習（注8）《きんじゅ》の人々もその失礼を怒れども、其角自若として、少しも屈する色なかりしかば、今は②彼は性質ものぐるほしければなどと③言《い》ひこしらへる者の有りて、せんすべなくて（注9）、御前をまかで（注10）ぬ。さて、後に芭蕉を召されて、右の話を語らせたまへば、芭蕉常よりも心よげに、画幅を開きうちほほゑみながら、筆をそめて月影をといへる傍《そば》に、この五文字其角が妙案と書きそへてければ、侯も御気色《けしき》なほらせたまひしとぞ。この一幅、今に芭蕉其角の反古（注11）《ほご》の画幅とて、かの御家の重宝の一つなりとかや。

（『燕居雑話《えんきょざつわ》』による。）

（注1） 芭蕉＝松尾芭蕉。 （注2） 諸侯＝大名。「侯」も同じ。
（注3） 画幅＝掛け軸にしてある絵。
（注4） 讃＝絵に添え書きする言葉。
（注5） 五文字＝和歌や俳句の最初の五音。初句。
（注6） 抹却＝消すこと。 （注7） 不興＝機嫌を損ねること。
（注8） 近習＝主君の近くに仕える者。
（注9） せんすべなくて＝どうしようもなくて。
（注10） まかでぬ＝退出した。 （注11） 反古＝書き損じ。

1 ――線③「言ひこしらへる」を現代仮名遣いに直し、**全て平仮名**で書け。

2 ――線②「彼」とあるが、ここでは誰のことか。最も適当なものを、次のア～エの中から一つ選び、その記号を書け。
ア 芭蕉　イ 其角　ウ 諸侯　エ 近習の人々

3 ――線①「其角に見せたまひけるを、」とあるが、諸侯が見せた画幅の中の芭蕉の俳句について、深く考え込んでいる其角の様子が具体的な動作とともに記された部分を、文中から**十五字**でそのまま抜き出して書け。

4 次の会話は、この文章を読んだ哲也《てつや》さんと明子《あきこ》さんが、先生と一緒に、其角と芭蕉の行動について話し合った内容の一部である。会話の中の［a］、［b］、［c］に当てはまる適当な言葉を書け。ただし、［a］は、「初句」という言葉を使って、**十五字以上二十五字以内**の現代語で書くこと。また、［b］、［c］は**二字**で、最も適当な言葉をそれぞれ文中からそのまま抜き出して書くこと。

> 哲也さん　「其角の行動が、諸侯や周りの人々を怒らせていましたが、芭蕉のおかげで無事に解決しましたね。」
> 明子さん　「そうですね。其角が、画幅に書かれた芭蕉の俳句に対し、［a］という行為をして、諸侯や周りの人々を怒らせているのに、本人は全く動じていない様子がおもしろかったです。」
> 先　生　「師である芭蕉は、其角を責めたりせず、その話をうれしそうに聞いた上で、其角が示した考えを［b］と評価して、褒めていましたね。」
> 哲也さん　「そうしたことで、諸侯は、機嫌を直したのでしょうね。」
> 明子さん　「本来なら、書き損じで不用となるはずの画幅が、芭蕉と其角のやりとりを記したものになって、諸侯が満足していることは、その画幅を［c］として大切にしていることからも、十分にわかりますね。」

(注7)　スタートアップ＝始めること。立ち上げること。
(注8)　ラインナップ＝顔ぶれ。

1　――線①「大仰に」の意味として最も適当なものを、次のア～エの中から一つ選び、その記号を書け。

ア　えらそうに　イ　控えめに
ウ　不満そうに　エ　おおげさに

2　――線②「亜佑子はきまり悪そうな顔をして口をつぐむ。」とあるが、亜佑子がそうしたのは、自分自身の考えを梅森に見抜かれ、指摘されたことを恥ずかしく思ったからである。梅森に見抜かれた亜佑子の考えを含んだ連続する**二文**を、――線②より前の文中から抜き出し、その最初の**四字**を書け。

3　――線③「重則が初めて口を開いた。」とあるが、重則は、いずれ万石の経営を担うことになる一人として、梅森が亜佑子に対して言ったことを自分のこととして捉え、自分の夢について述べている。その重則の夢についてまとめた次の表の a 、 b 、 c に当てはまる適当な言葉を書け。ただし、 a は「客」という言葉を使って、**二十五字**以上**三十五字**以内で書くこと。また、 b は**八字**で、 c は**九字**で、最も適当な言葉をそれぞれ文中からそのまま抜き出して書くこと。

東京への出店を通じてやろうとしていること	イタリアンと懐石のフュージョン料理の店を成功させて事業を拡大し、 a ことで、万石をこれまで以上に繁盛させる。 北陸の食材や料理の魅力を伝え、それらを目当てにする客や、扱う店を増やすことによって、北陸の農作物、水産物の市場拡大、ひいては b につなげる。このことは、 c ことを目指して、新事業を行おうとする梅森の考えと重なる。

4　本文中の A には、東京への出店に関して、梅森が亜佑子に伝えようとしていることが簡潔に示されたあることわざが当てはまる。そのことわざとして最も適当なものを、次のア～エの中から一つ選び、その記号を書け。

ア　鉄は熱いうちに打て　イ　果報は寝て待て
ウ　急がば回れ　エ　石の上にも三年

5　本文についての説明として最も適当なものを、次のア～エの中から一つ選び、その記号を書け。

ア　順平は、東京への出店に自信満々の亜佑子に対し、梅森の説得に便乗しながらその軽率さをたしなめ、出店を思いとどまらせようとしている。
イ　梅森は、新事業の成功に相当な決意を抱いており、東京への出店を目指す重則や亜佑子の夢を叶えつつ自分の事業につながる提案をしている。
ウ　亜佑子は、周囲からの助言を聞き入れず、自分の無謀な計画を押し通そうとして、無礼な態度をとり続けたことを梅森にわびようとしている。
エ　重則は、亜佑子を説得するための方便に、梅森が調子を合わせてくれたことで勢いづき、梅森の言葉を巧みに利用して熱い思いを語っている。

(五)　次の文章を読んで、1～4の問いに答えなさい。

昔、(注1)芭蕉《ばせう》の弟子宝井《たからい》其角《きかく》、ある(注2)諸侯《しょこう》の御前に召されて俳諧しける時、侯これ見よとて(注3)一画幅を出して、①其角に見せたまひけるを、さらさらと開きて見るに、何某《なにがし》の画工の、萩《はぎ》に月を最もをかしげにゑがきたるに、芭蕉の(注4)讃《さん》あり、

しら露《つゆ》をこぼさぬ萩のうねり哉《かな》

と読み下して、其角ことさらに感じ入りたる体《てい》にて、小首かたぶけて

「私が新しい店でやろうとしているのは、単にイタリアンと懐石のフュージョンというだけではありません。金沢、ひいては北陸近辺の食材を使うことで、地場産業の活性化につなげたい。こうした動きが広がっていけば、その願いが叶う日が必ずやって来る。それが私の夢だからです。」

「私が今回やろうとしている事業は、まさにそこに発想の原点があるんですよ。」

梅森は、それからなぜこの事業を思いついたのかを話して聞かせると、

「衰退する一方の地方の現状を、何とかしたい。多くの人が打開策を見出《みいだ》そうと、必死に知恵を絞っています。当たり前ですよね。人口の減少は、市場の縮小を意味するんですから、このままではあらゆる産業が成り立たなくなってしまいますからね。そして、地方を活性化させるためには、まず仕事をつくること。確たる生活基盤なくして、人口は絶対に増えることはあり得ないからです。」

「そのとおりなんです。」

重則は梅森の言葉に相槌《あいづち》を打つと、熱の籠もった声で続けた。「北陸の食材に興味を持ち、実際にその土地を訪れなければ食べられない食材や料理がある。食を目当てに観光客が訪れ、使ってくれる店が、全国に広がれば、農作物、水産物の市場拡大につながる。安定需要が生まれれば、従事者の需要が拡大する。安定収入が得られる仕事になれば、安心して家庭を持てるし、子供も持てるようになると思うんです。」

「だからこそ、この事業には夢があるし、絶対に失敗できないんです。」

そこで、梅森は亜佑子に視線を転ずると、「失敗できないのは、亜佑子さんだけじゃないんですよ。私だって、同じなんですよ。」と諭すように言った。

「社長……私……。」

顔を上げた亜佑子が何かを言いかけたが、続かない。

「何も、東京に店を出すのをやめろと言っているのではありません。やるなら、一度あのビルでテストしてみませんかと言っているだけなんです。実際にやってみれば、お客様の反応を直《じか》に見ることができますし、改善点だって見つかるでしょう。そうした点を潰していけば、お二人が始められる事業が成功する確率は、格段に高くなる。要は、［Ａ］と言っているだけなんです。」

梅森が、目元を緩ませながら、そう諭すと、

「［Ａ］か……。そのとおりですよね……。一度テストしてみるべきですよね。夢の店を出すのは、それからでも遅くはありませんものね……。」

自らに言い聞かせるようにつぶやいた。

「だから亜佑子さん、あなたとご主人がおやりになろうとしているお店を、是非、あのビルに出店していただきたいんです。新事業(注7)のスタートアップ(注8)のラインナップに加わっていただきたいんです。」

梅森は声に力を込めて、決断を迫った。　（楡　周平『食王』による。）

(注1)　魔の通り＝ビルがある通りは人通りが少なく、商売をするには不向きと言われていた。
(注2)　ＳＮＳ＝インターネット上での交流サイト。
(注3)　面従腹背＝表面では服従するように見せかけて、内心では背くこと。
(注4)　懐石＝高級な日本料理。
(注5)　フュージョン＝融合。
(注6)　伴侶＝配偶者。ここでは夫のこと。

は、東京への出店を計画しており、梅森の空きビルを出店地の候補にしていた。次の文章は、万石の板前である「順平《じゅんぺい》」からそのことを聞いた梅森が、亜佑子と重則を東京に招待してビルを案内した後、本格的な出店ではなく、まずは自分の事業に参加するよう、彼女を説得している場面である。これを読んで、1～5の問いに答えなさい。

「じゃあ、お訊《き》きしますが亜佑子さん、あなた、あの通りが飲食業界では、(注1)魔の通りと言われているのをご存じでしたか。」

梅森は、皆まで聞かずに問いかけた。

「魔の通り？」

亜佑子は顔を上げ、驚いたように言う。

「そんなことも知らなかったんですか。」

梅森が①大仰に驚いてみせると、亜佑子は、「順平さん。あなた、それ知ってたの？」

お嬢様気質をむき出しにして、順平を非難するような口ぶりで言った。

「もちろん知ってましたよ。」

順平は平然と頷《うなず》く。「最寄《もよ》り駅は六本木《ろっぽんぎ》と広尾《ひろお》だけど、徒歩十分かかるって言ったじゃないですか。」

「魔の通りなんて言わなかったじゃない。」

「(注2)SNSを使えば、不便な場所でも客は呼べるって、お嬢さん、言ったじゃないですか。」

「そ……それは……。」

反撃を予想していなかったらしく、口籠もった亜佑子に、

「夢は誰にでもあります。」

梅森は言った。「でもね、亜佑子さん。夢は叶《かな》えなければ意味がない。あなたは、東京進出が失敗しても万石の屋台骨は揺らぐことはない。駄目なら駄目で、やり直せばいい。そう考えているのかもしれませんが、もしそうならば大間違いですよ。」

どうやら、図星であったらしく、②亜佑子はきまり悪そうな顔をして口をつぐむ。

梅森は続けた。「周りの人が無謀だと止める事業を強行した挙げ句、失敗に終わろうものなら、あなたは経営者の資質を疑われることになります。それは、信頼を失うということでもあるんです。口に出す、出さないにかかわらずね。そして、一旦失った信頼を取り戻すのは極めて困難。人心が離れれば、組織はもちません。万石で育った職人さん、従業員の皆さんが、いなくなってしまったら、店がなくなるその時まで、(注3)面従腹背なんてことになったら、どうなさるんです？　それとも、ご主人と二人で、イタリアンと(注4)懐石の(注5)フュージョン料理の店をやっていけるなら万石はどうなってもいいとでもお考えなんですか？　それが、あなたの夢なんですか。」

亜佑子は、身じろぎひとつせず、考えているようだった。

「そうじゃないでしょう。」

梅森は言った。「あなたの夢は、そんなものじゃないはずです。万石をこれまで以上に繁盛《はんじょう》させる一方で、イタリアンと懐石のフュージョン料理の店を成功させ、事業を拡大していく。そこで、万石に興味を持ってくださったお客さんが、金沢を訪れたら万石へ。そうした流れを作るのが、あなたの夢なんじゃないんですか。」

「そのとおりです。」

③重則が初めて口を開いた。その目に浮かぶのは、婿のそれではない。亜佑子の(注6)伴侶として、いや、いずれ万石の経営を担《にな》うことになる一人としての決意だ。

> 本は、誰が書いたのかがはっきりしており、作者が社会的評価をかけて、内容の誤りや剽窃に注意して書いている。一方、誰が書いたのかが［ a ］された上で、公開されているネット情報は、［ b ］と考えられていて、みんなで集合的に作り上げることによって正しさが相当程度保証されている。

5 [5]段落の——線③「情報と知識の決定的な違い」について、本文の趣旨に添って説明した次の文の［　］に当てはまる最も適当な言葉を、[5]段落の文中から**十五字以上二十字**以内でそのまま抜き出して書け。

> 情報とは要素であり、知識とは、それらの要素が［　］ものである。

6 [7]段落の——線④「今のところ、必要な情報を即座に得るためならば、ネット検索よりも優れた仕組みはありません。」とあるが、必要な情報を即座に得るのにネット検索が優れているのは、ネット検索によって、どのようなことが可能となるからか。次の文の［　］に当てはまる最も適当な言葉を、[5]～[7]段落の文中から**五十字以上五十五字**以内でそのまま抜き出し、その最初と最後のそれぞれ**五字**を書け。

> ネット検索によって、［　］が可能となるから。

7 [8]段落の——線⑤「本の読者は、一般的な検索システムよりもはるかに深く、そこにある知識の構造を読み取ることができます。」とあるが、本の中にある知識の構造を読み取るとは、どうすることを言うのか。——線⑤より前の文中の言葉を使って、**五十五字**以上**六十五字**以内で書け。

8 本文に述べられていることと最もよく合っているものを、次のア～エの中から一つ選び、その記号を書け。

ア ネット検索は、読書と比較して情報収集の即時性は高いが、知識が断片化されて扱われるという問題がある。

イ レポートや記事を書くときは、ネット検索を利用することで、迅速な情報収集とより深い考察が可能となる。

ウ ネット検索の利用を控えることにより、図書館の本の中から必要な情報を抜き出すことができるようになる。

エ ネット検索と読書それぞれの長所をうまく生かした、新しい知的生産のスタイルを構築していくべきである。

(二) 次の1～4の各文の——線の部分の読み方を平仮名で書きなさい。

1 士気を鼓舞する。　2 ヨーロッパへ渡航する。

3 相手に論争を挑む。　4 寄付で経費を賄う。

(三) 次の1～4の各文の——線の部分を漢字で書きなさい。ただし、必要なものには送り仮名を付けること。

1 富士山にとうちょうする。　2 大臣をごえいする。

3 水槽でメダカをかう。　4 火花がちる。

(四) 東京で外食チェーンを経営する「梅森《うめもり》」は、所有する空きビルを利用して、地方の名店に期間限定で店舗を貸し出して定期的に入れ替えを行う新事業を計画している。一方、梅森の計画を知らない北陸金沢の有名懐石料理店「万石《まんごく》」の娘「亜佑子《あゆこ》」とその夫「重則《しげのり》」

［6］本を読んだり書いたりすることが可能にするのは、これとは対照的な経験です。少なくとも哲学や社会学、政治学、歴史学などの本に関する限り、それらの読書で最も重要なのは、そこに書かれている情報を手に入れることではありません。その本の中には様々な事実についての記述が含まれていると思いますが、重要なのはそれらの記述自体ではなく、著者がそれらの記述をどのように結びつけ、いかなる論理に基づいて全体の論述に展開しているのかを読みながら見つけ出していくことなのです。

［7］④今のところ、必要な情報を即座に得るためならば、ネット検索よりも優れた仕組みはありません。ネット検索ならば、はるかに短時間で、関係のありそうな本を読むよりもかなり高い確率で求めていた情報には行き当たります。［B］、ある単一の情報を得るには、ネット検索のほうが読書よりも優れているとも言えるのです。

［8］それでも、⑤本の読者は、一般的な検索システムよりもはるかに深く、そこにある知識の構造を読み取ることができます。調べものをしていて、なかなか最初に求めていた情報に行き着かなくても、自分が考えを進めるにはもっと興味深い事例があるのを読書を通じて発見するかもしれません。それに図書館まで行って本を探していたならば、その目当ての本の近くには、関連するいろいろな本が並んでいて、その中の一冊に手を伸ばすことから研究を大発展させるきっかけが見つかるかもしれません。このように様々な要素が構造的に結びつき、さらに外に対して体系が開かれているのが知識の特徴です。ネット検索では、このような知識の構造には至らない。なぜなら検索システムは、そもそも知識を断片化し、情報として扱うことによって大量の迅速処理を可能にしているからです。

（吉見俊哉『知的創造の条件』による。）

（注1）グーグル検索＝グーグル社が提供する、ネット上の検索システムを使って検索すること。
（注2）アクセシビリティ＝近づきやすさ。
（注3）剽窃＝他人の文章・言葉を盗んで使うこと。
（注4）コンテンツ＝情報の内容。
（注5）ウィキペディア＝ネット上の百科事典。

1　［1］段落の――線①「ない」の品詞名を**漢字**で書け。

2　［3］段落の――線②「二つの面で質的な違いがあります」を**文節**に区切ったものとして最も適当なものを、次のア～エの中から一つ選び、その記号を書け。

ア　二つの面で／質的な違いが／あります
イ　二つの／面で／質的な違いが／あり／ます
ウ　二つの／面で／質的な／違いが／あります
エ　二つ／の／面／で／質的な／違い／が／あり／ます

3　［3］段落の［A］、［7］段落の［B］にそれぞれ当てはまる言葉の組み合わせとして最も適当なものを、次のア～エの中から一つ選び、その記号を書け。

ア（A　すなわち　B　しかし）
イ（A　けれども　B　それゆえに）
ウ（A　それとも　B　ただし）
エ（A　あるいは　B　したがって）

4　［3］・［4］段落には、本とネット情報の、作者性における違いが述べられているが、それぞれの作者性と内容の正しさについて、本文の趣旨に添って説明した次の文章の［a］、［b］に当てはまる最も適当な言葉を、［3］・［4］段落の文中から、［a］は**三字**で、［b］は**二十二字**で、それぞれそのまま抜き出して書け。

＜国語＞

時間 国語 四五分
作文 二五分
満点 五〇点

㈠ 次の文章を読んで、1～8の問いに答えなさい。（1～8は、それぞれ段落を示す番号である。）

1 (注1)グーグル検索等によるネット上の莫大《ばくだい》な情報への(注2)アクセシビリティの拡大と、それらの情報の編集可能性の拡大は、私たちの知的生産のスタイルを大きく変えました。この変化の中で、今日、ネット情報をコピーしてレポートを作成する学生や、報道機関の記者が十分な取材を①しないままネット情報を利用して記事を書いてしまい、後でその情報が間違っていたことがわかって問題となるケースなどが生じています。

2 こうした状況を受け、レポートや記事を書く際、ネット情報の利用はあくまで補助的で、図書館に行って直接文献を調べ、現場へ足を運んで取材をすべきだと主張する人もいます。他方、そんなことをしていては変化に追いつけないので、ネット検索で得た情報を基に書くことも認めるべき、さらに踏み込んで、書物や事典を参照して書くことと、ネット検索で得た情報を基に書くことの間に本質的な差はないと主張する人もいます。ネット情報と図書館に収蔵されている本の間には、そもそもどんな違いがあるのでしょう。

3 私の考えでは、両者には作者性と構造性という②二つの面で質的な違いがあります。まず本の場合、誰が書いたのか作者がはっきりしていることが基本です。本というのは、基本的にはその分野で定評のある書き手、[A]定評を得ようとする書き手が、社会的評価をかけて出版するものです。ですから、書かれた内容に誤りがあったり、誰か他人の著作の(注3)剽窃《ひょうせつ》があったりした場合、責任の所在は明確です。その本の作者が責任を負うのです。

4 これに対してネット上の(注4)コンテンツでは、(注5)ウィキペディアに象徴されるように、特定の個人だけが書くというよりも、みんなで集合的に作り上げるという発想が強まる傾向にあります。作者性が匿名化され、誰にでも開かれていることが、ネット上のコンテンツの強みでもあります。そこでは複数の人がチェックしているから相対的に正しいという前提があって、この仮説は実際、相当程度正しいのです。つまり、本の場合は、その内容について著者が責任を取るのに対し、ネットの場合は、みんなが共有して責任を取る点に違いがあるわけです。

5 二つ目の、構造性における違いですが、これを説明するためには、③情報と知識の決定的な違いを確認しておく必要があります。一言で言うならば、情報とは要素であり、知識とはそれらの要素が集まって形作られる体系です。たとえば、私たちが何か知らない出来事についてのニュースを得たとき、それは少なくとも情報ですが、知識と言えるかどうかはまだわかりません。その情報が、既存の情報や知識と結びついて、ある状況を解釈するための体系的な仕組みとなったとき、そのニュースは初めて知識の一部となるのです。知識というのはバラバラな情報やデータの集まりではなく、様々な概念や事象の記述が相互に結びつき、全体として体系をなす状態を指します。ネットの検索システムの最大のリスクは、この情報と知識の質的な違いを曖昧にしてしまうことにあると私は考えています。というのもネット検索の場合、社会的に蓄積されてきた知識の構造やその中での個々の要素の位置関係など知らなくても、知りたい情報を瞬時に得ることができるわけです。

2021年度

解　答　と　解　説

《2021年度の配点は解答用紙集に掲載してあります。》

＜数学解答＞

(一)　1　−15　　2　$\frac{7}{10}x-3$　　3　$-6xy$　　4　$8+4\sqrt{6}$　　5　$-6x+25$

(二)　1　$(x-2)(x-6)$　　2　−4.4(℃)　　3　ウ，エ

4　28(m)　　5　$\frac{2}{9}$　　6　右図

7　(A地点からB地点までの道のり)8km，(B地点からC地点までの道のり)5km(求める過程は解説参照)

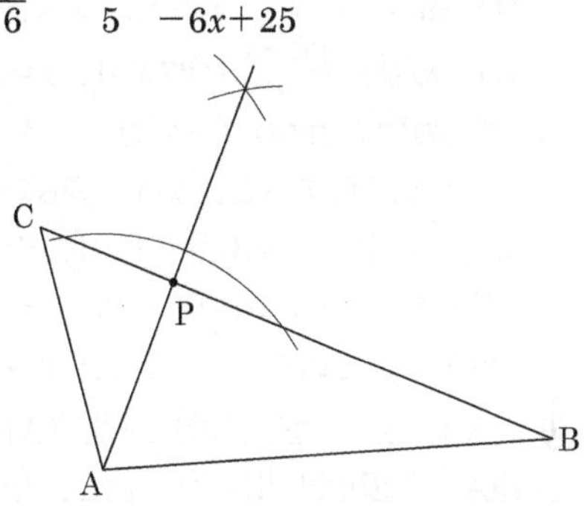

(三)　1　ア　4　　イ　120　　ウ　72　　エ　144

2　22(個)

(四)　1　イ　　2　$(a=)\frac{1}{4}$　　3　$y=\frac{1}{2}x+2$　　4　6

5　$\frac{6}{5}$，6

(五)　1　解説参照　　2　$2\sqrt{5}$(cm)　　3　$18\sqrt{5}$(cm^2)

＜数学解説＞

(一)　(数・式の計算，平方根，式の展開)

1　異符号の2数の積の符号は負で，絶対値は2数の絶対値の積だから，$(-3)\times5=-(3\times5)=-15$

2　$\frac{x}{2}-2+\left(\frac{x}{5}-1\right)=\frac{x}{2}-2+\frac{x}{5}-1=\frac{5}{10}x+\frac{2}{10}x-3=\frac{7}{10}x-3$

3　$24xy^2\div(-8xy)\times2x=-\frac{24xy^2\times2x}{8xy}=-6xy$

4　分配法則を使って，$(\sqrt{3}+\sqrt{2})(2\sqrt{3}+\sqrt{2})=\sqrt{3}(2\sqrt{3}+\sqrt{2})+\sqrt{2}(2\sqrt{3}+\sqrt{2})=6+\sqrt{6}+2\sqrt{6}+2=8+3\sqrt{6}$　また，$\frac{6}{\sqrt{6}}=\frac{6\times\sqrt{6}}{\sqrt{6}\times\sqrt{6}}=\frac{6\sqrt{6}}{6}=\sqrt{6}$ だから，$(\sqrt{3}+\sqrt{2})(2\sqrt{3}+\sqrt{2})+\frac{6}{\sqrt{6}}=8+3\sqrt{6}+\sqrt{6}=8+4\sqrt{6}$

5　乗法公式$\boldsymbol{(a-b)^2=a^2-2ab+b^2}$，$\boldsymbol{(a+b)(a-b)=a^2-b^2}$より，$(x-3)^2=x^2-6x+9$，$(x+4)(x-4)=x^2-4^2=x^2-16$だから，$(x-3)^2-(x+4)(x-4)=(x^2-6x+9)-(x^2-16)=-6x+25$

(二)　(因数分解，一次関数，空間内の2直線の位置関係，資料の散らばり・代表値，確率，作図，連立方程式の応用)

1　たして−8，かけて＋12になる2つの数は−2と−6だから　$x^2-8x+12=\{x+(-2)\}\{x+(-6)\}=(x-2)(x-6)$

2　気温は，高度が100m増すごとに0.6℃ずつ低くなるから，地上の気温が7.6℃のとき，地上から2000m上空の気温は，$7.6(℃)-0.6(℃)\times\frac{2000(\mathrm{m})}{100(\mathrm{m})}=-4.4(℃)$である。

3　空間内で，平行でなく，交わらない2つの直線は**ねじれの位置**にあるという。直線BCと平行な直線は，直線DE　直線BCと交わる辺は，直線AB，AC，BE，CD　直線BCと**ねじれの位置**に

ある直線は，直線AD，AE

4　**中央値**は資料の値を大きさの順に並べたときの中央の値だから，太郎さんを合わせる前の13人の記録の中央値は，記録の小さい方から7番目の26m。これより，この13人と太郎さんを合わせた14人の記録の中央値は，26(m)＋1(m)＝27(m)。これは14人の記録の小さい方から7番目と8番目の**平均値**である。太郎さんの記録が26m以下であったとすると，中央値は大きくても$\frac{26+26}{2}$＝26(m)であり，問題の条件に合わない。また，太郎さんの記録が29m以上であったとすると，中央値は$\frac{26+29}{2}$＝27.5(m)となり，問題の条件に合わない。これより，太郎さんの記録がxmであったとすると，$26<x<29$であり，14人の記録の小さい方から7番目は26m，8番目はxmであり，$\frac{26+x}{2}=27$より，$x=28$　太郎さんの記録は28mである。

5　袋Aの中の2枚のグーのカードをグー1，グー2，袋Bの中の2枚のチョキのカードをチョキ1，チョキ2と区別すると，袋Aと袋Bの中から，それぞれカードを1枚取り出すとき，すべての取り出し方は，(袋A，袋B)＝(グー1，チョキ1)，(グー1，チョキ2)，(グー1，パー)，(グー2，チョキ1)，(グー2，チョキ2)，(グー2，パー)，(チョキ，チョキ1)，(チョキ，チョキ2)，(チョキ，パー)の9通り。このうち，あいこになるのは，〰〰を付けた2通り。よって，求める確率は$\frac{2}{9}$

6　(着眼点)　(底辺BC)⊥(高さAP)であるから，点Pは点Aから辺BCに引いた垂線と，辺BCとの交点である。(作図手順)　次の①～②の手順で作図する。　①　点Aを中心とした円を描き，辺BC上に交点をつくる。②　①でつくったそれぞれの交点を中心として，交わるように半径の等しい円を描き，その交点と点Aを通る直線(点Aから辺BCに引いた垂線)を引き，辺BCとの交点をPとする。

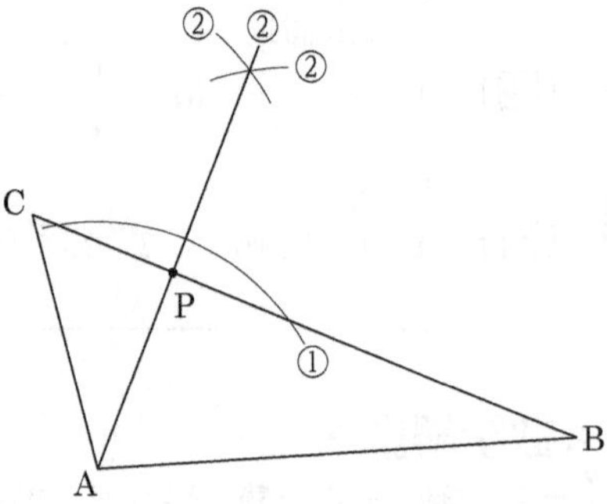

7　(解)　(例)A地点からB地点までの道のりを$x$km，B地点からC地点までの道のりを$y$kmとすると，

$$\begin{cases} x+y=13\cdots① \\ \frac{x}{3}+\frac{20}{60}+\frac{y}{5}=4\cdots② \end{cases}$$

②から，$5x+3y=55$…③　③－①×3から，$x=8$　$x=8$を①に代入して解くと，$y=5$　これらは問題に適している。

(三)　(円の性質，正多角形，数の性質)

1　一般に，正多角形の各頂点は1つの円の円周上にある。ロボットの進んだ跡がある正多角形になったとき，その正多角形のある隣り合う2辺を右図のようにAB，BCとし，各頂点を通る円の中心をOとすると，△ABCがAB＝BCの二等辺三角形であることと，△ABCの**内角と外角の関係**から，$\angle ACB=\frac{x^\circ}{2}$　弧ABに対する**中心角と円周角の関係**から，$\angle AOB=2\angle ACB=x^\circ$　つまり，ロボットは正多角形の各頂点を通る円の円周上をx°ずつ**回転移動**しながら1回転(360°)してスタート位置に戻ったことと同じである。これより，$x=60$のとき，$\frac{360^\circ}{60^\circ}=6$より，6回の回転移動で1回転してスタート位置に戻ったから，ロボットの進んだ跡は正六角形になった。

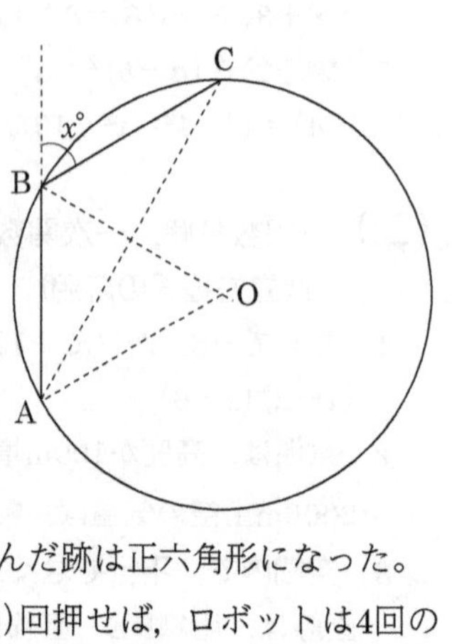

同様に考えると，$x=90$のとき，$\frac{360^\circ}{90^\circ}=4$より，ボタンを合計4(ア)回押せば，ロボットは4回の

回転移動で1回転してスタート位置に戻り，進んだ跡は正四角形，つまり正方形になる。また，ロボットの進んだ跡が正三角形になるには，$\frac{360°}{x°}=3$　$x=\frac{360}{3}=120$より，xの値を120(イ)にして，ボタンを合計3回押せばいい。正五角形になるには，$\frac{360°}{x°}=5$　$x=\frac{360}{5}=72$より，xの値を72(ウ)にして，ボタンを合計5回押せばいい。また，問題図2のような跡の場合，ロボットは5回の回転移動で2回転(360°×2＝720°)してスタート位置に戻ったから，$\frac{720°}{x°}=5$　$x=\frac{720}{5}=144$より，xの値を144(エ)にして，ボタンを合計5回押すことによってできた跡である。

2　前問1と同様に考えると，$\frac{360°}{x°}=n$とするとき，ボタンを合計n回押せば，ロボットはn回の回転移動で1回転してスタート位置に戻り，進んだ跡は正n角形になる。ここで，nは3以上の自然数であることから，xは180より小さい360の約数である。このようなxの値の個数は，「360の正の約数は24個ある」ことと,「360は180の倍数であることから，180の約数は360の約数でもある」ことと，「180以上の360の約数は180と360の2個である」ことから，24－2＝22(個)ある。

(四)　(図形と関数・グラフ)

1　$y=\frac{16}{x}$より，両辺にxをかけると，$xy=16$　これより，対応するxとyの値の積は一定である。アは正しくない。関数$y=\frac{a}{x}$のグラフは**双曲線**を表し，$a>0$のとき，xの値が増加するとyの値は減少し，$a<0$のとき，xの値が増加するとyの値は増加する。イは正しい。xとyの関係が定数aを用いて$y=ax$と表されるとき，**yはxに比例**し，$y=\frac{a}{x}$と表されるとき，**yはxに反比例**する。ウは正しくない。**双曲線のグラフは原点に関して対称である。**エは正しくない。

2　点Aは$y=\frac{16}{x}$上にあるから，そのy座標は$y=\frac{16}{4}=4$　よって，A(4, 4)　$y=ax^2$は点Aを通るから，$4=a\times4^2=16a$　$a=\frac{1}{4}$

3　点Bは$y=\frac{1}{4}x^2$上にあるから，そのy座標は$y=\frac{1}{4}\times(-2)^2=1$　よって，B(－2, 1)　直線ABの傾き＝$\frac{4-1}{4-(-2)}=\frac{1}{2}$　これより，直線ABの式を$y=\frac{1}{2}x+b$とおくと，点Aを通るから，$4=\frac{1}{2}\times4+b$　$b=2$　直線ABの式は$y=\frac{1}{2}x+2$

4　直線ABとy軸の交点をDとすると，直線ABの切片が2であることからD(0, 2)　AB//OCより，**平行線と面積の関係**を用いると，△ABC＝△ABO＝△ADO＋△BDO＝$\frac{1}{2}$×OD×(点Aのx座標の絶対値)＋$\frac{1}{2}$×OD×(点Bのx座標の絶対値)＝$\frac{1}{2}\times2\times4+\frac{1}{2}\times2\times2=6$

5　P(0, p)として，次の2つの場合(Ⅰ，Ⅱ)に分けて考える。【場合Ⅰ：$0<p\leqq2$のとき】△ABP＝△ADP＋△BDP＝$\frac{1}{2}$×DP×(点Aのx座標の絶対値)＋$\frac{1}{2}$×DP×(点Bのx座標の絶対値)＝$\frac{1}{2}\times(2-p)\times4+\frac{1}{2}\times(2-p)\times2=6-3p$　△AOP＝$\frac{1}{2}$×OP×(点Aのx座標の絶対値)＝$\frac{1}{2}\times p\times4=2p$　△ABPの面積と△AOPの面積が等しくなるとき，$6-3p=2p$より，$p=\frac{6}{5}$　これは問題の条件に適している。【場合Ⅱ：$2<p$のとき】場合Ⅰと同様に考えると，△ABP＝$\frac{1}{2}\times(p-2)\times4+\frac{1}{2}\times(p-2)\times2=3p-6$　△AOP＝$2p$　△ABPの面積と△AOPの面積が等しくなるとき，$3p-6=2p$より，$p=6$　これは問題の条件に適している。

(五)　(三平方の定理，相似の証明，線分の長さ，面積)

1　(証明)(例)△AEFと△DCEにおいて，四角形ABCDは長方形だから，∠A＝∠D＝90°…①
∠FEC＝90°だから，∠AEF＝180°－∠FEC－∠DEC＝90°－∠DEC…②　また，△DCEで∠EDC

=90°だから，∠DCE=180°−∠EDC−∠DEC=90°−∠DEC…③　②，③から，∠AEF=∠DCE…④　①，④で，2つの三角形は，2組の角がそれぞれ等しいことがいえたから，△AEF∽△DCE

2　折り返したから，EF=BF=AB−AF=10−4=6(cm)　△AEFに三平方の定理を用いると，AE $=\sqrt{EF^2-AF^2}=\sqrt{6^2-4^2}=2\sqrt{5}$ (cm)

3　△AEF∽△DCEより，相似な図形では，対応する線分の長さの比はすべて等しいから，AF：DE=AE：DC　DE $=\frac{AF\times DC}{AE}=\frac{4\times 10}{2\sqrt{5}}=4\sqrt{5}$ (cm)　ED//BCより，平行線と線分の比についての定理を用いると，EG：CG=DE：BC=DE：(AE+DE)$=4\sqrt{5}:(2\sqrt{5}+4\sqrt{5})=2:3$　△DGEと△DCEで，高さが等しい三角形の面積比は，底辺の長さの比に等しいから，△DGE：△DCE=EG：CE=2：(2+3)=2：5　△DGE $=\frac{2}{5}$△DCE　以上より，(四角形BGEFの面積)=△ABD−△AEF−△DGE=△ABD−△AEF$-\frac{2}{5}$△DCE$=\frac{1}{2}\times AB\times AD-\frac{1}{2}\times AF\times AE-\frac{2}{5}\times\frac{1}{2}\times DE\times DC=\frac{1}{2}\times 10\times(2\sqrt{5}+4\sqrt{5})-\frac{1}{2}\times 4\times 2\sqrt{5}-\frac{2}{5}\times\frac{1}{2}\times 4\sqrt{5}\times 10=18\sqrt{5}$ (cm^2)

＜英語解答＞

(一)　1　エ　2　ウ　3　ア

(二)　1　ウ　2　イ

(三)　1　イ　2　ウ　3　イ　4　エ

(四)　1　(1)　(エ)，(ウ)，(イ)，(ア)　(2)　(ウ)，(ア)，(イ)，(エ)

2　(1)　(例)①　I cooked dinner for my family.　②　It was fun to cook for someone.　(2)　(例)We can see many beautiful flowers here in each season.

(五)　1　①　イ　②　ア　2　(例)(ア)　This museum looks interesting.
(イ)I want to leave home in the morning to stay there for a long time.
3　4(ドル)　4　(例)会員になる方法。　5　(1)　エ　(2)　イ　(3)　ウ

(六)　1　kind　2　(B)　chose　(C)　living　3　ア
4　a lot of sick children　5　エ，オ　6　ウ

＜英語解説＞

(一)・(二)・(三)　(リスニング)

放送台本の和訳は，44ページに掲載。

(四)　(語句の並べ換え，条件・自由英作文：副詞，過去形，不定詞，助動詞　他)

1　(1)　A：彼女がいつ駅に着くか知っていますか？／B：はい。11時30分です。　when 以下は know の目的語になっているので，**when ＋主語＋動詞の語順になる**ことに注意。　(2)　A：私はギターを練習したいです。でもギターを持っていません。／B：大丈夫。私の物を使っていいですよ。明日君にそれ(ギター)を持って来ますよ。　＜bring A to B(人)＞で「B(人)にAを持って来る」

2　(解答例訳)(1)　①　私は家族のために夕食を作りました。　②　誰かのために料理をするこ

とは楽しかったです。**<It is ～ to＋動詞の原形…>**で「…することは～だ」。　(2)　(こんにちは。今日は私たちの学校についてお話します。)私たちはそれぞれの季節にここでたくさんのきれいな花を見ることができます。(だから私たちは私たちの学校が大好きです。)

(五)　(会話文問題：表を用いた問題，文の挿入，和文英訳，語句の解釈・指示語，日本語で答える問題，語句補充・選択)

(全訳)　ケイト：ハイ，ミカ。ここでの生活はどう？

ミカ　：とても楽しんでいるわ。私はこの町が好きよ，たくさんの伝統的な場所があるんだもの。私は歴史にとても興味があるの。この町の歴史について学びたいと思っているのよ。

ケイト：本当に？　この町には大きな歴史博物館があるのよ。とても人気があるの。たくさんの大人や子どもがその博物館に行くとよく聞くわ。待ってね…。ここのチラシがあるわ。2週間くらい前に学校でもらったのよ。

ミカ　：(ア)この博物館はおもしろそうね。そこへ行ったことはある？

ケイト：あるわ。去年家族とそこへ行って，この町の歴史や昔の人々の暮らしについてたくさん学んだの。とても楽しかったわ。

ミカ　：わあ，行きたいなあ！　①一緒に行ってくれる？

ケイト：いいわ，もちろんよ。次の日曜日に行きましょう。お父さんが車で連れて行ってくれると思うわ。

ミカ　：ええと…チラシには土曜日には特別なイベントがあると書いてあるわ。何かしら？

ケイト：昔の暮らし体験を楽しむことができるのよ。私が去年行った時は，伝統的な服を試着したわ。とても楽しかったのよ。それに特別イベントは無料なの。

ミカ　：まあ！それをやりたいわ！次の土曜日に行きましょうよ？

ケイト：もちろんいいわ。でもお父さんは毎週土曜日は仕事なの。だから博物館へは自転車で行かなくてはいけないわ。

ミカ　：大丈夫よ。ケイト，チラシには開館時間が書いてあるわね。(イ)私は長い間そこに滞在するために午前中に家を出発したいわ。

ケイト：いいわよ。それじゃあ博物館のレストランでお昼を食べましょう。だから少しお金を持って行かなくちゃね。

ミカ　：分かったわ。あとチケットを買うのに6ドル必要よね？

ケイト：その通りよ。あら，チラシに今博物館のウェブサイトからチケットを買うと10％割引が受けられると書いてあるわ。でも私たちはインターネットでチケットを買うには年齢が若すぎるわね。だから②チケットを買ってくれるようにお父さんに頼むわ。

ミカ　：ありがとう。

ケイト：博物館には別の割引もあるわ。去年家族と行った時は，2組のペアチケットを買ったの。お金を節約したのよ。このチラシでどのくらいお金を節約したか分かるわ。

ミカ　：そうね。あなたはお父さん，お母さん，それに弟のボブと行ったのよね？

ケイト：そうよ。

ミカ　：その時は，あなたは13歳で，ボブは10歳…(A)確かにお金を節約したわね！

ケイト：ミカ，これを見て！　博物館の会員になると，できることがいくつかあるわ。

ミカ　：それはすごいわ！　私は実地見学と特別授業に興味があるわ。どうやって会員になるのか知りたいわ。

ケイト：いいわ。ウェブサイトで(B)それを見つけましょう。

ミカ　：そうね。
ケイト：ミカ，あなたは本当に歴史が大好きね。博物館でたくさん学べるわ。
ミカ　：ええ。早く週末が来ないかなあと思うわ。

チラシ

市立歴史博物館

開館時間

博物館	9：00～17：30
ショップ	10：00～17：30
レストラン	11：00～14：00

閉館

毎週月曜日
1月1日
12月25日

毎週土曜日：特別イベント
“昔の生活”　無料！

チケット

大人	12ドル
子ども（11-15歳）	6ドル
子ども（5-10歳）	4ドル
子ども（0-4歳）	無料
ペア［大人1人と子ども1人（5-15歳）］	15ドル

私たちの博物館の会員になってください！
会員限定で
➢実地見学参加
➢有名講師陣による特別授業参加
➢毎週歴史についてのメール受信
詳しくはウェブサイトへ:
http://www.cityexample.com/

今年限定！　ウェブサイトでチケットを購入すると10％割引

1　全訳及びチラシ参照。　①　**Can you ～ ?**＝～してくれませんか？　　②　**<ask＋人＋ to ～>**で「(人)に～してくれるように頼む」

2　(ア)　ここでの<look＋形容詞～>は「～に見える」の意味。　(イ)　家を出発する＝ leave home　leave ＝(ある場所から)離れる　午前中に＝ in the morning

3　全訳及びチラシ参照。通常料金で計算すると，大人2人(12×2＝24ドル)，13歳の子ども1人(6ドル)，10歳の子ども(4ドル)の合計は34ドル。一方，ペアチケットを購入すると15ドル×(2)で30ドルなので4ドルの節約になる。

4　全訳参照。下線部(B)を含むケイトの発言の直前のミカの発言に注目。

5　全訳参照。　(1)　ケイトは〔ア　博物館で伝統的な服を作ろうとした　イ　去年博物館の会員になった　ウ　学校で彼女の町の歴史について学んだ　エ　学校で博物館のチラシをもらった(〇)　ケイトの2番目の発言最後から2文目と最後の文に注目。〕　(2)　ミカとケイトは〔ア　次の土曜日に車で　イ　次の土曜日に自転車で(〇)　ケイトの6番目の発言に注目。　ウ　次の日曜日に車で　エ　次の日曜日に自転車で〕博物館へ行くことを決めた。　(3)　チラシによると〔ア　10時に博物館のレストランで食べることができる　イ　博物館は年の最初の日は閉館しない　ウ　歴史についてのメールは毎週博物館の会員に送られる(〇)　チラシ参照。　エ　すべての子どもたちは博物館に入館するためにチケットを買わなければならない〕

(六)　(長文読解問題・エッセイ：語句補充・選択，語形変化，文の挿入，要旨把握)

(全訳)　皆さんは将来何をしたいですか？　(A)<u>どんな人になりたいと思いますか？</u>　今日はこれから3人の人について話します。

最初の人は僕の叔父です。彼は小児科医として病院で働いています。なぜ彼は小児科医になろうと決心したのでしょう？　ある日，彼が中学生だった時のことです，彼はテレビで，世界中でとても多くの子どもたちが貧困のために病院で治療を受けることができないということを学びました。彼は僕に言いました，「誰も僕が医師になるとは思っていなかったよ。でも僕は一生懸命勉強したんだ。」彼は高校卒業後，彼の仕事を(B)選びました。彼はまたこう言いました，「僕は僕の病院にいた子どもたちを全員覚えているよ。もっと良い医師になるためにさらに一生懸命に勉強する必要があるんだ，僕はもっと多くの子どもたちを助けるつもりだよ。」彼は将来外国で働くそうです。僕は，彼は世界中の多くの病気の子どもたちを助けるだろうと思います。

2人目の人は約150年前にアメリカで生まれたある女性です。僕は10歳の時，アメリカのコロラド州の小学校に通っていました。ある日，先生が僕たちにある黒人の女性について教えてくれました。彼女の父と母は奴隷でした(奴隷にされていました)。その当時アメリカでは多くの黒人の人々が彼らのように生きなくてはいけませんでした。僕はそれを聞いてとても驚きました。彼女の父と母は逃れて自由になりました。その後，彼女が生まれたのです。彼女は幼い子どもだった時，彼女の母のようになりたいと思っていました。彼女の母は看護師でした。彼女はよく母と共に病気の人たちを訪ねました。彼女は学校でとても優秀な生徒でした。彼女はとても熱心に勉強しました。最終的に，彼女は医学部を卒業しました。それは約120年前のことでした。数年後，彼女はコロラド州に移り住みました。彼女はコロラド州で初めての黒人女性の医師になりました。彼女はそこで50年間病気の人たちを助けました。

3人目の人はインドのジャールカンド州に(C)住むある少女です。僕は彼女についてインターネットで知りました。彼女は13歳です。彼女の夢は医師になることです。しかし彼女の家の近くに住む人たち，特にお年寄りの中には彼女に18歳の誕生日を迎える前に結婚してほしいと思う人たちもいるのです。ジャールカンド州では，女子の約40%が18歳になる前に結婚するのです。彼女はインドの子どもたちの問題に取り組み，彼女の国をより良くする方法を見つけようとしています。彼女はよく友だちに彼女と一緒に勉強するように言います。彼女は，もっと一生懸命勉強すれば彼らの未来を変えることができると言っているのです。彼女は毎朝3時30分に起き彼女の夢を実現するために熱心に勉強しています。彼女の父はこう言います，「一生懸命勉強することは良いことです。私は彼女を誇りに思います。」彼女はそれを聞いて嬉しく思っています。彼女はこう言います，「私には夢があります。(D)誰もそれを止めることはできません。」僕は，彼女は今も一生懸命勉強していると思います。

将来，僕は医師になって外国で働きたいです。この3人の人たちのように，他の人たちに優しくあり，僕の夢をかなえるために一生懸命勉強したいと思っています。僕は，たくさんの病気の子どもたちが彼らを支援する人を必要としていると思います。僕は(D)彼らに治療ができればいいなと思います。だから僕は毎日一生懸命勉強します，特に英語です。英語を使えば，世界中の多くの人たちと共に働くことができます。誰もが支援を必要としている人を助けることができるのです。僕は，人々が助け合えば世界はもっと良い場所になると信じています。

1　全訳参照。第5段落2文目に kind とある。第1段落下線部(A)では「種類」，第5段落2文目では「優しい，親切な」の意味。

2　全訳参照。(B)　choose ＝「選ぶ」の過去形 chose にすればよい。　(C)　live を選び，下線部(C)直前の a girl を後ろから修飾する現在分詞 living にするのが適当。

3　全訳参照。　ア　誰もそれを止めることはできません(○)　イ　誰もがそれを変えることができます　ウ　私はそれに従うことはできません。　エ　私の父はそれを理解できません

4　全訳参照。下線部(E)を含む文の直前の一文に注目。

5　全訳参照。　ア　和也の叔父は英語の教師として子どもたちの問題に取り組んでいる。　イ　和也の叔父は彼の病院をより大きくするためにとても熱心に働いてきた。　ウ　アメリカの

その女性は彼女が10歳の時にコロラド州に来た。 エ アメリカのその女性は50年間コロラド州で医師として働いた。(○) 第3段落最後の文に注目。 オ インドのその少女は早起きをして医師になるために一生懸命勉強している。(○) 第4段落最後から5文目に注目。 カ インドのその少女は彼女の父を誇りに思っている。なぜなら彼は優秀な生徒だったからだ。 キ 和也は英語を教えることを通して世界がより良くなればいいと望んでいる。

6 全訳参照。和也が医師や医師を目指す3人の人物を紹介し，第5段落で自分の将来の夢を語っていることからウが適当。

2021年度英語 リスニングテスト

〔放送台本〕

(一) 次の1～3の英語による対話とそれについての質問が2回ずつ読まれます。その英文を聞いて，質問に対する答えとして最も適当なものを，問題用紙のア～エの中からそれぞれ一つ選び，その記号を解答欄に記入しなさい。

1 A: Hello, Ken.
B: Hi, Mom. Can I eat this pizza?
A: Sure.
Question: What does Ken want?

2 A: What time is it?
B: It's 2:30.
A: We have one hour before the movie.
B: Let's have tea, then.
Question: What time will the movie start?

3 A: How was your trip to Australia, Akira?
B: It was great. I went to the zoo and saw many animals.
A: Did you swim in the sea?
B: No, I didn't. It was a little cold, so I walked to the sea with my father. He took many pictures of the beautiful sea.
Question: What did Akira do in Australia?

〔英文の訳〕

1 A：あら，ケン。
B：やぁ，お母さん。このピザ食べてもいい？
A：もちろん。
質問：ケンは何が欲しいのですか？

2 A：今何時ですか？
B：2時30分です。
A：映画まで1時間ありますね。
B：それではお茶をしましょう。
質問：映画は何時に始まりますか？

3　A：オーストラリア旅行はどうでしたか，アキラ？
B：とても良かったです。動物園に行ってたくさんの動物たちを見ました。
A：海で泳ぎましたか？
B：いいえ。少し寒かったので，お父さんと海まで歩きました。彼はきれいな海の写真をたくさん撮りました。
質問：アキラはオーストラリアで何をしましたか？

〔放送台本〕

(二)　次の1，2の英語による対話が2回ずつ読まれます。その英文を聞いて，チャイムの部分に入る受け答えとして最も適当なものを，問題用紙のア～エの中からそれぞれ一つ選び，その記号を解答欄に記入しなさい。

1　A: I'll go to Osaka to see my grandmother.
B: That's good. When will you go there?
A: (チャイム)

2　A: What are you doing?
B: I'm trying to carry this table, but I can't.
A: (チャイム)

〔英文の訳〕

1　A：私は大阪に祖母に会いに行くつもりです。
B：それはいいですね。いつそこへ行くのですか？
答え　A：ウ　来月です。

2　A：何をしているのですか？
B：このテーブルを運ぼうとしているのですが，できないのです。
答え　A：イ　お手伝いしましょう。

〔放送台本〕

(三)　次の英文(山田先生が英語の授業で生徒に伝えた内容)が通して2回読まれます。その英文を聞いて，内容についての1～4の英語の質問に対する答えとして最も適当なものを，問題用紙のア～エの中からそれぞれ一つ選び，その記号を解答欄に記入しなさい。

Listen, everyone. I have big news today. Two boys from America will visit this school. They'll come to our city on July 4. The next day, they'll come to our school. Their names are Tom and John. They're as old as you. They'll study with you for two weeks and go back to America in August. I hope you'll enjoy talking to them in English. And I hope they'll learn a lot about Japan. They say they want to learn Japanese from you during their stay. Please teach them some useful Japanese words.

In the first class with them, you'll have three events. First, you'll have a question time. You'll ask them some questions in English. I want you to make some questions before the class. Second, you'll tell them some things about our school or city in English. You already have six groups in this class. You need to decide what you want to say in each group. You'll do that tomorrow. About the third event, I haven't decided anything yet. What do you want to do with them? Please tell me your ideas next week.

〔質問〕

1 When will Tom and John come to the school?
2 What do Tom and John want to do?
3 Who will make some English questions for the first event?
4 What does Mr. Yamada tell the students to do for the third event?

〔英文の訳〕

聞いてください，皆さん。今日はビッグニュースがあります。アメリカから2人の男の子がこの学校を訪れます。彼らは7月4日に私たちの町に来ます。その次の日，彼らは私たちの学校に来ます。彼らの名前はトムとジョンです。彼らは皆さんと同じ年です。彼らは2週間皆さんと勉強し，8月にアメリカに戻ります。皆さんが彼らに英語で話しかけることを楽しんでくれるといいと思っています。そして彼らが日本についてたくさん学んでくれるといいと思います。彼らは滞在中皆さんから日本語を学びたいと言っています。彼らに役に立つ日本語を教えてあげてください。

彼らとの最初の授業では，3つの活動をします。最初に質問の時間をもちます。皆さんが英語で彼らにいくつか質問をします。皆さんには授業の前にいくつか質問を作っておいてほしいと思います。2つ目は，皆さんが彼らに英語で私たちの学校や町について教えます。この授業ではすでに6つのグループがありますね。それぞれのグループで何を言いたいか決める必要があります。これは明日やりましょう。3つ目の活動については，まだ何も決めていません。彼らと一緒に何をしたいですか？来週皆さんのアイディアを教えてください。

〔質問〕

1 トムとジョンはいつ学校に来ますか？
　答え：イ　7月5日
2 トムとジョンは何をしたいと思っていますか？
　答え：ウ　彼らは日本語を学ぶ機会をもちたいと思っています。
3 最初の活動のために誰が英語の質問を作りますか？
　答え：イ　生徒たちが作ります。
4 山田先生は生徒たちに3つ目の活動のために何をするようにいいましたか？
　答え：エ　彼は彼らにアイディアをくれるように言いました。

<理科解答>

(一)　1 (1) 電子　(2) A －(極)　C －(極)　2 (1) 4.0(Ω)　(2) ① ア　② エ　(3) ウ　3 (1) ① イ　② ウ　(2) 0.33(N)

(二)　1 (1) ウ　(2) イ　(3) (記号) A　(理由) (選んだ物質では，物質の温度(60℃)が)融点より高く，沸点より低いから。　2 ① イ　② エ　(2) ウ　(3) (2CuO＋C→)$2Cu+CO_2$　(4) (二酸化炭素) 0.44(g)　(黒色の酸化銅) 0.40(g)

(三)　1 (1) イ　(2) (めしべ)→b→c→a　(3) ア　(4) ① ア　② ウ　2 (1) g　(2) 肺胞　(3) (酸素の多いところ) 酸素と結びつく。(酸素の少

ないところ) 酸素をはなす。　(4) ① イ　② エ
(5) 50(秒)

(四) 1 (1) 21(℃)　(2) (コップPの表面の)水滴が水蒸気になった。　(3) ウ　(4) ① イ　② イ
2 (1) 天球　(2) イ　(3) エ　(4) ア

(五) 1 (1) 右図　(2) ① ア　② イ　③ ア　④ イ　2 (化学式) NaCl　(混合した水溶液) B(と)C　3 (1) 分離　(2) ① しわ(形)　② 1　③ 1　4 (1) ① イ　② ア　③ ア　(2) しゅう曲　(3) エ

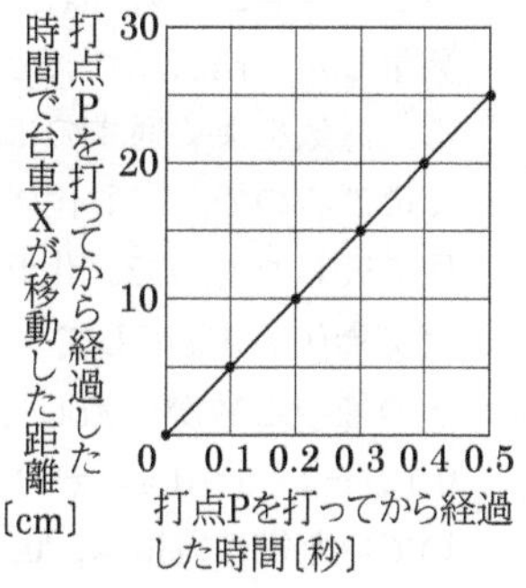

＜理科解説＞

(一) (電流，水の中ではたらく力—真空放電管，抵抗，消費電力，重力，浮力)

1 (1) 気圧を低くした空間に電流が流れる現象を**真空放電**という。真空放電では，−極(陰極)から−の電気を帯びた粒子である**電子**が飛び出し，＋極(陽極)へ向かう。この流れを**陰極線**という。真空放電管に蛍光板を入れると，陰極線の道筋に沿って蛍光板が光る。　(2) 陰極線は，−の電気を帯びた電子の流れなので，＋極に引きつけられて曲がる。

2 (1) 抵抗(Ω)＝電圧(V)÷電流(A)より，8.0(V)÷2.0(A)＝4.0(Ω)　(2) 1秒間あたりに使われる電気エネルギーの大きさを表す値を**電力**(W)という。電力(W)＝電圧(V)×電流(A)より，電熱線の電力の値が大きいほど，電熱線に流れる電流は大きく，発熱量は大きいといえる。したがって，同じ時間の中で水の上昇温度が大きい電熱線のほうが，消費する電力が大きい。また，電熱線の抵抗が小さいほど電流が大きくなるので，電力も大きい。　(3) 8.0Vから4.0Vに変えると，電力は$\frac{1}{4}$になる。図4で，電熱線aで1分間の上昇温度は2℃なので，8.0Vに保った時間(分)をxとすると，$2x+(8-x)\times0.5=8.5$，$x=3$(分)　電圧を4.0Vに変えたのは，60×3＝180(秒)たってからになる。

3 (1) 物体が水中で受ける上向きの力を**浮力**という。物体の水中にある部分の体積が増すほど，浮力は大きくなる。物体にはたらく上向きの浮力よりも，下向きにはたらく**重力**が大きいとき，物体は水の底に沈む。また，浮力と重力がつり合うとき，物体は水に浮いて静止する。
(2) 図7で，物体Xにはたらく浮力の大きさは，0.84−0.73＝0.11(N)　物体Xと物体Yにはたらく浮力の大きさの合計は，0.84＋0.24−0.64＝0.44(N)　したがって，物体Yにはたらく浮力の大きさは，0.44−0.11＝0.33(N)

(二) (物質の性質，化学変化—状態変化，融点と沸点，金属の性質，還元，化学反応式)

1 (1) 物質は，加熱されたり冷やされたりすると，それにともなって固体→液体→気体とその状態が変わる。これを**状態変化**という。固体の物質を加熱すると，固体がとけて液体に変化するときの温度である**融点**に達するととけ始めるが，物質すべてが液体になるまでは温度は上昇しない。すべてが液体になると再び温度が上昇する。　(2) 物質が状態変化するときの温度である融点や**沸点**は，物質の量には関係なく，物質の種類によって決まっている。物質の量が多くなれば，同じ火力で加熱したとき，状態変化にかかる時間は長くなる。　(3) 60℃のとき液体ということは，融点が60℃以下であるが，沸点が56℃の場合は，60℃では気体に状態変化しているので，物質Bはあてはまらない。

2 (1) 実験2では，黒色の酸化銅が**還元**されて赤色の銅になり，炭素が**酸化**されて二酸化炭素が発生した。磁石につくというのは金属に共通の性質ではなく，鉄などの一部の金属にあてはまる。電気をよく通すのは，金属に共通した性質である。 (2) 石灰水に二酸化炭素を通すと白くにごるので，二酸化炭素を確認する方法として利用される。 (3) **化学式**は物質を**原子**の記号で表したもので，化学反応式は化学式を用いて化学変化を表したものである。酸化銅(CuO)と炭素(C)が反応して，銅(Cu)と二酸化炭素(CO_2)ができる。化学反応式では，→の左右で原子の種類と数が一致していなければならない。 (4) 発生した二酸化炭素の質量は，(2.00＋0.12)－1.68＝0.44(g) 取り除かれた酸素の質量は，0.44－0.12＝0.32(g) この酸素と結びついていた銅の質量は，0.32×4＝1.28(g) 残った酸化銅は，2.00－(0.32＋1.28)＝0.40(g)

(三) (植物，動物の体のつくり―観察方法，花のつくり，被子植物，血液循環，肺のつくり，排出)

1 (1) 観察するものが動かせるときは，ルーペをできるだけ目に近づけて持ち，手に持った観察するものを前後に動かして，よく見える位置を探す。 (2) アブラナの花のつくりは，中心から外へ向かって(めしべ→おしべ→花弁→がく)となっている。 (3) 花粉がついて**受粉**が起こる部分は，アブラナのような**被子植物**ではめしべの**柱頭**(A)で，マツのような**裸子植物**では雌花のりん片の**胚珠**(C)である。 (4) 被子植物の胚珠は，図2のようにめしべの**子房**の中にあり，裸子植物の胚珠は，図4のCのように雌花のりん片にむき出しについている。

2 (1) 食物が消化によって吸収されやすい物質に変化したものの多くは，小腸のかべにある**柔毛**で吸収される。ブドウ糖とアミノ酸は毛細血管に入り，肝臓へ運ばれる。 (2) 気管は枝分かれして気管支となり，その先には**肺胞**という小さな袋がたくさんある。肺胞まで送られた酸素の一部は，肺胞のまわりにある毛細血管の中の血液にとり込まれる。 (3) **赤血球**にふくまれるヘモグロビンは，酸素が多いところ(肺)では酸素と結びつき，酸素が少ないところ(全身)では酸素を放す性質をもっている。 (4) 細胞で養分や酸素を使って生命活動が行われると，二酸化炭素やアンモニアなどの物質ができる。細胞のはたらきにとって有害なアンモニアは，血液にとり込まれて肝臓へ運ばれ，無害な尿素に変えられる。 (5) 5000÷80＝62.5(回) 60(秒)×$\frac{62.5}{75}$＝50(秒)

(四) (気象，天体―露点，湿度，飽和水蒸気量，太陽系の惑星，天体の年周運動)

1 (1) 表1で，湿度が62％になるのは，(乾球の示度－湿球の示度)が5.0℃のときにあたる。したがって，26.0－5.0＝21.0(℃) (2) 水蒸気を含む空気を冷やしていくと，ある温度で含まれている水蒸気の量と**飽和水蒸気量**が等しくなり，さらに温度が下がると，水蒸気の一部が水滴に変わる。これは水蒸気(気体)→水滴(液体)の状態変化である。この時の温度を**露点**という。
(3) くもりがなくなった直後のコップPの表面付近の湿度は100％。このときの空気中に含まれる水蒸気量は，24.4×62÷100＝15.128(g) 表2で，飽和水蒸気量がこの値に近い気温があてはまる。 (4) 気温が高いほど飽和水蒸気量は大きい。実験室と廊下の湿度は同じ62％なので，廊下の方が含まれる水蒸気量は多く，露点も高い。

2 (1) 地球から天体までの距離は非常に遠く，そのため天体は観測者を中心とした大きな球体の天井にはりついているように見える。この見かけ上の球体の天井を**天球**という。 (2) 星座を形づくる星は自ら光を出す**恒星**で，太陽系の外にある。太陽のまわりにはそれぞれの軌道上を**公転**する惑星などがあり，太陽を中心とする太陽系という空間をつくっている。惑星は，太陽に近いところから順に，水星→金星→地球→火星→木星→土星→天王星→海王星の8つである。
(3) 南の空の星の**年周運動**は，1日あたり約1°ずつ東から西へ動いていく。この向きは，天体の**日周運動**と同じである。したがって，1か月後では約30°西に寄る。　(4)　この日の23時に，さそり座は真南から西へ30°移動しているので，**南中**したのは2時間前の21時である。星座が前の日と同じ位置に見える時刻は，1日につき約4分ずつ早くなるので，1か月では約2時間になる。A(夏至)の位置の地球で真夜中に南中したさそり座が，21時に南中するのはA→B間にあるときである。

(五)　(小問集合―力と物体の運動，酸・アルカリとイオン，中和と塩，遺伝，地層)

1　(1)　図2で，打点Pを打ってからは，$\frac{6}{60}$秒＝0.1秒ごとに5.0cmずつ進んでいる。このとき台車は**等速直線運動**をしており，移動した距離は時間に比例して増加する。　(2)　**分力**は，重力を対角線とする平行四辺形(ここでは長方形)のとなり合う2辺になる。そのち斜面に平行な方向の分力は，斜面の傾きが大きいほど大きくなる。一方，もう一つの分力と同じ大きさである**垂直抗力**の大きさは，斜面の傾きが大きいほど小さくなる。斜面を下る台車の速さは一定の割合で増加するが，斜面の傾きが大きい方が速さが増加する割合も大きい。

2　Ⅰより，CとDはアルカリ性の水溶液なので，水酸化ナトリウム水溶液または水酸化バリウム水溶液。Ⅱより，うすい硫酸と反応して白い沈殿ができたDは，水酸化バリウム水溶液と考えられる。Ⅲより，Eは非電解質の水溶液なので砂糖水。Ⅳより，電気分解で陽極から塩素が発生したAとBは，塩化ナトリウム水溶液または塩酸である。Ⅴより，Aは**溶質**が固体の物質なので塩化ナトリウム水溶液。塩酸と水酸化ナトリウム水溶液の中和でできる塩も塩化ナトリウムである。

3　(1)　**有性生殖**では，**生殖細胞**が**受精**することによって子がつくられる。この生殖細胞がつくられるときには，対になっている**遺伝子**は，**減数分裂**によってそれぞれ別の生殖細胞に入る。
(2)　丸形の種子の遺伝子の組み合わせはAAまたはAaで，しわ形の種子の遺伝子の組み合わせはaa。Aaとaaをかけ合わせたとき，子にあらわれる遺伝子の組み合わせはAa，Aa，aa，aaとなり，丸形の種子としわ形の種子の数の比は1：1になる。

4　(1)　日本列島付近の**プレート**の境界では，大陸プレートの下に沈み込む海洋プレートが大陸プレートを引きずり込むため，大陸プレートがひずむ。このひずみが限界になると，大陸プレートの先端部はもとにもどろうとして急激に隆起し，プレートの境界付近を**震源**とする大きな地震が起こる。　(2)　**しゅう曲**は，地層が堆積した後，その地層をおし縮めるような大きな力がはたらいてできる。この力は，**断層**をつくる力と同じプレートの運動による力である。　(3)　図8の地層では，西側がずり上がっているので，西側から押し合う向きの力がはたらいたと考えられる。

＜社会解答＞

(一)　1　エ　2　ウ　3　イ→エ　4　建武　5　ウ　6　参勤交代
7　(例)幕府が外国船の打ち払いを命令した

(二)　1　(例)政権を朝廷に返した　2　文明　3　エ　4　ウ→イ→ア→エ　5　ウ
6　フランス　7　吉田茂

(三)　1　イ　2　(1)　公職選挙法　(2)　(例)議員一人当たりの有権者数　3　閣議
4　イ　5　Z→X→Y

(四)　1　イ　2　クーリング・オフ　3　①　ア　②　(例)需要量と供給量が一致する

4 介護　5 エ

(五) 1 (1) (例)主曲線が10m間隔でかかれているから。 (2) ① ア　② エ
③ オ　2 エ　3 ウ　4 (記号) え　(県名) 福岡(県)
5 ① ア　② ウ

(六) 1 (1) B　(2) エ　(3) (記号) あ　(国の名) ノルウェー　2 大西洋
3 (例)医療が普及して死亡率が下がったが，出生率が高いままであった　4 ウ

＜社会解説＞

(一) (歴史的分野―日本史―時代別―古墳時代から平安時代，鎌倉・室町時代，安土桃山・江戸時代，日本史―テーマ別―政治・法律，文化・宗教・教育)

1 **聖徳太子**は推古天皇の摂政となり，冠位十二階や十七条憲法を制定するなどした。中大兄皇子と中臣鎌足は，聖徳太子の死後に実施された**大化の改新**の中心人物。

2 **天平文化**は，奈良時代に栄えた国際色豊かな仏教文化。**鑑真**は聖武天皇に乞われて唐から来日し，唐招提寺を建てた。**空海**は平安時代初期に遣唐使とともに唐に渡り，帰国後真言宗を広めた僧。

3 アが1467年，イが1167年，ウが1016年，エが1221年のできごと。

4 後醍醐天皇の**建武の新政**では武家の慣習が無視されたため，不満を持った足利尊氏が挙兵したことでわずか2年ほどで崩壊し，南北朝時代が始まった。

5 豊臣秀吉は，**バテレン追放令**を出すことでキリスト教の布教を禁止する一方，南蛮貿易や朱印船貿易を継続したため，キリスト教の禁止は徹底されなかった。

6 グラフ中の「領地と江戸の往復にかかる支出」などから判断する。

7 モリソン号事件とは，日本人漂流民の送還や通商の要求などを目的として浦賀などに来航したアメリカ船モリソン号が，日本側に砲撃された事件。これを批判した高野長英と渡辺崋山が幕府から厳しい処罰を受けた。これを**蛮社の獄**という。

(二) (歴史的分野―日本史―時代別―安土桃山・江戸時代，明治時代から現代，日本史―テーマ別―政治・法律，経済・社会・技術，文化・宗教・教育，外交)

1 **大政奉還**によって政権が朝廷に返還されたことを受け，天皇を中心とする新政府の成立を宣言する王政復古の大号令を出した。

2 明治時代初期には，庶民の髪型や服装だけでなく，レンガ造りの洋館の建設や鉄道の敷設などが進み，都市のようすも急速に西洋化していった。

3 Xは文中の「大隈重信」，Yは「初代の内閣総理大臣」などから判断する。立憲改進党の結党と同時期に，**板垣退助**が**自由党**を結党した。

4 アが1905年，イが1900年，ウが1894年，エが1911年のできごと。

5 第一次世界大戦に連合国側で参戦した日本では戦争で必要とされた鉄鋼や船舶を生産する重化学工業がさかんになり，**大戦景気**をむかえ**成金**が出現した。グラフ1ではa，グラフ2ではdの割合が増加していることから判断する。

6 インドシナとは，ベトナムやカンボジアが位置する半島地域のことで，タイをはさんで東側をフランス，西側をイギリスが支配していた。

7 日本の独立を認める**サンフランシスコ平和条約**の締結と同時に，国内に米軍の駐留を認める**日米安全保障条約**を締結した。

(三) (公民的分野―三権分立・国の政治の仕組み，地方自治)

1 公正とは，誰が見ても公平で立場や機会に差がないこと。効率とは，無駄を省くこと。

2 (1) 近年，一票の格差問題などの解決のために**公職選挙法**の改正が相次いでいる。 (2) **一票の格差**問題とは，有権者人口が少ない地域と有権者人口が多い地域で一票の重みに格差が生じていることで，日本国憲法第14条の「法の下の平等」に反することになると言われている。

3 閣議は原則非公開で開催される。

4 文中の「貸したお金を返してくれない」やOさんが直接裁判所に訴えていることから，**民事裁判**と判断する。民事裁判では，訴えた原告と訴えられた**被告**が争う。図1は，刑事裁判のようす。

5 住民による条例の制定・改廃請求では，有権者の**50分の1以上**の署名を集めて**首長**に請求する。

(四) (公民的分野―国民生活と社会保障，財政・消費生活・経済一般)

1 資料中の「働くことができる時間，休日」などから，労働条件の最低基準が規定されていると判断する。

2 問題文中の「契約の取り消し」「契約解除」などから判断する。

3 曲線Xについて，価格の下落とともに数量が増加していることから需要曲線と判断する。市場価格が図中のPのとき，供給量が需要量を上回るため価格は下落する。需要量と供給量が一致する点での価格を，**均衡価格**という。

4 介護保険制度は，日本国憲法第**25条**の生存権を保障するための**社会保障制度**に含まれる。

5 2015年における1事業所当たりの年間販売額は，百貨店が6826(十億円)÷246＝27.75…(十億円)，大型スーパーが13223(十億円)÷4818＝2.74…(十億円)，コンビニエンスストアが10996(十億円)÷54505＝0.20…(十億円)となる。 ア 百貨店の年間販売額の総額は，2015年が6826(十億円)，1990年が11456(十億円)なので，2015年は1990年の半分を上回る。 イ 大型スーパーの事業所数は，2015年が4818，1985年が1931なので，2015年は1985年の3倍を下回る。ウ 2005年ではなく，2010年。

(五) (地理的分野―日本―地形図の見方，日本の国土・地形・気候，農林水産業，工業)

1 (1) 主曲線について，2万5千分の1の縮尺の地形図では**10m**ごと，5万分の1の縮尺の地形図では**20m**ごとに引かれる。 (2) 地図1中の「88.9」の三角点から地点Pまでの間に等高線が見られないことから標高を判断する。標高とは海面からの高さ(海抜)のことであり，地点Pの標高が80m以上あることから，Aは海ではないと判断できる。

2 地図2中のBからCに向かって季節風が吹いていることから，図中の矢印が冬の季節風を表すことがわかる。図中のⅠが大陸，Ⅰ－Ⅱ間に位置する海が日本海，Ⅱ－Ⅲ間に位置するのが越後山脈と関東平野を表すことから判断する。

3 秋田すぎは，青森ひば，木曽ひのきとともに日本三大美林に数えられている。日本の林業は深刻な後継者不足などで衰退しており，輸入材の割合が増加している。

4 **太平洋ベルト**とは，関東地方から九州地方北部にかけての沿岸部とその周辺に帯状に形成された工業地域のこと。福岡県には**北九州工業地域**が位置する。

5 1950年から2000年にかけて就業者数が増加し続けているグラフ中のXが第3次産業，バブルが崩壊した1990年代から就業者数が減少しているYが第2次産業と判断する。運輸業は第3次産業に含まれる。

(六) (地理的分野―世界―人々のくらし，地形・気候，人口・都市，資源・エネルギー)

1 (1) 東北地方を通っていることから，地図2中のEは**北緯40度線**。この緯線は中国のペキン付近やアメリカのニューヨーク付近，地中海などを通る。 (2) 東南アジア以外の熱帯地域では，いも類を主食とする地域が多い。 (3) Qの雨温図について，冬の気温が0度を下回ることから，**冷帯**(亜寒帯)気候の地域であると判断する。 い イギリスのロンドン(温帯の西岸海洋性気候)。 う エジプトのカイロ(乾燥帯の砂漠気候)。 え 日本の東京(温帯の温暖湿潤気候)。

2 Ⅰが示す大洋の東部に**本初子午線**が通っていることから判断する。Ⅱがインド洋，Ⅲが太平洋。

3 アジアやアフリカでおこっている急激な人口増加を**人口爆発**という。

4 一人当たりのエネルギー消費量は，州全体のエネルギー消費量を人口で割った数字であることから，人口が極端に集中しているアジアは北アメリカを下回る。また，アフリカはアジアに次いで人口が多い上，州全体のエネルギー消費量が少ないと考えられる。

<国語解答>

(一) 1 助動詞　2 ウ　3 エ　4 a 匿名化　b 複数の人がチェックしているから相対的に正しい　5 相互に結びつき，全体として体系をなす　6 (最初)社会的に蓄　(最後)に得ること　7 (例) 著者が様々な事実についての記述をどのように結びつけ，いかなる論理に基づいて全体の論述に展開しているのかを読みながら見つけ出していく(こと。)　8 ア

(二) 1 こぶ　2 とこう　3 いど(む)　4 まかな(う)

(三) 1 登頂　2 護衛　3 飼う　4 散る

(四) 1 エ　2 あなたは　3 a (例)万石を興味に持った客が，金沢を訪れたら万石へ行く流れを作る　b 地場産業の活性化　c 地方を活性化させる　4 ウ　5 イ

(五) 1 いいこしらえる　2 イ　3 小首かたぶけてしばし沈吟しける　4 a (例)しら露をの初句を消して，月影をと書き改める　b 妙案　c 重宝

(作文) (例) 資料から，栄養バランスや健康，食品の安全性，規則正しさなど，おいしさよりも身体に影響することを食生活において大切にしている人が多いことがわかる。

　私も，食生活においては，体に及ぼす影響を意識している。もともと食べることが好きなので，好きなときに好きなものを好きなだけ食べていた時期があった。その結果，急激に体重が増えてしまった。しかも，次第に疲れやすくなったりやる気が出なかったりなどという不調を感じるようにもなった。母の助言もあり，バランスのとれた食事を規則正しくとるように食生活を改めたところ，体重も体調も回復していった。そのことをきっかけに，食生活が健康を保つうえでいかに重要かがわかった。今では栄養バランスを考え，家族の分の食事を作ることもある。自分と家族の健康のために，これからも続けていきたい。

<国語解説>

(一) (論説文－大意・要旨，内容吟味，接続語の問題，文と文節，品詞・用法)

1 「ない」には**形容詞**と**助動詞**がある。ここでの「ない」は，動詞に接続し，**打ち消しの意味を**

表すので，助動詞。

2　文節とは，発音や意味のうえで不自然にならないように，文をできるだけ短く区切ったまとまり。また，**一つの文節には必ず自立語が一つ**だけ含まれる。

3　Aは，**前後で「定評のある書き手」と「定評を得ようとする書き手」という二つのこと**を並べているのだから，同類のものごとのうちの一つであることを示す「あるいは」が合う。Bは，後の「単一の情報を得るには，ネット検索のほうが読書よりも優れている」と**言える理由が前に書かれている**ので，「したがって」が入る。

4　aもbも，ネット情報について述べている部分の空欄なので，4段落から探す。ネット上の情報は，「誰が書いたのかがはっきりして」いる本と異なり，「誰が書いたのか」という「作者性」は「匿名化」されていて，「誰にでも開かれている」ため「複数の人がチェックしているから相対的に正しい」と考えられているのである。

5　5段落の中ほどに，知識とは「様々な概念や事象の記述」などの要素が「相互に結びつき，全体として体系をなす状態」だと説明されている。

6　5段落最後の一文に，ネット検索では「社会的に蓄積されてきた知識の構造やその中での個々の要素の位置関係など知らなくても，知りたい情報を瞬時に得ることができる」と，ネット検索で可能なことが述べられている。

7　「知識」とは「様々な概念や事象の記述が相互に結びつき，全体として体系をなす状態」のことだということをおさえる。本の著者は，「様々な事実についての記述」を結びつけて論述を展開しているので，本の中にある「知識の構造を読み取ること」とは，著者が「様々な事実についての記述」を「どのように結びつけ，いかなる論理に基づいて全体の論述に展開しているのかを読みながら見つけ出していくこと」となる。

8　「必要な情報を即座に得るためならば，ネット検索よりも優れた仕組み」はないが，そのように言えるのはネット検索のシステムが「知識を断片化し，情報として」扱っているからである。よって，アが正解。

(二)　(知識問題－漢字の読み書き)

1　「鼓舞」は，気持ちを奮い立たせること。

2　「渡航」は，船や飛行機などで海外へ行くこと。

3　音読みは「**チョウ**」で，熟語は「挑戦」などがある。

4　音読みは「**ワイ**」で，熟語は「収賄」などがある。

(三)　(知識問題－漢字の読み書き)

1　「登頂」は，山頂に登ること。

2　「護衛」は，付き添って守ること。

3　音読みは「**シ**」で，熟語は「飼育」などがある。

4　音読みは「**サン**」で，熟語は「散乱」などがある。

(四)　(小説－内容吟味，文脈把握，語句の意味，ことわざ・慣用句)

1　「おおぎょう」と読み，おおげさだという意味。

2　「図星」である亜佑子の考えとは，直前で梅森が言っている「あなたは，東京進出～やり直せばいい」という内容である。

3　a　直前の梅森の言葉に対し，重則は「そのとおり」だと返していることに注目する。梅森は，

「イタリアンと懐石のフュージョン料理の店」に「事業を拡大」することで,「万石に興味を持ってくださったお客さんが,金沢を訪れたら万石へ」という「流れ」を作ることが重則の夢なのだろうと言い,その言葉を重則は肯定しているのである。 b 「北陸近辺の食材」を使うことによって,客や店が増えると北陸の農作物や水産物の市場が拡大し,「地場産業の活性化」につながる。 c 「地場産業の活性化につなげたい」という重則の夢を聞き,梅森は自分の事業も「そこに発想の原点がある」と言っている。そのことは,後の梅森の発言中で「地方を活性化させる」という言葉に言い換えられている。

4 「急がば回れ」とは,危険が伴う近道よりも安全で確実な方法をとったほうが早く目的を達成できるという意味。

5 順平は,「SNSを使えば,不便な場所でも客は呼べる」と亜佑子が言っていたことを理由に「魔の通り」のことを黙っていたのだから,「出店を思いとどまらせようとしている」わけではないので,アは合わない。亜佑子が「無礼な態度をとり続け」たり,「梅森にわびよう」としたりする描写は見られないので,ウも合わない。重則と梅森の目指すところが一致したのであり,重則は梅森の言葉を巧みに利用しているわけではないので,エも合わない。

(五) (古文－内容吟味,文脈把握,指示語の問題,仮名遣い)

〈口語訳〉 昔,芭蕉の弟子の宝井其角は,ある大名の前に呼ばれて俳句を詠んだとき,大名がこれを見るようにと一枚の画幅を出して,其角にお見せになったのを,さらさらと開いて見たところ,何某の画工が,萩に月を最も趣深く描いているところに,芭蕉の讃があり,

しら露をこぼさぬ萩のうねり哉

と読み下して,其角は特に感じ入っている様子で,小首をかしげてしばらく考え込んでいたが,何を思ったのだろう,そばの硯の筆を取って,しら露をの五文字を消して,月影をと書き改めた。大名は思いのほか機嫌を損ねられたので,近習の人々もその失礼を怒ったけれども,其角は落ち着いていて,少しも屈する様子がなかったので,今はどうしようもなくて,彼の気質は正気ではないなどと言いつくろう者がいて,大名の前を退出した。そして,後に芭蕉をお呼びになって,その話をお語りになると,芭蕉はいつもよりも気分がよさそうで,画幅を開いてほほ笑みながら,筆に墨をつけて月影をという部分の近くに,この五文字は其角の妙案だと書き添えたので,大名もご機嫌を直されたということだ。この一枚の画幅は,今では芭蕉と其角の書き損じの画幅として、その家の重宝の一つであるとかということだ。

1 歴史的仮名遣いのハ行は,現代仮名遣いのワ行にあたる。

2 「性質ものぐるほしけれ」と言われている人物なのだから,其角である。芭蕉の句の一部を書き改めたことを,正気ではないとされているのだ。

3 其角の様子は,句の後に詳しく述べられていて,「小首かたぶけてしばし沈吟しける」が,考え込んでいる動作にあたる。「沈吟」は,考え込むという意味。

4 a 画幅の句を読んで考え込んでいた其角は,「しら露をの五文字を抹却して,月影をと書き改め」ている。 b 其角が「しら露を」を「月影を」と書き改めたと聞いた芭蕉は,「月影を」とは「其角が妙案」だと書き添えている。 c 最後の一文に,「反古の画幅」として「重宝の一つ」だったとある。

(作文) (作文(自由・課題))

自分が普段の食生活で意識していることに焦点をあて,資料の内容を関連づけて意見をまとめるとよいだろう。

愛媛県公立高等学校

2020年度

★★★★★★★★★★★★★★★★★★★★★★★★

入試問題

2020年度

●くわしい解説……45ページ

＜数学＞

時間　50分　　満点　50点

【注意】　答えに$\sqrt{\ }$が含まれるときは，$\sqrt{\ }$を用いたままにしておくこと。
また，$\sqrt{\ }$の中は最も小さい整数にすること。

(一)　次の計算をして，答えを書きなさい。

1　$-5+2$

2　$3(4a-3b)-6\left(a-\frac{1}{3}b\right)$

3　$4x^2y\times 3y\div 6x^2$

4　$(2\sqrt{5}+1)(2\sqrt{5}-1)+\frac{\sqrt{12}}{\sqrt{3}}$

5　$(x-4)(x-3)-(x+2)^2$

(二)　次の問いに答えなさい。

1　$a=2$，$b=-3$　のとき，$-\frac{12}{a}-b^2$ の値を求めよ。

2　二次方程式 $x^2+2x-35=0$　を解け。

3　y は x に反比例し，比例定数は -6 である。x と y の関係を式に表し，そのグラフをかけ。

4　右の表は，あるみかん農園でとれたみかん8000個から，無作為に抽出したみかん40個の糖度を調べ，その結果を度数分布表に表したものである。

⑴　表のアに当てはまる数を書け。

⑵　この結果をもとにすると，このみかん農園でとれたみかん8000個のうち，糖度が11度以上13度未満のみかんの個数は，およそ何個と推測されるか。

抽出したみかん40個の糖度

階級（度）	度数（個）
9以上～10未満	2
10～11	ア
11～12	13
12～13	12
13～14	9
計	40

5　右の図のように，箱の中に，-3，-2，0，1，2，3 の数字が1つずつ書かれた6枚のカードが入っている。この箱の中から同時に2枚のカードを取り出すとき，2枚のカードに書かれた数の和が正の数となる確率を求めよ。ただし，どのカードが取り出されることも同様に確からしいものとする。

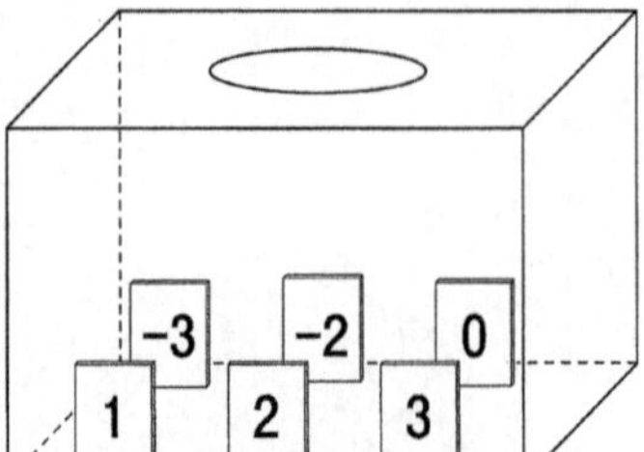

6　下の図のように，３点A，B，Cがある。２点A，Bから等しい距離にある点のうち，点Cから最も近い点Pを，解答欄に作図せよ。ただし，作図に用いた線は消さずに残しておくこと。

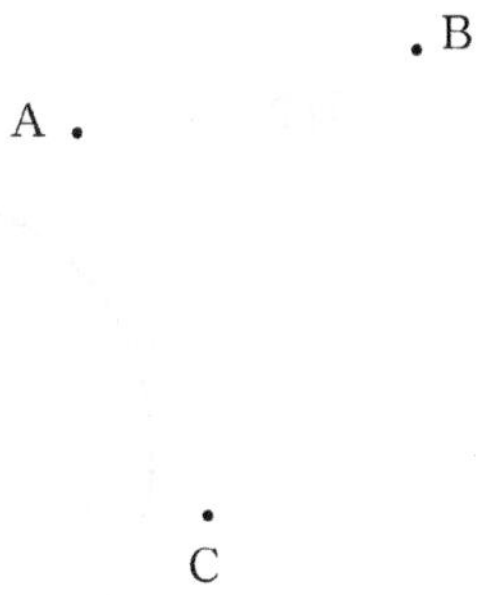

7　太郎さんは１日の野菜摂取量の目標値の半分である175ｇのサラダを作った。このサラダの材料は，大根，レタス，赤ピーマンだけであり，入っていた赤ピーマンの分量は50ｇであった。また，下の表をもとに，このサラダに含まれるエネルギーの合計を求めると33kcal《キロカロリー》であった。このサラダに入っていた大根とレタスの分量は，それぞれ何ｇか求めよ。ただし，用いる文字が何を表すかを最初に書いてから連立方程式をつくり，答えを求める過程も書くこと。

	100ｇ当たりのエネルギー（kcal）
大　　根	18
レ タ ス	12
赤ピーマン	30

(三)　ある遊園地で，太郎さんたちは次のページの**図１**のような観覧車に乗った。その観覧車には，ゴンドラ24台が，半径20mの円の円周上に等間隔で設置されており，ゴンドラは，一定の速さで円周上を動き，16分かけて１周する。次のページの**図２**は，この観覧車を模式的に表したものである。乗客は，地面からの高さが５ｍである点Pからゴンドラに乗り，ゴンドラが１周したのち，点Pで降りる。また，点Pは，円周上の最も低い位置にある。

このとき，次の問いに答えなさい。ただし，ゴンドラの大きさは考えないものとする。(円周率はπを用いること。)

1　太郎さんがゴンドラに乗ってからの４分間で，太郎さんが乗っているゴンドラが円周上を動いてできる弧の長さを求めよ。

2　花子さんは，太郎さんが乗っているゴンドラの８台あとのゴンドラに乗った。

(1)　花子さんがゴンドラに乗ったのは，太郎さんがゴンドラに乗ってから何分後か求めよ。

(2)　しばらくして，太郎さんが乗っているゴンドラと花子さんが乗っているゴンドラの，地面からの高さが同じになった。このときの地面からの高さを求めよ。

3　まことさんは，太郎さんが乗っているゴンドラの n 台あとのゴンドラに乗った。太郎さんがゴンドラに乗ってから t 分後に，太郎さんが乗っているゴンドラとまことさんが乗っているゴンドラの，地面からの高さが同じになった。このとき，t を n の式で表せ。ただし，n は24より小さい自然数とする。

図１

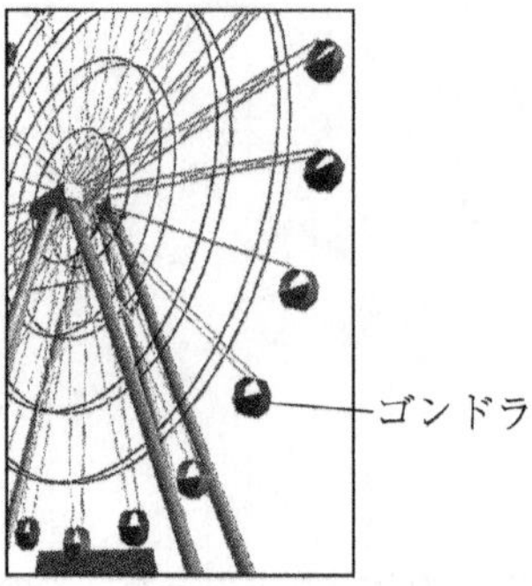

図２

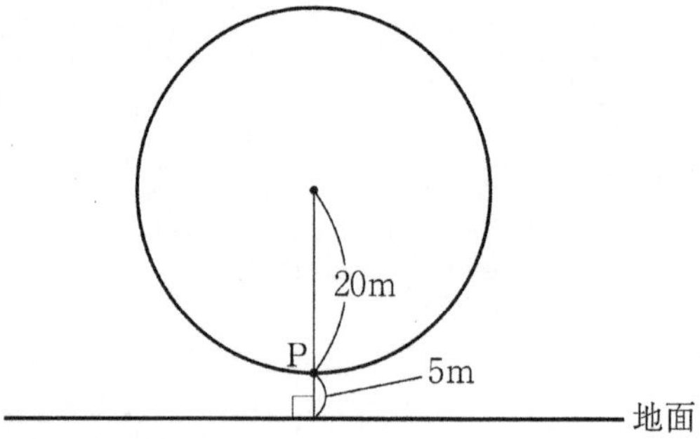

(四)　右の図のような１辺が６cmの正方形ABCDがある。点P，Qは，点Aを同時に出発して，点Pは毎秒２cmの速さで正方形の辺上を反時計回りに動き，点Qは毎秒１cmの速さで正方形の辺上を時計回りに動く。また，点P，Qは出会うまで動き，出会ったところで停止する。

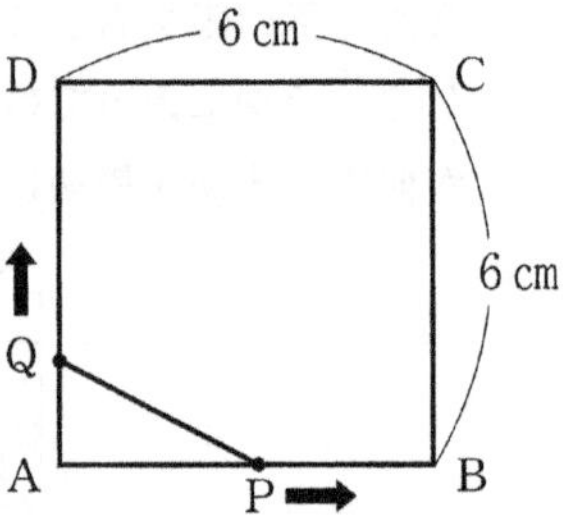

点P，Qが点Aを出発してから x 秒後の△APQの面積を y cm^2 とするとき，次の問いに答えなさい。ただし，$x=0$ のときと，点P，Qが出会ったときは，$y=0$ とする。

1　$x=1$ のときと，$x=4$ のときの，y の値をそれぞれ求めよ。

2　点P，Qが出会うのは，点P，Qが点Aを出発してから何秒後か求めよ。

3　下のア～エのうち，x と y の関係を表すグラフとして，最も適当なものを１つ選び，その記号を書け。

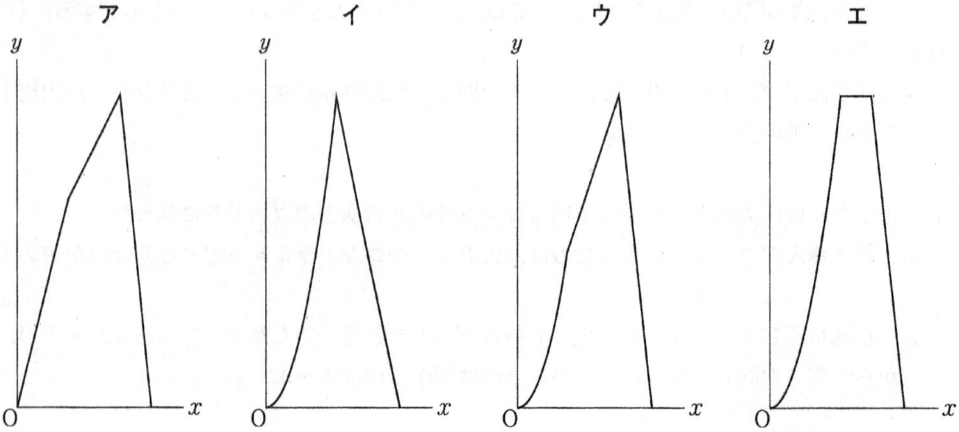

4　$y=6$ となるときの x の値を**全て**求めよ。

(五)　線分ABを直径とする半円Oがある。下の図のように，$\overset{\frown}{\mathrm{AB}}$上に点Cを，AC＝BC となるようにとり，$\overset{\frown}{\mathrm{BC}}$上に点Dを，点B，Cと異なる位置にとる。また，直線ACと直線BDの交点をE，線分ADと線分BCの交点をFとする。

このとき，次の問いに答えなさい。

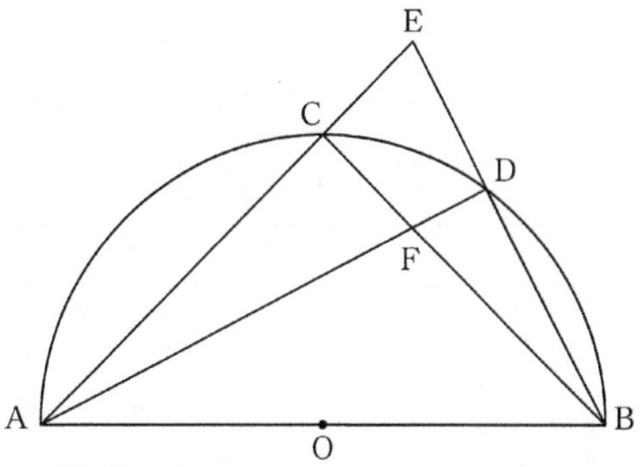

1　下の会話文は，花子さんと太郎さんが，上の図を見ながら話をしたときのものである。

花子さん：　太郎さん，線分AFと同じ長さの線分があるよね。
太郎さん：　線分 ア のような気がするけど，この2つの線分の長さが等しいことを証明するには，どうすればよいのか分からないな。
花子さん：　線分AFと線分 ア を，それぞれ1辺にもつ2つの三角形が合同であることを示せばいいのよ。合同な図形では，対応する辺の長さは等しいからね。
太郎さん：　なるほど。つまり△AFCと△BECが合同であることを示すことができれば，線分AFの長さと線分 ア の長さが等しいことを証明することができるんだね。

(1)　会話文中の**ア**に当てはまるものを書け。

(2)　△AFC≡△BEC であることを証明せよ。

2　△ABEの面積が40㎠，△ABFの面積が20㎠であるとき，線分AFの長さを求めよ。

全日制 定時制	科	受検番号		号	氏名		

令和２年度　数　学　解答用紙

問	題	解答欄	
(一)	1		
	2		
	3		
	4		
	5		
(二)	1		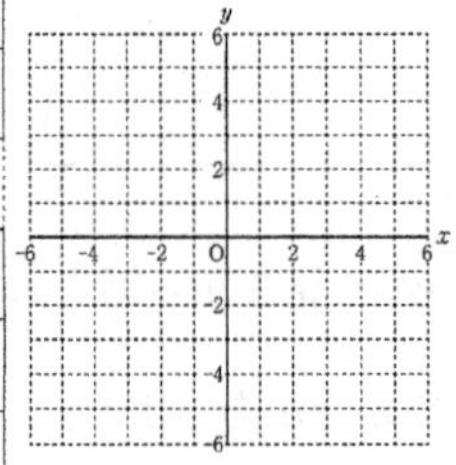
	2		
	3	式	
	4	(1)	
		(2) およそ　個	
	5		
	6	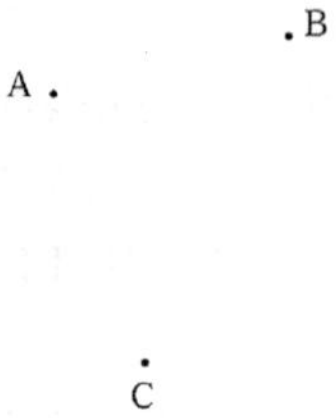	
	7	(解) 答	

問	題	解答欄		
(三)	1		m	
	2	(1)	分後	
		(2)	m	
	3	$t=$		
(四)	1	$x=1$ のとき	$y=$	
		$x=4$ のとき	$y=$	
	2		秒後	
	3			
	4	$x=$		
(五)	1	(1)		
		(2)	(証明) 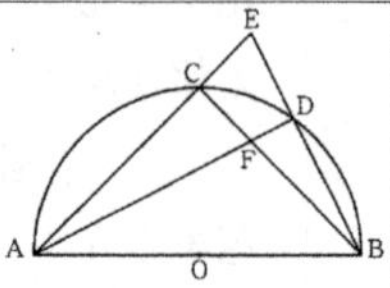	
	2		cm	

問題	(一)	(二)	(三)	(四)	(五)	合計
得点						

※この解答用紙は159％に拡大していただきますと，実物大になります。

＜英語＞

時間　60分　　満点　50点

(一)　聞き取りの問題

	ア	イ	ウ	エ
1				

	ア	イ	ウ	エ
2				

3

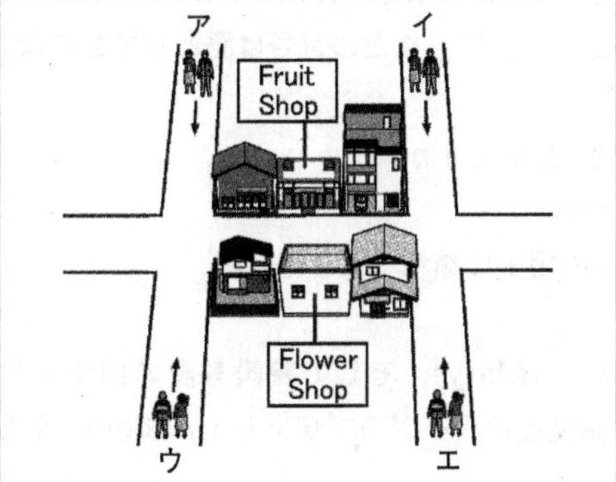

(二)　聞き取りの問題

1　ア　It's my own computer.　　イ　You don't like it.
　　ウ　It's too expensive for me.　　エ　I'll sell it.

2　ア　I watched it with you.　　イ　I found it yesterday.
　　ウ　I watched it again.　　エ　I found it under the table.

（三） 聞き取りの問題

1 ア Mariko did.　　イ Mariko's father did.
　ウ Mariko's mother did.　　エ Mariko's grandmother did.

2 ア Because Mariko's grandmother made a bag for her.
　イ Because Mariko's grandmother asked her to make a cake.
　ウ Because Mariko couldn't buy a cake at the cake shop.
　エ Because Mariko makes a birthday cake every year.

3 ア One hour.　イ Four hours.　ウ Six hours.　エ Nine hours.

4 ア She showed the bag to her grandmother.
　イ She said to her grandmother, "Thank you."
　ウ She sang a birthday song for her grandmother.
　エ She enjoyed a special lunch with her grandmother.

（四） 次の１，２の問いに答えなさい。

1 次の⑴，⑵の各対話文の文意が通るように，（　）の中のア～エを正しく並べかえて，左から順にその記号を書け。

⑴ A : The cameras made（ア used　イ Japan　ウ in　エ are）all over the world.
　B : You're right.　Japanese people make many good things.

⑵ A : I need to go to the hospital now, but it's raining.　Where is my umbrella?
　B : Don't worry.　You don't（ア to　イ it　ウ take　エ have）.　I'll take you there by car.

2 次の⑴，⑵について，それぞれの指示に従って英語で書け。ただし，⑴の①と②，⑵は，三つとも，それぞれ６語以上の１文で書くこと。（「.」「?」などの符号は語として数えない。）

⑴ 次の①，②の質問に答える文を書け。
　① あなたは，将来，どのような仕事に就きたいですか。
　② また，なぜその仕事に就きたいのですか。

⑵ 相手の放課後の予定を知りたい場合，その相手に尋ねる文を書け。

（五） 中学生の早紀（Saki），留学生のメアリー（Mary），そして養護教諭の田中先生（Ms. Tanaka）の三人が保健室で話をしている。対話文と10ページのプリント（handout）をもとにして，１～５の問いに答えなさい。

Saki　　　: Excuse me, Ms. Tanaka.　Mary says she doesn't feel good.
Ms. Tanaka : Do you feel sick, Mary?　You should rest in bed.
Mary　　　: I will.　Ms. Tanaka, could you give me some water?
Ms. Tanaka : Sure.　[　①　].
Mary　　　: Thank you so much.
Saki　　　: Mary, I must go back to the classroom now.　I'll come to see you later.
Mary　　　: Thank you, Saki.

< At lunch time >

Saki : Hi, Mary. How are you feeling?

Mary : I feel better now. Thank you.

Saki : I'm [(A)] to know you feel better. Why did you feel sick?

Mary : Because I studied hard and didn't sleep enough last night.

Ms. Tanaka : What did you study?

Mary : I studied math. (ア)<u>それは私のお気に入りの授業の一つです。</u>

Ms. Tanaka : Studying hard is good, but you should sleep enough. I often worry about the lifestyles of the students at our school. Look at this handout. I'll give it to the students next week. It shows the average sleeping hours of the students.

Saki : Oh, [②]

Ms. Tanaka : That's right. If people don't sleep enough, they'll have some problems. You can learn that on the handout. For example, they'll feel more stressed or get sick more easily.

Mary : I see. And that isn't good for their brain, right?

Ms. Tanaka : You're right. The handout also shows how often the students eat breakfast. Mary, did you eat breakfast today?

Mary : No. I usually get up at six thirty and eat breakfast, but today I got up at seven thirty and didn't have time to eat it.

Ms. Tanaka : [③]. Breakfast is very important for your health.

Saki : I sometimes don't eat it. When I don't eat it, I often feel tired. Oh, look! 2% of the students never eat breakfast. I'm very [(B)]. That's not good for their health.

Ms. Tanaka : That's right. If people don't eat breakfast, they'll have some problems. The handout shows them. Eating it is as important as sleeping enough.

Mary : I think so, too.

Ms. Tanaka : I hear many young people in Japan don't do those two things. What do you think about the lifestyles of young people in your country, Mary?

Mary : We also have that problem in my country. We should think hard about (C)<u>it</u>.

Ms. Tanaka : The students at our school should be more careful about their own lifestyles. I want all of them and their families to read this handout.

Saki : I'll talk about my lifestyle with my family. Thank you, Ms. Tanaka. Mary, I haven't eaten lunch yet because I want to eat it with you. (イ)<u>昼食を食べませんか。</u>

Mary : OK. Thank you so much, Ms. Tanaka.

（注） rest 休む　enough 十分に　lifestyle(s) 生活習慣　average 平均の
sleeping hours 睡眠時間　stressed ストレスのある　easily たやすく　brain 脳
careful 注意深い

Handout

保健だより

生活習慣に関するアンケート結果（対象：全校生徒）

【一日の睡眠時間はどれくらいですか】

	2017年	2018年	2019年
平均睡眠時間	7時間47分	7時間35分	7時間21分

※望ましい睡眠時間：8～10時間程度

【朝食を毎日食べますか】

毎日食べる　71%　　時々食べない　22%
ほとんど食べない　5%　　全く食べない　2%

睡眠不足の影響	朝食欠食の影響
○脳の働きの低下 ○ストレスの増加 ○病気のリスクの増加 ○血圧の上昇　など	○脳の働きの低下 ○疲労感の増大 ○体重の増加 ○便秘　など

1 対話文中の①～③に当てはまる最も適当なものを，それぞれ次のア～エの中から一つずつ選び，その記号を書け。

① ア No, I couldn't
イ Don't drink it
ウ You gave it to me
エ Here you are

② ア the average sleeping hours are getting shorter
イ the average sleeping hours will get longer
ウ all of them sleep longer than me each year
エ all of them sleep for more than eight hours

③ ア That's also very good
イ You must sleep longer
ウ That also made you sick
エ You ate enough this morning

2 対話文中の(ア)，(イ)の日本語の内容を英語に直せ。

3 対話文中の(A)，(B)に入る最も適当なものの組み合わせを，次のア～エの中から一つ選び，その記号を書け。

ア (A) glad　(B) excited
イ (A) glad　(B) surprised
ウ (A) sad　(B) excited
エ (A) sad　(B) surprised

4 次の英文は，対話文中の(C)の指す内容を，具体的に英語でまとめたものである。英文中の(a)，

(b)に入る語句を，対話文中からそれぞれ連続する２語でそのまま抜き出して書け。((a), (b)の順序は問わない。)

Many young people don't ＿＿(a)＿＿ and don't ＿＿(b)＿＿.

5　次の(1)～(3)の英文の内容が，対話文，Handout の内容に合うように，〔　〕のア～エの中から，最も適当なものをそれぞれ一つずつ選び，その記号を書け。

(1) Saki〔ア went back to the classroom to see Ms. Tanaka　イ didn't feel good and rested in bed　ウ came to see Mary at lunch time　エ told her friends to make the handout〕.

(2) Ms. Tanaka hopes that〔ア the students will get the handout next month　イ the students will worry about the lifestyles of their families　ウ the students will think about the lifestyles of people in Mary's country　エ the students and their families will read the handout〕.

(3) The handout shows that〔ア about 70% of the students eat breakfast every day　イ more than 30% of the students sometimes don't eat breakfast　ウ only 2% of the students feel stressed　エ the students who sleep enough eat breakfast every day〕.

(六)　次の英文は，英雄 (Hideo) が英語の時間に発表したものである。これを読んで，１～６の問いに答えなさい。(①～⑤は，それぞれ段落を示す番号である。)

① My father and mother like reading books. There have been many kinds of books in my house since I was a small child. When I went to bed, my father usually came to my room with me and read a picture book to me. I began to read books when I was about four years old. After I read a book, I liked talking about the story with my mother. She always listened to me and said in a kind voice, "How did you feel after you read that story?" or "What do you think about that story?" I [(A)] more interested in reading because of that.

② I like reading very much even now. I read about ten books in a month. I don't have enough money to buy all of the books I want to read. So I often go to the library which was built near my house two years ago. My sister began to work there last spring. She told me about the history of libraries. The first library in the world was built about 2,700 years ago. The first library in Japan was built by a nobleman around the year 800. About 1,100 years later, people used libraries in some parts of Japan. But the libraries at that time were not like the libraries which we usually use today. People couldn't borrow books from the library and had to read them in the library. 〔 ア 〕

③ After my sister told me about libraries, I wanted to know about the history of books and went to the library. About 3,000 years ago, in some parts of the world, people recorded their life on shells, wood, and other things. After a very long time passed, people began to use paper to record things. [イ] A man in China invented paper around the year 100. People there began to make books by using it because they thought that they could record more things. People in other countries also thought so and began (B) to do the same thing. When did paper come to Japan? I learned from a book that a man came across the sea to Japan in 610 and showed Japanese people how to make paper. After that, people in Japan began to read paper books.

④ Today, some people enjoy reading without paper books. [ウ] I learned on the Internet that digital comics got more popular than paper ones in 2017. Some of my friends don't have paper comics at home, and they read digital ones on the Internet. Even my father's electronic dictionary has 1,000 Japanese stories and the same number of foreign ones. I think that it is good to carry many stories comfortably. But I like reading paper books better than digital ones. [エ]

⑤ I think that my life will be very different without books. I have learned from books what people thought and did. Books have [(C)] me many things about the world. What will the world be like? What should I do? Reading many kinds of books has given me chances to think about my future. What chances have books given to you?

(注) enough 十分な　nobleman 貴族　around ～ ～頃　record ～ ～を記録する
shell(s) 貝殻　wood 木材　pass 経過する　invent ～ ～を発明する
across ～ ～を越えて　digital デジタルの　electronic 電子の　foreign 外国の
comfortably 楽に

1 本文中の(A)，(C)に入る英語として最も適当なものを，次の中から一つずつ選び，それぞれ正しい形の１語に直して書け。

become	call	choose	look	save	teach	throw

2 本文中の(B)の指す内容を，日本語で具体的に説明せよ。

3 次の【説明】に最も近い意味を持つ１語を，③～⑤段落の文中から，そのまま抜き出して書け。

【説明】 a book people use to understand what words mean

4 次の１文が入る最も適当な場所を，本文中のア～エの中から一つ選び，その記号を書け。

And they needed money to read there.

5 本文中に書かれている内容と一致するものを，次のア～キの中から二つ選び，その記号を書け。

ア Hideo's mother often read a lot of picture books to him after he went to bed.

イ Hideo buys about ten books which he wants to read almost every month.

ウ Hideo's sister works in the library which a nobleman built in her city.

エ People could use libraries and read there in some parts of Japan around 1900.

オ People in some parts of the world read paper books about 3,000 years ago.

カ Hideo's father has already read 2,000 foreign stories on the Internet.

キ Hideo has thought about what to do in the future after reading many kinds of books.

6 この発表の題名として最も適当なものを，次のア～エの中から一つ選び，その記号を書け。

ア My Life with Books　　イ Libraries and My Sister

ウ Chances to Give Books　　エ The Future of My Family

全日制 定時制		科	受検番号		号	氏名	

令和2年度　英　語　解答用紙

問題	解	答	欄				
(一)	1		2		3		
(二)	1		2				
(三)	1		2		3		4
(四)	1	(1)	(　)(　)(　)(　)	(2)	(　)(　)(　)(　)		
	2	(1)	①				
			②				
		(2)					
(五)	1	①		②		③	
	2	(ア)					
		(イ)					
	3						
	4	(a)	(　)(　)	(b)	(　)(　)		
	5	(1)		(2)		(3)	
(六)	1	(A)		(C)			
	2						
	3						
	4						
	5			6			

問題	(一)	(二)	(三)	(四)	(五)	(六)	合計
得点							

※この解答用紙は159％に拡大していただきますと，実物大になります。

＜理科＞

時間　50分　　満点　50点

(一)　光と力に関する次の１～３の問いに答えなさい。

1　［実験１］図１のように，正方形のマス目の描かれた厚紙の上に，透明で底面が台形である四角柱のガラスＸと，スクリーンを置き，光源装置から出た光の進み方を調べた。図２は，点Ｐを通り点Ｑからガラスに入る光ａの道筋を厚紙に記録したものである。次に，光源装置を移動し，図２の点Ｒを通り点Ｓに進む光ｂの進み方を調べると，光ｂは，面Ａで屈折してガラスＸに入り，ガラスＸの中で面Ｂ，Ｃで反射したのち，面Ｄで屈折してガラスＸから出てスクリーンに達した。このとき，面Ｂ，Ｃでは，通り抜ける光はなく，全ての光が反射していた。

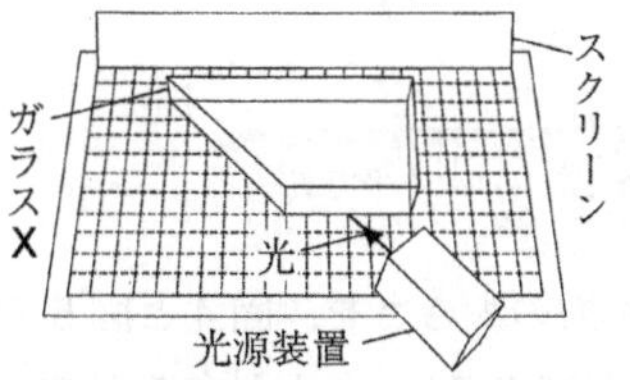

図１（ガラスＸは，側面が底面に垂直である。）

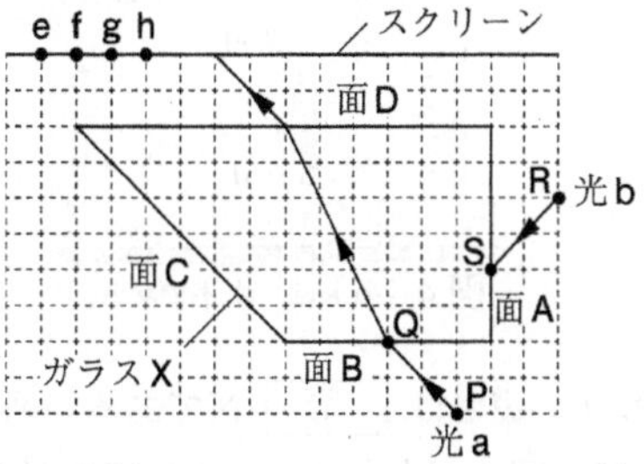

図２（図中のガラスＸは，ガラスＸの形を写し取ったものである。）

⑴　次の文の①，②の｛　｝の中から，それぞれ適当なものを１つずつ選び，その記号を書け。また，③に当てはまる最も適当な言葉を書け。

　光がガラスから空気中へと屈折して進むとき，屈折角は入射角より①｛ア　大きく　　イ　小さく｝なる。また，このとき，入射角を②｛ウ　大きく　エ　小さく｝していくと，下線部のような反射が起こる。この下線部のように反射する現象を［　③　］という。

⑵　図２の点ｅ～ｈのうち，光ｂが達する点として，最も適当なものを１つ選び，ｅ～ｈの記号で書け。

2　［実験２］図３のように，質量80ｇの物体ＥをばねＹと糸でつないで電子てんびんにのせ，ばねＹを真上にゆっくり引き上げながら，電子てんびんの示す値とばねＹの伸びとの関係を調べた。表１は，その結果をまとめたものである。ただし，糸とばねＹの質量，糸の伸び縮みは考えないものとし，質量100ｇの物体にはたらく重力の大きさを1.0Ｎとする。

図３

⑴　表１をもとに，手がばねＹを引く力の大きさとばねＹの伸びとの関係を表すグラフをかけ。

⑵　実験２で，ばねＹの伸びが6.0㎝のとき，電子てんびんの示す値は何ｇか。

表１

電子てんびんの示す値〔ｇ〕	80	60	40	20	0
電子てんびんが物体Ｅから受ける力の大きさ〔Ｎ〕	0.80	0.60	0.40	0.20	0
ばねＹの伸び〔cm〕	0	4.0	8.0	12.0	16.0

⑶　図３の物体Ｅを，質量120ｇの物体Ｆにかえて，実験２と同じ方法で実験を行った。電子てんびんの示す値が75ｇのとき，ばねＹの

伸びは何cmか。

3　［**実験3**］**図4**のように，糸**G**～**I**を1か所で結んで結び目をつくり，糸**G**をスタンドに固定して，糸**H**におもり**J**をつるし，糸**I**を水平に引いて，糸**I**を延長した直線と糸**G**との間の角度が45°になるように静止させた。このとき，糸**I**が結び目を引く力の大きさは3.0Nであった。

次に，**図5**のように，糸**I**を水平に引いて，糸**I**を延長した直線と糸**G**との間の角度が**図4**のときより小さくなるように静止させた。

次の文の①に当てはまる適当な数値を書け。また，②，③の｛　｝の中から，それぞれ適当なものを1つずつ選び，その記号を書け。ただし，糸の質量，糸の伸び縮みは考えないものとする。

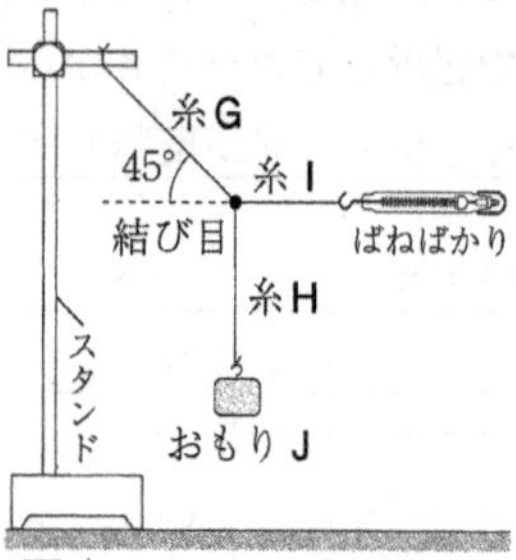

図4〔糸**I**は，水平である。〕

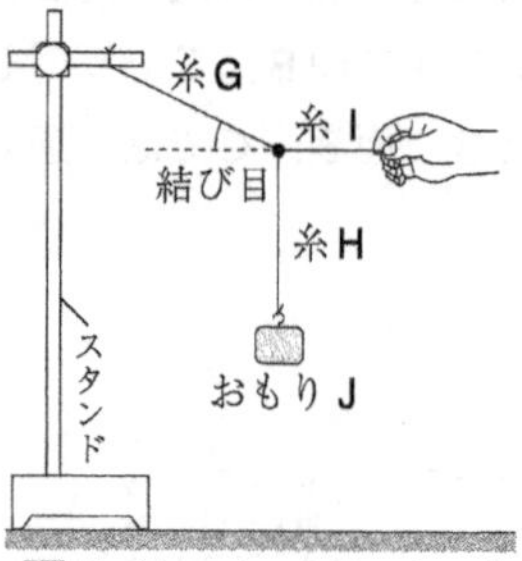

図5〔糸**I**は，水平である。〕

おもり**J**の重さは［　①　］Nである。糸**I**が結び目を引く力の大きさを，**図4**と**図5**で比べると，②｛**ア**　図4が大きい　　**イ**　図5が大きい　　**ウ**　同じである｝。糸**I**と糸**G**が結び目を引く力の合力の大きさを，**図4**と**図5**で比べると，③｛**ア**　図4が大きい　　**イ**　図5が大きい　**ウ**　同じである｝。

(二)　水溶液とイオン，化学変化に関する次の1・2の問いに答えなさい。

1　［**実験1**］**図1**のように，電流を流れやすくするために中性の水溶液をしみ込ませたろ紙の上に，青色リトマス紙**A**，**B**と赤色リトマス紙**C**，**D**を置いたあと，うすい水酸化ナトリウム水溶液をしみ込ませた糸を置いて，電圧を加えた。しばらくすると，赤色リトマス紙**D**だけ色が変化し，青色になった。

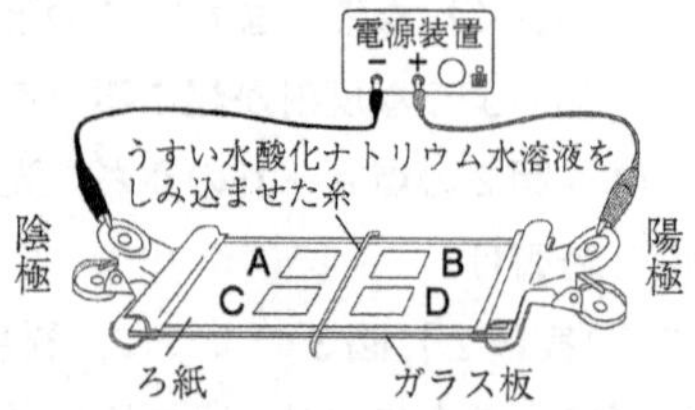

図1〔**A**と**B**は青色リトマス紙，**C**と**D**は赤色リトマス紙〕

⑴　水酸化ナトリウムのような電解質が，水に溶けて陽イオンと陰イオンに分かれる現象を［　　］という。［　　］に当てはまる適当な言葉を書け。

⑵　次の文の①，②の｛　｝の中から，それぞれ適当なものを1つずつ選び，その記号を書け。

実験1で，赤色リトマス紙の色が変化したので，水酸化ナトリウム水溶液はアルカリ性を示す原因となるものを含んでいることが分かる。また，赤色リトマス紙は陽極側で色が変化したので，色を変化させたものは①｛**ア**　陽イオン　　**イ**　陰イオン｝であることが分かる。これらのことから，アルカリ性を示す原因となるものは②｛**ウ**　ナトリウムイオン　　**エ**　水酸化物イオン｝であると確認できる。

⑶　うすい水酸化ナトリウム水溶液を，ある酸性の水溶液にかえて，**実験1**と同じ方法で実験を

行うと，リトマス紙A～Dのうち，１枚だけ色が変化した。色が変化したリトマス紙はどれか。A～Dの記号で書け。

2　［実験２］図２のように，試験管Pに入れた炭酸水素ナトリウムを加熱し，発生する気体Xを試験管に集めた。しばらく加熱を続け，気体Xが発生しなくなったあと，ⓐある操作を行い，加熱を止めた。加熱後，試験管Pの底には固体Yが残り，口近くの内側には液体Zがついていた。気体Xを集めた試験管に石灰水を加えて振ると，白く濁った。また，液体Zに塩化コバルト紙をつけると，ⓑ塩化コバルト紙の色が変化したことから，液体Zは水であることが分かった。

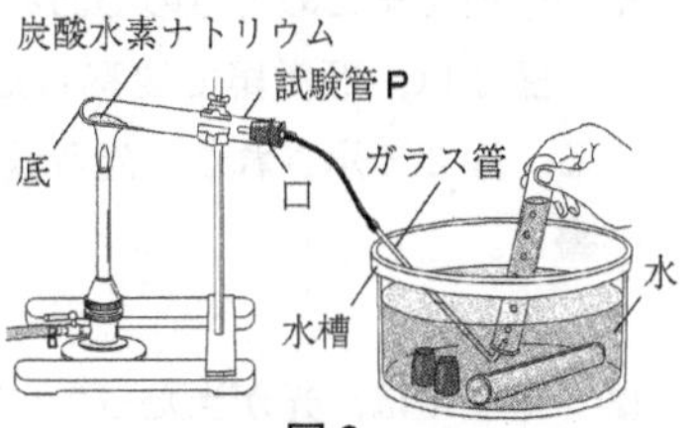

図2

［実験３］図３のように，試験管Qに炭酸水素ナトリウム1.0g，試験管Rに固体Y1.0gをとったあと，ⓒ１回の操作につき，試験管QとRに水を$1.0\,cm^3$ずつ加え，20℃での水への溶けやすさを調べた。ある回数この操作を行ったとき，試験管Rの固体Yだけが全て溶けた。次に，この試験管Q，Rにⓓ無色の指示薬を加えると，水溶液はどちらも赤色に変化したが，その色の濃さに違いが見られた。これらのことから，固体Yが炭酸ナトリウムであると確認できた。

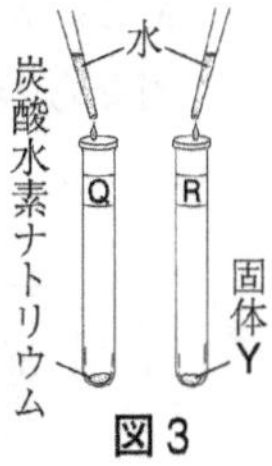

図3

(1)　下線部ⓐの操作は，試験管Pが割れるのを防ぐために行う。この操作を簡単に書け。

(2)　次のア～エから，下線部ⓑの色の変化として，最も適当なものを１つ選び，その記号を書け。

ア　青色→赤色　　イ　青色→緑色　　ウ　赤色→青色　　エ　赤色→緑色

(3)　実験２では，炭酸水素ナトリウムから炭酸ナトリウムと水と気体Xができる化学変化が起こった。この化学変化を化学反応式で表すとどうなるか。解答欄の［　　］に当てはまる化学式をそれぞれ書き，化学反応式を完成させよ。

(4)　実験３で，試験管Rの固体Y（炭酸ナトリウム）だけが全て溶けたのは，下線部ⓒの操作を，少なくとも何回行ったときか。ただし，炭酸ナトリウムは，水100gに20℃で最大22.1g溶けるものとし，20℃での水の密度は$1.0\,g/cm^3$とする。

(5)　下線部ⓓの指示薬の名称を書け。また，指示薬を加えたあと，試験管Q，Rの水溶液の色を比べたとき，赤色が濃いのはどちらか。Q，Rの記号で書け。

(三)　植物の葉のはたらき，動物の仲間と体のつくりに関する次の１・２の問いに答えなさい。

1　［実験］ふた付きの透明な容器と光を通さない箱を用いて，図１のような装置A～Dを作り，植物の光合成と呼吸による気体の出入りについて調べた。装置Aは，容器に葉が付いたツバキの枝を入れて息を十分に吹き込みふたをしたもの，装置Bは，容器に葉が付いたツバキの枝を入れて息を十分に吹き込みふたをして箱をかぶせたもの，装置Cは，容器に息を十分に吹き込みふたをしたもの，装置Dは，容器に息を十分に吹き込みふたを

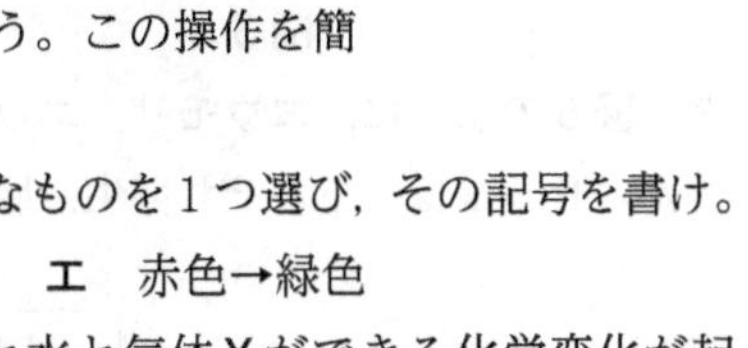

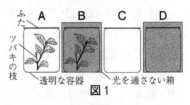

図1

表1

	A	B	C	D
酸素の割合	増加した	減少した	変化なし	変化なし
二酸化炭素の割合	減少した	増加した	変化なし	変化なし

して箱をかぶせたものである。これらの装置A～Dに6時間光を当てた。このとき，光を当てる前後の，容器内の，酸素と二酸化炭素それぞれの体積の割合を測定し，増減を調べた。**表1**は，その結果をまとめたものである。

(1)　**図2**は，顕微鏡で観察したツバキの葉の断面を模式的に表したものである。**図2**で示された，光合成を行う緑色の粒は何と呼ばれるか。その名称を書け。

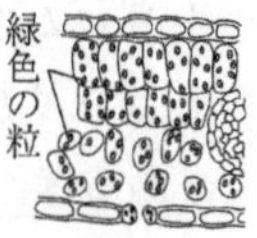

図2

(2)　ツバキは，光が当たっているときのみ光合成を行うことが分かっている。ツバキの呼吸による酸素と二酸化炭素それぞれの出入りの様子を確認するためには，**表1**の**A～D**のうち，どの2つを比較すればよいか。**A～D**から2つ選び，その記号を書け。

(3)　**図3**は，装置**A**の葉の，酸素と二酸化炭素それぞれの出入りの様子を模式的に表したものである。**X**と**Y**には，それぞれ**図4**の**a～d**のどれが当てはまるか。**表2**の**ア～エ**から，最も適当なものを1つ選び，**ア～エ**の記号で書け。

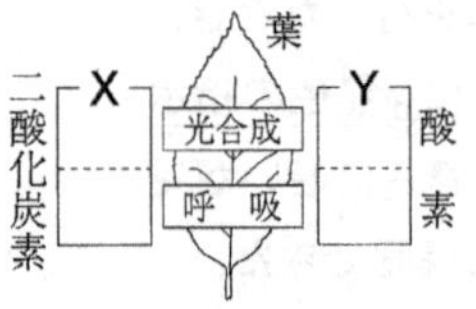

図3

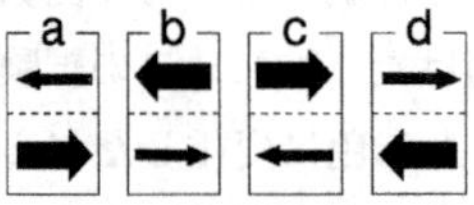

図4（気体の出入りの向きは矢印の向きで示し，気体の量は矢印の太さで示している。）

表2

	X	Y
ア	a	a
イ	a	b
ウ	c	c
エ	c	d

2　**図5**のように，コウモリ，ニワトリ，トカゲ，アサリを，それぞれが持つ特徴をもとに分類した。**P～S**は，それぞれ卵生，胎生，恒温動物，変温動物のいずれかである。

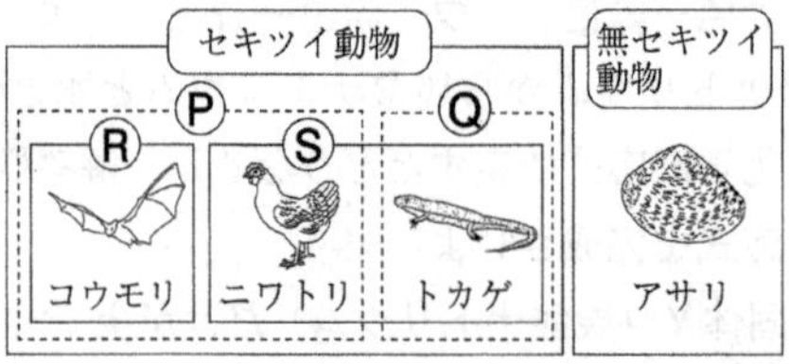

図5

(1)　**図5**において，アサリは，無セキツイ動物に分類されるが，内臓などが[　　]膜と呼ばれる膜でおおわれているという特徴を持つことから，さらに軟体動物に分類される。[　　]に当てはまる適当な言葉を書け。

(2)　次の文の①，②の｛　｝の中から，それぞれ適当なものを1つずつ選び，その記号を書け。

トカゲは，①｛**ア**　えら　　**イ**　肺｝で呼吸を行い，体表は②｛**ウ**　外骨格　　**エ**　うろこ｝でおおわれている。

(3)　胎生と変温動物は，**図5**の**P～S**のどれに当たるか。それぞれ1つずつ選び，**P～S**の記号で書け。

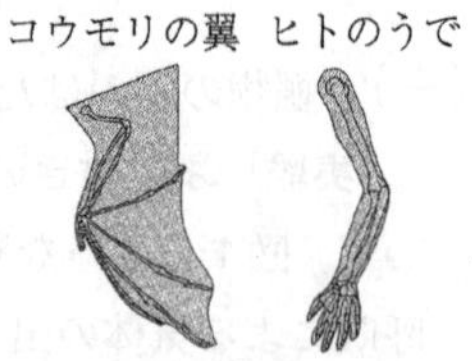

図6

(4)　**図6**は，コウモリの翼とヒトのうでをそれぞれ表したものである。この2つは，[　　]が同じであることから，もとは同じ器官であったと考えられる。このような器官を相同器官という。[　　]に当てはまる適当な言葉を，「形やはたらき」「基本的なつくり」の2つの言葉を用いて，簡単に書け。

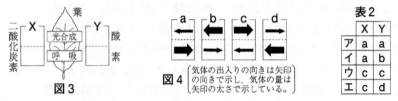

⑸　次の文の①，②の｛　｝の中から，それぞれ適当なものを１つずつ選び，その記号を書け。

皮をはいだニワトリの手羽先を用意し，図７のように，ピンセットでつまんだ筋肉Mと，Nで示された，骨と筋肉Mをつなぐ①｛ア　関節　　イ　けん｝の様子を観察した。筋肉Mを➡の向きに引っぱると，Nが引っぱられ，手羽先の先端は⇨の向きに動いた。下線部のような動きは，実際には，筋肉Mが②｛ウ　縮む　エ　ゆるむ｝ことで起こる。

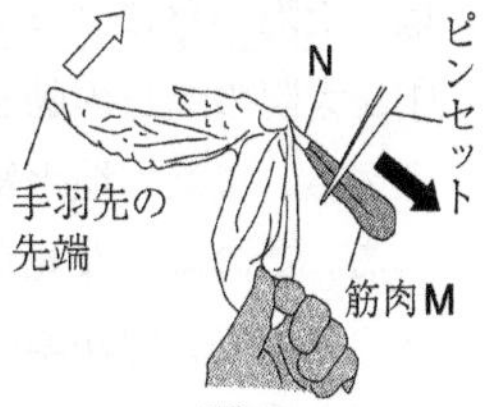

図７

(四)　気象と天体に関する次の１・２の問いに答えなさい。

1　図１は，ある年の11月24日21時と翌日の25日21時の天気図である。

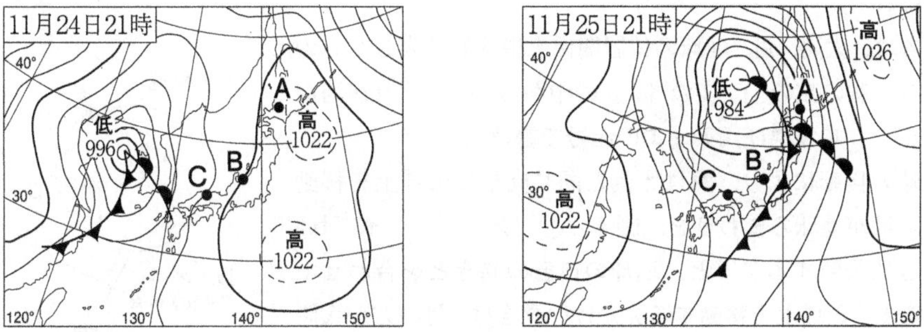

図１

⑴　図２は，図１の24日21時の地点Aの風向，風力，天気を，天気図で使われる記号を用いて表したものである。図２の記号が表している，地点Aの風向，風力，天気をそれぞれ書け。

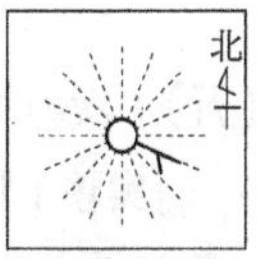

図２

⑵　図１の地点Bにおける，24日21時と25日21時の気圧の差は何hPaか。ただし，24日と25日の地点Bは，それぞれ等圧線と重なっている。

⑶　図３は，24日21時から25日21時までの，図１の地点Cにおける気温と湿度の１時間ごとの記録をグラフで表したものである。図３の，ある時間帯に，図１のの記号で示されている前線が地点Cを通過した。次のア～エのうち，この前線が地点Cを通過したと考えられる時間帯として，最も適当なものを１つ選び，その記号を書け。

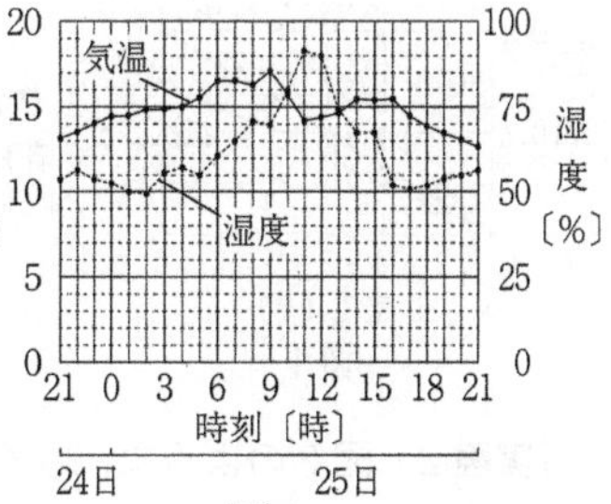

図３

ア　25日　４～６時　　イ　25日　９～11時
ウ　25日　12～14時　　エ　25日　17～19時

⑷　次の文の①，②の｛　｝の中から，それぞれ適当なものを１つずつ選び，その記号を書け。
図１の25日の天気図で，低気圧の中心付近にある，の記号で示されている前線は，①｛ア　停滞前線　　イ　閉そく前線｝であり，その前線の地表付近が寒気におおわれると，低気圧は②｛ウ　発達　　エ　衰退｝していくことが多い。

2　ある年に，X市（北緯43°，東経141°）やY市（北緯35°，東経135°）など，日本各地で，太陽が月によって部分的にかくされる部分日食が見られた。また，同じ年に，アルゼンチンやチリでは，太陽が月によって完全にかくされる日食が見られた。

(1) 太陽の１日の動きを観察すると，太陽は，東の空から南の空を通り，西の空へ動くように見える。また，地平線の下の太陽の動きも考えると，１日に１回地球のまわりを回るように見える。このような見かけの動きを，太陽の何というか。

(2) Ｙ市で太陽が南中する時刻は，Ｘ市で太陽が南中する時刻の何分後か。次のア～エのうち，最も適当なものを１つ選び，その記号を書け。

ア 12分後　イ 16分後　ウ 24分後　エ 32分後

(3) 次の文の①，②の｛　｝の中から，それぞれ適当なものを１つずつ選び，その記号を書け。

下線部のような日食を①｛ア 金環《きんかん》日食　イ 皆既《かいき》日食｝という。また，太陽が月によって完全にかくされるときに観察される，太陽をとり巻く高温のガスの層は②｛ウ コロナ　エ 黒点｝と呼ばれる。

(4) 図４は，太陽，月，地球の位置関係を模式的に表したものである。次の文の①，②の｛　｝の中から，それぞれ適当なものを１つずつ選び，ア～エの記号で書け。

地球の自転により，月は太陽と同じ向きに天球上を移動する。月が地球のまわりを，図４の①｛ア a　イ b｝の向きに公転することと，地球の自転の向きとを合わせて考えると，天球上を移動する見かけの動きは，月の方が太陽よりも②｛ウ 速く　エ 遅く｝なることが分かる。

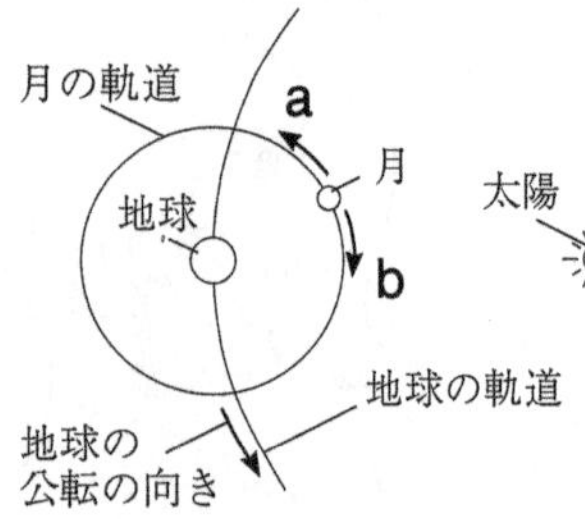

図４

(五) 次の１～４の問いに答えなさい。

1 ［実験１］抵抗器ａ～ｃを用意し，それぞれの抵抗器の両端に加わる電圧とその抵抗器に流れる電流の大きさとの関係を調べた。図１は，その結果を表したグラフである。

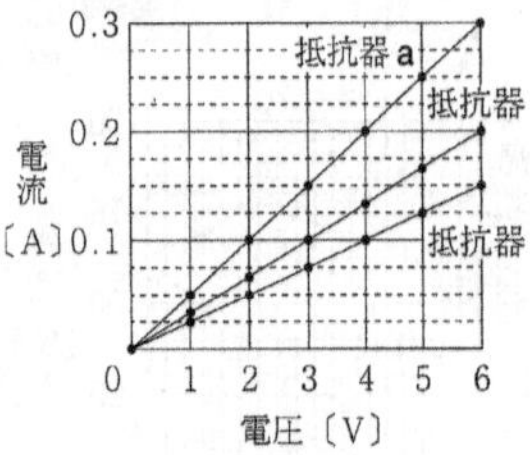

図１

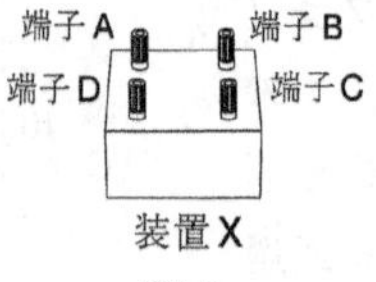

図２

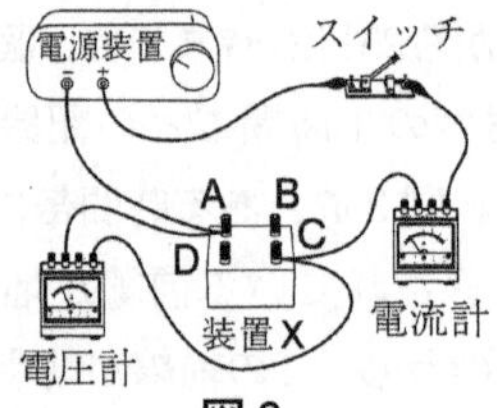

図３

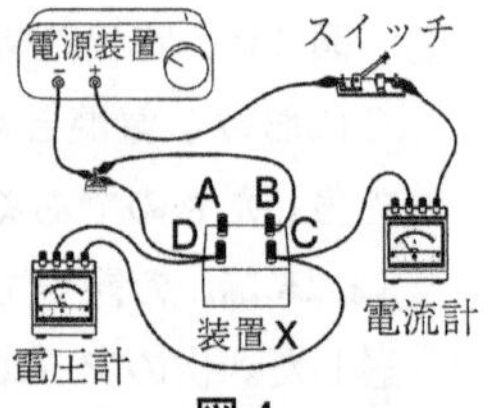

図４

［実験２］図２のような，端子Ａ～Ｄがついた中の見えない箱と実験１で用いた３個の抵抗器ａ～ｃでつくった装置Ｘがある。この箱の内部では，抵抗器ｂがＣＤ間につながれ，抵抗器ａ，ｃがそれぞれＡＢ間，ＢＣ間，ＤＡ間のうち，いずれかの異なる区間につながれている。次に，この装置Ｘを用いて図３と図４の回路をつくり，電圧計の示す値と電流計の示す値との関係をそれぞれ調べた。図５は，その結果を表したグラフである。

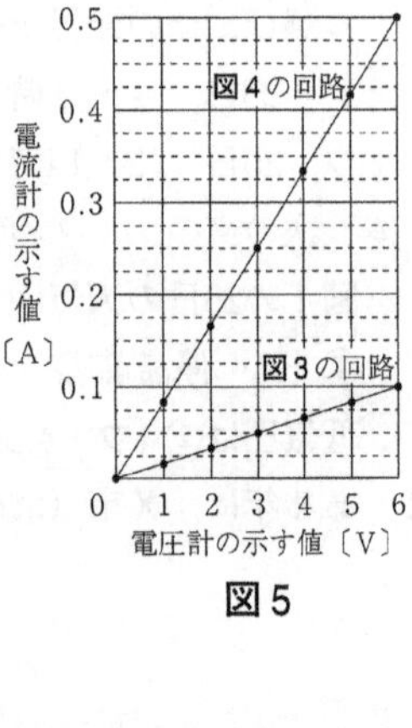

図５

(1)　**実験1**で，抵抗器**a**と抵抗器**c**に同じ大きさの電流が流れているとき，抵抗器**c**が消費する電力は，抵抗器**a**が消費する電力の何倍か。次の**ア**～**エ**のうち，最も適当なものを1つ選び，その記号を書け。

ア　0.25倍　　**イ**　0.5倍　　**ウ**　2倍　　**エ**　4倍

(2)　抵抗器**a**，**c**は，装置**X**の**AB**間，**BC**間，**DA**間のうち，どの区間にそれぞれつながれているか。**表1**の**ア**～**エ**から，最も適当なものを1つ選び，**ア**～**エ**の記号で書け。

表1

	抵抗器a	抵抗器c
ア	AB間	BC間
イ	BC間	AB間
ウ	BC間	DA間
エ	DA間	BC間

2　太郎さんは，土の中の微生物が有機物を分解するはたらきを確認する実験方法を考え，次のようにノートにまとめたあと，実験を行った。

【実験方法】

[1]　ビーカーに野外土50gと水150cm³を入れ，ガラス棒でよくかき混ぜ，しばらく放置する。

[2]　試験管A，Bに，上ずみ液を5cm³ずつとる。

[3]　試験管Bを加熱し，上ずみ液を沸騰させて冷ます。

[4]　試験管A，Bに，1%デンプンのりを5cm³ずつ加え，アルミニウムはくでふたをし，2時間放置する。

[5]　試験管A，Bに，ヨウ素液を数滴ずつ加える。

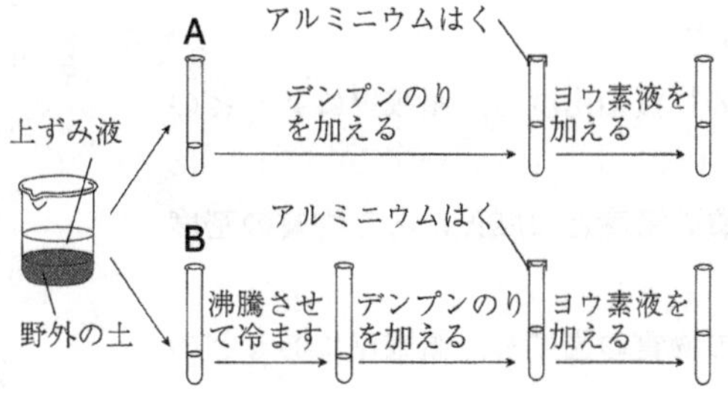

(1)　[5]の操作後，試験管A，Bのうち，[X]のみが青紫色に変化すれば，微生物のはたらきを確認できるが，太郎さんの実験では，試験管A，Bともに青紫色に変化してしまった。そこで，太郎さんが，花子さんから助言を得て，再び実験を行ったところ，[X]のみが青紫色に変化した。Xに当てはまるのは，試験管A，試験管Bのどちらか。A，Bの記号で書け。また，次の**ア**～**エ**のうち，花子さんの助言として，最も適当なものを1つ選び，その記号を書け。

ア　[1]で，土の量を少なくする。　　**イ**　[3]で，加熱時間を長くする。

ウ　[4]で，デンプンのりの濃度を高くする。　　**エ**　[4]で，放置する時間を長くする。

(2)　有機物を分解する微生物の例として，カビや大腸菌があげられる。次の**ア**～**エ**のうち，カビと大腸菌について述べたものとして，適当なものを1つ選び，その記号を書け。

ア　カビと大腸菌は，ともに細菌類に含まれる。

イ　カビは細菌類，大腸菌は菌類に含まれる。

ウ　カビは菌類，大腸菌は細菌類に含まれる。

エ　カビと大腸菌は，ともに菌類に含まれる。

3　銅球と金属球A～Gの密度を求めるために，次の実験を行った。

［実験3］銅球の質量を測定し，糸で結んだあと，図6のように，メスシリンダーに水を50cm^3入れ，銅球全体を沈めて，体積を測定した。次に，A～Gについても，それぞれ同じ方法で実験を行い，その結果を図7に表した。ただし，A～Gは，4種類の金属のうちのいずれかでできた空洞の無いものであり，それぞれ純物質とする。また，質量や体積は20℃で測定することとし，糸の体積は考えないものとする。

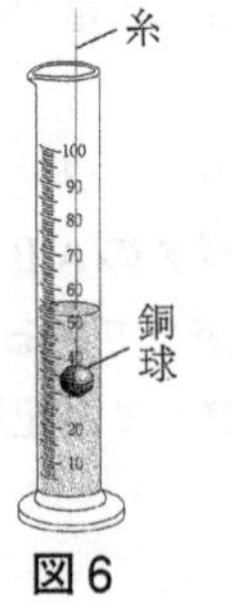

図6

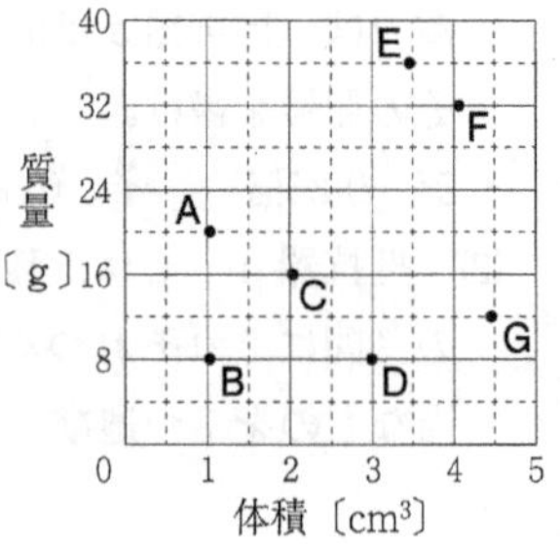

図7

(1)　18gの銅球を用いたとき，実験後のメスシリンダーは図8のようになった。銅の密度は何g/cm^3か。

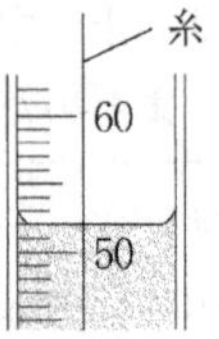

〔図6の液面付近を模式的に表しており，液面のへこんだ面は，真横から水平に見て，目盛りと一致している。〕
図8

(2)　4種類の金属のうち，1つは密度7.9g/cm^3の鉄である。A～Gのうち，鉄でできた金属球として，適当なものを**全て**選び，A～Gの記号で書け。

(3)　図9は，図7に2本の直線ℓ，mを引き，Ⅰ～Ⅳの4つの領域に分けたものである。次のア～エのうち，Ⅰ～Ⅳの各領域にある物質の密度について述べたものとして，最も適当なものを1つ選び，その記号を書け。ただし，Ⅰ～Ⅳの各領域に重なりはなく，直線ℓ，m上はどの領域にも含まれないものとする。

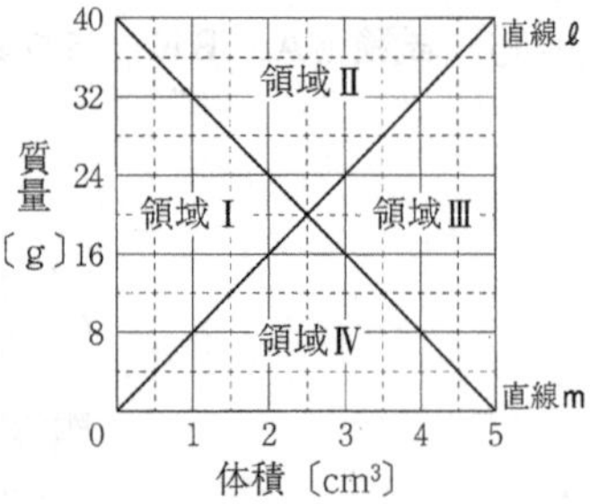

図9〔図7の点A～Gは省略している。〕

ア　領域Ⅰにあるどの物質の密度も，領域Ⅳにあるどの物質の密度より小さい。

イ　領域Ⅱにある物質の密度と領域Ⅳにある物質の密度は，全て等しい。

ウ　領域Ⅲにあるどの物質の密度も，領域Ⅳにあるどの物質の密度より大きい。

エ　領域Ⅲにあるどの物質の密度も，領域Ⅰにあるどの物質の密度より小さい。

4　図10は，ある露頭《ろとう》の模式図である。太郎さんは，この露頭で見られる地層P～Sについて観察し，地層Rの泥岩から，図11のようなアンモナイトの化石を見つけた。

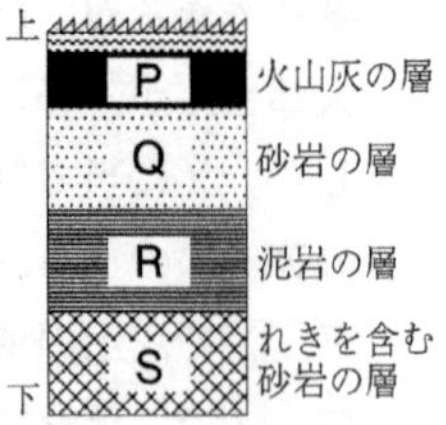

〔地層には上下の逆転はない。〕
図10

図11

(1)　地層Q～Sの岩石に含まれる粒については，風によって広範囲に運ばれる地層Pの火山灰の粒とは異なる方法で運搬され，堆積していることが分かっている。また，地層Q～Sの岩石に含まれる粒と地層Pの火山灰の粒では，形の特徴にも違いが見られた。地層Q～Sの岩石に含まれる粒の形の特徴を，その粒が何によって運搬されたかについて触れながら，解答欄の書き出しに続けて簡単に書け。

(2)　次の文の①，②の｛　｝の中から，それぞれ適当なものを1つずつ選び，ア～エの記号で書け。

　太郎さんは，後日，下線部の露頭をもう一度観察した。すると，

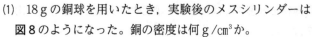

地層Q，Sのいずれかの地層の中から，図12のようなビカリアの化石が見つかった。ビカリアの化石が見つかったのは，①｛ア　地層Q　　イ　地層S｝であり，その地層が堆積した地質年代は②｛ウ　中生代　　エ　新生代｝である。

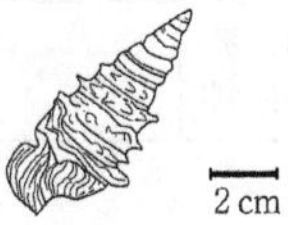

図12

全日制 定時制	科	受検番号	号	氏名		

令和2年度 理 科 解 答 用 紙

問	題		解 答 欄			
(一)	1	(1)	①		②	
			③			
		(2)				
	2	(1)	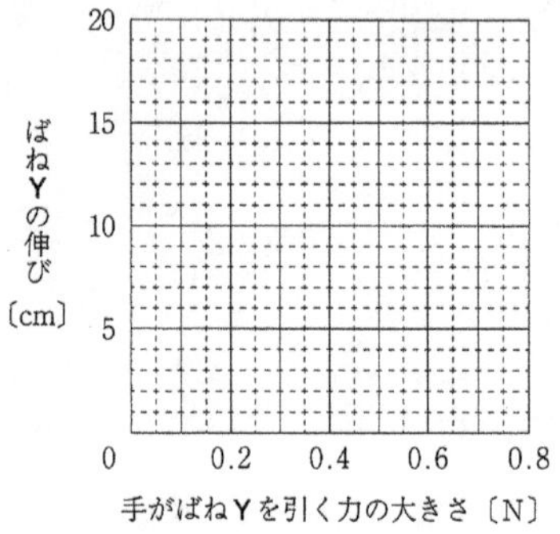			
		(2)	g			
		(3)	cm			
	3		①	N		
			②		③	
(二)	1	(1)				
		(2)	①		②	
		(3)				
	2	(1)				
		(2)				
		(3)	$2NaHCO_3$ → ［　］ ＋ ［　］ ＋ ［　］			
		(4)	回			
		(5)	指示薬	溶液		
			記号			

問	題		解 答 欄			
(三)	1	(1)				
		(2)	（　　　）と（　　　）			
		(3)				
	2	(1)				
		(2)	①		②	
		(3)	胎生		変温動物	
		(4)	が同じであることから,			
		(5)	①		②	
(四)	1	(1)	風向	風力	天気	
		(2)	hPa			
		(3)				
		(4)	①		②	
	2	(1)				
		(2)				
		(3)	①		②	
		(4)	①		②	
(五)	1	(1)				
		(2)				
	2	(1)	X		助言	
		(2)				
	3	(1)	g/cm^3			
		(2)				
		(3)				
	4	(1)	地層Q～Sの岩石に含まれる粒は,			
		(2)	①		②	

問題	(一)	(二)	(三)	(四)	(五)	合計
得点						

※この解答用紙は161％に拡大していただきますと，実物大になります。

<社会>　時間　50分　　満点　50点

(一)　次の資料は，日本のできごとを年代の古い順に上から並べたものである。これを読んで，1～7の問いに答えなさい。

○　①聖徳太子《しょうとくたいし》が，推古《すいこ》天皇の摂政《せっしょう》となった。
○　中大兄皇子《なかのおおえのおうじ》が，②大化《たいか》の改新と呼ばれる改革を始めた。
○　北条時宗《ほうじょうときむね》が，③元《げん》軍の襲来を退けた。
○　足利義満《あしかがよしみつ》が，幕府を④室町に移した。
○　［　⑤　］が，壮大な天守を持つ安土《あづち》城を築いた。
○　徳川家康《とくがわいえやす》が，征夷大将軍《せいいたいしょうぐん》に任命され，⑥江戸に幕府を開いた。
○　⑦徳川吉宗《よしむね》が，享保《きょうほう》の改革と呼ばれる改革を始めた。

1　①が政治を行った頃に栄えた飛鳥《あすか》文化について説明するときに使う資料として最も適当なものを，**ア**～**エ**から一つ選び，その記号を書け。

ア

イ

ウ
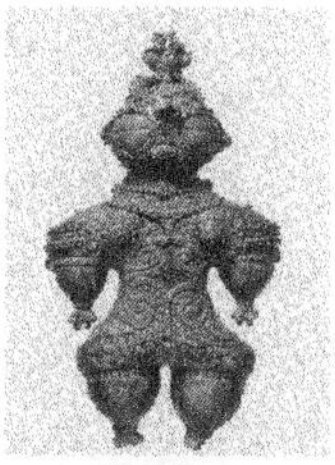
エ

2　②が始められた年から源頼朝《みなもとのよりとも》が征夷大将軍に任命された年までの期間に起こった，次の**ア**～**エ**のできごとを年代の古い順に左から並べ，その記号を書け。

ア　桓武《かんむ》天皇が都を平安京に移した。　　**イ**　平治《へいじ》の乱が起こった。
ウ　平将門《たいらのまさかど》が反乱を起こした。　　**エ**　大宝律令《たいほうりつりょう》がつくられた。

3　③が起こったとき，北条時宗は，鎌倉幕府において，［　X　］と呼ばれる地位にあった。［　X　］は，将軍を補佐する地位であり，この地位には，代々，北条氏が就任した。Xに当てはまる地位の名称を書け。

4　④時代には，民衆力が強まり，［　　　　　　］しくみがみられた。このようなしくみは，一般に惣《そう》と呼ばれ，土《つち》《ど》一揆の基盤となった。［　　］に適当な言葉を書き入れて，文を完成させよ。ただし，［　　］には，次の［語群Ⅰ］，［語群Ⅱ］の言葉の中からそれぞれ一つずつ選び，その二つの言葉と，［自治］の言葉の，合わせて三つの言葉を含めること。

［語群Ⅰ］　［有力な農民］　［商人や手工業者］　　［語群Ⅱ］　［町］　［村］

5　⑤には，足利義昭《よしあき》を京都から追放し，室町幕府を滅亡させた大名の氏名が当てはまる。⑤に当てはまる大名の氏名を書け。

6　次のページの表は，⑥時代の，江戸，大阪，京都における，それぞれの都市の総面積に占める，公家《くげ》地，武家《ぶけ》地，町人地，寺社地などの面積の割合を表したものであり，表中の**A**～**C**は，それぞれ江戸，大阪，京都のいずれかに当たる。**A**～**C**にそれぞれ当たる都市の組み合わせとして適当なものを，ア～エから一つ選び，その記号を書け。

（単位：%）

項目 都市	公家地	武家地	町人地	寺社地	その他
A	−	77.4	9.8	10.3	2.5
B	3.3	5.0	40.1	14.0	37.6
C	−	22.3	57.7	7.8	12.2

（注）17世紀中頃の様子である。公家地，武家地，町人地は，それぞれ，公家，武士，町人が居住する区域であり，寺社地は，寺や神社が所有する区域である。その他は，空き地などである。−は，面積の割合が少なく，数値化されていないことを表している。（歴史公論による）

ア｛A　江戸　B　大阪　C　京都｝　イ｛A　江戸　B　京都　C　大阪｝
ウ｛A　大阪　B　江戸　C　京都｝　エ｛A　大阪　B　京都　C　江戸｝

7　⑦が行った政策について述べた次の文のa，bの｛　｝の中から適当なものを，それぞれ一つずつ選び，その記号を書け。

⑦は，新しい知識の導入をはかるため，a｛ア　中国語　イ　オランダ語｝に翻訳されたヨーロッパの書物のうち，b｛ウ　儒教　エ　キリスト教｝に関係のない書物の輸入を許可した。

（二）　右の略年表を見て，1～7の問いに答えなさい。

1　略年表中の①が結ばれた後，大老《たいろう》の井伊直弼《い　い　なおすけ》は，幕府の政策に反対する大名や公家《くげ》，尊王攘夷《そんのうじょうい》派の武士を処罰した。このできごとは，一般に［　　］の大獄《たいごく》と呼ばれている。［　　］に当てはまる年号を書け。

2　略年表中の②に，最年少の女子留学生として同行した［X］は，帰国後，［Y］。X，Yにそれぞれ当てはまる言葉の組み合わせとして最も適当なものを，ア～エから一つ選び，その記号を書け。

ア｛X　津田梅子《つだうめこ》
　　Y　日本の女子教育の発展に貢献した｝
イ｛X　津田梅子
　　Y　文学者として多くの小説を書いた｝
ウ｛X　樋口一葉《ひぐちいちよう》
　　Y　日本の女子教育の発展に貢献した｝
エ｛X　樋口一葉
　　Y　文学者として多くの小説を書いた｝

3　略年表中の③で，清《しん》が日本に遼東《りょうとう》《リアオトン》半島をゆずることを認めると，［　　］は，ドイツ，フランスを

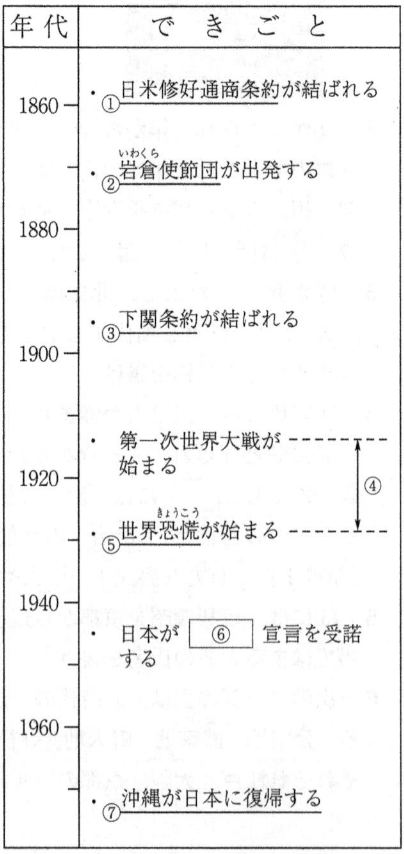

さそい，日本に対して，遼東半島を清に返すようせまった。このできごとは，三国干渉と呼ばれている。[ ] に当てはまる国の名を書け。

4　略年表中の④の期間に起こった日本のできごととして適当なものを，ア～エから二つ選び，年代の古い順に左から並べ，その記号を書け。

ア　大政翼賛会《たいせいよくさんかい》が発足した。

イ　第１回衆議院議員選挙が行われた。

ウ　原敬《はらたかし》が内閣を組織した。

エ　加藤高明《かとうたかあき》内閣が普通選挙法を成立させた。

5　略年表中の⑤について，下のⅠ，Ⅱのグラフは，それぞれ，イギリスの，1929年と1936年のいずれかの年における，輸入総額に占める，イギリス経済圏からの輸入額とイギリス経済圏以外からの輸入額の割合を表したものである。グラフについて述べた次の文の [a] に適当な言葉を書き入れて文を完成させよ。ただし，aには，[イギリス経済圏] [イギリス経済圏以外] [関税] [高く] の四つの言葉を含めること。また，bの｛　｝の中から適当なものを一つ選び，その記号を書け。

Ⅰ	イギリス経済圏 48.0％	イギリス経済圏以外 52.0
Ⅱ	イギリス経済圏 57.3％	イギリス経済圏以外 42.7

（注）イギリス経済圏とは，イギリスの植民地や自治領など，イギリスと経済的な結びつきが強い国と地域のことである。　（近代国際経済要覧による）

略年表中の⑤が起こると，イギリスは，自国に入る輸入品について，[　a　] する政策を行った。その結果，イギリスの輸入の状況は，b｛ア　ⅠからⅡ　　イ　ⅡからⅠ｝へと変化した。

6　略年表中の⑥には，ドイツの，ある都市の名が当てはまる。連合国は，この都市で，日本に対して軍隊の無条件降伏や民主主義の復活を求める宣言を発表した。⑥に当てはまる都市の名を書け。

7　略年表中の⑦のできごとについて述べた次の文のc，dの｛　｝の中から適当なものを，それぞれ一つずつ選び，その記号を書け。

沖縄は，c｛ア　中華人民共和国　　イ　アメリカ合衆国｝の統治下にあったが，日本への復帰を求める住民の運動が続けられ，d｛ウ　佐藤栄作《さとうえいさく》　　エ　田中角栄《たなかかくえい》｝内閣のとき，日本に復帰した。

(三)　次の１～６の問いに答えなさい。

1　次のページのA～Cは，人権思想の発展に関するできごとが書かれたカードである。A～Cのカードを年代の古い順に左から並べ，その記号を書け。

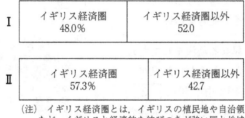

A	フランスで，人は生まれながらに自由であり，平等な権利を持つことをうたった，フランス人権宣言が出された。
B	イギリスで，国王の絶対的な権力を制限して議会の権限を認める，権利の章典が制定された。
C	ドイツで，人間らしい生活を保障する社会権の考えを取り入れた，ワイマール憲法が制定された。

2　日本国憲法は，労働者に対して，労働組合をつくることができる団結権と，労働条件について使用者と［ X ］することができる団体［ X ］権，ストライキなどを行うことができる団体行動権を保障しており，これらの権利は，合わせて労働三権と呼ばれる。Xに当てはまる最も適当な言葉を書け。

3　右の表は，平成20年９月に，衆議院と参議院のそれぞれで行われた，内閣総理大臣の指名の議決における国会議員の得票数を表したものであり，次の文は，議決後の経過について述べたものである。文中のY，Zにそれぞれ当てはまる言葉の組み合わせとして適当なものを，下のア～エから一つ選び，その記号を書け。

衆議院

国会議員	得票数
a	337
b	117
c	9
d	7
e	7
f	1

参議院

国会議員	得票数
b	120
a	108
c	7
d	5

決選投票

国会議員	得票数
b	125
a	108
白票	7

(注)　表中の同一記号は同一人物を示す。参議院では，最初の投票で過半数の票を得た国会議員がいなかったので，上位２名による決選投票が行われた。また，白票とは，何も記入していない白紙による投票のことである。（参議院資料ほかによる）

衆議院と参議院が異なる議決をしたために［ Y ］が開かれた。しかし，意見が一致しなかったので，表中の国会議員［ Z ］を内閣総理大臣に指名することが，国会の議決となった。

ア　{Y　公聴会　　Z　a}　　イ　{Y　公聴会　　Z　b}
ウ　{Y　両院協議会　　Z　a}　　エ　{Y　両院協議会　　Z　b}

4　次の文は，我が国の行政改革の事例について述べたものである。文中の［　］に適当な言葉を書き入れて文を完成させよ。ただし，［　］には，［自由な経済活動］［規制］［緩和］の三つの言葉を含めること。

行政改革の一環として，［　　　　］することが行われている。コンビニエンスストアやインターネット販売において，一部の医薬品の販売が認められたことは，その例である。

5　地方自治法では，地方公共団体の住民に直接請求権が認められており，住民は地方公共団体独自の法である［　　］の制定または改廃を求めることができるとされている。［　　］に当てはまる最も適当な言葉を書け。

6　次のページの表は，2016年における，主な先進国のＯＤＡの実績を表したものである。表から読み取れることを述べた文として適当なものを，ア～エから一つ選び，その記号を書け。

ア　日本は，表中の10か国のうち，援助総額と，国際機関への出資と拠出の額が，いずれも４番目に多い。

イ　表中の10か国とも，国際機関への出資と拠出の額よりも二国間援助の額の方が多い。

ウ　日本とドイツを比べると，ＧＤＰに対する援助総額の割合は，日本の方が大きい。

エ　ノルウェーの国民一人当たりの負担額は，日本の国民一人当たりの負担額の10倍以上である。

項目＼国	援助総額（百万ドル）	ＧＤＰに対する援助総額の割合（％）	国民一人当たりの負担額（ドル）	二国間援助の額（百万ドル）	国際機関への出資と拠出の額（百万ドル）
アメリカ合衆国	34,412	0.18	106.5	28,535	5,877
ドイツ	24,736	0.71	300.7	19,637	5,099
イギリス	18,053	0.68	275.0	11,517	6,536
日本	10,417	0.21	82.1	7,049	3,368
フランス	9,622	0.39	144.2	5,642	3,980
イタリア	5,087	0.27	84.0	2,420	2,667
オランダ	4,966	0.64	290.6	3,157	1,809
スウェーデン	4,894	0.95	489.6	3,452	1,442
ノルウェー	4,380	1.18	832.7	3,451	929
スペイン	4,278	0.35	92.1	2,597	1,681

（注）　二国間援助とは，発展途上国に対して直接的に行う援助のことである。

（総務省資料ほかによる）

(四)　次の１～５の問いに答えなさい。

１　次の会話文は，直子さんと先生が，株式会社と株主の関係について，話をしたときのものである。文中の □ に適当な言葉を書き入れて，文を完成させよ。ただし，□ には，株式の数 会社の利益 の二つの言葉を含めること。

先　　生：　株式会社は，株式を発行して出資者を集めており，出資者は，株主と呼ばれます。株主は，どのようなことを期待して，出資するのですか。

直子さん：　株式会社には，配当というしくみがあり，株主は，□ ことができます。株主は，それを期待して，出資します。

先　　生：　そのとおりです。

２　市場経済において，特定の商品を供給する企業が１社だけの状態を ① と呼ぶ。我が国では，企業の自由な競争が阻害されないように，① 禁止法が制定されている。①に当てはまる適当な言葉を書け。

３　次のページの図は，日本銀行が景気の安定化をはかるために行う代表的な金融政策の流れとその効果を模式的に表したものである。図中のａ～ｃにそれぞれ当てはまる言葉の組み合わせとして適当なものを，下の**ア**～**エ**から一つ選び，その記号を書け。

ア　{ａ　国債　　ｂ　増える　　ｃ　減る}

イ　{ａ　国債　　ｂ　減る　　ｃ　増える}

ウ　{ａ　円　　ｂ　増える　　ｃ　減る}

エ　{ａ　円　　ｂ　減る　　ｃ　増える}

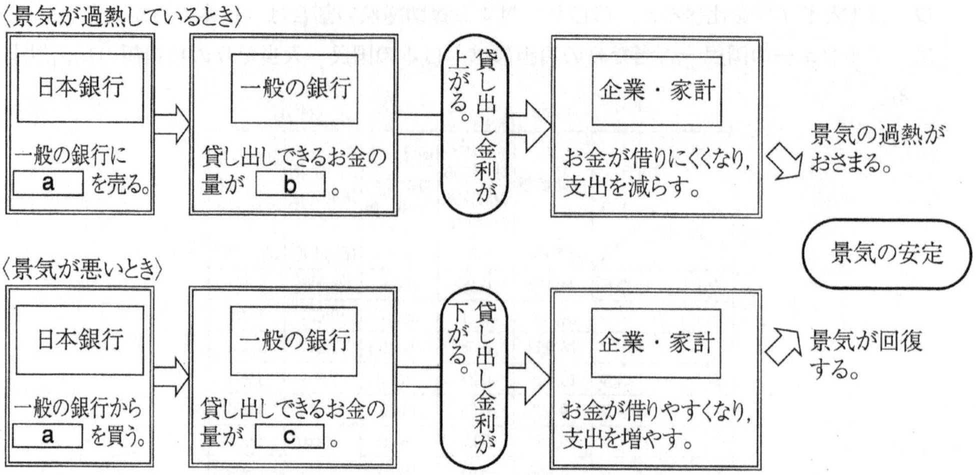

4　我が国の社会保障制度は，主として，下のア～エの四つの分野に分けられる。次の文に述べられている分野として最も適当なものを，ア～エから一つ選び，その記号を書け。

感染症の予防，公害対策，上下水道の整備など，人々の健康増進をはかり，生活環境を整えるために行われる。

ア　社会保険　　イ　公的扶助　　ウ　社会福祉　　エ　公衆衛生

5　次の表は，国際経済における地域協力についてまとめたものである。表中の②に適当な言葉を書き入れて表を完成させよ。

協定の種類	略称	説明	例
自由貿易協定	ＦＴＡ	貿易の自由化を目指す。	ＮＡＦＴＡ（北米自由貿易協定）
経済連携協定	②	貿易の自由化に加え，投資や人の移動など，幅広い経済関係の強化を目指す。	ＴＰＰ（環太平洋経済連携協定 環太平洋パートナーシップ協定）

（五）　次の１～５の問いに答えなさい。

1　右の地図を見て，(1)，(2)の問いに答えよ。

(1)　地図中の◯印で示した区域には，飛騨《ひだ》山脈，木曽山脈，［　　］山脈からなる日本アルプスがある。［　　］に当てはまる山脈の名を書け。

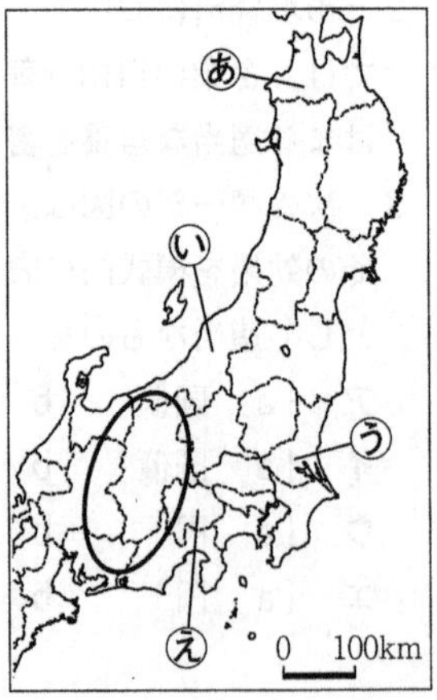

(2)　右の表は，2017年における，地図中の(あ)～(え)のそれぞれの県の，米，りんご，ぶどう，キャベツの生産量を表したものであり，表中のa～dは，それぞれ(あ)～(え)のいずれかに当たる。dに当たる県を，(あ)～(え)から一つ選び，その記号と県名を書け。

（単位：千 t）

	米	りんご	ぶどう	キャベツ
a	611.7	−	2.1	−
b	357.5	−	2.1	110.9
c	258.7	415.9	3.9	17.0
d	27.2	0.9	43.2	3.8

（注）　−は，生産量が少なく，データがないことを表している。
（2019-20年版　日本国勢図会ほかによる）

2　右のⅠ，Ⅱのグラフは，それぞれ，2016年における，全国と瀬戸内工業地域のいずれかの，工業製品出荷額の工業別の割合を表したものであり，グラフⅠ，Ⅱ中のA，Bは，それぞれ機械，化学のいずれかに当たる。化学に当たる記号と，瀬戸内工業地域の工業製品出荷額の工業別の割合を表したグラフに当たる記号の組み合わせとして適当なものを，ア～エから一つ選び，その記号を書け。

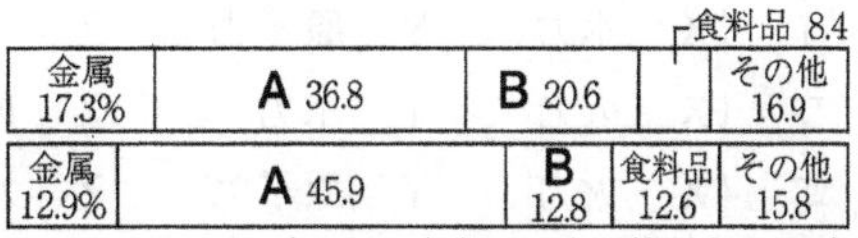

（2019-20年版　日本国勢図会による）

ア　AとⅠ　　イ　AとⅡ　　ウ　BとⅠ　　エ　BとⅡ

3　右のグラフは，2018年における，我が国の7地方の，人口と人口密度を表したものであり，グラフ中のア～エは，それぞれ東北地方，関東地方，中部地方，近畿地方のいずれかに当たる。中部地方に当たるものを，ア～エから一つ選び，その記号を書け。

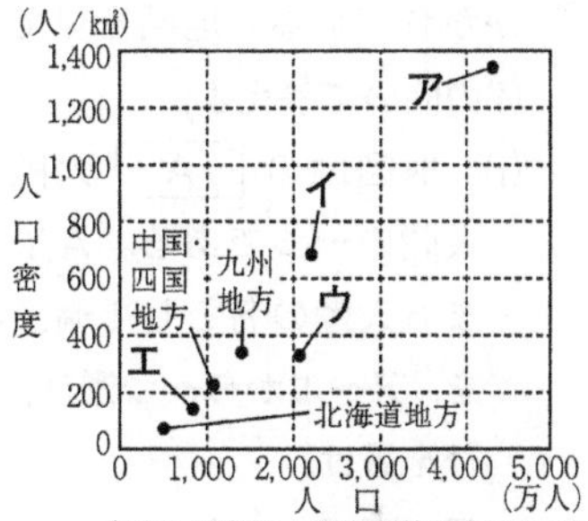

（2019-20年版　日本国勢図会による）

4　右のグラフは，2017年度における我が国の，国内の貨物輸送における，輸送量とエネルギー消費量の，輸送機関別の割合を，それぞれ表したものである。また，次の会話文は，健太さんと先生が，グラフを見ながら，「モーダルシフト」について話をしたときのものである。文中の［P］［Q］に，それぞれ適当な言葉を書き入れて文を完成させよ。ただし，Pには，［船と鉄道］［同じ輸送量］［エネルギー消費量］の三つの言葉を，Qには［二酸化炭素］の言葉を，それぞれ含めること。

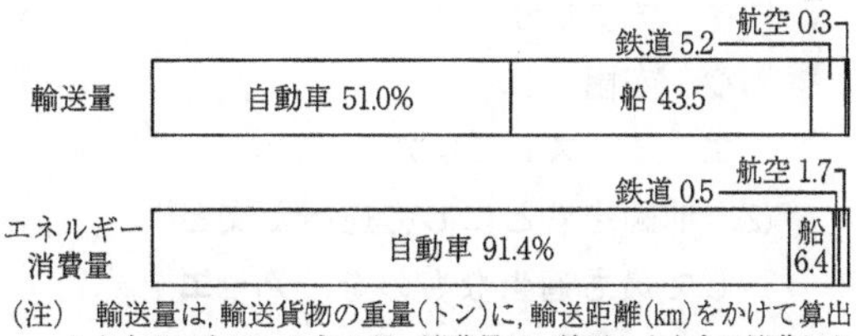

（注）　輸送量は，輸送貨物の重量（トン）に，輸送距離（km）をかけて算出したものである。エネルギー消費量は，輸送したときに消費したエネルギーを熱量（キロカロリー）に換算したものである。
（2019年版　EDMC/エネルギー・経済統計要覧による）

先　生：　国土交通省では，貨物輸送について，トラックなどの自動車の利用から，船と鉄道の利用へと転換をはかる「モーダルシフト」を推進しています。グラフから，国土交通省が期待していることは何か分かりますか。

健太さん：　自動車に比べて，［　P　］ので，［　Q　］ということです。

先　生：　そのとおりです。

5 右のグラフは，2010年と2016年における，我が国の発電量の内訳を表したものであり，グラフ中のX～Zは，それぞれ火力，水力，原子力のいずれかに当たる。X～Zにそれぞれ当たるものの組み合わせとして適当なものを，ア～エから一つ選び，その記号を書け。

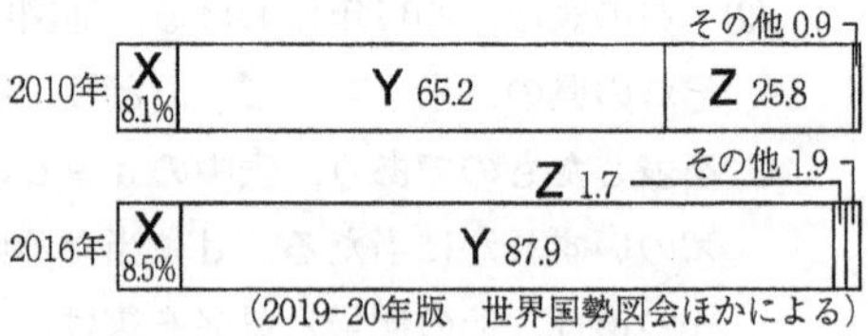

（2019-20年版 世界国勢図会ほかによる）

ア {X 水力 Y 火力 Z 原子力}
イ {X 水力 Y 原子力 Z 火力}
ウ {X 火力 Y 水力 Z 原子力}
エ {X 火力 Y 原子力 Z 水力}

(六) 次の1～3の問いに答えなさい。

1 右の地図は，ロンドンからの距離と方位が正しい地図であり，緯線と経線は，それぞれ，30度ごとにかかれている。地図を見て，(1)～(4)の問いに答えよ。

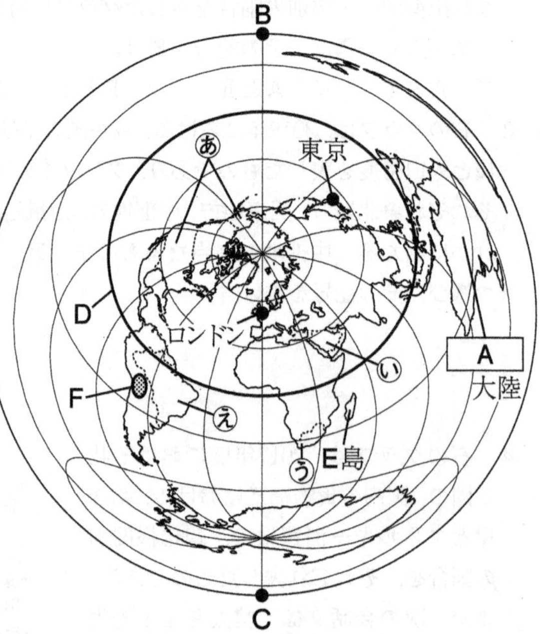

(1) 地図中の A 大陸は，六大陸の一つである。Aに当てはまる大陸の名として適当なものを，ア～エから一つ選び，その記号を書け。

ア 南アメリカ
イ アフリカ
ウ 南極
エ オーストラリア

(2) 地図をもとにして述べた文として最も適当なものを，ア～エから一つ選び，その記号を書け。

ア 点Bとロンドンを結ぶ線は，本初子午線である。
イ ロンドンから，点Cまでの実際の距離は，約4万kmである。
ウ Dの曲線で囲まれた範囲より内側は，北半球に当たる。
エ E島は，東京から見てほぼ南の方向にある。

(3) 右のグラフは，2017年における世界の，国別の小麦の生産量の割合を表したものである。グラフ中のXに当たる国として適当なものを，地図中のあ～えから一つ選び，その記号と国の名を書け。

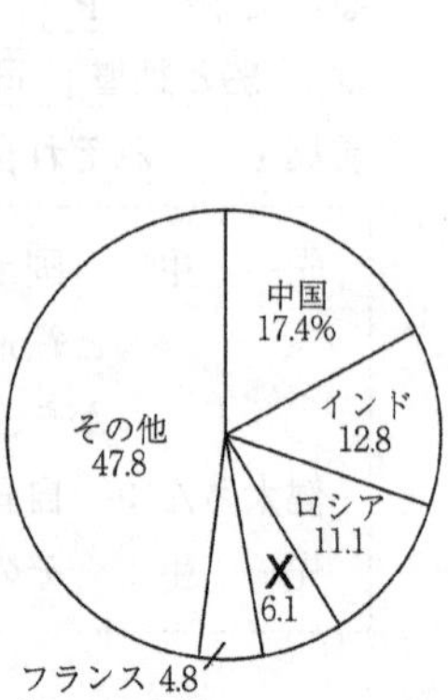

（2019-20年版
世界国勢図会による）

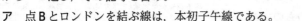

(4)　資料１は，地図中の　印で示したＦの区域の，標高と主な土地利用を模式的に表したものであり，資料１中のＰ，Ｑは，それぞれ，リャマやアルパカの放牧，とうもろこしの栽培のいずれかに当たる。また，資料２は，資料１中の地点Ｒと地点Ｓの，月別の平均気温を模式的に表したものであり，資料２中のⅠ，Ⅱは，それぞれ地点Ｒ，地点Ｓのいずれかの，月別の平均気温に当たる。リャマやアルパカの放牧に当たる記号と，地点Ｒの月別の平均気温に当たる記号の組み合わせとして適当なものを，ア～エから一つ選び，その記号を書け。

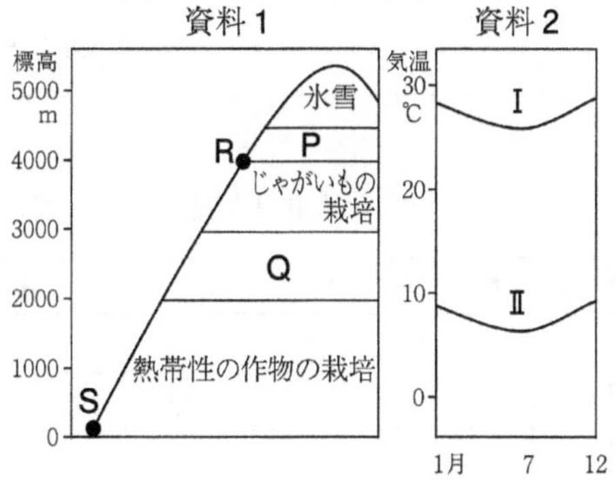

ア　ＰとⅠ　　イ　ＰとⅡ　　ウ　ＱとⅠ　　エ　ＱとⅡ

2　次の表は，世界にみられる，伝統的な住居についてまとめたものである。表中の Ｙ に適当な言葉を書き入れて表を完成させよ。ただし，Ｙには，降水量 樹木 の二つの言葉を含めること。

地域	主な材料	共通点
熱帯雨林が広がる地域	木や葉	地域の気候に合わせて，手に入りやすい材料を使用している。
Ｙ 地域	日干しれんが	

3　航空機を使った交通や輸送において，放射状に伸びる，国際線や国内線の航空路線を持ち，乗客の乗り継ぎや貨物の積み替えを効率的に行うことができる空港の整備が，世界各地で進められている。このような国際空港は，一般に　　空港と呼ばれている。　　に当てはまる最も適当な言葉を書け。

全日制 定時制	科	受検番号	号	氏名	

令和2年度 社会 解答用紙

問題			解答欄	
(一)	1			
	2		( )→( )→( )→( )	
	3			
	4		しくみ	
	5			
	6			
	7		a	b
(二)	1		の大獄	
	2			
	3			
	4		( )→( )	
	5	a	する	
		b		
	6			
	7		c	d
(三)	1		( )→( )→( )	
	2			
	3			
	4		すること	
	5			
	6			

問題			解答欄	
(四)	1		こと	
	2			
	3			
	4			
	5			
(五)	1	(1)	山脈	
		(2)	記号	県名
				県
	2			
	3			
	4	P	ので	
		Q	ということ	
	5			
(六)	1	(1)		
		(2)		
		(3)	記号	国の名
		(4)		
	2		地域	
	3		空港	

問題	(一)	(二)	(三)	(四)	(五)	(六)	合計
得点							

※この解答用紙は159%に拡大していただきますと，実物大になります。

全日制・定時制	科	受検番号	号	氏名	

〔令和二年度　国語　作文問題〕

あなたは、あなた自身がチームやグループで活動するときに、どのようなことを大切にしたいと考えるか。次の資料を参考にしながら、そう考える理由を含めて、後の**注意**に従って述べなさい。

資料

チームやグループに求められること

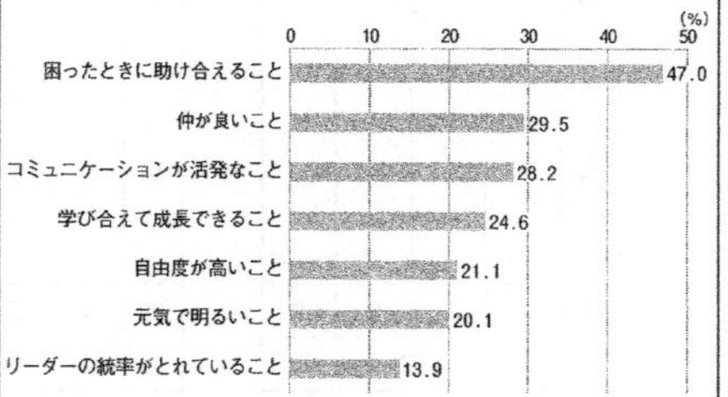

全国の20歳以上の1,000人が回答している。（選択式、複数回答。）ここでは、主なものを七つ示している。

（ある研究所が平成30年に実施した調査による。）

〈**注意**〉

1　上の資料を見て気づいたことを交えて書くこと。

2　あなたが体験したことや見聞したことを交えて書いてもよい。

3　段落は、内容に応じて設けること。

4　文章の長さは、三百字以上、四百字以内とする。

5　資料の中の数値を使う場合は、次の例に示したどちらの書き方でもよいこととする。

例　二〇・一%　または　二十・一%

四七・〇%　または　四十七%

なお、「%」は、「パーセント」と書いてもよい。

6　氏名は右の氏名欄に書き、**文題は書かないこと**。

得点

100字　200字　300字　400字

※この解答用紙は１５９％に拡大していただきますと、実物大になります。

全日制 定時制	科	受検番号	号	氏名	

令和二年度 国語 解答用紙

問題			解答欄
(一)	1		
	2		
	3		品詞名　　活用形
	4	a	
		b	
		c	
	5		（自由があるということ。）
	6	a	
		b	
		c	
	7		。
	8		

問題		解答欄
(二)	1	
	2	
	3	（って）
	4	（す）

問題		解答欄
(三)	1	
	2	
	3	
	4	

問題		解答欄
(四)	1	
	2	
	3	
	4	
	5	（お菓子。）
	6	

問題			解答欄
(五)	1		
	2		
	3		最初　　最後
	4	a	
		b	
		c	

問題	(一)	(二)	(三)	(四)	(五)	作文	合計
得点							

※この解答用紙は161%に拡大していただきますと、実物大になります。

葉を文中からそのまま全て抜き出し、その最初と最後のそれぞれ**三字**を書け。

4　次の会話は、この文章を読んだ健《けん》太《た》さんと美《み》咲《さき》さんが、先生と一緒に、大猷院の考えについて話し合った内容の一部である。会話の中の [a] 、 [b] 、 [c] に当てはまる適当な言葉を書け。ただし、 [a] は**六字**で、 [c] は**三字**で、最も適当な言葉をそれぞれ文中からそのまま抜き出して書くこと。また、 [b] は、**七字以上十字以内**の**現代語**で書くこと。

健太さん　「大猷院は、得意とする鷹の絵をどうしてかかなくなったのでしょうか。」

美咲さん　「筆者が思わず見入ってしまうほどの鷹の絵をかくことができていたのにね。きっかけは、 [a] という世間の人たちの言葉ですね。」

先生　「そうですね。 [a] というふうに、徽宗皇帝の名前が、世間の人たちから [b] ことに気づいて、大猷院は、鷹の絵をかくことをやめる決意をしていましたね。」

健太さん　「大猷院は、このまま鷹の絵をかき続けていくと、いずれは自分も [c] の人たちから同じような扱いを受けてしまうと考えたのでしょうね。」

美咲さん　「高貴で、鷹の絵が得意だった徽宗皇帝に関する話題を、大猷院は自分自身に置き換えて捉えたのでしょうね。」

け。

5 ——線③「ロングセラーを作り続けましょう、と言っているんですよ。」とあるが、田中は、勝目の提案を、長く売れ続けるお菓子を作ることと捉えている。田中は、今回の依頼で勝目に作ってもらいたかった、長く売れ続けるお菓子とは、どのように作った、どのようなお菓子であると具体的に言っているか。文中の言葉を使って**十五字以上二十字**以内で書け。

6 本文についての説明として最も適当なものを、次のア～エの中から一つ選び、その記号を書け。

ア　利益を優先して厳しい態度をとる社長に対し、自分の経験や技術を示しながら説得に当たる勝目と田中の苦しい状況が重々しく描かれている。

イ　職人としての考えを重視するあまり社長と対立してしまう勝目に同情し、手助けしようとする田中の懸命な姿が社長の視点から描かれている。

ウ　勝目と田中がそれぞれの立場で持ち味を存分に発揮して、社長の承諾を得るための計画を着実に実行している様子がありありと描かれている。

エ　勝目の菓子に対する思い入れと田中の東京會舘に対する思いとを実感して、迷いながらも提案を承諾する社長の様子が写実的に描かれている。

(五)

次の文章を読んで、1～4の問いに答えなさい。

この頃(注1)関先民《せきせんみん》の宅を問ひし時、いたく古びたる巻軸の、紙も所々破《や》れたる画《ゑ》を見せたり。白き鷹《たか》の図なり。名もなければ「誰《た》がかきし。」と問ひしに、「こは先《せん》に由《よし》ある人の得させていと正しきものなるが、(注2)大猷院《たいいうゐん》様の(注3)遊ばされしなり。」と①言ふ。この君の御画(注4)かくまでめでたく遊ばされんとは、思ひかけねば、めづらかにてしばしまもりゐたるに、先民また言ふ、「この君は鷹の御画には(注5)わけて巧みにいらせられしと聞きしなり。されども後には(注6)たえて画を遊ばされず。その子細は、ある時御近臣を召《め》して、世の人鷹の画と言へばきそうきそうと言ふなるが、きそうとはいづくいかなる人ぞと②問ひ給ひしに、『これは(注7)宋《そおう》の世の徽宗《きそう》皇帝と申す天子に(注8)おはします。』と御答へ申せしかば、『予は今日よりして鷹の画かくことをやめぬべし、世の人きそうきそうと呼び捨てぬればいやしき人とこそ思ひつれ、予がかきつる画も後の世には(注9)かかるたぐひにやなりなん。』とのたまひて、これより後はたえて御画を遊ばされざりし。」とぞ。いと③たふとき御こころざしなりけり。

（『みみと川』による。）

(注1)　関先民＝人名。
(注2)　大猷院＝江戸幕府第三代将軍である徳川家光《とくがわいえみつ》のこと。
(注3)　遊ばされしなり＝おかきになったのである。
(注4)　かくまでめでたく＝これほどまですばらしく。
(注5)　わけて＝とりわけ。
(注6)　たえて＝まったく。
(注7)　宋＝中国の王朝名。
(注8)　おはします＝いらっしゃる。
(注9)　かかる＝このような。

1 ——線③「たふとき」を現代仮名遣いに直し、**全て平仮名**で書け。

2 ——線①「言ふ」とあるが、このとき言ったのは誰か。最も適当なものを、次のア～エの中から一つ選び、その記号を書け。

ア　関先民　　イ　大猷院　　ウ　近臣　　エ　筆者

3 ——線②「問ひ給ひしに」とあるが、このとき大猷院が言った言それは場違いなほど明るい声だった。

その場にいた誰もがそれまでの険悪なムードを一瞬忘れてぽかんとしたほどだ。勝目もそうだった。④[C]子抜けして、え？　とこの若い事業部長の方を見る。田中は微笑《ほほえ》んでいた。

「そうですよね、勝目さん。」と勝目を見る。

「一時の人気で量産するよりも、勝目さんのレシピを丁寧に守ることで、長く続けられるお菓子の在り方を考案してくれた、ということなんだと思います。私がお願いしたかったお菓子というのはそういうものです。丁寧で、何より、おいしくなくては意味がありません。」

田中が社長に向き直る。

「私からもお願いします。合理性よりおいしさを。それが東京會舘らしさなのだと思います。」

田中の言葉に社長はしばらく、動かなかった。けれど、その場の皆が自分の方をじっと見つめていることを察して、ややあってから、ゆっくりとうなずいた。手にしていたクッキーは、長時間彼の指につままれていたために、既にかなり崩れている。中のクリームが、人差し指の腹についていた。

社長が言った。

「わかった。――やってみてくれ。」

言うなり、手にしていたソフトクッキーの残りを口に入れる。

（辻村深月『東京會舘とわたし』による。）

（注1）　田中への宣言＝勝目はクッキーの開発を引き受けたとき、田中に対して自分の思いを伝えていた。

（注2）　ガトー＝洋菓子。

（注3）　會舘＝「東京會舘」。大正時代に国際的な社交場として創業した、レストラン、ウェディングホールを有する複合施設。

（注4）　レシピ＝料理、菓子などの調理法。

1　本文中の[A]、[B]にそれぞれ当てはまる言葉の組み合わせとして最も適当なものを、次のア～エの中から一つ選び、その記号を書け。

ア　（A　淡々と　B　悩んでいた）

イ　（A　ぼそぼそと　B　おびえていた）

ウ　（A　堂々と　B　怒っていた）

エ　（A　はきはきと　B　戸惑っていた）

2　――線④「[C]子抜け」が、「緊張が緩み、気が抜けること」という意味の言葉になるように、[C]に当てはまる最も適当な**漢字一字**を書け。

3　――線①「社長が目を見開いた。」とあるが、このときの社長について説明したものとして最も適当なものを、次のア～エの中から一つ選び、その記号を書け。

ア　勝目から示された内容が、自分の思惑と一致していたことに満足している。

イ　勝目から示された内容が、予想外のものであったことに驚きを強めている。

ウ　勝目から示された内容を、到底許せないことだと怒りをあらわにしている。

エ　勝目から示された内容を、不本意ではあるが受け入れる覚悟を決めている。

4　――線②「自分の信条」とあるが、勝目は、今回のクッキーの開発において、社長の方針よりも自分の信条を優先させたいということを、どのような言葉で表現しているか。その言葉を、――線②より前の文中から**二十五字**以上**三十字**以内でそのまま抜き出して書

「このクッキーは柔らかいな。こんなものは食べたことがない。これが本当に箱売りできれば人気になるぞ。」

「ありがとうございます。」

田中(注1)への宣言の通り、このガトー(注2)の開発に際して勝目は一切の妥協をしなかった。會舘(注3)で食べる通りのさっくりとした食感にすること。この柔らかさと口当たりを損なうものには絶対にしないこと。そのため、崩れやすいことを承知の上で、粉に対してのフレッシュバターの配分は変えないこと、などを心掛けた。これらの工程は、全て手作りだ。

「このクッキーの口当たりは本当にいいな。口に入れた瞬間にまるでほろっと溶けるようだ。すばらしいよ、勝目さん。」

社長の絶賛はなおも続き、試作品の二つ目に手が伸びる。

その姿を前にしながら、勝目は礼を言う。

「ありがとうございます。」

「この柔らかさが箱売りには向かないと前に言っていたと思うが、崩れにくくする工夫は何か思いついたのか。」

「いいえ。」と勝目が答えると、社長がクッキーを食べる手を止めて、驚いたように勝目を見た。

「この口当たりを守るためには、材料の分量は変えられません。クッキーは相変わらず柔らかく崩れやすいままです。」

「では、土産用には……。」

「なので、ロスが出ることは仕方ないものと覚悟してください。」

勝目のきっぱりとした口調に①社長が目を見開いた。しかし、勝目のこの決断に迷いはない。［A］した口調で言い切る。

「ガトーは、この厚さであることに意味があります。ガトーの厚さはガトーの命。この厚さでなければならない以上、合理的であるよりもおいしさを守り続けることを第一に考えたいと思います。ロスが出ることも考えのうちに入れながら、なるべくそれを出さないように、一つ一つを大事に扱う。手作りで、注意を払って作り続けていけば、商品化は不可能ではありません。」

「しかし、無駄が出ることを最初から……。」

「私のレシピ(注4)は。」

社長が渋い顔をするのを見て、勝目は自分の目つきが鋭くなるのを止めることができなかった。勝手なことばかり言って、と相手をにらみそうになる。

「たくさん作るためのレシピではないんです。それは、この先、他のクッキーやケーキを作ったところで自然とそうなります。保存料も使いませんし、手作りのまま。おいしさを持ち帰っていただかなくては意味がありません。」

「しかし、こちらとしては人気商品となってもらいたいわけだから……。」

社長がなおも渋り、試作品のクッキーと勝目とを交互にちらちらと見る。

勝目は［B］。職人の苦労を知らない側の勝手な言い分に、なぜ、②自分の信条を曲げてまで付き合わなくてはならないのか。

頑固だと言われようと構わない。これが勝目にできるクッキーだ。ならば勝手にすればいい、もう結構、と勝目が話を終わらせてしまおうとした、その時、それまで自分たち二人の様子を見守っていた田中が「社長。」と、声を上げた。

「いいじゃありませんか。勝目さんはつまり、この東京會舘で、ベストセラーではなくて③ロングセラーを作り続けましょう、と言っているんですよ。」

人間は、自らの行為について、[　　]自由があるということ。

6　[9]段落の――線⑥「人間は悪いことだと知っていて選択することがあるだろうか。」とあるが、次の表は、この問いに対するソクラテスとアリストテレスの考えをまとめたものである。表の[a]、[b]、[c]に当てはまる最も適当な言葉を、[a]は**二字**で、[b]は**十四字**で、[c]は**五字**で、それぞれ[9]・[10]段落の文中からそのまま抜き出して書け。

ソクラテス	人間は悪いことだと知っていて、悪いことを選択することはない。悪いことを選択するのは[a]によるものであるから、善悪を教える教育が必要だ。
アリストテレス	人間は悪いことだと知っていても、[b]のせいで悪いことを選択することがある。[c]によって誤った選択を行った後悔や反省を契機に、人間は成長する。

7　[11]段落の――線⑦「わたしたち人類の人生は、惑星上で営まれる迷う人生である。」とあるが、文中には、わたしたち人類の人生が迷う人生であることを述べている一文がある。その一文として最も適当な**一文**を、――線⑦より前の文中から抜き出し、その最初の**三字**を書け。

8　本文に述べられていることと最もよく合っているものを、次のア～エの中から一つ選び、その記号を書け。

ア　物事の事実関係を見極めつつ、より多くの選択肢を設定して賢明な選択をする必要がある。

イ　選択する人間を理解するためには、文系の学問より理系の学問を重点的に学ぶべきである。

ウ　地球の将来はわたしたちの選択にかかっており、よりよい選択肢を見抜く力が求められる。

エ　人間がもたらした深刻な自然の破壊は、便利さを追求する近代科学技術の負の遺産である。

(二)　次の1～4の各文の――線の部分の読み方を平仮名で書きなさい。

1　郷愁にかられる。　　2　明るい旋律の曲が流れる。

3　弟を伴ってプールに行く。　　4　言葉を濁す。

(三)　次の1～4の各文の――線の部分を漢字で書きなさい。ただし、必要なものには送り仮名を付けること。

1　屋根の上にかんばんを立てる。

2　市長がしゅくじを述べる。

3　鳥がかごの中であばれる。

4　返事にこまる。

(四)　次の文章は、「東京會舘《かいかん》」の製菓部長である「勝目《かつめ》」が、事業部長の「田中《たなか》」から、土産用として箱売りできるクッキーの開発を依頼されて試作品を作り、それを「社長」らが試食している場面を描いたものである。これを読んで、1～6の問いに答えなさい。

「おいしい。」と全員の声がそろった時、勝目は当然であろうと思ったが、それでも安堵《あんど》を感じている自分もどこかにいた。どうやら一抹の不安を抱えていたのだということを、安堵して初めて自覚する。

間は悪いことだと知っていて選択することがあるだろうか。この問いにソクラテスは、人間が誤った選択をするのは無知だからだと主張した。人間はよいことだと知っていれば、そのよいことを行い、悪いことだと知っていれば、そのようなことはしないものだ。なぜなら、そのようなことをするのは無知だからだ、というのである。ソクラテスの考えでは、よい行為をするようになるためには、善とは何か、悪とは何かを知らなければならない。それを教えるのが教育だというのである。

[10]　アリストテレスは、ソクラテスに反論して、人間は悪いと知っていても、悪いことを選択することがあると主張した。悪と知りながら悪を行うのは、知を負かしてしまうほどの欲望があるからだというのである。無知が人間の判断を誤らせるというより、人間には意志の弱さというものがあり、だからこそ、後悔したり反省したりする。後悔することや反省することが人間が成長するための契機になるというのである。

[11]　⑦わたしたち人類の人生は、惑星上で営まれる迷う人生である。いわば惑星的人生こそがわたしたちの人生なのである。その迷いの道筋の上に、地球の将来がかかっている。地球と人間の将来に向けて、どのような選択を行うかがわたしたちに託されている。どのような選択肢があるのかを見抜いて、しっかり迷い考えることが大切である。

（桑子敏雄『何のための「教養」か』による。）

（注1）　万学＝多くの学問。
（注2）　アリストテレス＝古代ギリシャの科学者、哲学者。
（注3）　倫理学＝道徳の本質や善悪の基準などについて研究する学問。
（注4）　ソクラテス＝古代ギリシャの哲学者。

1　[1]段落の――線①「創」とあるが、行書で書かれた次のア～エの漢字のうち、楷書で書いた場合の総画数が、楷書で書かれた「創」の総画数と同じになるものを一つ選び、その記号を書け。

ア 稿　イ 補　ウ 詰　エ 漁

2　[2]段落の――線②「わたしの関心は」の述部に当たる**二文節**を、文中からそのまま抜き出して書け。

3　[7]段落の――線⑤「大切な」の品詞名を**漢字**で書け。また、――線⑤「大切な」の活用形として適当なものを、次のア～エの中から一つ選び、その記号を書け。

ア　未然形　　イ　連用形
ウ　終止形　　エ　連体形

4　[3]段落の――線③「人間が自らの行為を選択することのできる能力」とあるが、「人間が自らの行為を選択すること」について、本文の趣旨に添って説明した次の文の a 、 b 、 c に当てはまる最も適当な言葉を書け。ただし、 a は**六字**で、 b は**四字**で、 c は**十七字**で、それぞれ[4]～[7]段落の文中からそのまま抜き出して書くこと。

> 人間の行為の中には、自然を破壊するという、自然に対する a 行為も存在するが、よりよい行為を選択するためには、 b を持つことが重要であり、よりよい行為を選択し、実現できることを積み重ねることによって、 c ができる。

5　[5]段落の――線④「人間には自由がある」とあるが、「自由」の内容について、本文の趣旨に添って説明した次の文の □ に当てはまる適当な言葉を、――線④より前の文中の言葉を使って、**四十字以上五十字以内**で書け。

〈国語〉

時間　国語　四五分　作文　二五分　　満点　五〇点

(一)　次の文章を読んで、1～8の問いに答えなさい。（1～11は、それぞれ段落を示す番号である。）

1　万学の祖(注1)と言われる科学者であったアリストテレス(注2)は、天文学や生物学と並び、社会的生活を営む存在である人間の研究である倫理学(注3)、政治学、さらに、詩学や弁論術といった言語についての研究など、今でいう理系と文系の学問の①創始者であり、同時に、理系と文系をつなぐ学問の原理の研究を第一哲学とする哲学者でもあった。

2　②わたしの関心は、自然に対する研究が生み出した近代の科学技術が、どうして人間の行為によって自然の破壊をもたらすのかということに向かっていたから、アリストテレスの思考の中で、自然に対する研究と人間社会に対する研究とがどのようにつながっているかをテーマに研究を進めた。

3　わたしが学んだ最も重要な思想の一つは、人間には二種類の知的な能力が備わっているということである。それは、自然の必然的な法則性を認識する能力、すなわち真理を認識する能力と、③人間が自らの行為を選択することのできる能力、すなわち善を目指し、よりよい行為を選択することを可能にする能力の二つである。

4　人間が自らの行為を選択することのできる能力、「フロネーシス」を、わたしは「思慮深さ」と訳した。思慮深い人は、自分の目の前にある選択肢を思慮深く選択することができる。思慮深く選択できるということは、選択することによって実現できることを積み上げ、目標とする願望の対象を達成することができるということである。

5　行為を選択できる存在であり、その選択を行う能力を持つ存在こそが人間であるということの意味は、人間のふるまいは、自然の必然的な法則によって決まっているのではなく、複数の選択肢から自らの意思に基づいて一つを選択できるということを意味している。このことは、選択の自由を持っているということである。④人間には自由があるということ、そのことをアリストテレスは、人間は選択する存在であり、思慮深さを持つ存在であると表現したのである。

6　さて、人間が自然の必然的な法則を認識する能力を持つだけでなく、自然を利用したり、支配したり、あるいは破壊したりする自然に対する行為を選択することのできる存在であるならば、自然に対する行為の選択は、人間が持っている思慮深さにかかっていることになる。人間が行う行為の中には、自然に対する思慮深い行為もあるし、自然に対する思慮を欠いた行為も存在する。

7　わたしは、人間にとって⑤大切なことは、その選択であり、選択を支える思慮深さであるということを学び、選択する人間を自分の哲学の根幹に据えようと考えた。

8　思慮深さがあることと、迷い、また後悔することとは切っても切れない関係にある。誰もが与えられた人生の中で、迷うことなく選択することなどありえない。ただ、思慮深い人は、複数の中から賢くよりよい選択肢を見抜くのである。

9　人間は、選択すべき対象を知っていて選択するのか、という問いは、ソクラテス(注4)のパラドクスと言われる論争を引き起こした。⑥人

MEMO

大切なことはメモしておこうネ！

2020年度

解　答　と　解　説

《2020年度の配点は解答用紙集に掲載してあります。》

＜数学解答＞

(一)　1　-3　　2　$6a-7b$　　3　$2y^2$　　4　21
5　$-11x+8$

(二)　1　-15　　2　$x=5,\ -7$
3　(式)　$y=-\dfrac{6}{x}$　　(グラフ)　図1
4　(1)　4　　(2)　(およそ)5000(個)
5　$\dfrac{7}{15}$　　6　図2
7　$\begin{cases}\text{大根の分量50g}\\ \text{レタスの分量75g}\end{cases}$　(求める過程は解説参照)

(三)　1　10π(m)　　2　(1)　$\dfrac{16}{3}$(分後)
(2)　35(m)　　3　$(t=)\ \dfrac{1}{3}n+8$

(四)　1　($x=1$のとき)($y=$)1，($x=4$のとき)($y=$)12
2　8(秒後)　　3　ウ　　4　$(x=)\sqrt{6},\ \dfrac{22}{3}$

(五)　1　(1)　BE　　(2)　解説参照　　2　$\dfrac{10\sqrt{6}}{3}$(cm)

図1

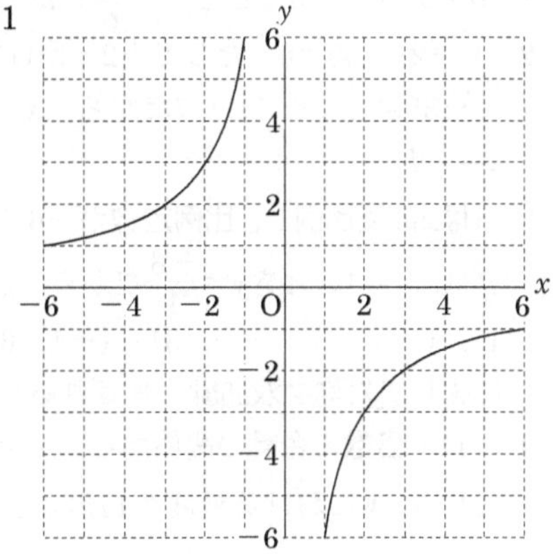

図2

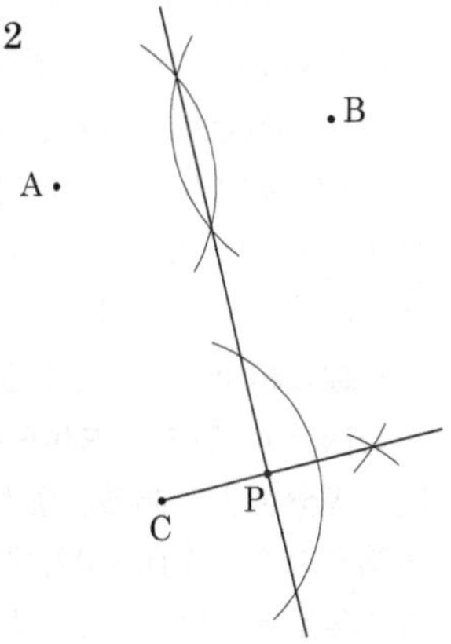

＜数学解説＞

(一)　(数・式の計算，平方根，式の展開)

1　異符号の2数の和の符号は絶対値の大きい方の符号で，絶対値は2数の絶対値の大きい方から小さい方をひいた差だから，$-5+2=(-5)+(+2)=-(5-2)=-3$

2　分配法則を使って，$3(4a-3b)=3\times 4a-3\times 3b=12a-9b$，$6\left(a-\dfrac{1}{3}b\right)=6\times a-6\times\dfrac{1}{3}b=6a-2b$ だから，$3(4a-3b)-6\left(a-\dfrac{1}{3}b\right)=(12a-9b)-(6a-2b)=12a-9b-6a+2b=12a-6a-9b+2b=6a-7b$

3　$4x^2y\times 3y\div 6x^2=\dfrac{4x^2y\times 3y}{6x^2}=2y^2$

4　乗法公式 $(a+b)(a-b)=a^2-b^2$ より，$(2\sqrt{5}+1)(2\sqrt{5}-1)=(2\sqrt{5})^2-1^2=20-1=19$，$\dfrac{\sqrt{12}}{\sqrt{3}}=\sqrt{\dfrac{12}{3}}=\sqrt{4}=2$ だから，$(2\sqrt{5}+1)(2\sqrt{5}-1)+\dfrac{\sqrt{12}}{\sqrt{3}}=19+2=21$

5 **乗法公式$(x+a)(x+b)=x^2+(a+b)x+ab$**より，$(x-4)(x-3)=\{x+(-4)\}\{x+(-3)\}=x^2+\{(-4)+(-3)\}x+(-4)\times(-3)=x^2-7x+12$，**乗法公式$(a+b)^2=a^2+2ab+b^2$**より，$(x+2)^2=x^2+2\times x\times 2+2^2=x^2+4x+4$だから，$(x-4)(x-3)-(x+2)^2=(x^2-7x+12)-(x^2+4x+4)=x^2-7x+12-x^2-4x-4=-11x+8$

(二) (式の値，二次方程式，比例関数，グラフの作成，資料の散らばり・代表値，標本調査，確率，作図，連立方程式の応用)

1 $a=2$，$b=-3$のとき，$-\dfrac{12}{a}-b^2=-\dfrac{12}{2}-(-3)^2=-6-9=-15$

2 $x^2+2x-35=0$ たして$+2$，かけて-35になる2つの数は，$(-5)+(+7)=+2$，$(-5)\times(+7)=-35$より，-5と$+7$だから $x^2+2x-35=\{x+(-5)\}\{x+(+7)\}=(x-5)(x+7)=0$ $x=5$，$x=-7$

3 **yはxに反比例**し，**比例定数**が-6であるとき，xとyの関係は $y=\dfrac{-6}{x}$…① と表せる。①のグラフは，$x=1$のとき$y=\dfrac{-6}{1}$だから，点$(1,\ -6)$を通る。同様に考えると，①のグラフは，点$(-6,\ 1)$，$(-3,\ 2)$，$(-2,\ 3)$，$(-1,\ 6)$，$(1,\ -6)$，$(2,\ -3)$，$(3,\ -2)$，$(6,\ -1)$を通る，原点に関して対称な**双曲線**と呼ばれるなめらかな曲線となる。

4 (1) **度数**の合計の関係から，ア$=40-(2+13+12+9)=4$

(2) **標本**における糖度が11度以上13度未満のみかんの比率は$\dfrac{13+12}{40}=\dfrac{5}{8}$。よって，**母集団**における糖度が11度以上13度未満のみかんの比率も$\dfrac{5}{8}$と推測すると，このみかん農園でとれたみかん8000個のうち，糖度が11度以上13度未満のみかんの個数は，$8000\times\dfrac{5}{8}=5000$より，およそ5000個と推測される。

5 箱の中の6枚のカードから同時に2枚のカードを取り出すとき，すべての取り出し方は，$(-3,\ -2)$，$(-3,\ 0)$，$(-3,\ 1)$，$(-3,\ 2)$，$(-3,\ 3)$，$(-2,\ 0)$，$(-2,\ 1)$，$(-2,\ 2)$，$(-2,\ 3)$，$(0,\ 1)$，$(0,\ 2)$，$(0,\ 3)$，$(1,\ 2)$，$(1,\ 3)$，$(2,\ 3)$の15通り。このうち，取り出した2枚のカードに書かれた数の和が正の数となるのは，〰〰を付けた7通り。よって，求める確率は$\dfrac{7}{15}$

6 (着眼点) **2点A，Bから等しい距離にある点は，線分ABの垂直二等分線上にある。**また，点Cから線分ABの垂直二等分線に垂線をひき，交点をPとすると，線分CPは，点Cと線分ABの垂直二等分線上の点を結ぶ線分のうち，もっとも短いものである。(作図手順) 次の①～③の手順で作図する。 ① 点A，Bをそれぞれ中心として，交わるように半径の等しい円を描き，その交点を通る直線(線分ABの垂直二等分線)を引く。 ② 点Cを中心とした円を描き，線分ABの垂直二等分線上に交点を作る。 ③ ②で作ったそれぞれの交点を中心として，交わるように半径の等しい円を描き，その交点と点Cを通る直線(点Cから線分ABの垂直二等分線に引いた垂線)を引き，線分ABの垂直二等分線との交点をPとする。

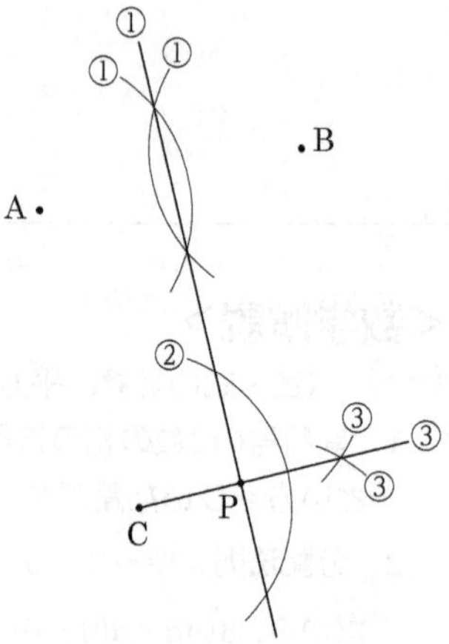

7 (解) (例)大根の分量をxg，レタスの分量をygとすると，

$$\begin{cases} x+y+50=175\cdots① \\ \dfrac{18}{100}x+\dfrac{12}{100}y+\dfrac{30}{100}\times 50=33\cdots② \end{cases}$$

①から，$x+y=125$…③ ②から，$3x+2y=300$…④

④$-$③$\times2$から，$x=50$ $x=50$を③に代入して解くと，$y=75$ これらは問題に適している。

(三)　(円の性質，三平方の定理，線分の長さ，文字を使った式)

1　ゴンドラが設置されている円の中心をOとする。また，太郎さんが乗っているゴンドラをAとする。ゴンドラは，一定の速さで円周上を動き，16分かけて1周するから，太郎さんがゴンドラに乗ってから4分後，$\angle \mathrm{AOP}=360^\circ\times\dfrac{4分}{16分}=90^\circ$　よって，太郎さんがゴンドラに乗ってからの4分間で，太郎さんが乗っているゴンドラが円周上を動いてできる弧の長さは，半径20m，中心角90°のおうぎ形の弧の長さに等しいから，$2\pi\times 20\mathrm{m}\times\dfrac{90^\circ}{360^\circ}=10\pi\,\mathrm{m}$

2　(1)　ゴンドラ24台が円周上に等間隔で設置されており，花子さんは，太郎さんが乗っているゴンドラの8台あとのゴンドラに乗ったから，花子さんがゴンドラに乗ったのは，太郎さんがゴンドラに乗ってから，$16分\times\dfrac{8台}{24台}=\dfrac{16}{3}$分後である。

(2)　花子さんが乗ったゴンドラをBとすると，$\angle \mathrm{AOB}=360^\circ\times\dfrac{8台}{24台}=120^\circ$　問題図2で，線分PQは円Oの直径であり，直線PQと線分AB，地面との交点をそれぞれH，Rとすると，太郎さんが乗っているゴンドラと花子さんが乗っているゴンドラの，地面からの高さが同じになったとき，2点A，Bは右図のように直線PQを対称の軸とした対称の位置にある。$\angle \mathrm{AOH}=\angle \mathrm{BOH}=\dfrac{\angle \mathrm{AOB}}{2}=\dfrac{120^\circ}{2}=60^\circ$だから，△OAHは30°，60°，90°の直角三角形で，3辺の比は$2:1:\sqrt{3}$である。以上より，このときの地面からの高さは　$\mathrm{OH}+\mathrm{OP}+\mathrm{PR}=\dfrac{\mathrm{OA}}{2}+\mathrm{OP}+\mathrm{PR}=\dfrac{20}{2}+20+5=35\mathrm{m}$である。

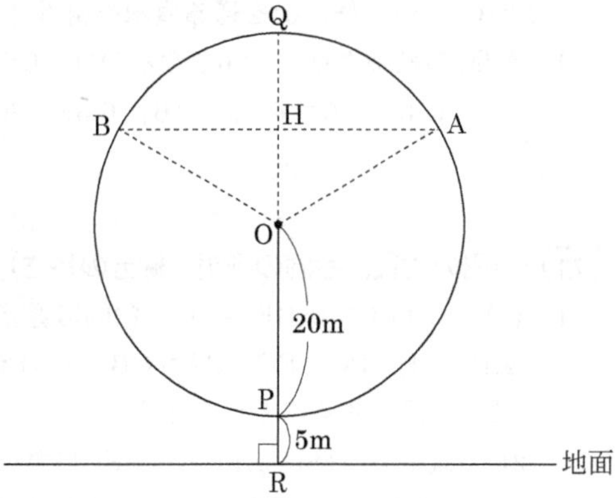

3　まことさんが乗ったゴンドラをCとすると，まことさんは，太郎さんが乗っているゴンドラのn台あとのゴンドラに乗ったから，$\angle \mathrm{AOC}=360^\circ\times\dfrac{n台}{24台}=15n^\circ$　太郎さんがゴンドラに乗ってからt分後，$\overset{\frown}{\mathrm{AQP}}$に対する中心角は　$\angle \mathrm{AOP}=360^\circ\times\dfrac{t分}{16分}=\dfrac{45}{2}t^\circ$　太郎さんが乗っているゴンドラとまことさんが乗っているゴンドラの，地面からの高さが同じになったとき，前問2(2)と同様に2点A，Cは直線PQを対称の軸とした対称の位置にあるから，$\angle \mathrm{AOH}=\dfrac{\angle \mathrm{AOC}}{2}=\dfrac{15}{2}n^\circ$…①　また，$\angle \mathrm{AOH}=\angle \mathrm{AOP}-180^\circ=\dfrac{45}{2}t^\circ-180^\circ$…②　だから，①，②より，$\dfrac{45}{2}t^\circ-180^\circ=\dfrac{15}{2}n^\circ$　tについて解いて，$t=\dfrac{1}{3}n+8$

(四)　(動点，関数とグラフ)

1　$x=1$のとき，点Pは辺AB上にあり，AP＝毎秒2cm×1秒＝2cm，点Qは辺AD上にあり，AQ＝毎秒1cm×1秒＝1cmだから，$y=\triangle \mathrm{APQ}=\dfrac{1}{2}\times \mathrm{AP}\times \mathrm{AQ}=\dfrac{1}{2}\times 2\times 1=1\mathrm{cm}^2$　$x=4$のとき，点Pは辺BC上に，点Qは辺AD上にあり，AQ＝毎秒1cm×4秒＝4cmだから，$y=\triangle \mathrm{APQ}=\dfrac{1}{2}\times \mathrm{AQ}\times \mathrm{AB}=\dfrac{1}{2}\times 4\times 6=12\mathrm{cm}^2$

2　点P，Qは毎秒2cm＋毎秒1cm＝毎秒3cmの速さで近づくから，点P，Qが出会うのは，点P，Qが点Aを出発してから　$\dfrac{\mathrm{AB}+\mathrm{BC}+\mathrm{CD}+\mathrm{DA}}{毎秒3\mathrm{cm}}=\dfrac{24\mathrm{cm}}{毎秒3\mathrm{cm}}=8$秒後

3　3つの場合(Ⅰ～Ⅲ)に分けて考える。【場合Ⅰ】点Pが辺AB上にあるとき，つまり$0\leqq x\leqq 3$のとき，点Qは辺AD上にあり，AP＝毎秒2cm×x秒＝$2x$cm，AQ＝毎秒1cm×x秒＝$x$cmだから，$y=$

$\triangle APQ=\frac{1}{2}\times AP\times AQ=\frac{1}{2}\times 2x\times x=x^2\text{cm}^2$…① 【場合Ⅱ】点Pが辺BC上にあり，点Qが辺AD上にあるとき，つまり$3\leqq x\leqq 6$のとき，AQ=毎秒1cm×x秒=$x$cmだから，$y=\triangle APQ=\frac{1}{2}\times AQ\times AB=\frac{1}{2}\times x\times 6=3x\text{cm}^2$…② 【場合Ⅲ】点P，Qが辺CD上にあるとき，つまり$6\leqq x\leqq 8$のとき，CP=毎秒2cm×x秒−AB−BC=$2x$cm−6cm−6cm=$(2x-12)$cm，DQ=毎秒1cm×x秒−AD=$x$cm−6cm=$(x-6)$cmだから，PQ=CD−CP−DQ=6cm−$(2x-12)$cm−$(x-6)$cm=$(-3x+24)$cm $y=\triangle APQ=\frac{1}{2}\times PQ\times AD=\frac{1}{2}\times(-3x+24)\times 6=-9x+72\text{cm}^2$…③ ①より，$x=0$のとき，$y=0^2=0$，$x=3$のとき，$y=3^2=9$ ②より，$x=3$のとき，$y=3\times 3=9$，$x=6$のとき，$y=3\times 6=18$ ③より，$x=6$のとき，$y=-9\times 6+72=18$，$x=8$のとき，$y=-9\times 8+72=0$ 以上より，xとyの関係を表すグラフは，2点(0, 0)，(3, 9)を通る放物線と，2点(3, 9)，(6, 18)を通る直線と，2点(6, 18)，(8, 0)を通る直線を組み合わせたグラフとなるから，ウのグラフが適当である。

4 前問3の結果より，$y=6$となるのは，$0\leqq x\leqq 3$と，$6\leqq x\leqq 8$のとき。$0\leqq x\leqq 3$のとき，$y=6$となるのは，①より $6=x^2$ $x=\sqrt{6}$ $6\leqq x\leqq 8$のとき，$y=6$となるのは，③より $6=-9x+72$ $x=\frac{22}{3}$

(五) (円の性質，合同の証明，線分の長さ)

1 (1) △AFC≡△BECより，合同な図形では，対応する辺の長さや角の大きさは等しいから，AF=BE，FC=EC，CA=CB，∠AFC=∠BEC，∠FCA=∠ECB，∠CAF=∠CBEであることを証明することができる。

(2) (証明) (例)△AFCと△BECにおいて，仮定より，AC=BC…① $\overset{\frown}{CD}$に対する円周角だから，∠CAF=∠CBE…② 線分ABは直径だから，∠ACF=90°…③ ∠BCE=180°−∠ACF=180°−90°=90°…④ ③，④から，∠ACF=∠BCE…⑤ ①，②，⑤で，2つの三角形は，1組の辺とその両端の角がそれぞれ等しいことがいえたから，△AFC≡△BEC

2 △AFC≡△BECより，△AFC=△BECだから，△ABE=△ABF+△AFC+△BEC=20+2△AFC また，$\triangle ABE=40\text{cm}^2$ より，20+2△AFC=40 $\triangle AFC=10\text{cm}^2$ △ABC=△ABF+△AFC=20+10=30cm^2 直径に対する円周角は90°だから，∠ACB=90° よって，AC=BCを考慮すると，$\triangle ABC=\frac{1}{2}\times AC\times BC=\frac{1}{2}\times AC^2=30$ AC>0より$AC=BC=\sqrt{60}$cm これより，$\triangle AFC=\frac{1}{2}\times AC\times CF=\frac{1}{2}\times\sqrt{60}\times CF=10\text{cm}^2$ $CF=\frac{\sqrt{60}}{3}$cm 以上より，△AFCで三平方の定理を用いると，$AF=\sqrt{AC^2+CF^2}=\sqrt{(\sqrt{60})^2+\left(\frac{\sqrt{60}}{3}\right)^2}=\frac{10\sqrt{6}}{3}$cm

<英語解答>

(一) 1 ア 2 エ 3 イ

(二) 1 ウ 2 エ

(三) 1 ウ 2 ア 3 イ 4 ウ

(四) 1 (1) (ウ)(イ)(エ)(ア) (2) (エ)(ア)(ウ)(イ) 2 (1) (例)① I want to be a musician. ② Because I like playing the guitar.
(2) (例)What are you going to do after school?

(五) 1 ① エ ② ア ③ ウ 2 (例)(ア) It is one of my favorite classes.
(イ) Shall we eat lunch? 3 イ 4 (a) eat breakfast (b) sleep

enough　5 (1) ウ　(2) エ　(3) ア

(六) 1 (A) became　(C) taught　2 (例)紙を使って本を作ること。
3 dictionary　4 ア　5 エ・キ　6 ア

＜英語解説＞

(一)・(二)・(三)　(リスニング)

放送台本の和訳は，52ページに掲載。

(四)　(語句の並べ換え，条件・自由英作文：分詞の形容詞的用法，受け身，未来形，接続詞，動名詞)

1 (1) A：日本で作られたカメラは世界中で使われています。／B：その通りです。日本の人々は良いものをたくさん作っています。 (The cameras made) in Japan are used(all over the world.) made in Japan が The cameras を後ろから修飾している。**＜ be 動詞＋過去分詞＞で「～される」という受け身の意味を表す。** (2) A：今病院に行かなければいけないんだけど，雨が降っているの。私の傘はどこかしら？ ／B：心配ないよ。傘を持って行かなくてもいいよ。(病院まで)車で連れて行くよ。 **have to ～は「～する必要がある，～しなくてはならない」の意味。否定文は「～しなくてもよい」の意味を表す。**

2 (解答例訳) (1) ① 私はミュージシャンになりたいです。 ② なぜなら，私はギターを弾くのが好きだからです。 (2) あなたは放課後何をするつもりですか？ **＜ be 動詞＋ going to ＞＝～するつもりだ，～しようとしている**

(五)　(会話文問題：語句補充・選択，和文英訳，表を用いた問題，内容真偽)

(全訳)

早紀　　：すみません，田中先生。メアリーが気分が良くないと言っているのですが。
田中先生：具合が悪い，メアリー？　ベッドで休んだ方がいいわね。
メアリー：はい，そうします。田中先生，少し水をいただけますか？
田中先生：もちろんいいわよ。①はい，どうぞ。
メアリー：どうもありがとうございます。
早紀　　：メアリー，私はもう教室に戻らなくちゃ。後で会いに来るわね。
メアリー：ありがとう，早紀。

〈昼休み〉

早紀　　：ハイ，メアリー。気分はどう？
メアリー：もう良くなったわ。ありがとう。
早紀　　：(A)気分が良くなって良かったわ。(あなたの気分が良くなったのが分かって嬉しいわ)どうして気分が悪かったの？
メアリー：昨日の夜は一生懸命勉強して十分眠れなかったの。
田中先生：何を勉強したの？
メアリー：数学を勉強しました。(ア)それは私のお気に入りの授業の一つです。
田中先生：一生懸命勉強することは良いことよ，でも十分に眠った方がいいわ。私たちの学校の生徒たちの生活習慣についてたびたび心配になるわ。この保健だよりを見て。来週生徒たちに配るつもりなのよ。生徒たちの平均睡眠時間を示しているの。

早紀　　：まあ，②平均睡眠時間が短くなってきていますね。
田中先生：その通りなのよ。人は十分に眠らなければ，何らかの問題を抱えることになるの。この保健だよりでそのことを知ることができるわ。例えば，ストレスをより感じるようになったり，たやすく病気になったりするのよ。
メアリー：分かりました。それから(睡眠不足は)脳にも良くないのですよね？
田中先生：そうよ。この保健だよりは，生徒たちがどのくらい朝食を食べているかも示しているの。メアリー，今日は朝食を食べた？
メアリー：いいえ。普段は6時30分に起きて朝食を食べるのですが，今日は7時30分に起きたので食べる時間がありませんでした。
田中先生：③そのことも具合が悪くなった原因ね。(そのこともあなたを具合悪くしたのよ。) 朝食は健康にとても大事なのよ。
早紀　　：私は時々朝食を食べません。食べない時は，よく疲れを感じます。まあ，見て！2%の生徒たちが全く朝食を食べていないわ。とても(B)驚きだわ。健康に良くないわね。
田中先生：その通りね。朝食を食べなければ，何か問題を抱えることになるでしょう。この保健だよりがそのことを示しているのよ。朝食を食べることは十分に眠ることと同じくらい大切なことよ。
メアリー：私もそう思います。
田中先生：多くの日本の若い人たちはこれらの2つのことをしないそうなの。あなたの国の若い人たちの生活習慣についてはどう思う，メアリー？
メアリー：私たちの国でもその問題はあります。私たちは(C)それについてよく考えた方がいいのです。
田中先生：私たちの学校の生徒たちは，自分自身の生活習慣についてもっと気をつけた方がいいわね。
生徒たち全員とそのご家族にこの保健だよりを読んでほしいわ。
早紀　　：家族と私の生活習慣について話をしてみるつもりです。ありがとうございます，田中先生。
メアリー，私はまだ昼食を食べていないの，あなたと一緒に食べたいと思って。(イ)昼食を食べない？
メアリー：いいわ。ありがとうございました，田中先生。

1　全訳及び保健だより参照。　① Here you are. は(相手に物を差し出して)「はいどうぞ」の意味。　② 保健だよりの中の表で，生徒たちの睡眠時間が年々短くなっていることが分かる。**＜get＋形容詞～＞で「～(ある状態に)になる」**　③　**＜make＋(人・物)＋形容詞～＞で「(人・物)を～にさせる，する」**

2　(ア)　one of ～＝～のうちのひとつ　～に入る名詞は複数形になることに注意。　(イ)　Shall we ～？＝(相手の気持ちを聞いて)(私たちは)～しましょうか？

3　全訳参照。(A)　**＜be動詞＋glad to ～＞で「～できて嬉しい」**。　(B)　surprised ＝ 驚いた(形容詞)

4　全訳参照。(Many young people don't) eat breakfast (and don't)sleep enough (.)多くの若い人たちは朝食を食べず，十分に眠らない。　下線部(c)の it は直前のメアリーの発言内の that problem を指す。「その問題」の具体的な内容は，田中先生の8番目，9番目の発言の内容に注目。また，保健だよりにも示されている。

5　全訳参照。　(1)　早紀は，〔ア　教室に戻り田中先生に会った。　イ　気分が良くなかったのでベッドで休んだ。　ウ　昼休みにメアリーに会いに来た。(○)　< *At lunch time* >の後の会話に注目。　エ　彼女の友だちにプリントを作るように言った。〕　(2)　田中先生が望むことは，〔ア　生徒たちが来月プリントを手に入れることだ。　イ　生徒たちが自分の家族の生活習慣について心配するようになることだ。　ウ　生徒たちがメアリーの国の人たちの生活習慣について考えるようになることだ。　エ　生徒たちと家族がプリントを読んでくれることだ。(○)　田中先生の10番目の発言に注目。〕　(3)　プリントが示していることは，〔ア　生徒たちの約70％が毎日朝食を食べているということだ。(○)　保健だより参照。　イ　生徒たちの30％以上が時々朝食を食べないということだ。　ウ　生徒たちのほんの2％がストレスを感じているということだ。　エ　十分に眠っている生徒たちは毎日朝食を食べているということだ。〕

(六)　(長文読解問題・エッセイ：語句補充・選択，日本語で答える問題，語句の解釈，文の挿入，内容真偽)

(全訳)　1　僕の父と母は読書が好きです。僕の家には僕が小さな子どものころからいろいろな種類の本がありました。寝る時は，父がたいてい一緒に部屋に来てくれて僕に絵本を読んでくれました。僕は4歳頃に本を読み始めました。本を読んだ後は，母とその物語について話すのが好きでした。彼女はいつも僕の話を聞いて優しい声でこう言いました，「そのお話を読んでどんな風に感じたの？」とか「そのお話についてどう思うの？」。僕はそれでますます読書に(A)興味をもつようになりました。

2　僕は今でも読書が大好きです。1か月に10冊くらい本を読みます。僕は読みたい本を全部買うほどのお金は持っていません。だから2年前に家の近くに建てられた図書館によく行きます。僕の姉はこの前の春からそこで働き始めました。彼女は僕に図書館の歴史について教えてくれました。世界で最初の図書館は約2700年前に建てられました。日本の最初の図書館は800年頃にある貴族によって建てられました。その約1100年後には，日本のいくつかの地域で人々は図書館を使っていました。しかし、その当時の図書館は僕たちが現在普段使っているような図書館のようなものではありませんでした。人々は図書館から本を借りることはできず，図書館内で読まなければなりませんでした。[ア　4そしてそこで読書をするのにはお金が必要でした。]

3　姉が僕に図書館について教えてくれた後，僕は本の歴史が知りたいと思い図書館に行きました。約3000年前，世界のいくつかの地域では人々は彼らの人生を貝殻や木材などに記録していました。それからとても長い時が経過し，人々は物事を記録するのに紙を使い始めました。[イ]中国のある男性が100年頃に紙を発明しました。中国の人々はその紙を使って本を作り始めました，なぜなら彼らはもっと多くの物事を記録できると考えたからです。他の国々の人々もそう考えて，(B)同じことをし始めました。いつ日本に紙は来たのでしょう？　僕がある本から学んだことは，610年にある人が海を渡り日本に来て日本の人々に紙の作り方を教えたということでした。その後，日本の人々は紙の本を読み始めました。

4　現在では，紙の本ではなしに読書を楽しむ人たちもいます。[ウ]僕はインターネットで，2017年には紙の漫画よりもデジタルの漫画の方が人気を得たということを知りました。僕の友だちの中には家に紙の漫画がないという人もいて，彼らはインターネットでデジタルの漫画を読むのです。僕の父の電子辞書にでも，1000作の日本の小説とそれと同じ数の外国の小説が入っています。僕はたくさんの小説を楽に持ち運ぶことができてよいと思います。でも僕はデジタルの本より紙の本を読む方が好きです。

5　僕は，僕の人生は本がなかったらずいぶん違っていたと思います。僕は本から人々が考えたことやしてきたことを学びました。本は世界についてたくさんのことを僕に(C)教えてくれました。

世界はどんな風になっていくのか？　僕は何をすればいいのか？　いろいろな本を読むことは，僕に僕の未来について考える機会を与えてきてくれました。本はあなたにどんな機会を与えてくれましたか？

1　全訳参照。（A）become の過去形 became が適当。become interested in ～ で「～に興味をもつようになる」　（C）teach の過去分詞 taught が適当。< **have** ＋過去分詞>で「(今までに)～してきた，した」(現在完了)

2　全訳参照。下線部(B)の直前の一文に注目。

3　【説明訳】人々が，語が何を意味するのかを理解するために使う本。全訳参照。第4段落4文目に注目。

4　全訳参照。第2段落8文目以降では，現在とは異なる昔の日本の図書館について述べられていることに注目。

5　全訳参照。　ア　英雄の母はよく，彼が寝た後に彼にたくさんの絵本を読んであげた。　イ　英雄は，ほとんど毎月読みたい本を約10冊買う。　ウ　英雄の姉は，ある貴族が彼女の町に建てた図書館で働いている。　エ　1900年頃，日本のいくつかの地域では，人々は図書館を使いそこで読書をすることができた。(○)　第2段落8，9文目に注目。　オ　世界のいくつかの地域の人々は，約3000年前に紙の本を読んでいた。　カ　英雄の父は，すでに2000作の外国の小説をインターネットで読んだ。　キ　英雄は，いろいろな本を読んで(読んだ後で)将来何をすればよいのかについて考えた。(○)　第5段落最後から2，3文目に注目。

6　全訳参照。英雄の発表のまとめ部分である第5段落の内容に注目すると，「本と僕の人生」が適当であることが分かるだろう。　with ～＝～とともに

2020年度英語　リスニングテスト

〔放送台本〕

(一)　次の1～3の英語による対話とそれについての質問が2回ずつ読まれます。その英文を聞いて，質問に対する答えとして最も適当なものを，問題用紙のア～エの中からそれぞれ一つ選び，その記号を解答欄に記入しなさい。

1　A: Mom, I'm going to play baseball in the park. I'll go there by bike.
B: Ken, you need this on your head when you ride your bike.
A: Thank you.
Question: What does Ken need on his head?

2　A: Taro, I want eggs, two oranges and three apples. Can you go to the store to buy them?
B: OK, Mom. Oh, can I buy juice, too?
A: Yes, you can.
Question: What will Taro buy?

3　A: I'm looking for the flower shop. Do you know where it is?
B: Yes. Go straight and turn right at the first street. And you'll see it on your left. Lt's in front of the fruit shop.
A: Turn left the first street?

B: No. Turn right.
A: I see. Thank you.
Question: Where are they now?

〔英文の訳〕

1　A：お母さん，公園に野球をしに行くよ。自転車で行くからね。
B：ケン，自転車に乗る時はこれを頭にかぶって。
A：ありがとう。
質問：ケンは頭に何が必要ですか？

2　A：タロウ，卵と，オレンジを2個，それとリンゴを3個欲しいのよ。お店に買いに行ってくれる？
B：いいよ，お母さん。ジュースも買っていい？
A：いいわよ。
質問：タロウは何を買うつもりですか？

3　A：花屋さんを探しています。どこにあるか知っていますか？
B：はい。まっすぐ行って最初の通りで右に曲がってください。そうすると左側にあります。果物屋さんの前です。
A：最初の通りを左に曲がるのですか？
B：いいえ，右に曲がってください。
A：分かりました。ありがとう。
質問：彼らは今どこにいますか？

〔放送台本〕

(二)　次の1，2の英語による対話が2回ずつ読まれます。その英文を聞いて，チャイムの部分に入る受け答えとして最も適当なものを，問題用紙のア～エの中からそれぞれ一つ選び，その記号を解答欄に記入しなさい。

1　A: Excuse me. I want to buy this computer. How much is it?
B: It's 3,000 dollars.
A: (チャイム)

2　A: Lucy, is this your watch?
B: Yes, it is. Where did you find it?
A: (チャイム)

〔英文の訳〕

1　A：すみません。このコンピューターを買いたいです。いくらですか？
B：3000ドルです。
答え　A：ウ　私には高すぎます。

2　A：ルーシー，これあなたの時計？
B：そう。どこで見つけたの？
答え　A：エ　テーブルの下で見つけたよ。

〔放送台本〕

(三)　次の英文が通して2回読まれます。その英文を聞いて，内容についての1～4の英語の質問に対する答えとして最も適当なものを，問題用紙のア～エの中からそれぞれ一つ選び，その記号を解答欄に記入しなさい。

Today, I'll tell you about my grandmother's birthday party. Before her birthday, I talked about a birthday present for her with my father .and mother. My father said, "Let's go to a cake shop and buy a birthday cake." My mother said, "That's a good idea. I know a good cake shop." But when I saw my bag, I had another idea. I said, "My grandmother made this bag as my birthday present last year, so I want to make a cake for her." They agreed.

On her birthday, I started making the cake at nine in the morning. My father and mother helped me because that was my first time. I finished making it at one in the afternoon. We visited my grandmother at six and started the party for her. First, we enjoyed a special dinner with her. After that, l showed her the cake. When she saw it, she said, "Wow, did you make it? I'm so happy. Thank you, Mariko." I was happy to hear that. Then we sang a birthday song for her and ate the cake with her. I'll never forget that wonderful day.

〔質問〕

1 Who knew a good cake shop?

2 Why did Mariko want to make a cake for her grandmother?

3 How many hours did Mariko need to make the cake?

4 What did Mariko do at her grandmother's birthday party?

〔英文の訳〕

今日は私の祖母の誕生日パーティーについてお話します。彼女の誕生日の前，彼女への誕生日プレゼントについて父と母と相談しました。父はこう言いました，「ケーキ屋さんに行って誕生日ケーキを買おう」。母はこう言いました，「それはいい考えね。いいケーキ屋さんを知っているわ」。でも私は自分のバッグを見て，別の考えを思いつきました。私はこう言いました，「おばあちゃんは去年の私の誕生日プレゼントにこのバッグを作ってくれたの，だから私はおばあちゃんにケーキを作りたいわ」。父と母は賛成してくれました。

祖母の誕生日，私は午前9時にケーキを作り始めました。父と母は私を手伝ってくれました，私にとって(ケーキ作りは)初めてだったからです。私は午後1時にケーキを作り終えました。私たちは6時に祖母の家に行き彼女のためのパーティーを始めました。はじめに，彼女と一緒に特別ディナーを楽しみました。その後，私は祖母にケーキを見せました。彼女はそれを見て言いました，「まあ，これあなたが作ったの？　とても嬉しいわ。ありがとう，マリコ」。私はそれを聞いて嬉しかったです。それから私たちは彼女に誕生日の歌を歌い，彼女と一緒にケーキを食べました。私はあの素敵な日を決して忘れません。

〔質問〕

1 誰が良いケーキ屋さんを知っていましたか？

答え：ウ　マリコの母です。

2 なぜマリコはおばあさんにケーキを作りたいと思ったのですか？

答え：ア　おばあさんがマリコのためにバッグを作ってくれたからです。

3 マリコはケーキを作るのに何時間必要でしたか？

答え：イ　4時間です。

4　マリコはおばあさんの誕生日パーティーで何をしましたか？
答え：ウ　彼女はおばあさんのために誕生日の歌を歌いました。

<理科解答>

(一)　1　(1)　①　ア　　②　ウ　　③　全反射
(2)　f　　2　(1)　右図　　(2)　50(g)
(3)　9.0(cm)　　3　①　3.0(N)　　②　イ
③　ウ

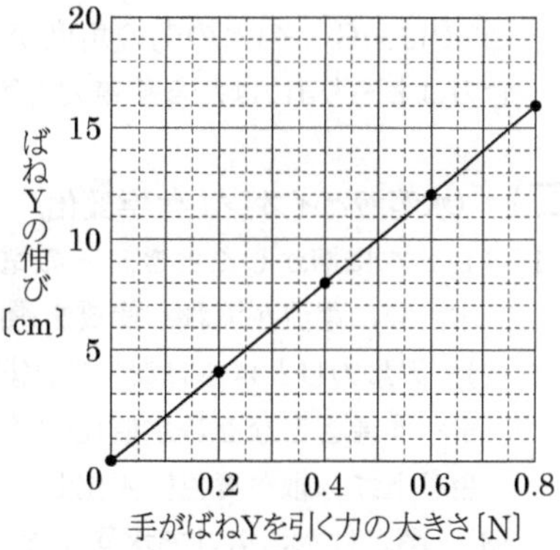

(二)　1　(1)　電離　　(2)　①　イ　　②　エ
(3)　A　　2　(1)　ガラス管を水から取り出す。
(2)　ア
(3)　$2NaHCO_3 \rightarrow Na_2CO_3 + H_2O + CO_2$
(4)　5(回)　　(5)　(指示薬)　フェノールフタレイン[溶液]　　(記号)　R

(三)　1　(1)　葉緑体　　(2)　B(と)D　　(3)　ウ　　2　(1)　外とう　　(2)　①　イ
②　エ　　(3)　(胎生)　R　　(変温動物)　Q　　(4)　形やはたらきは異なっていても，基本的なつくり(が同じであることから，)　　(5)　①　イ　　②　ウ

(四)　1　(1)　(風向)　東南東　　(風力)　1　　(天気)　快晴　　(2)　16(hPa)　　(3)　イ
(4)　①　イ　　②　エ　　2　(1)　日周運動　　(2)　ウ　　(3)　①　イ　　②　ウ
(4)　①　ア　　②　エ

(五)　1　(1)　ウ　　(2)　イ　　2　(1)　X　B　　助言　エ　　(2)　ウ
3　(1)　9.0(g/cm^3)　　(2)　BCF　　(3)　エ　　4　(1)　(地層Q～Sの岩石に含まれる粒は，)流水によって運搬されたことで，丸みを帯びた形となっている。
(2)　①　ア　　②　エ

<理科解説>

(一)　(光，力)

1　(1)　光がガラスや水中から空気中に進むとき，入射角<屈折角となる。また，この時入射角をしだいに大きくすると屈折角も大きくなって境界面に近づくが，さらに入射角を大きくすると光は境界面ですべて反射する。この現象を**全反射**という。

(2)　光bは右図のように進み，面Bと面Cで全反射して面Dで屈折したのち，点fを通る。

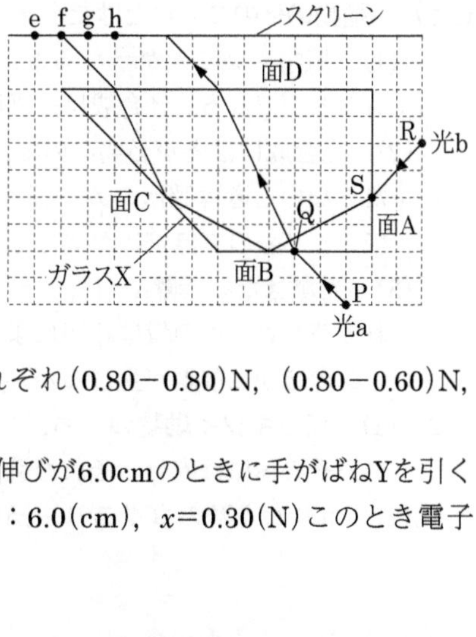

2　(1)　ばねYの伸びが0cm，4.0cm，8.0cm，12.0cm，16.0cmのとき，手がばねYを引く力の大きさは，それぞれ(0.80−0.80)N，(0.80−0.60)N，(0.80−0.40)N，(0.80−0.20)N，(0.80−0)Nになる。

(2)　表1より，0.20Nの力でばねYは4.0cm伸びている。伸びが6.0cmのときに手がばねYを引く力の大きさをxNとすると，0.20(N)：4.0(cm)＝x(N)：6.0(cm)，x＝0.30(N)このとき電子

てんびんが物体Eから受ける力は，0.80－0.30＝0.50(N)なので，電子てんびんの示す値は，0.50(N)＝50(g)になる。

(3)　手がばねYを引く力は，1.20－0.75＝0.45(N)　このときのばねYの伸びを$x$cmとすると，0.20(N)：4.0(cm)＝0.45(N)：x(cm)，x＝9.0(cm)

3　図4では，糸Gと糸Iのそれぞれが結び目を引く力の**合力**と，おもりJにはたらく**重力**がつり合っている。糸Iを延長した直線と糸Gとの角度が45°なので，合力と糸Iが引く力の大きさは等しい。図5では糸Gと糸Iとの間の角度がさらに大きくなるので，糸Iが引く力は図5が大きい。しかし，合力はおもりJにはたらく重力と等しいので，図4と図5で等しい。

(二)　(水溶液とイオン，化学変化)

1　(1)　水に溶かしたとき，＋の電気を帯びた陽イオンと－の電気を帯びた陰イオンに**電離**して，水溶液に電流が流れる物質を**電解質**という。

(2)　**アルカリ**とは水に溶けて**水酸化物イオン**(OH^-)を生じる物質で，このイオンがアルカリ性を示す原因となる。水酸化物イオンは陰イオンなので，陽極に引かれて移動したため，Dの赤色リトマス紙が青色に変化した。

(3)　**酸**とは水に溶けて**水素イオン**(H^+)を生じる物質で，このイオンが酸性を示す原因となる。水素イオンは陽イオンで陰極に引かれて移動するため，Aの青色リトマス紙が赤色に変化する。

2　(1)　試験管Pの加熱部分に液体Z(水)が流れて急に冷やされると，試験管が割れるおそれがある。

(2)　青色の塩化コバルト紙に水をつけると，赤色(桃色)に変化する。

(3)　炭酸水素ナトリウムを加熱すると，二酸化炭素(CO_2)が発生して水(H_2O)が生じ，あとには炭酸ナトリウム(Na_2CO_3)が残る。**化学反応式**では，矢印の左右で原子の種類と数が一致しなければならない。

(4)　一定量の水に溶ける物質の最大の量をその物質の**溶解度**といい，ふつう水100gに溶ける物質の質量で表す。固体Y(炭酸ナトリウム)は水1gに0.221g溶ける。1.0gがすべて溶けるためには，1.0÷0.221＝4.5…(回)水を1.0cm^3ずつ加える必要がある。

(5)　フェノールフタレイン溶液は，アルカリ性の水溶液に入れると赤色を示す。アルカリ性が強いほど赤色が濃くなるが，炭酸ナトリウムのほうが水に溶けやすく，水溶液のアルカリ性が強い。

(三)　(植物の体のつくりとはたらき，動物の分類)

1　(1)　植物の葉に光が当たると，**光合成**のはたらきによって，二酸化炭素をとり入れてデンプンなどができる。光合成は，細胞の中にある緑色の小さな粒である**葉緑体**で行われる。

(2)　光合成には光が必要なので，植物は光が当たっているときは光合成と**呼吸**を行い，光が当たらないときは呼吸のみを行う。呼吸について調べるためには，光が当たらない状態の装置で，ツバキの有無だけが異なる装置の結果を比較する。

(3)　光が当たる装置Aでは，光合成と呼吸の両方を行う。光合成では二酸化炭素がとり入れられて使われ，その量は呼吸によって生じる二酸化炭素の量よりも多い。また，光合成ではデンプンのほかに酸素が生じるが，その量は呼吸で吸収する酸素の量よりも多い。

2　(1)　**無セキツイ動物**のうち，アサリなどの貝のなかまやタコやイカのなかまを**軟体動物**といい，その体には内臓とそれを包みこむ外とう膜，節のないやわらかいあしがある。

(2)　ホニュウ類のコウモリ，鳥類のニワトリ，ハチュウ類のトカゲはいずれも肺で呼吸を行う。体表が**外骨格**でおおわれているのは，無セキツイ動物の**節足動物**。外骨格はかたい殻で，体を支えて内部を保護している。

(3)　ホニュウ類は，メスの体内で**受精**したあとに卵が育ち，子としての体ができてから生まれる**胎生**である。ホニュウ類，鳥類は外界の温度が変わっても体温が一定に保たれる**恒温動物**で，ハチュウ類は外界の温度によって体温が変わる**変温動物**である。

(4)　外形やはたらきが異なっていても，基本的なつくりや起源が同じ器官を**相同器官**という。

(5)　筋肉の両端には「けん」という丈夫《じょうぶ》なつくりがあり，それぞれが関節をはさんで別の骨についている。関節の部分で骨格が曲がるのは，関節を越えてついている筋肉が縮んだりゆるんだりできるからである。

(四)　(気象，天体)

1　(1)　**風向**は，風が吹いてくる方向を16方位で示す。風の強さは，風速や陸上のようすで**風力**階級を13段階に分けて表す。記号は矢ばねの向きが風向，矢ばねの数が風力を示している。天気記号は，快晴○，晴れ⦶，くもり◎，雨●など。

(2)　**等圧線**は，1000hPaを基準に4hPaごとに引かれ，20hPaごとに太線になる。また，2hPaごとに引くときは点線になる。地点Bの気圧は，24日21時は1020hPa，25日21時は1004hPaなので，1020－1004＝16(hPa)

(3)　▲▲▲は**寒冷前線**を示し，寒気が暖気を激しくもち上げるため，上に伸びる雲が発達してせまい範囲に強い雨が短時間に降る。寒冷前線の通過後は風向が西または北よりに急変し，気温が下がる。したがって，湿度は上がり，気温が急激に下がる時間帯があてはまる。

(4)　寒冷前線は**温暖前線**より速く移動するため，やがて温暖前線に追いついて**閉そく前線**ができる。閉そく前線ができると地上はすべて寒気におおわれ，**低気圧**は消えてしまうことが多い。

2　(1)　地球は，北極と南極を結ぶ地軸を軸として，西から東へ1日に1回**自転**している。太陽や星座をつくる星の**日周運動**は，地球の自転によって起こる見かけの動きである。

(2)　360°÷24＝15°より，地球は1時間に15°回転する。X市とY市の経度の差は，141－135＝6°なので，60(分)×$\frac{6}{15}$＝24(分)

(3)　地球一月一太陽が一直線上に並び，月に隠されて太陽の一部または全部が欠けることを**日食**という。太陽全体が月に隠される場合を，**皆既日食**という。このとき，太陽の外側に広がる高温，希薄なガスの層であるコロナが見える。**黒点**は，太陽の表面で周囲より温度の低い場所のことである。

(4)　地球の自転の向きと**公転**の向き，月の自転の向きと公転の向きはすべて同じで，これによって，天球上を移動する見かけの動きは，実際には動かない太陽のほうが速いことになる。

(五)　(電流，分解者，密度，地層)

1　(1)　電力(W)＝電圧(V)×電流(A)　図1で，抵抗器aと抵抗器cに0.1Aの電流が流れているとき，抵抗器cの電圧は4Vで抵抗器aの電圧2Vの2倍である。

(2)　図1より，抵抗器aは20Ω，抵抗器bは30Ω，抵抗器cは40Ω。図5より，図3の回路の抵抗は60Ωだが，端子Dは使っていないので，(AB間の抵抗)＋(BC間の抵抗)＝60(Ω)であることがわかる。また，図4の回路で，端子Aは使っていないので，BC間とCD間(30Ω)の**並列**につながれた抵抗器の合成抵抗が12Ωになる。

2　(1)　土の中の**菌類**や**細菌類**などの微生物が，**有機物**を**無機物**にまで分解する。試験管Bでは上ずみ液を沸騰させたので，微生物は死滅して，デンプンは分解されることなくヨウ素液と反応して青紫色になる。はじめに試験管Aも青紫色に変化したのは，分解されていないデンプンが残っていたと考えられる。

(2)　カビやキノコなどは菌類で，乳酸菌や大腸菌などは細菌類である。

3　(1)　銅球の体積は，52.0－50.0＝2.0(cm^3)なので，18(g)÷2.0(cm^3)＝9.0(g/cm^3)

(2)　純物質の**密度**は物質ごとに一定の値になるので，同じ金属でできた金属球の実験結果は，(0，0)の点を通る同じ直線上にある。図7には，(A)，(E)，(B，C，F)，(D，G)を通る4本の直線を引くことができる。

(3)　図7に引いた4本の直線では，傾きが大きいほど密度は大きいことになる。領域Ⅰ，Ⅱの物質は領域Ⅳの物質より密度は大きく，領域Ⅲ，Ⅳにある物質の密度の関係は一定ではない。

4　(1)　流水によって運ばれた土砂《どしゃ》は，しだいに粒の角がとれて，流れがゆるやかな場所で堆積する。さらに海や湖に流れこんで積もったれき，砂，泥などが，長い間に固まって**堆積岩**になる。火山灰やマグマが固まってできる岩石には，色や形のちがう何種類かの**鉱物**やガラスがふくまれている。

(2)　地層Rの泥岩の層で，中生代のアンモナイトの**化石**が見つかっている。ビカリアは新生代の化石なので，地層Rより上に堆積した地層Qの砂岩の層で見つかったと考えられる。

＜社会解答＞

(一)　1　イ　　2　エ→ア→ウ→イ　　3　執権　　4　(例)有力な農民が村の自治を行う
5　織田信長　　6　イ　　7　a　ア　　b　エ

(二)　1　安政　　2　ア　　3　ロシア　　4　ウ→エ　　5　a　(例)イギリス経済圏以外に対する関税を，イギリス経済圏よりも高く　　b　ア　　6　ポツダム
7　c　イ　　d　ウ

(三)　1　B→A→C　　2　交渉　　3　ウ　　4　(例)自由な経済活動を推進するために規制を緩和　　5　条例　　6　エ

(四)　1　(例)所有する株式の数に応じて，会社の利益の一部を受け取る　　2　独占
3　イ　　4　エ　　5　EPA

(五)　1　(1)　赤石　　(2)　え・山梨(県)　　2　ウ　　3　ウ　　4　P　(例)船と鉄道は，同じ輸送量に対するエネルギー消費量が少ない　　Q　(例)二酸化炭素の排出を削減することができる　　5　ア

(六)　1　(1)　エ　　(2)　ウ　　(3)　あ・アメリカ合衆国　　(4)　イ
2　(例)降水量が少なく，樹木が育ちにくい　　3　ハブ

＜社会解説＞

(一)　**(歴史的分野―日本史―時代別―，古墳時代から平安時代，鎌倉・室町時代，安土桃山・江戸時代，歴史的分野―日本史―テーマ別―，政治・法律，経済・社会・技術，文化・宗教・教育)**

1　イは広隆寺弥勒菩薩像。アが銀閣(室町文化)，ウが土偶(縄文文化)，エが菱川師宣の「見返り美人図」(元禄文化)。

2　②が始まった年が645年，源頼朝が征夷大将軍に任命された年が1192年。アが794年，イが

1159年，ウが935年，エが701年のできごと。

3　鎌倉幕府は源氏の将軍が3代で途絶えたため，将軍を補佐する**執権**が実質的に政治を代行するようになった。

4　**惣**とは，農村の自治組織を指すことから判断する。室町時代の商人や手工業者の同業者組合は**座**という。

5　問題文中の「室町幕府を滅亡させた」以外にも，資料中の［⑤］の直後の「**安土城**を築いた」などから判断できる。

6　武家地の割合が最も高いAが江戸，公家地が存在するBが京都，町人地の割合が最も高いCが「**天下の台所**」と呼ばれ商業の中心地となっていた大阪と判断する。

7　文中の「ヨーロッパの書物」とあることから判断する。儒教は中国でうまれた思想。

(二)　(歴史的分野―日本史―時代別―安土桃山・江戸時代，明治時代から現代，歴史的分野―日本史―テーマ別―政治・法律，外交，歴史的分野―世界史―政治・社会・経済史)

1　**安政の大獄**の翌年(1860年)には**桜田門外の変**がおこり，**井伊直弼**が暗殺された。

2　**津田梅子**は帰国後に女子英学塾(のちの津田塾大学)を設立した。樋口一葉の代表作は『たけくらべ』。

3　ロシアは冬でも凍結することのない不凍港を獲得するために南下政策を進めており，遼東半島や朝鮮半島への勢力拡大を狙っていた。

4　④の期間とは，1914年～1929年。アが1940年，イが1890年，ウが1918年，エが1925年のできごと。

5　世界恐慌後のイギリスやフランスは，他国の経済圏からの輸入品にかける関税を高くすることで市場からしめ出し，自国の経済圏(植民地など)との結びつきを強める政策をとった。これを**ブロック経済政策**という。

6　**ポツダム宣言**は，1945年8月14日に受諾が決定し，翌15日に天皇の玉音放送によって，国民に敗戦が伝えられた。

7　沖縄は1945年6月にアメリカに占領され，1972年に返還された。同年に日中共同声明を発表したときの首相が田中角栄。

(三)　(公民的分野―憲法の原理・基本的人権，三権分立・国の政治の仕組み，地方自治，国際社会との関わり)

1　Aが1789年のフランス革命，Bが1688年の名誉革命の翌年，Cが1919年に発表された。

2　労働三権は，日本国憲法第28条で保障されている。

3　内閣総理大臣の指名において，衆議院と参議院の議決が異なった場合，**両院協議会**を開いても一致しない場合は，**衆議院の議決が国会の議決となる。公聴会**は，委員会で専門家の意見を聞くために開かれることがある。

4　規制緩和の例として，セルフ方式のガソリンスタンドの設置や電力の自由化などが挙げられる。

5　直接請求権における条例の制定・改廃請求について，地域の有権者の**50分の1以上**の署名を集めて首長に請求する。

6　ア　日本の国際機関への出資と拠出の額は，イギリス，アメリカ合衆国，ドイツ，フランスに次いで5番目に多い。　イ　イタリアは，国際機関への出資と拠出の額よりも二国間援助の額の方が小さい。　ウ　GDPに対する援助総額の割合は，ドイツが0.71％，日本が0.21％と日本の方が小さい。　エ　国民一人当たりの負担額は，ノルウェーが832.7ドル，日本が82.1ドルと日本の国民一人当たりの負担額の10倍以上。

(四)　(公民的分野―国民生活と社会保障，財政・消費生活・経済一般，国際社会との関わり)

1　出資した株式会社の利益が大きいほど，株主が受け取る配当も大きくなる。

2　特定の商品を供給する企業が数社しかない状態は**寡占**と呼ばれる。寡占企業が結ぶ価格や生産量などの協定を**カルテル**という。**独占禁止法**を運用する組織を**公正取引委員会**という。

3　模式図は公開市場操作の様子。景気が過熱しているときは通貨量を減らす政策，景気が悪いときは通貨量を増やす政策をとる。

4　ア　掛け金を積み立て，万一の時に給付が受けられるようにするしくみ。　イ　生活に困っている人に，その費用を援助するしくみで，生活保護がこれにあたる。　ウ　高齢者や障害者などの自立を支援するしくみ。

5　わが国はTPP以外にも，さまざまな国と二国間EPAを締結している。

(五)　(地理的分野―日本―日本の国土・地形・気候，人口・都市，農林水産業，交通・通信，資源・エネルギー)

1　(1)　日本アルプスは西から順に**飛騨山脈**，**木曽山脈**，**赤石山脈**が位置する。　(2)　㋐の青森県はりんごの生産量が多いc，㋑の新潟県は米の生産量が多いa，㋒の茨城県は**近郊農業**で野菜の生産がさかんなことからキャベツの生産量が多いb，㋓の山梨県はぶどうの生産量が多いdとなる。

2　工業製品出荷額の割合が最も高いことから，Aに機械があてはまる。岡山県倉敷市などに大規模な石油化学コンビナートが存在することから，**瀬戸内工業地域**は全国に比べて化学工業の割合が高い。

3　人口密度が高く人口も多いアが関東地方。人口密度が低く人口も少ないエが東北地方。残ったイ・ウについて，人口はほぼ同じだが，ウはイに比べて人口密度が低いことが読み取れる。これはウの面積がイよりも広いことを表しており，面積が広い上位5道県に含まれる長野県や新潟県を擁する中部地方の面積が近畿地方よりも広いと考えられることから判断する。

4　自動車はエネルギー消費量が多いため，船や鉄道と輸送量が同じだとすると二酸化炭素を大量に排出してしまい，環境に悪影響を及ぼすと考えられる。

5　2011年の東日本大震災以降大幅に減少しているZが原子力発電，その分の電力をまかなっているYが火力発電であると判断する。

(六)　(地理的分野―世界―人々のくらし，地形・気候，産業)

1　(1)　㋐の国が位置するのが北アメリカ大陸，㋑の国が位置するのがユーラシア大陸，㋒の国が位置するのがアフリカ大陸，㋓の国が位置するのが南アメリカ大陸，地図の一番下に見られるのが南極大陸。　(2)　ア　ロンドンの上方の北極点と点Bを結ぶ線は経度180度線。北極点と点Cの上方の南極点を結ぶ線が本初子午線。　イ　地球の円周が約**4万km**。**正距方位図法**上の直径が地球の円周を表すことから判断する。　ウ　Dの曲線は**赤道**。　エ　正距方位図法で表された地図上では，図の中心からの方位しか正しく表していない。　(3)　「世界の食料庫」とよばれるアメリカ合衆国は小麦の輸出量が世界一。㋑はサウジアラビア，㋒は南アフリカ共和国，㋓はブラジル。　(4)　Fの地域には**アンデス山脈**が位置する。とうもろこしの栽培地域よりも高地で家畜として飼われるリャマやアルパカは，荷物の運搬や衣服の原料として用いられる。また，標高が上がるごとに気温が下がる現象がみられることから，資料2中のⅠが標高の低いS，Ⅱが標高の高いRに当たると判断する。

2　日干しれんがは土や砂から作られることから，砂漠が広がる乾燥帯気候の地域に多くみられる。

3　代表的な**ハブ空港**としては，ヒースロー空港(イギリス)，ドバイ国際空港(アラブ首長国連邦)，仁川国際空港(韓国)などがある。

<国語解答>

(一)　1　イ　2　向かっていたから　3　(品詞名)　形容動詞　(活用形)　エ
4　a　思慮を欠いた　b　思慮深さ　c　目標とする願望の対象を達成すること
5　(例)自然の必然的な法則に決められることなく，複数の選択肢から自らの意思に基づいて一つを選択できる(自由があるということ。)　6　a　無知　b　知を負かしてしまうほどの欲望　c　意志の弱さ　7　誰もが　8　ウ

(二)　1　きょうしゅう　2　せんりつ　3　ともな(って)　4　にご(す)

(三)　1　看板　2　祝辞　3　暴れる　4　困る

(四)　1　ウ　2　拍　3　イ　4　合理的であるよりもおいしさを守り続けることを第一に考えたい。　5　(例)勝目のレシピを丁寧に守って作ったおいしい(お菓子。)　6　エ

(五)　1　とうとき　2　ア　3　(最初)　世の人　(最後)　る人ぞ
4　a　きそうきそう　b　(例)呼び捨てにされている　c　後の世

(作文)　(例)　資料を見ると，チームやグループに求めることは「困ったときに助け合えること」という回答がほかよりも圧倒的に多いことがわかる。私も，チームやグループの活動においては助け合えることが大切だと感じている。

私は野球部に所属している。試合で，私のエラーで失点してしまったことがあった。私はとても落ち込んでしまったが，仲間が明るく声をかけてくれて，チーム内の雰囲気が悪くならないようにしてくれた。しかも直後の攻撃で逆転でき，試合に勝つこともできた。

この試合で勝てたのは，お互いに助け合おうという意識があったからだと思う。助け合うことでチーム内がよい雰囲気になり，より強いチームワークとなり，結果にもつながるのだ。これからも助け合いを大切にできるチームを築いていきたい。

<国語解説>

(一)　(論説文－大意・要旨，内容吟味，筆順・画数・部首，文と文節，品詞・用法)

1　「創」とイ「補」は十二画。ア「稿」は十五画，ウ「詰」は十三画，エ「漁」は十四画。

2　述部とは，文の成分のうち，「どうする」「どんなだ」「何だ」にあたる連文節。「わたしの関心は」「向かっていた」とつなげると，「何が」「どうする」という主述の関係になる。二文節を抜き出すのだから，「向かっていたから」が正解。

3　「大切な」は，形容動詞「大切だ」の連体形。

4　a　「自然を破壊する」という行為は，「自然に対する思慮を欠いた行為」である。　b　「思慮深い人は，自分の目の前にある選択肢を思慮深く選択することができる」のだから，「よりよい行動を選択」するには「思慮深さ」が必要だとわかる。　c　「選択することによって実現できることを積み上げ」られ，「目標とする願望の対象を達成する」ことができるとある。

5　「行為を選択できる」ことを「人間には自由がある」と述べているのだから，「行為を選択でき

る」ということを詳しく説明する。人間の行為は，「自然の必然的な法則」で決められているのではなく，「複数の選択肢から自らの意思に基づいて一つを選択できる」自由があるのだ。

6 a ソクラテスは，人間は「悪いことだと知っていれば，そのようなこと」はせず，悪いことをするのは「無知」であるためだと考えている。 b アリストテレスは，人間が「悪と知りながら悪を行うのは，知を負かしてしまうほどの欲望がある」ためだと考えている。 c アリストテレスは，人間が「後悔したり反省したりする」のは，「意志の弱さ」があるからこそだと述べている。

7 [8]段落に，「誰もが与えられた人生の中で，迷うことなく選択することなどありえない」という，人生は迷うものであるということを表現している一文がある。

8 ウの内容が，[11]段落の内容と一致する。

(二) (知識問題－漢字の読み書き)

1 「郷愁」は，故郷を懐かしく思う気持ちのこと。

2 「旋律」は，メロディーのこと。

3 音読みは「ハン」「バン」で，熟語は「同伴」「伴奏」などがある。

4 音読みは「ダク」で，熟語は「濁流」などがある。

(三) (知識問題－漢字の読み書き)

1 「看」の一画目は，右から左にはらう。

2 「祝辞」は，祝いの言葉。

3 音読みは「ボウ」で，熟語は「暴走」などがある。

4 音読みは「コン」で，熟語は「困難」などがある。

(四) (小説－情景・心情，内容吟味，文脈把握，脱文・脱語補充，ことわざ・慣用句)

1 勝目は直前で「きっぱりとした口調」で話しており，自分の「決断に迷いはない」と感じている。よって，Aには「堂々と」か「はきはきと」が合う。勝目は社長の言葉を「職人の苦労を知らない側の勝手な言い分」だと思っており，自分の信条が受け入れられないのならば「勝手にすればいい」とまで考えている。よって，Bは「戸惑っていた」より「怒っていた」がふさわしいので，ウが正解。

2 「拍子抜け」は，気が抜けて張り合いがなくなるという意味。

3 直前までの勝目と社長の会話に注目する。社長は以前に，クッキーを「崩れにくくする工夫」を考えるよう勝目に言っていたが，勝目は特に工夫をすることなく，「口当たりを守る」ことを主張している。そのような勝目の態度は，社長にとっては予想外のものであったため，驚いた表情を見せているのである。

4 少し前の勝目の発言中で，「合理的であるよりもおいしさを守り続けることを第一に考えたい」という思いが語られている。

5 田中は，「丁寧で，何より，おいしくなくては意味」がないと考え，「勝目さんのレシピを丁寧に守ることで，長く続けられるお菓子」になるということを社長に伝えている。

6 勝目の作ったお菓子を商品化することに戸惑う社長に対し，勝目は菓子はどうあるべきかという自分の考えをぶつけている。また，田中は「東京會舘らしさ」になるという視点から，勝目の菓子の良さを社長に訴えている。迷いながらも，最終的には受け入れる社長の姿を，「クッキーを食べる手を止めて，驚いたように勝目を見た」「手にしていたソフトクッキーの残りを口に入れる」など，具体的な動作が見えるように描いている。

(五)　(古文－内容吟味，文脈把握，仮名遣い)

<口語訳>　この頃，関先民の家を訪ねた時，たいそう古びた巻軸の，紙もところどころ破れている絵を見せてもらった。白い鷹の絵である。名前もないので，「誰がかいたのか」と尋ねたところ，「これは以前に由緒ある人が手にいれなさった非常に正当なものであり，大猷院様がおかきになったのである」と言う。大猷院様の絵がこれほどまですばらしくかかれたとは，思いがけないことなので，めったにないことだとしばらく見つめていると，先民がまた言う，「大猷院様は鷹の絵においてはとりわけ上手でいらっしゃったと聞いたのだ。しかしこの後はまったく絵をかかれていない。その事情は，ある時近臣をお呼びになって，世間の人は鷹の絵と言えばきそうきそうと言うようだが，きそうとはどのような人かとお尋ねになって，『それは宋の時代の徽宗皇帝と申し上げる天子でいらっしゃいます』とお答え申し上げたところ，『私は今日から鷹の絵をかくことをやめよう，世間の人がきそうきそうと呼び捨てているので，身分が低い人のことと思っていた，私がかいた絵も後世でこのようなことになってしまうのだろうか』とおっしゃって，これ以降はまったく絵をおかきにならなかった」と。大変尊いお考えであることだ。

1　歴史的仮名遣いのハ行は，現代仮名遣いのワ行にあたる。また，「ア段音＋う」は「オウ」と読むので，「たふとき」は「とうとき」となる。

2　筆者の「誰がかきし。」という問いかけに対する返答なのだから，言ったのは関先民である。

3　古文の会話の終わりには，ほとんどの場合，「と」や「とて」がある。ここでも「問ひ給ひしに」の直前に「と」があるので，そこが会話の終わり。「御近臣を召して」は，大猷院の行動なので，その直後の「世の人」からが言った内容になる。

4　世間の人たちは「きそうきそう」と，徽宗皇帝を「呼び捨て」にしていた。鷹の絵が得意であった徽宗皇帝が呼び捨てにされるように，自分も「後の世」で呼び捨てにされてしまうのだろうかと考え，鷹の絵をかくことをやめたのである。

作文　(作文(自由・課題))

資料から読み取れることをヒントに，自分がチームやグループにどのようなことを求めるかを考える。部活動や学級活動など，身近なチーム・グループ活動を参考にしたり，自分の体験などを交えるとよいだろう。

MEMO

大切なことはメモしておこうネ！

愛媛県公立高等学校

2019年度

★★★★★★★★★★★★★★★★★★★★★★★

入 試 問 題

2019
年
度

●くわしい解説……43ページ

＜数学＞

時間　50分　　満点　50点

【注意】 答えに$\sqrt{\ }$が含まれるときは，$\sqrt{\ }$を用いたままにしておくこと。
また，$\sqrt{\ }$の中は最も小さい整数にすること。

(一) 次の計算をして，答えを書きなさい。

1　$(-24)\div 6$

2　$-\frac{2}{7}+\frac{1}{3}$

3　$-(2x-y)+3(-5x+2y)$

4　$(9a^2+6ab)\div(-3a)$

5　$(3\sqrt{2}-1)(2\sqrt{2}+1)-\frac{4}{\sqrt{2}}$

6　$(x+4)^2+(x+5)(x-5)$

(二) 次の問いに答えなさい。

1　xについての二次方程式 $x^2-5x+a=0$ の解の1つが2であるとき，aの値を求めよ。

2　右の図のように，袋の中に，1，2，3，4，5，6の数字が1つずつ書かれた6個の玉が入っている。最初に，Aさんが袋の中から玉を1個取り出し，書かれた数字を見てからそれを袋にもどす。次に，Bさんが袋の中から玉を1個取り出す。このとき，Bさんが取り出した玉に書かれた数が，Aさんが取り出した玉に書かれた数より大きくなる確率を求めよ。ただし，どの玉が取り出されることも同様に確からしいものとする。

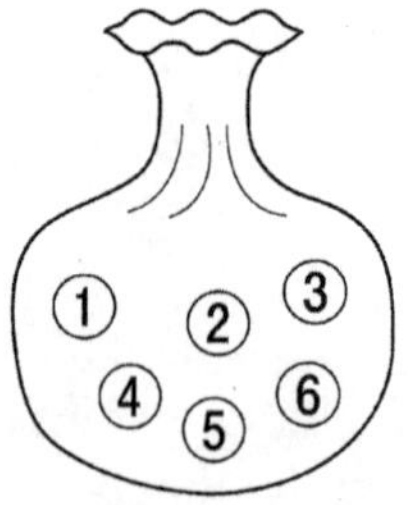

3　箱の中に同じ大きさの黒玉だけがたくさん入っている。この黒玉の個数を推測するために，黒玉と同じ大きさの白玉200個を黒玉が入っている箱の中に入れ，箱の中をよくかき混ぜたあと，そこから80個の玉を無作為に抽出したところ，白玉が5個含まれていた。この結果から，はじめに箱の中に入っていた黒玉の個数は，およそ何個と推測されるか。

4　右の図のように，AB＝4㎝，AD＝2㎝，AE＝3㎝の直方体の表面に，ひもを，頂点Aから頂点Hまで，辺BFと辺CGに交わるようにかける。ひもの長さが最も短くなるときのひもの長さを求めよ。

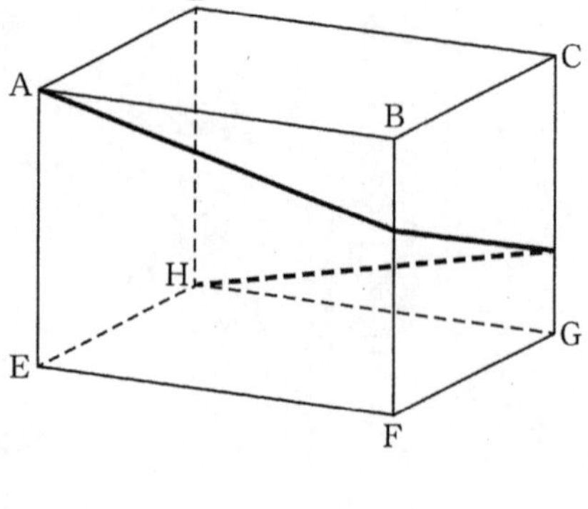

5　右の図において，直角三角形PQRは，直角三角形ABCを回転移動したものである。このとき，回転の中心Oを解答欄に作図せよ。ただし，作図に用いた線は消さずに残しておくこと。

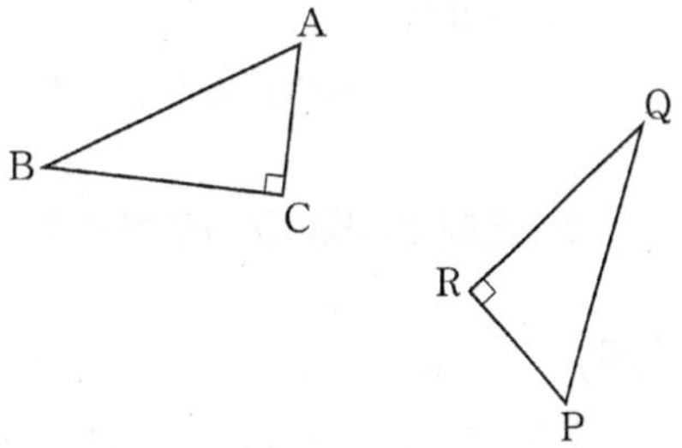

6　花子さんが住む市の1か月の水道料金は，使用量が8 m^{3}までは基本料金のみであり，使用量が8 m^{3}を超えると，超えた使用量に対して1 m^{3}当たりいくらかの超過料金が発生する。今月から水道料金が値上げされ，先月に比べて，基本料金が20%，1 m^{3}当たりの超過料金が15円，それぞれ高くなった。花子さんの家の使用量は先月も今月も25m^{3}であった。先月の水道料金は4260円であり，今月の水道料金は先月の水道料金と比べると495円高くなった。先月の基本料金と，先月の1 m^{3}当たりの超過料金をそれぞれ求めよ。ただし，用いる文字が何を表すかを最初に書いてから連立方程式をつくり，答えを求める過程も書くこと。

(三)　縦の長さが a cm，横の長さが b cmの長方形の用紙から，正方形を切り取る作業を次の【手順】にしたがって行う。ただし，a，b は整数で，用紙は1目もり1 cmの方眼用紙とする。

【手順】　用紙の短い方の辺を1辺とする正方形を切り取る。残った用紙が正方形でないときは，残った用紙の短い方の辺を1辺とする正方形を切り取る。残った用紙が正方形になるまで，繰り返し正方形を切り取っていく。

例えば，a =4，b = 7のときの作業は次のようになる。

まず，図1のような縦の長さが4 cm，横の長さが7 cmの長方形の用紙から，この用紙の短い方の辺を1辺とする正方形を切り取る。その切り取り方は図2のようになる。次に，残った縦の長さが4 cm，横の長さが3 cmの長方形の用紙から，短い方の辺を1辺とする正方形を切り取る。同様に，残った用紙が正方形になるまで切り取る。

すると，a = 4，b = 7のときの正方形の切り取り方は図3のようになり，全部で5枚の正方形ができる。

図1

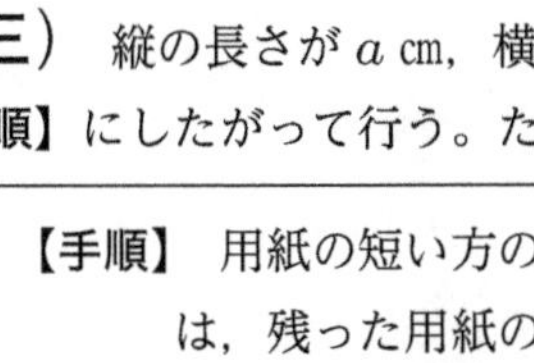

→

図2

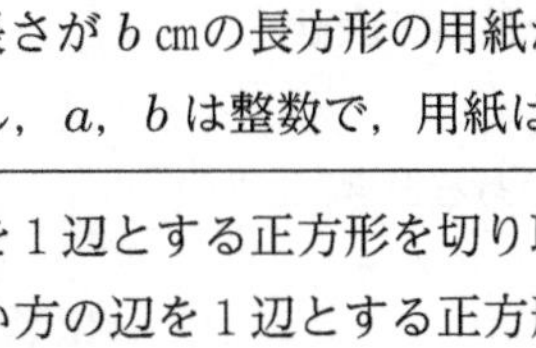

→……→

図3

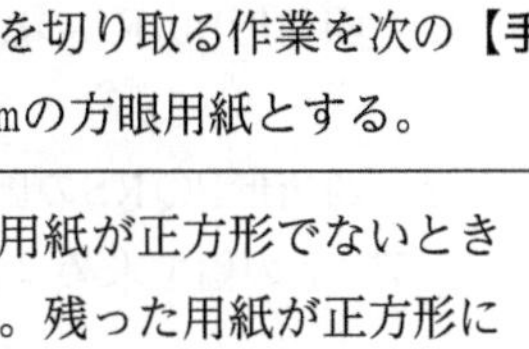

このとき，次の問いに答えなさい。

1　a = 4，b =13のとき，上の図3にならって正方形の切り取り方を解答欄にかけ。

2　a = 8，b =13のとき，全部で何枚の正方形ができるか求めよ。

3　$a=3$のとき，

⑴　全部で２枚の正方形ができるようなbの値を求めよ。

⑵　全部で15枚の正方形ができるようなbの値を全て求めよ。

(四)　下の図１において，放物線①は関数 $y=ax^2$ のグラフであり，放物線②は関数 $y=x^2$ のグラフである。また，点Ａは放物線①上の点であり，点Ａの座標は（２，２）である。

このとき，次の問いに答えなさい。

1　aの値を求めよ。

2　関数 $y=x^2$ について，xの変域が$-5\leqq x\leqq 2$のときのyの変域を求めよ。

3　下の図２において，点Ｐは放物線①上の$x>0$ の範囲を動く点である。点Ｐを通りx軸に垂直な直線と放物線②との交点をＱ，点Ｑを通りx軸に平行な直線と②との交点のうち，点Ｑと異なる点をＲ，点Ｒを通りx軸に垂直な直線と放物線①との交点をＳとし，四角形PQRSをつくる。また，点Ｐのx座標をtとする。

⑴　四角形PQRSの周の長さをtを使って表せ。

⑵　四角形PQRSの周の長さが60であるとき，

ア　tの値を求めよ。

イ　点Ａを通り，四角形PQRSの面積を２等分する直線の傾きを求めよ。

図１

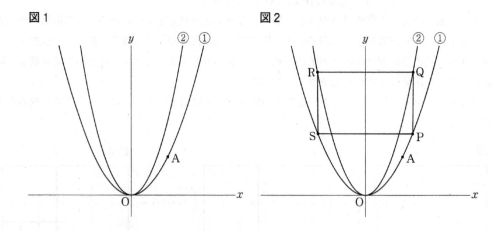

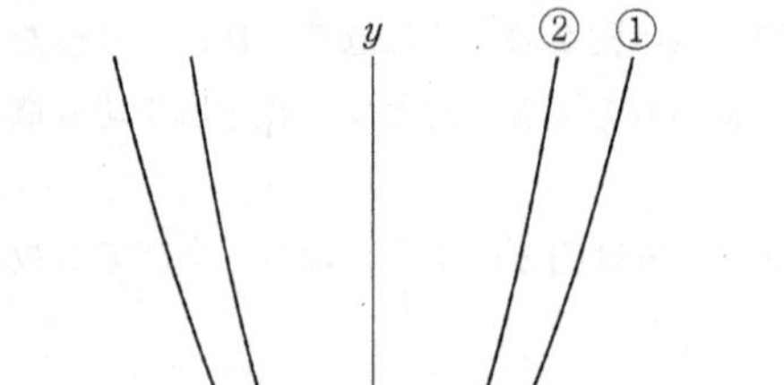

図２

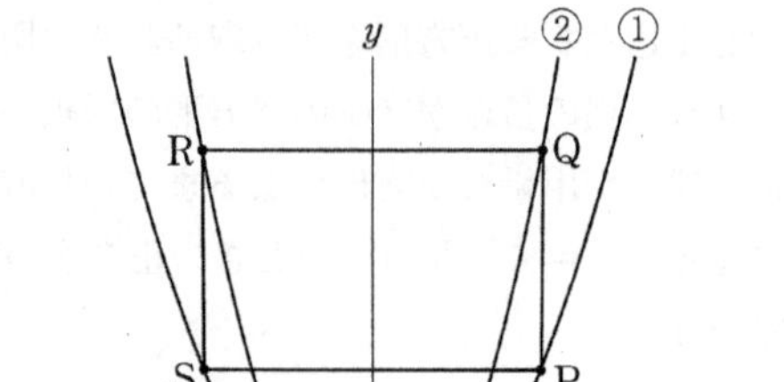

(五)　次のページの図１のような，正方形ABCDと正方形EFGHがある。頂点Ｅは，正方形ABCDの２つの対角線の交点と同じ位置にある。辺BCと辺EF，辺CDと辺EHの交点をそれぞれⅠ，Ｊとする。正方形ABCDと正方形EFGHの相似比は，３：４である。

このとき，後の問いに答えなさい。

1　△EIC≡△EJD であることを証明せよ。

2　下の図2は，図1に色をつけたものである。色をつけた部分（　の部分）の面積が182㎠であるとき，正方形ABCDの１辺の長さを求めよ。

3　下の図3のように，直線ACと対角線FHとの交点をKとする。AB＝６㎝，BI＝１㎝ であるとき，四角形IFKCの面積を求めよ。

図1

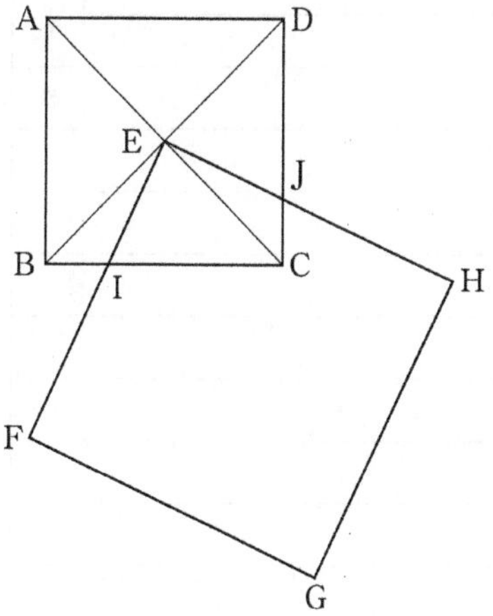

図2

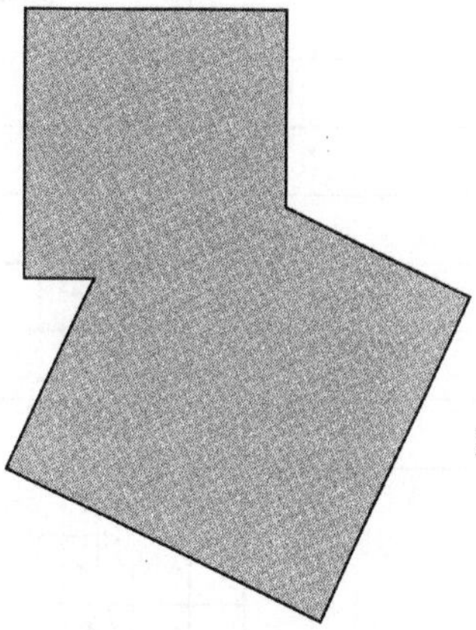

図3

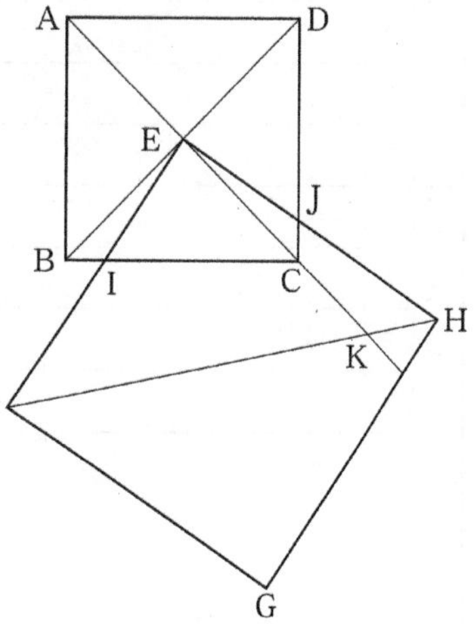

全日制 定時制	科	受検番号	号	氏名	

平成31年度　数　学　解答用紙

問題		解答欄
(一)	1	
	2	
	3	
	4	
	5	
	6	
(二)	1	$a=$
	2	
	3	およそ　　　　個
	4	cm
	5	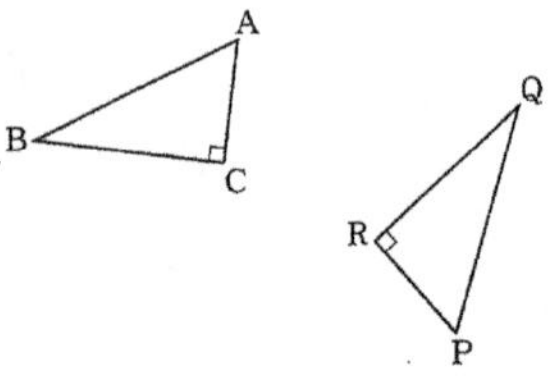
	6	（解） 答

問題			解答欄
(三)	1		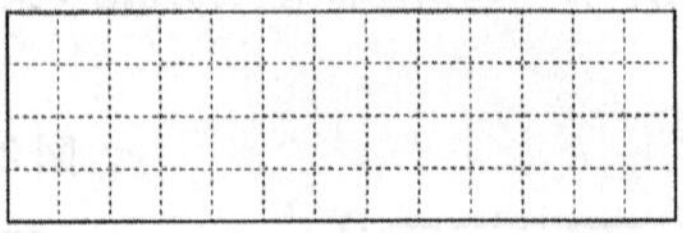
	2		枚
	3	(1)	$b=$
		(2)	$b=$
(四)	1		$a=$
	2		
	3	(1)	
		(2) ア	$t=$
		(2) イ	
(五)	1		（証明）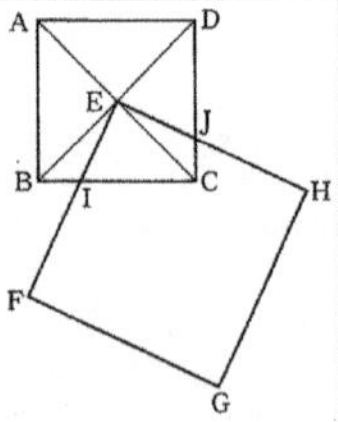
	2		cm
	3		cm^2

問題	(一)	(二)	(三)	(四)	(五)	合計
得点						

※この解答用紙は159%に拡大していただきますと，実物大になります。

<英語>　時間　60分　　満点　50点

(一)　聞き取りの問題

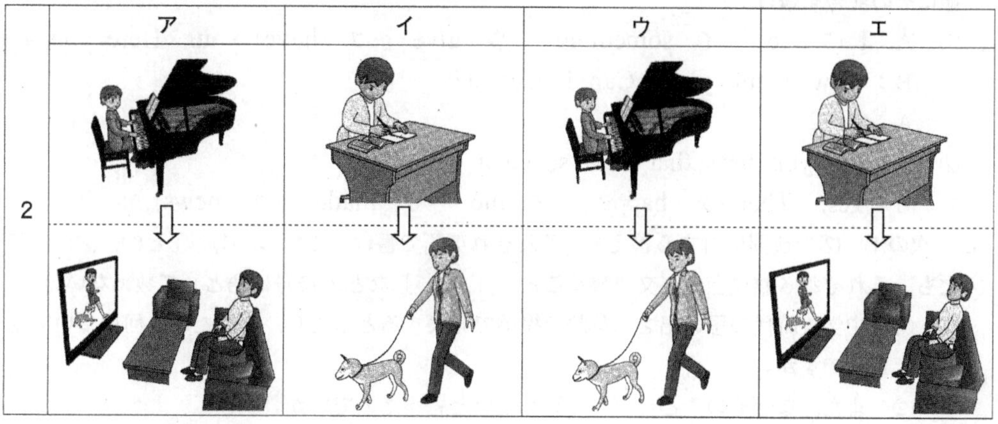

(二)　聞き取りの問題

1　ア　You're welcome.　　イ　You don't like music.
　 ウ　Nice to meet you.　　エ　It means music.

2　ア　I'm looking for it.　　イ　You should go straight.
　 ウ　I did it in Kyoto.　　エ　That will be exciting.

（三）　聞き取りの問題

1　ア　He will take a train.　　　　　イ　He will play soccer.
　ウ　He will work.　　　　　　　　　エ　He will study.

2　ア　At 1：15.　　イ　At 1：30.　　ウ　At 2：15.　　エ　At 2：30.

3　ア　Jim and Kate will.　　　　　　イ　Jim and Peter will.
　ウ　Peter's mother and Kate will.　エ　Peter's mother and Jim will.

4　ア　Peter wants Naoki to worry about getting home.
　イ　Peter wants Naoki to bring twenty five dollars.
　ウ　Peter wants Naoki to visit Peter's house.
　エ　Peter wants Naoki to call Peter soon.

（四）　次の1，2の問いに答えなさい。

1　次の⑴，⑵の各対話文の文意が通るように，（　）の中のア～エを正しく並べかえて，左から順にその記号を書け。

⑴　A：I（ア to　イ something　ウ give　エ have）you.　Here you are.
　B：Wow, thank you.　Can I open it?
　A：Sure.

⑵　A：Did you hear that Tom saved a child?
　B：Yes.　That（ア happy　イ me　ウ made　エ news）.

2　次の⑴，⑵の質問に対する答えを，それぞれ英語で書け。ただし，⑴の①と②，⑵は，三つとも，それぞれ6語以上の1文で書くこと。（「,」「.」などの符号は語として数えない。）

⑴　①　中学校時代の思い出を，英語の授業で発表するとしたら，あなたは，何について話したいですか。
　②　また，なぜそのことについて話したいと思ったのですか。

⑵　今後，充実した学校生活を送るために，あなたは，どのようなことを心がけたいですか。（ただし，⑴の①と②で答えた内容は除くこと。）

（五）　中学生の綾香（Ayaka）と健太（Kenta）がブラウン先生（Ms. Brown）と話をしている。対話文とわかば市（Wakaba）における外国人観光客数についてのプリント（handout）をもとにして，1～5の問いに答えなさい。

Ms. Brown：Hi, Ayaka.　Hi, Kenta.　What are you looking at?
Ayaka　　：Hello, Ms. Brown.　We are looking at the handout about the number of foreigners who visited Wakaba.
Kenta　　：We've just found out that the number in 2017 is the largest.
Ms. Brown：(ア)<u>何人の人たちがこの市を訪れたのですか。</u>
Kenta　　：About 200,000.
Ms. Brown：I see.　I often hear [　①　].　Some of my friends came here last month.　They said they liked this city.　I'm very happy to work in this popular city.

Ayaka : How long have you been in this city?

Ms. Brown : For three years. I like Wakaba very much.

Kenta : What are good things about this city?

Ms. Brown : It has many traditional places, and people here are so kind.

Kenta : I'm very glad to hear that. I often hear (A) those things from many people.

Ms. Brown : There are also many young foreigners who come to this city to study. I believe more foreigners will come here. What do you think about that?

Ayaka : I think that's really [(B)]. I want to communicate with many foreigners and become friends with them.

Kenta : I think so, too. Also, we can learn about the cultures and customs of other countries.

Ms. Brown : In the globalized world, people from other countries often live in the same city. What's important for us to live together?

Ayaka : I think we should understand that each country has its own culture and customs.

Ms. Brown : Yes. That's very important.

Kenta : In this city, we often hear announcements and see signs in English. But is using only English OK? I think we should use other languages, too.

Ayaka : [②]. Please look at the handout. The number of people who visited this city from China is the largest. We need more announcements and signs in their language.

Ms. Brown : That's right. Such announcements and signs will help them a lot.

Kenta : I'm very surprised that many Asian people visit this city. Last week, a man from Korea spoke to me. First, he spoke a language which I couldn't understand. Then, he said in English, "Where is the station?" After that, I could answer his question. I was very happy to help him.

Ms. Brown : That was a [(C)] experience. English is used by many people in the world. If you use English, you can communicate with more people. So let's enjoy studying English. And there is one more thing. (イ)多くの外国人と話をすることは，彼らの国々をもっと理解するために大切です。 Don't forget that.

Kenta : I see. Thank you very much.

(注) foreigner(s) 外国人　find out ～ ～がわかる　communicate コミュニケーションをとる
culture(s) 文化　custom(s) 慣習　globalized グローバル化した
announcement(s) アナウンス　sign(s) 標識，表示　Asian アジアの

Handout

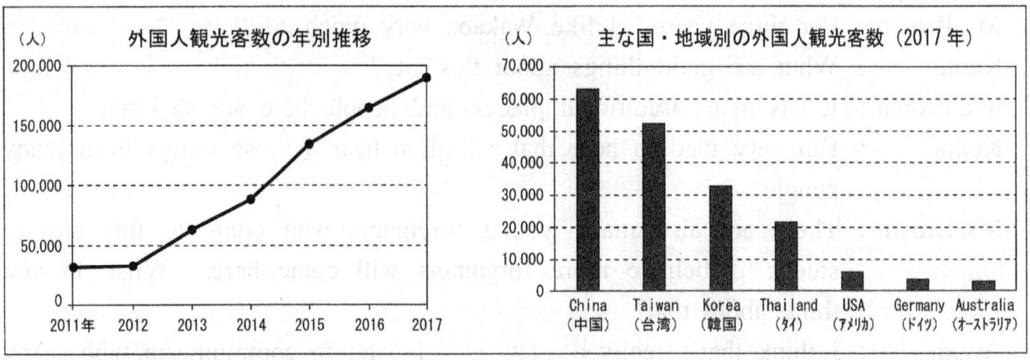

1 対話文中の①，②に当てはまる最も適当なものを，それぞれ次のア～エの中から一つずつ選び，その記号を書け。

① ア many foreigners don't work in this city
　 イ many foreigners start to study Japanese
　 ウ many foreigners enjoy staying in this city
　 エ many foreigners can't find their favorite place

② ア I agree　　イ Using only English is right
　 ウ I don't think so　　エ That's not important

2 対話文中の(ア)，(イ)の日本語の内容を英語に直せ。

3 対話文中の(A)が指す内容を，日本語で具体的に二つ書け。

4 対話文中の(B)，(C)に入る最も適当なものの組み合わせを，次のア～エの中から一つ選び，その記号を書け。

ア (B) good　(C) bad　　イ (B) good　(C) good
ウ (B) bad　(C) bad　　エ (B) bad　(C) good

5 次の(1)～(3)の英文の内容が，対話文，Handout の内容に合うように〔 〕のア～エの中から，最も適当なものをそれぞれ一つずつ選び，その記号を書け。

(1) Ayaka says that〔ア everyone must become friends with many foreigners　イ she is surprised because many Asian people come to Wakaba　ウ we need more announcements and signs in English　エ we should know that different countries have different cultures and customs〕.

(2) Because a man from Korea used English, Kenta〔ア could tell him how to get to the station　イ couldn't understand what he said　ウ could enjoy studying English　エ couldn't answer where the English signs were〕.

(3) In the handout, you find out that〔ア the number of foreigners who visited Wakaba in 2013 is the smallest　イ more foreigners visited Wakaba in 2014 than in 2012　ウ more people from the USA visited Wakaba than people from Taiwan in 2017　エ more than 30,000 people from Thailand came to Wakaba in 2017〕.

(六)　次の英文は，剛（Takeshi）と恵（Megumi）が，通信手段の歴史について調べたことを，英語の時間に発表したものである。これを読んで，１～７の問いに答えなさい。

Takeshi:

How do you usually communicate with your friends? Many people use a smartphone now because they can deliver messages quickly with it. I think that it is very useful for communication.

Since a long time ago, people in the world have tried to deliver messages quickly. People in the United States began to deliver them by telegram around 1850. They could send (A) them more quickly by telegram than by letter. In Japan, the telegram service started between Tokyo and Yokohama in 1869. In 1873, people could use the service between Tokyo and Nagasaki, and could send telegrams to other countries in 1878. [ア] Now, they are not usually used. We see them only in special cases like graduation ceremonies.

Many people tried to deliver people's voices directly to remote places, and a man in the United States invented the telephone in 1876. In 1890, the first telephone service in Japan began between Tokyo and Yokohama. Around 1950, many companies began to use this service to communicate with each other. Many people began to use a telephone at home around 1970, and they began to use a cellphone about thirty years after that. Now, by using a cellphone or a smartphone, we can talk to each other, and use the Internet even when we are not at home.

By using the Internet, we can send messages to many people at the same time. And we can get messages at any place and any time. [イ]

Megumi:

We cannot send messages quickly by letter. Sending letters sometimes takes a few days. But my grandmother often sends me a letter. I always feel happy when I get one.

Some people say that letters were first used in Egypt about 4,000 years ago. Like us, people at that time also wanted to communicate with their friends or family in remote places. (B) After that, communicating by letter spread to many places in the world. In Japan, the service of delivering letters began around 650. At that time, letters were delivered by using horses or running. [ウ] People didn't know when their letters would arrive.

I think that you have heard about the word "*hikyaku*." Now, we have the *yubin* service, but before that, *hikyaku* delivered important messages to many places in Japan. The *hikyaku* service was very expensive, so (C) only a few people could use it. In many cases, *hikyaku* used horses or ran in relay to deliver messages. But I learned on the Internet that there was a man who

could run between Tokyo and Osaka by himself. He was so strong that he could (D) do that. Also, he ran very fast and needed only about three days.
[エ]

The *yubin* service began in 1871, and people could use it only between Tokyo and Osaka. The next year, people could send letters all over Japan. The mailboxes at that time were black. Thirty years later, the color of them was changed. Now, they are red. The red mailboxes are seen all over Japan. I am always excited when I put a letter to my grandmother into the red mailbox.

(注) communicate　コミュニケーションをとる　smartphone　スマートフォン
deliver ～　～を届ける　telegram(s)　電報　around ～　～頃　service　サービス
case(s)　場合　graduation ceremony(ceremonies)　卒業式　directly　直接に
remote　遠い　invent ～　～を発明する　telephone　電話　company(companies)　会社
cellphone　携帯電話　Egypt　エジプト　spread（過去形）広がった　horse(s)　馬
hikyaku　飛脚　*yubin*　郵便　in relay　リレー形式で　by himself　一人で
mailbox(es)　郵便ポスト

1　本文中の(A)が指すものを，１語で本文中からそのまま抜き出して書け。

2　次の【説明】に最も近い意味を持つ１語を，本文中の Takeshi の発表の部分から，そのまま抜き出して書け。

【説明】 the sounds that people make when they speak

3　本文中の(B)の内容を表している最も適当なものを，次のア～エの中から一つ選び，その記号を書け。
ア　After their family went to remote places
イ　After people wanted to send messages
ウ　After people in Egypt used letters
エ　After my grandmother sent me a letter

4　本文中の(C)の理由について，日本語で説明せよ。

5　本文中の(D)の指す内容を，日本語で具体的に説明せよ。

6　次の１文が入る最も適当な場所を，本文中のア～エの中から一つ選び，その記号を書け。

It has changed the way of communication.

7　本文中に書かれている内容と一致するものを，次のア～キの中から二つ選び，その記号を書け。
ア　Takeshi thinks that his friends must use a smartphone because it is useful.
イ　People could not send telegrams from Japan to other countries in 1875.
ウ　Many people in Japan used a cellphone to send messages around 1970.
エ　The telephone was invented after the *yubin* service in Japan started.
オ　People in Japan began to send messages by letter the earliest in the world.
カ　People used red mailboxes and sent letters to many places in Japan in 1872.
キ　Megumi always feels happy when she gets a telegram from her grandmother.

全日制 定時制	科	受検番号	号	氏名	

平成31年度　英　語　解答用紙

問題	解　答　欄							
(一)	1		2		3			
(二)	1		2					
(三)	1		2		3		4	
(四)	1	(1)	(　)(　)(　)(　)	(2)	(　)(　)(　)(　)			
	2	(1)	①					
			②					
		(2)						
(五)	1	①		②				
	2	(ア)						
		(イ)						
	3							
	4		5	(1)		(2)		(3)
(六)	1		2		3			
	4							
	5							
	6		7					

問題	(一)	(二)	(三)	(四)	(五)	(六)	合計
得点							

※この解答用紙は159%に拡大していただきますと，実物大になります。

＜理科＞

時間　50分　　満点　50点

(一)　運動とエネルギー，電流と磁界に関する次の１・２の問いに答えなさい。

１　［実験１］　図１のような装置を用いて，小球Ａを，いろいろな高さから，静かに手をはなして転がし，木片に当て，木片の移動距離を測定した。次に，質量の異なる小球Ｂについても，同じ方法で実験を行った。図２は，その結果を表したグラフである。ただし，小球とレールの間の摩擦と，空気抵抗は考えないものとする。

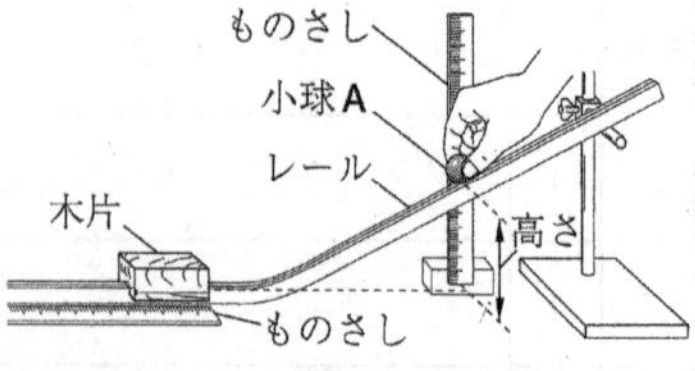

図１

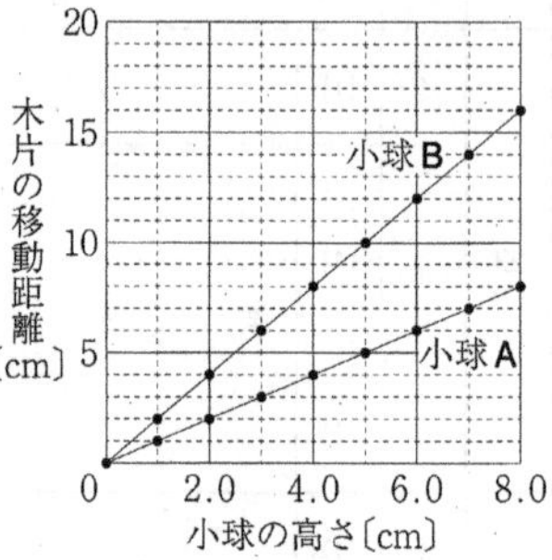

図２

⑴　図３の矢印は，小球が木片に衝突したとき，木片が小球から受ける力を示したものである。このとき，小球が木片から受ける力を，解答欄の図中に，点Ｐを作用点として，矢印でかけ。

⑵　実験１で，ある高さから小球Ｂを転がしたときの木片の移動距離と，8.0cmの高さから小球Ａを転がしたときの木片の移動距離とが同じになったのは，小球Ｂを何cmの高さから転がしたときか。

⑶　実験１で，ある高さから小球Ａを転がしたときの木片の移動距離と，同じ高さから小球Ｂを転がしたときの木片の移動距離との和が18cmとなるのは，小球Ａ，Ｂを何cmの高さから転がしたときか。

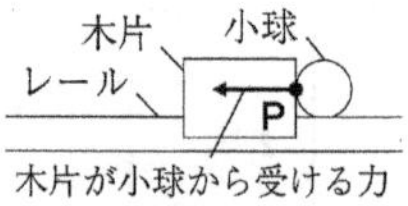

図３

⑷　図１の装置で，高さ8.0cmから転がした小球Ａが高さ4.0cmを通過するときの速さで，小球Ａを木片に当てたときの木片の移動距離をＸ〔cm〕とする。また，高さ8.0cmから転がした小球Ｂが高さ2.0cmを通過するときの速さで，小球Ｂを木片に当てたときの木片の移動距離をＹ〔cm〕とする。このとき，ＹはＸの何倍か。図２をもとに，次のア～エから適当なものを一つ選び，その記号を書け。

ア　1倍　　イ　2倍　　ウ　3倍　　エ　4倍

２　［実験２］　図４のような回路をつくり，棒磁石のＮ極をコイルＱに上から近づけていくと，検流計の針が振れた。

［実験３］　図５のような回路をつくり，棒磁石のＮ極をコイルＱに上から近づけていくと，コイルＲはａの向きに動いた。

図４

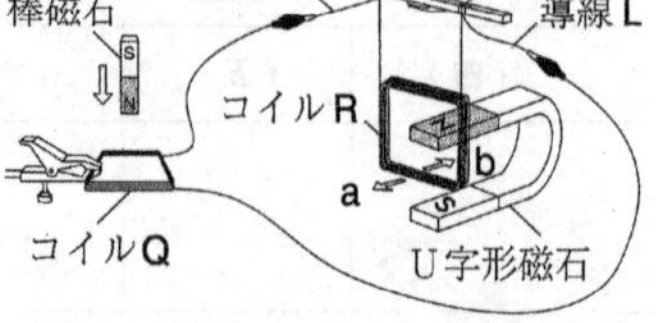

図５〔コイルＱの面は，水平である。〕

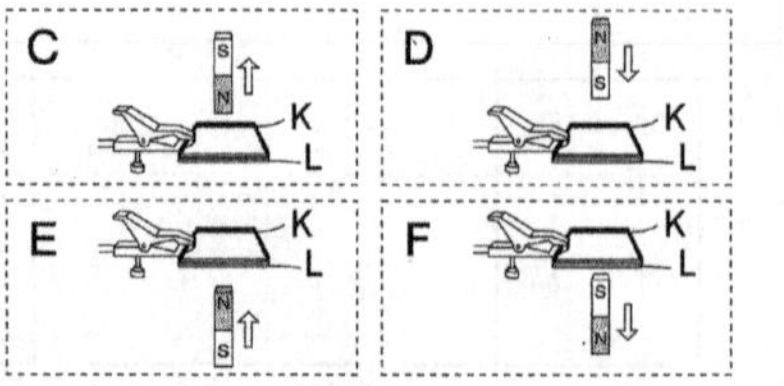

図６

(1) **実験2**のように，コイルの中の磁界が変化することによって流れる電流は何と呼ばれるか。その名称を書け。

(2) 磁界の様子を磁力線で描いた図において，磁界の強弱は，磁力線の間隔により，それぞれ，どのように表されているか。「広く」「せまく」の二つの言葉を用いて，簡単に書け。

(3) 図5の装置で，次の**ア**～**エ**の操作を行うと，それぞれ，コイルRはa，bいずれかの向きに動いた。次の**ア**～**エ**のうち，コイルRがbの向きに動くものを**全て**選び，その記号を書け。

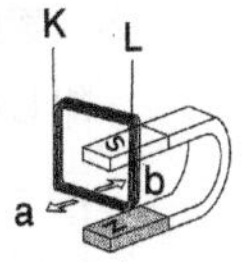

図7

ア　U字形磁石は図5の状態のままで，図6のCのように，棒磁石のN極をコイルQから上向きに遠ざける。

イ　U字形磁石を図7の状態に変え，図6のDのように，棒磁石のS極をコイルQに上から近づける。

ウ　U字形磁石は図5の状態のままで，図6のEのように，棒磁石のN極をコイルQに下から近づける。

エ　U字形磁石を図7の状態に変え，図6のFのように，棒磁石のS極をコイルQから下向きに遠ざける。

(二) 化学変化と水溶液の性質に関する次の1・2の問いに答えなさい。

1 **[実験1]** うすい水酸化ナトリウム水溶液を電気分解装置に満たし，一定時間電流を流すと，図1のように，水が電気分解され，水素，酸素がそれぞれ発生した。電極Pで発生した気体の体積は，電極Qで発生した気体の体積のおよそ2倍であった。

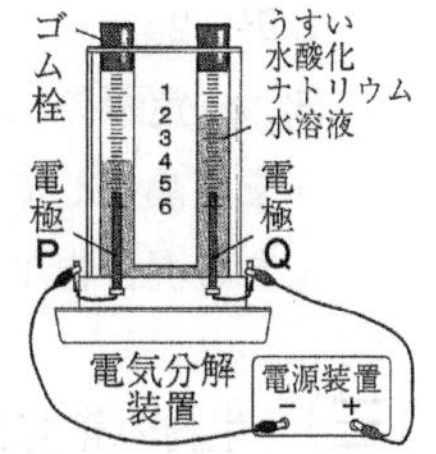

図1

(1) 次の文の①，②の{　}の中から，それぞれ適当なものを一つずつ選び，その記号を書け。

実験1の電極Pで発生した気体は①{**ア**　水素　　**イ**　酸素}であり，電極Pは②{**ウ**　陽極　　**エ**　陰極}である。

(2) **実験1**で，水の電気分解を起こりやすくするために，純粋な水ではなく，水酸化ナトリウム水溶液を用いた。水酸化ナトリウム水溶液を用いた方が，水の電気分解が起こりやすい理由を，「水酸化ナトリウム水溶液」「純粋な水」「電流」の三つの言葉を用いて，簡単に書け。

(3) 水を電気分解したときに起こる化学変化を，化学反応式で書け。

2 表1は，水100gに溶ける物質の最大の質量と温度との関係をまとめたものである。また，表中の物質a～dのいずれか一つはミョウバンである。

表1〔表中の数値の単位はg〕

物質＼温度	0℃	20℃	40℃	60℃	80℃
a	38	38	38	39	40
b	6	11	24	57	321
c	179	204	238	287	362
d	3	5	9	15	24
硝酸カリウム	13	32	64	109	169

[実験2]　水10gにミョウバン3.0gを入れた試験管を20℃に保ち，よく振ったところ，ミョウバンの一部が溶け残った。この試験管を加熱して水溶液の温度を60℃まで上げると，溶け残っていたミョウバンは全て溶けた。次に，この試験管を冷却して水溶液の温度を下げると，ミョウバンの結晶が出てきた。ただし，水の蒸発はないものとする。

[実験3]　水100gに硝酸カリウムを溶けるだけ溶かし，40℃の飽和水溶液をつくった。この

飽和水溶液をゆっくり加熱し，10 g の水を蒸発させた。加熱をやめ，この水溶液の温度を20℃まで下げると，硝酸カリウムの結晶が出てきた。

⑴　ミョウバンは，前のページの**表1**の物質**a**～**d**のどれに当たるか。最も適当なものを一つ選び，**a**～**d**の記号で書け。

⑵　**実験2**で，水溶液の温度を60℃からミョウバンの結晶が出始めるまで下げていくとき，冷却し始めてからの時間と水溶液の質量パーセント濃度との関係を表すグラフはどれか。次の**ア**～**エ**のうち，最も適当なものを一つ選び，その記号を書け。ただし，グラフは，ミョウバンの結晶が出始める直前の時間である t までかかれている。

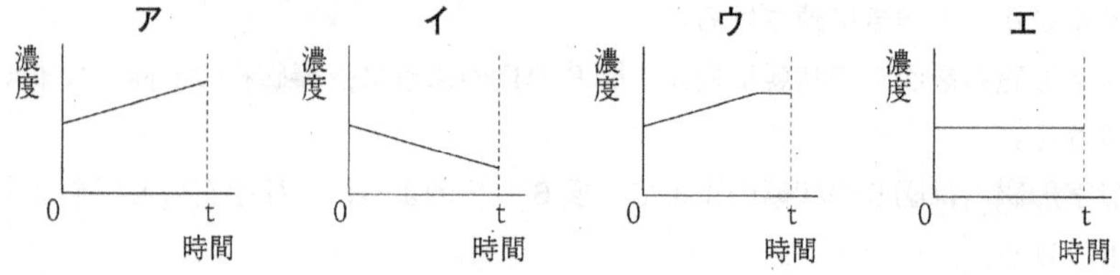

⑶　**実験3**で，40℃の硝酸カリウム飽和水溶液の質量パーセント濃度は何％か。小数第1位を四捨五入して，整数で書け。

⑷　**実験3**で出てきた硝酸カリウムの結晶はおよそ何 g か。次の**ア**～**エ**のうち，最も適当なものを一つ選び，その記号を書け。

ア　26 g　　**イ**　32 g　　**ウ**　35 g　　**エ**　58 g

⑸　一定量の水に溶ける溶質の質量が温度によって変化することを利用して，水溶液から溶質を結晶として取り出すことを［ X ］という。［ X ］を利用することで，少量の不純物を含む混合物から，より純粋な物質を得ることができる。Xに当てはまる適当な言葉を書け。

(三)　生物の発生と細胞，心臓と血液のはたらきに関する次の1・2の問いに答えなさい。

1　［観察］　**図1**の水そうに入れたカエルの受精卵の発生が進む様子を，**図2**の双眼実体顕微鏡を用いて観察した。**図3**は，そのスケッチである。

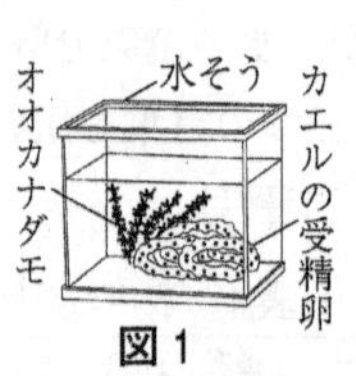

図1

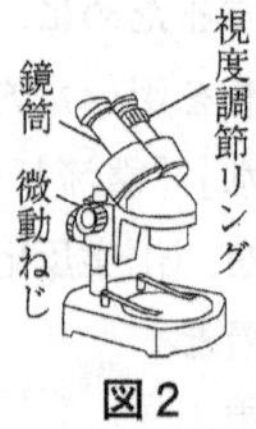

図2

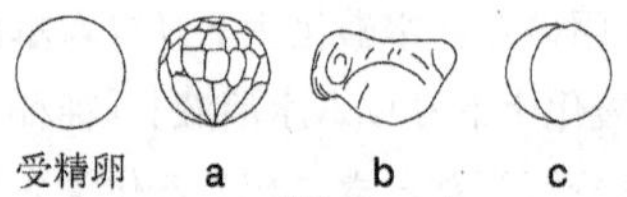

図3

⑴　次の文の①～④に当てはまる言葉の組み合わせとして適当なものを，**表1**の**ア**～**エ**から一つ選び，その記号を書け。

図2の双眼実体顕微鏡を使うときは，まず，鏡筒を上下させてピントを大まかに合わせる。次に，［ ① ］でのぞきながら［ ② ］を回してピントを合わせ，その後，［ ③ ］でのぞきながら［ ④ ］を回してピントを合わせる。

表1

	①	②	③	④
ア	右目	微動ねじ	左目	視度調節リング
イ	両目	微動ねじ	両目	視度調節リング
ウ	左目	視度調節リング	右目	微動ねじ
エ	両目	視度調節リング	両目	微動ねじ

⑵　**図3**の**a**～**c**を，発生の進む順序にしたがって並べるとどうなるか。受精卵に続けて**a**～

cの記号で書け。

(3)　次の文の①，②の｛　｝の中から，それぞれ適当なものを一つずつ選び，その記号を書け。
カエルの受精卵は，①｛ア　体細胞分裂　　イ　減数分裂｝をくり返しながら，②｛ウ　胚　エ　胚珠｝を経て，幼生になる。

(4)　図4は，前のページの図1のオオカナダモの葉の細胞を模式的に表したものであり，K～Nは，それぞれ核，細胞膜，葉緑体，細胞壁のいずれかに当たる。K～Nのうち，動物の細胞には見られず植物の細胞に見られ，体の形を保つはたらきを持つものを一つ選び，その記号を書け。

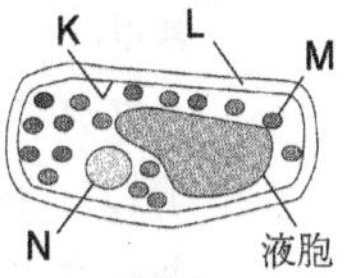

図4

2　図5は，体の正面から見たヒトの心臓の断面を模式的に表したものである。A～Dは，それぞれ心臓の部屋を示しており，◌の部分には，それぞれ血液の逆流を防ぐ弁がある。肺循環において，心臓から出た血液は，肺を通ってBの部屋に入る。

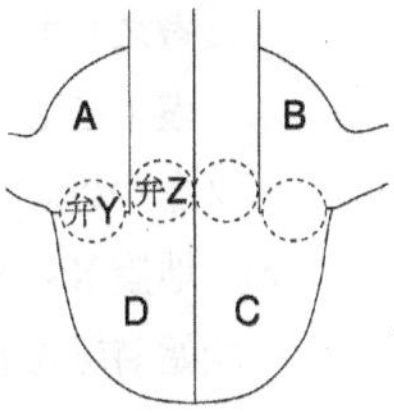

図5

(1)　動物の心臓や植物の葉はどちらも［　X　］の一つである。一般に，生物においては，同じ形やはたらきを持つ細胞が集まって組織をつくり，いくつかの組織が集まって［　X　］をつくる。Xに当てはまる最も適当な言葉を書け。

(2)　次のア～エのうち，図5のBの部屋の名称として，適当なものを一つ選び，その記号を書け。

ア　左心房　　イ　左心室　　ウ　右心房　　エ　右心室

(3)　次のア～エのうち，動脈血が流れる部屋の組み合わせとして，適当なものを一つ選び，ア～エの記号で書け。

ア　AとB　　イ　AとD　　ウ　BとC　　エ　CとD

(4)　図6のe～hは，心臓の弁の様子を模式的に表したものである。図5のDの部屋が収縮し，血液が逆流せずに流れているときの弁Yと弁Zのそれぞれの様子は，図6のe～hのどれに当たるか。次のア～エうち，弁Y，弁Zと，それぞれの様子を組み合わせたものとして，最も適当なものを一つ選び，ア～エの記号で書け。

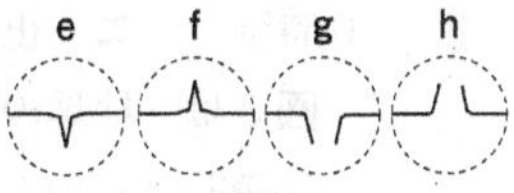

図6

ア　弁Y－e，弁Z－g　　イ　弁Y－e，弁Z－h
ウ　弁Y－f，弁Z－g　　エ　弁Y－f，弁Z－h

(5)　ヒトの細胞のまわりを満たす組織液は，［　　　　］からしみ出たものであり，細胞に栄養分を運ぶ役割を持つ。［　　］に当てはまる適当な言葉を，「栄養分」「毛細血管」「血しょう」の三つの言葉を用いて，簡単に書け。

(四)　地震と天体に関する次の1・2の問いに答えなさい。

1　表1は，地震Xについて，地点A～Dの初期微動の開始時刻，主要動の開始時刻，震源からの距離をまとめたものである。

表1

地点	初期微動の開始時刻	主要動の開始時刻	震源からの距離
A	9時25分12秒	9時25分15秒	36.0km
B	9時25分14秒	9時25分18秒	48.0km
C	9時25分20秒	9時25分27秒	84.0km
D	9時25分22秒	9時25分30秒	96.0km

(1) 現在，日本の気象庁は，地震によるゆれの大きさを，最も小さいものを震度０，最も大きいものを震度７とし，震度 ① と震度 ② をそれぞれ強・弱に分けた，10段階の震度階級で表している。①，②に，それぞれ当てはまる適当な数を書け。

(2) 次の文の①，②の ｛　｝の中から，それぞれ最も適当なものを一つずつ選び，その記号を書け。

マグニチュード７の地震のエネルギーは，マグニチュード６の地震のエネルギーの①｛ア　約1.2倍　　イ　約32倍｝である。また，別の日に起こったマグニチュード７の地震とマグニチュード６の地震が，それぞれ同じ地点において同じ震度で観測されたとき，②｛ウ　マグニチュード７　　エ　マグニチュード６｝の地震の方が，震源までの距離が近いと考えられる。

(3) **表１**をもとに，地震**X**における，震源からの距離と初期微動継続時間との関係を表すグラフをかけ。

(4) 地震**X**において，ある地点での初期微動継続時間は６秒であった。その地点での主要動の開始時刻を書け。

2　**図１**は，2018年４月８日の明け方に見られた月と火星の様子を示している。**図２**は，金星，地球，火星それぞれの公転軌道と，太陽，地球，火星の位置関係を模式的に表したものである。

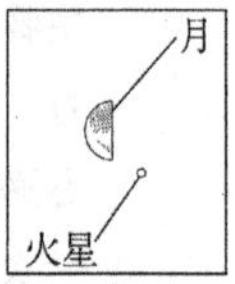

図１

(1) **図２**の**ア**～**エ**のうち，**図１**で示される火星の位置として，最も適当なものを一つ選び，その記号を書け。

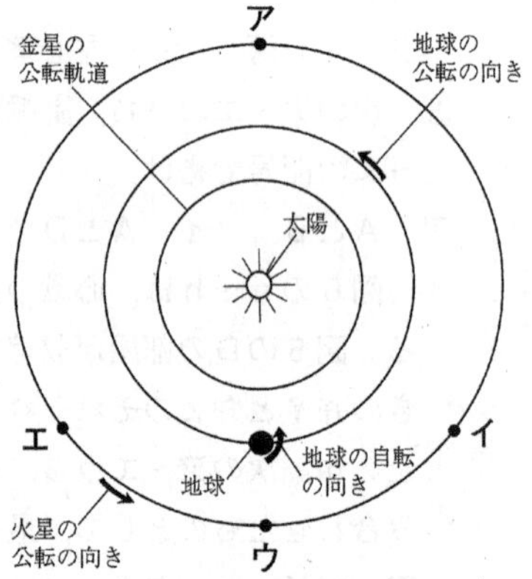

図２

(2) 次の文の①，②の｛　｝の中から，それぞれ最も適当なものを一つずつ選び，その記号を書け。

下線部の日の７日前である2018年４月１日の月は，①｛ア　新月　　イ　満月｝であり，②｛ウ　午前０時頃　　エ　正午頃｝に南中した。

(3) **図３**は，地球の公転面と月の公転面の様子を模式的に表したものであり，月の公転面は，地球の公転面とほぼ同一平面にある。次の文の①，②の｛　｝の中から，それぞれ最も適当なものを一つずつ選び，その記号を書け。

日本で，満月の南中高度を夏と冬で比べると，①｛ア　夏が高い　　イ　冬が高い　　ウ　同じである｝。また，満月の南中高度を春分の頃と秋分の頃で比べると，②｛ア　春分の頃が高い　　イ　秋分の頃が高い　　ウ　同じである。｝

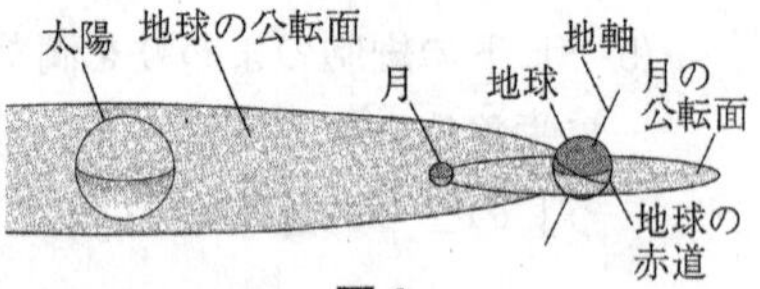

図３

(4) 次のページの**表２**は，日本のある地点において，太陽が沈んだ時刻と金星が沈んだ時刻を，毎月15日に記録して，まとめたものである。10月15日に金星は観測できなかったので，調べてみると，太陽とほぼ同じ時刻に西に沈んでいたことが分かった。後の文の①，②の ｛　｝の中から，それぞれ適当なものを一つずつ選び，その記号を書け。

同じ倍率の望遠鏡で４月15日と９月15日に観察した金星を比べると，小さく見えるのは，①{ア　４月15日　　イ　９月15日} である。また，欠け方が大きいのは，②{ウ　４月15日　　エ　９月15日} である。

表2

月／日	太陽が沈んだ時刻	金星が沈んだ時刻
4／15	18時39分	20時33分
5／15	19時02分	21時31分
6／15	19時21分	21時59分
7／15	19時21分	21時40分
8／15	18時56分	20時54分
9／15	18時16分	19時47分

(五) 次の１～４の問いに答えなさい。

1 **[実験1]** 音の伝わる速さを調べるために，運動会等でスタートの際に鳴らすピストルとストップウォッチを用意した。**図1**のように，位置qでAさんがピストルを鳴らし，位置pのBさんは，その音が聞こえると同時にピストルを鳴らした。このとき，Aさんは，Aさんがピストルを鳴らしてからBさんが鳴らしたピストルの音が聞こえるまでの時間をストップウォッチで測定した。次に，Aさんが位置qから位置rに移動し，同じ方法で実験を行うと，ⓐ位置qで測定した時間より位置rで測定した時間の方が0.30秒長かった。

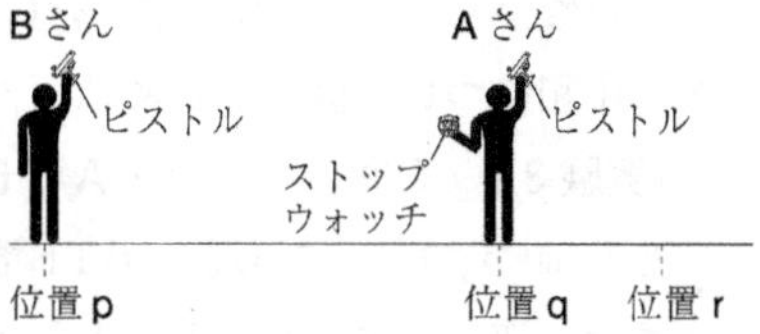

図1 (位置p，q，rは一直線上にあり，位置qは位置pと位置rとの間にある。)

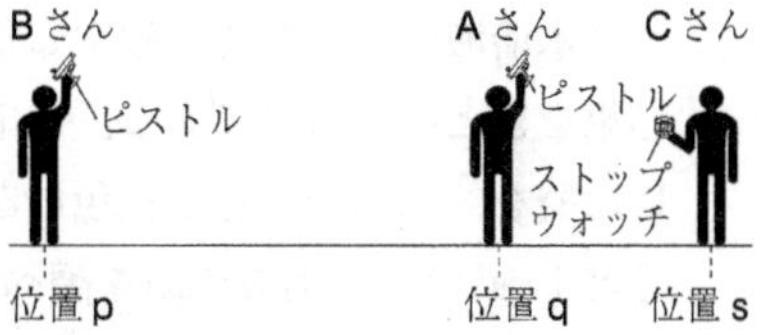

図2 (位置p，q，sは一直線上にあり，位置qは位置pと位置sとの間にある。)

[実験2] **図2**のように，位置qでAさんがピストルを鳴らし，位置pのBさんは，その音が聞こえると同時にピストルを鳴らした。このとき，位置sでCさんは，ⓑAさんが鳴らしたピストルの音が聞こえてからBさんが鳴らしたピストルの音が聞こえるまでの時間をストップウォッチで測定した。

ただし，刺激を受けてから反応が起こるまでの時間は考えないものとする。

(1) **実験1**で，位置qから位置rまでの距離と下線部ⓐの結果をもとに，ピストルの音の伝わる速さを求めると340m/sであった。位置qから位置rまでの距離は何mか。

(2) 次の文の①，②の{　}の中から，それぞれ適当なものを一つずつ選び，その記号を書け。

実験2で，位置pから位置qまでの距離を一定に保ち，位置qから位置sまでの距離を大きくしたとき，下線部ⓑの時間は，①{ア　長くなる　　イ　短くなる　　ウ　変わらない}。また，位置qから位置sまでの距離を一定に保ち，位置pから位置qまでの距離を大きくしたとき，下線部ⓑの時間は，②{ア　長くなる　　イ　短くなる　　ウ　変わらない}

2 **表1**は，ほぼ同じ緯度に位置する韓国のソウルと新潟市における，12月，1月，2月の各月の，平均気温，平均湿度，降水量をまとめたものである。**表1**のソウルにおける12月の平均気温，平均湿度と同じ気温，湿度の空気中に含まれる水蒸気量を，0.4℃における飽和水蒸気量を5.0g/m^{3}として求めると，3.3g/m^{3}であった。また，**図3**は，ソウルと新潟市の位置を示している。

表1 〔表中の数値は過去30年間の平均値である。〕

	ソウル			新潟市		
	平均気温〔℃〕	平均湿度〔%〕	降水量〔mm〕	平均気温〔℃〕	平均湿度〔%〕	降水量〔mm〕
12月	0.4	66	22.5	5.2	75	217.4
1月	−2.4	64	20.8	2.4	71	186.0
2月	0.6	64	24.9	2.7	74	122.4

〔理科年表2019による〕

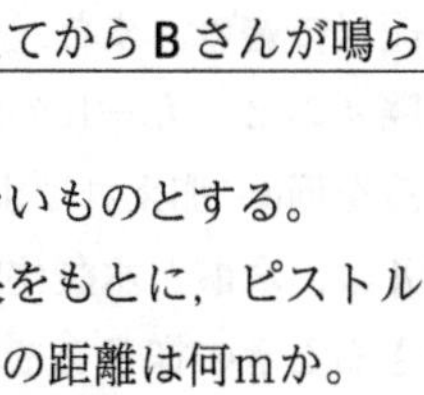

図3

(1) 前のページの**表１**の新潟市における12月の平均気温，平均湿度と同じ気温，湿度の空気中に含まれる水蒸気量は何 g/m^3 か。次の**ア**～**エ**のうち，最も適当なものを一つ選び，その記号を書け。ただし，5.2℃における飽和水蒸気量を6.9 g/m^3 とする。

ア　1.7 g/m^3　　**イ**　2.1 g/m^3　　**ウ**　3.9 g/m^3　　**エ**　5.2 g/m^3

(2) 冬季において，新潟市には，大陸のシベリア付近の高気圧の影響により，季節風が吹いてくる。シベリア付近の高気圧から吹いてくる季節風は，元は冷たく乾燥しているが，新潟市では，**表１**のように降水量が多い。その理由を，季節風の中の空気の様子の変化について触れながら，「日本海」「水蒸気」の二つの言葉を用いて，簡単に書け。

3　中和について調べるために，次の実験を行った。

[実験３]　５個のビーカー**Ａ**～**Ｅ**にⓐうすい塩酸を５ cm^3 ずつとったあと，BTB溶液を数滴ずつ加えた。次に，ビーカー**Ｂ**～**Ｅ**にⓑうすい水酸化ナトリウム水溶液をそれぞれ２，４，６，８ cm^3 ずつ加えて水溶液の色の変化を観察した。**表２**は，その結果をまとめたものである。反応後，青色に変化したビーカー**Ｄ**の水溶液に，下線部ⓐのうすい塩酸を，水溶液の色が緑色になるまで少しずつ加えた。このとき，加えたうすい塩酸はちょうど１ cm^3 で，水溶液のpHを調べると７であった。

表２

ビーカー	A	B	C	D	E
うすい塩酸〔cm^3〕	5	5	5	5	5
うすい水酸化ナトリウム水溶液〔cm^3〕	0	2	4	6	8
反応後の水溶液の色	黄色	黄色	黄色	青色	青色

[実験４]　**実験３**終了後，新たにビーカー**Ｋ**を用意し，４個のビーカー**Ａ**，**Ｂ**，**Ｃ**，**Ｅ**それぞれの水溶液を全て入れて，よくかき混ぜると水溶液の色は黄色になった。

(1) **実験３**終了後のビーカー**Ａ**～**Ｅ**の水溶液のうち，pHが最も大きいのはどの水溶液か。**Ａ**～**Ｅ**の記号で書け。また，その水溶液は酸性，アルカリ性のどちらか。

(2) **実験４**のビーカー**Ｋ**の水溶液を中性にするためには，下線部ⓑのうすい水酸化ナトリウム水溶液を何 cm^3 加えればよいか。

(3) **図４**は，塩酸と水酸化ナトリウム水溶液が中和して水と塩《えん》ができるときの様子をモデルで示したものである。反応前の水溶液中には H^+ と Cl^- が２個ずつあるものとし，イオンの総数を４個とする。水溶液に Na^+ と OH^- を１個ずつ加えて反応させていったとき，水溶液**Ｘ**，**Ｙ**，**Ｚ**中のイオンの総数はそれぞれ何個か。**表３**の**ア**～**エ**から，適当なものを一つ選び，その記号を書け。

表３〔表中の数値の単位は個〕

	水溶液Ｘ	水溶液Ｙ	水溶液Ｚ
ア	2	0	2
イ	4	4	4
ウ	4	4	6
エ	6	4	4

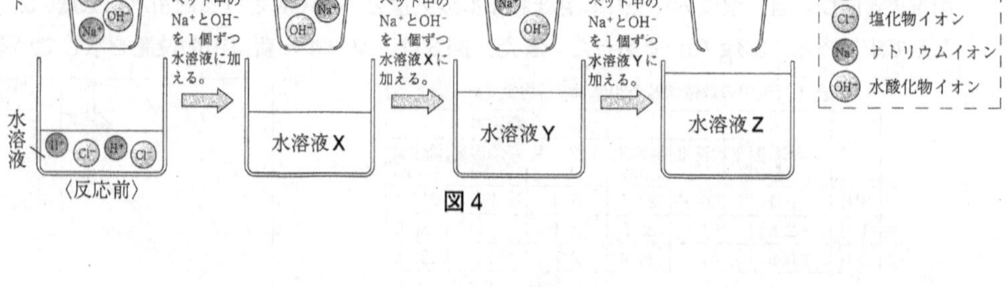

図４

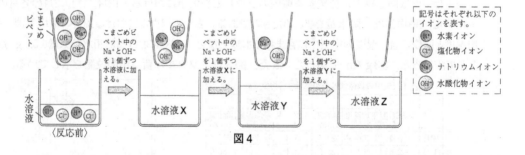

4　植物の体のつくりに興味を持った太郎さんは，理科の授業で，シダ植物とコケ植物の特徴をまとめることにした。まず，図5のような，シダ植物やコケ植物の特徴を書いたカードを用意した。次に，図6のように，黒板に円を二つかき，シダ植物だけに当てはまるカードをAの場所に，コケ植物だけに当てはまるカードをCの場所に，シダ植物とコケ植物の両方に当てはまるカードをBの場所に，それぞれ貼り付けた。

図5

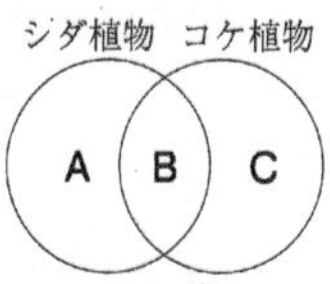

図6

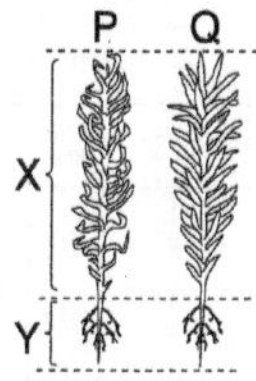

図7

次に，理科室で育てているコケ植物のスギゴケをルーペで観察しようとしたところ，図7のXの部分が，Pのように，乾燥して縮れていた。そこで，太郎さんは，コケ植物の，水の吸収と移動に関する特徴について学んだことを生かし，図7のXの部分を，Qのように，水を含んだ状態にもどしてから観察した。

(1)　図5のⅠとⅡのカードは，それぞれ図6のA～Cのどの場所に貼り付ければよいか。A～Cから一つずつ選び，その記号を書け。

(2)　次の文の①，②の｛　｝の中から，それぞれ適当なものを一つずつ選び，ア～エの記号で書け。

コケ植物の体には，維管束が①｛ア　ある　　イ　ない｝。また，図7のXの部分を，Pから Qの状態にするためには，②｛ウ　Xの部分　　エ　Yの部分｝を水で湿らせるとよい。

全日制 定時制	科	受検番号	号	氏名	

平成31年度 理 科 解 答 用 紙

問題			解答欄			
(一)	1	(1)	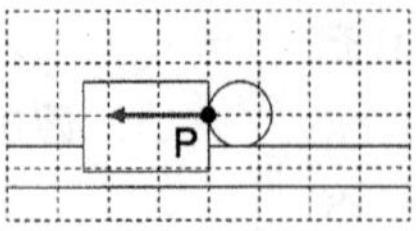			
		(2)	cm			
		(3)	cm			
		(4)				
	2	(1)				
		(2)				
		(3)				
(二)	1	(1)	①		②	
		(2)				
		(3)				
	2	(1)				
		(2)				
		(3)	%			
		(4)				
		(5)				
(三)	1	(1)				
		(2)	受精卵 → → →			
		(3)	①		②	
		(4)				
	2	(1)				
		(2)				
		(3)				
		(4)				
		(5)				

問題			解答欄			
(四)	1	(1)	①		②	
		(2)	①		②	
		(3)	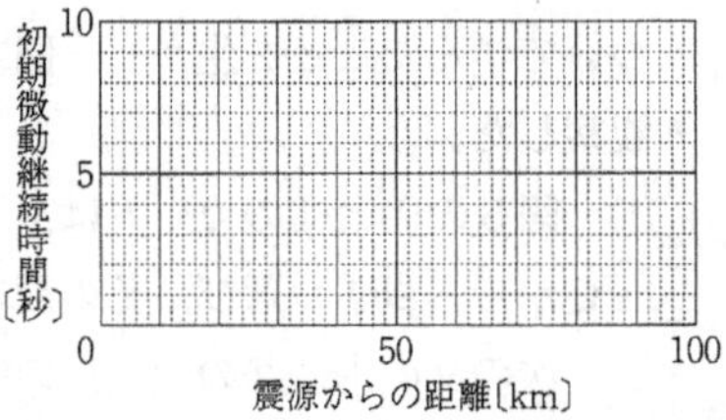			
		(4)	( )時( )分( )秒			
	2	(1)				
		(2)	①		②	
		(3)	①		②	
		(4)	①		②	
(五)	1	(1)	m			
		(2)	①		②	
	2	(1)				
		(2)				
	3	(1)	記号		水溶液	
		(2)	cm^3			
		(3)				
	4	(1)	Ⅰ		Ⅱ	
		(2)	①		②	

問題	(一)	(二)	(三)	(四)	(五)	合計
得点						

※この解答用紙は159%に拡大していただきますと，実物大になります。

＜社会＞　時間　50分　満点　50点

(一)　右の略年表を見て，１～７の問いに答えなさい。

年代	できごと
400	
	・倭《わ》王①武《ぶ》が中国に使いを送る
600	
	・「②」の編集が諸国に命じられる
800	
	・③遣唐使《けんとうし》が廃止される
1000	
1200	・源《みなもとの》 頼朝《よりとも》が征夷大将軍《せいいたいしょうぐん》になる（⑤ここから）
	・④一遍《いっぺん》が諸国に教えを広める
1400	⑤
1600	・徳川家康《とくがわいえやす》が征夷大将軍になる（⑤ここまで）
	・⑥新井白石《あらいはくせき》が政治を行う
1800	
	・水野忠邦《みずのただくに》が⑦天保《てんぽう》の改革を始める

1　略年表中の①は，埼玉県で出土した鉄剣に刻まれている□大王《おおきみ》という名で呼ばれた人物に当たると考えられている。□に当てはまる最も適当な言葉を，カタカナで書け。

2　略年表中の②には，国ごとの地理や産物などを記した書物の名称が当てはまる。②に当てはまる書物の名称として最も適当なものを，ア～エから一つ選び，その記号を書け。

ア　日本書紀《にほんしょき》　　イ　風土記《ふどき》

ウ　古事記《こじき》　　エ　万葉集《まんようしゅう》

3　略年表中の③は，894年に，□の意見により停止され，それ以後，派遣されなかった。□に当てはまる人物の氏名を書け。

4　次の絵は，略年表中の④を題材として描かれた絵巻物の一部である。この絵について述べた下の文のａ，ｂの｛　｝の中から最も適当なものを，それぞれ一つずつ選び，その記号を書け。

上の絵の中には，ａ｛ア　中世　　イ　近世｝のｂ｛ウ　武士の館《やかた》　　エ　市《いち》｝の様子が描かれている。

5　略年表中の⑤の期間に起こったできごととして適当なものを，ア～エから二つ選び，年代の古い順に左から並べ，その記号を書け。

ア　関ヶ原《せきがはら》の戦い　　イ　保元《ほうげん》の乱　　ウ　山城国一揆《やましろのくにいっき》　　エ　島原《しまばら》・天草《あまくさ》一揆

6　略年表中の⑥の政策として適当なものを，ア～エから一つ選び，その記号を書け。

ア　生類憐《しょうるいあわれ》みの令を出し，動物を愛護した。

イ　印旛沼《いんばぬま》の大規模な干拓工事を始めた。

ウ　低くなっていた貨幣の質を元にもどした。

エ　湯島《ゆしま》に昌平坂《しょうへいざか》学問所をつくった。

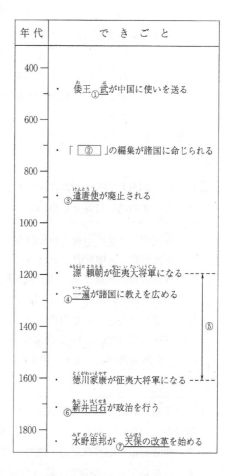

7　次の会話文は，直子さんが，先生の問いに答えて，略年表中の⑦について発表したときのものである。文中の［A］［B］［C］に，それぞれ適当な言葉を書き入れて文を完成させよ。ただし，Aには［江戸や大阪の周辺］の言葉を，Bには［大名や旗本］の言葉を，Cには［大名や旗本］［配置］の二つの言葉を，それぞれ含めること。

> 先　　生：あなたが考える，江戸幕府の支配力の衰えを示すできごとを挙げてください。
> 直子さん：⑦が挙げられます。⑦の中で，水野は，［　　A　　］ことを考えました。しかし，［　　B　　］ため，この考えは実現せず，水野は老中《ろうじゅう》をやめさせられ，⑦は失敗しました。江戸時代のはじめには，［　　C　　］ことが当然でしたが，幕府の支配力が衰えたので，水野の考えは実現しなかったのだと考えます。
> 先　　生：そのとおりです。とてもよい意見です。

(二)　次の資料は，日本に関するできごとを年代の古い順に上から並べたものである。これを読んで，1～7の問いに答えなさい。

> ○　幕府が，①日米和親条約を結んだ。
> ○　新政府が，②地租改正を行った。
> ○　各地の自由民権運動の代表者が集まり，［　③　］が結成された。
> ○　④足尾《あしお》銅山の鉱毒《こうどく》による被害が拡大する中，政府は鉱毒の流出を防止する命令を出した。
> ○　サラエボで起こった事件をきっかけに，⑤第一次世界大戦が始まった。
> ○　奉天《ほうてん》の郊外で，⑥柳条湖《りゅうじょうこ》事件が起こった。
> ○　⑦高度経済成長により，日本のGNPが，初めて資本主義国の中でアメリカに次ぐ2位となった。

1　①が結ばれた年から版籍奉還《はんせきほうかん》が行われた年までの期間に起こった，次のア～エのできごとを年代の古い順に左から並べ，その記号を書け。

ア　新政府軍と旧幕府軍との間で，鳥羽《とば》・伏見《ふしみ》の戦いが起こった。

イ　坂本龍馬《さかもとりょうま》らの仲介で，薩長《さっちょう》同盟が結ばれた。

ウ　尊王攘夷《そんのうじょうい》運動が高まる中，桜田門外《さくらだもんがい》の変が起こった。

エ　イギリスと薩摩藩《さつまはん》との間で，薩英《さつえい》戦争が起こった。

2　②により，税制度は，それまでの年貢を中心とするものから，地租を中心とするものに変わった。次の表は，年貢と地租について，それぞれの課税方法と納入方法を簡単にまとめたものである。表中の［a］に適当な文を書き入れて表を完成させよ。ただし，aには，［3％］［現金］の二つの言葉を用いること。

税の種類	課税方法と納入方法
年　貢	米の収穫量に基づいて定められ，米で納められた。
地　租	［　　　　a　　　　］

3　③には，1880年に大阪で結成され，国会の開設を政府に強く求めた組織の名称が当てはまる。③に当てはまる組織の名称を書け。

4　右の資料は，衆議院議員として④の解決に取り組み，議員辞職後も力を尽くした人物の写真である。この人物の氏名を書け。

5　右の図は，⑤が始まる直前の国際関係を模式的に表したものである。図中のX，Yにそれぞれ当てはまる国の名の組み合わせとして最も適当なものを，ア～エから一つ選び，その記号を書け。

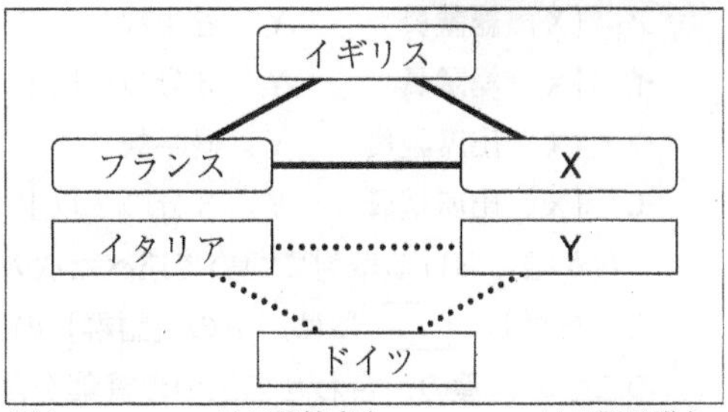

（注）━━━ は三国協商を，・・・・・・・・ は三国同盟を，それぞれ表している。

ア｛X　ロシア　　Y　オーストリア｝
イ｛X　ロシア　　Y　日本｝
ウ｛X　アメリカ　Y　オーストリア｝
エ｛X　アメリカ　Y　日本｝

6　⑥の後，関東軍が［ b ］において軍事行動を起こし，［ b ］事変が始まった。bに当てはまる地名を書け。

7　⑦の頃にノーベル賞を受賞した人物として適当なものを，ア～エから一つ選び，その記号を書け。

ア　黒澤明《くろさわあきら》　イ　与謝野晶子《よさのあきこ》　ウ　平塚《ひらつか》らいてう《（ちょう）》　エ　川端康成《かわばたやすなり》

(三)　次の1～5の問いに答えなさい。

1　右の図は，日本国憲法で保障されている基本的人権について説明するためにまとめた資料の一部である。この図を見て(1)，(2)の問いに答えよ。

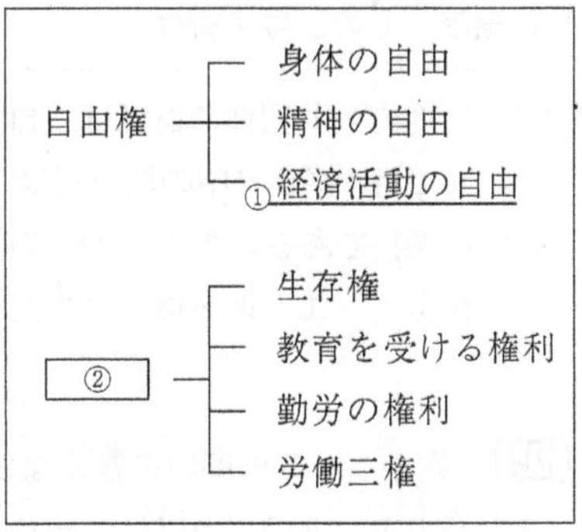

(1)　図中の①に含まれる権利として最も適当なものを，ア～エから一つ選び，その記号を書け。

ア　居住・移転の自由　　イ　信教の自由
ウ　集会・結社・表現の自由　　エ　学問の自由

(2)　図中の②には，自由権とともに基本的人権を構成している権利の名称が当てはまる。②に当てはまる権利の名称を書け。

2　日本国憲法において，天皇は，国会の召集や衆議院の解散，条約の公布などの，［ A ］に関する行為を行うと定められている。内閣の助言と承認によって行われるこれらの行為は，一般に［ A ］行為と呼ばれている。Aに当てはまる適当な言葉を書け。

3　次のページの図は，日本国憲法の改正手続きの流れを模式的に表したものである。図中のX～Zにそれぞれ当てはまる言葉の組み合わせとして適当なものを，後のア～エから一つ選び，その記号を書け。

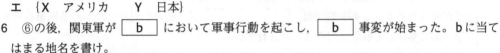

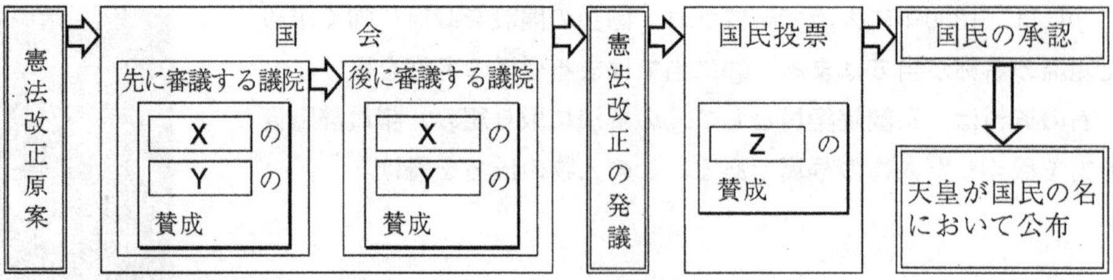

ア {X 総議員　Y 過半数　Z 3分の2以上}
イ {X 総議員　Y 3分の2以上　Z 過半数}
ウ {X 出席議員　Y 過半数　Z 3分の2以上}
エ {X 出席議員　Y 3分の2以上　Z 過半数}

4 我が国における裁判について述べた次の文の □ に適当な言葉を書き入れて文を完成させよ。ただし，□ には，下の［語群］の言葉の中から一つ選び，その言葉と，国民 くじ の二つの言葉の，合わせて三つの言葉を含めること。

> 我が国では，主権者である国民の感覚を裁判に反映させるために，2009年から新しい制度が導入された。この制度では，□ が，重大な犯罪にかかわる刑事裁判の第一審に参加して裁判を行うこととされている。

［語群］ 傍聴人　裁判員

5 右のグラフは，平成28年度における愛媛県の歳入額と，その内訳を表したものであり，グラフ中のP，Qは，それぞれ地方交付税交付金，地方債のいずれかに当たる。グラフについて述べた次の文のa，bの｛ ｝の中から適当なものを，それぞれ一つずつ選び，その記号を書け。

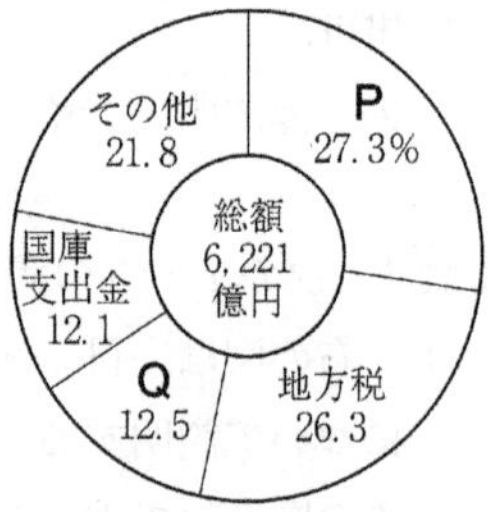

（総務省資料による）

> 地方公共団体の財源は，自主財源と依存財源に分けることができ，グラフ中の地方税は，a｛ア 自主財源　イ 依存財源｝である。また，グラフ中のPは，b｛ウ 地方交付税交付金　エ 地方債｝に当たる。

(四) 次の1～5の問いに答えなさい。

1 右のⅠ，Ⅱのグラフは，それぞれ，1970年と2010年のいずれかの年における，我が国の全世帯数に占める家族の類型別の世帯数の割合を表したものであり，グラフⅠ，Ⅱ中のa，bは，それぞれ核家族，一人世帯のいずれかに当たる。2010年のグラフに当たる記号と，核家族に当たる記号の組み合わせとして適当なものを，ア～エから一つ選び，その記号を書け。

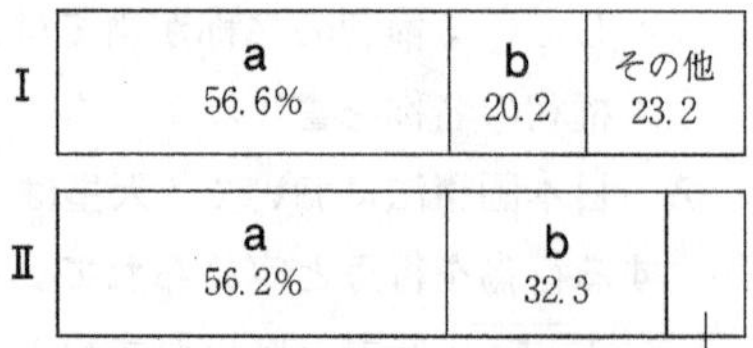

（数字でみる日本の100年による）

ア Ⅰとa　イ Ⅰとb　ウ Ⅱとa　エ Ⅱとb

2 次の会話文は，健太さんと先生が，市場経済と政府の役割について話をしたときのものである。文中の[　　]に適当な言葉を書き入れて文を完成させよ。ただし，[　　]には，私企業，利益，供給の三つの言葉を含めること。

先　　生：　市場経済において，モノを供給することは，原則として私企業の役割とされていますが，あなたたちが普段の通学に利用している道路や橋のように，それらを供給することが，政府の役割とされているモノもあります。道路や橋を供給することが，政府の役割とされているのはなぜでしょう。

健太さん：　[　　　　　　　　]からです。

先　　生：　そのとおりです。

3　我が国は，リサイクル等を通じて限りある資源を有効に使い環境への負担を減らす，[X]型社会を目指しており，その実現のために，[X]型社会形成推進基本法を制定している。Xに当てはまる適当な言葉を書け。

4　世界の国々が，自国の得意な分野の商品を生産して輸出し，不得意な分野の商品の生産は他国に任せて輸入することを国際[Y]と呼ぶ。このように，世界の国々の間で[Y]が進んだ結果，貿易も拡大している。Yに当てはまる最も適当な言葉を書け。

5　右の表は，2016年における，主な先進国7か国と中国，韓国，ロシアの，科学技術の研究費と科学技術の研究費のGDPに対する割合を表したものであり，次の会話文は，生徒A，生徒B，生徒Cと先生が，表を見ながら話をしたときのものである。生徒Aの発表の下線部の内容は表から読み取ったものとして，生徒B，生徒Cの発表の下線部の内容は表をもとに考えたものとして，それぞれ正しいか誤っているか。その正誤の組み合わせとして適当なものを，下のア～エから一つ選び，その記号を書け。

項目／国	研究費（億ドル）	GDPに対する割合(%)
日　本	1,686	3.14
カナダ	261	1.60
フランス	622	2.25
ドイツ	1,185	2.94
イタリア	299	1.29
イギリス	472	1.69
アメリカ	5,111	2.74
中　国	4,512	2.12
韓　国	794	4.24
ロシア	399	1.10

（総務省資料ほかによる）

先　生：　昨年，ノーベル賞を受賞した本庶佑《ほんじょたすく》先生は，基礎研究の大切さを述べていらっしゃいました。各国の研究費等を比較し，分かったことや考えたことを発表してください。

生徒A：　表中の10か国の中で，日本の研究費は，アメリカ，中国に次いで3番目に多く，研究費のGDPに対する割合は，韓国に次いで2番目に大きいことが分かります。

生徒B：　各国の研究費のGDPに対する割合を比較するときには，研究費が同じ国があったとすると，GDPが小さい国の方が研究費のGDPに対する割合は大きくなるということを理解しておく必要があります。

生徒C：　この表に加えて，各国の総人口が分かる資料があれば，各国の研究者一人当たりの研究費を求めることができるので，各国の科学技術の研究に対する力の入れ方について，違った面から比較することができます。

ア　{A－正，B－正，C－誤}　　イ　{A－正，B－誤，C－正}

ウ　{A－誤，B－誤，C－正}　　エ　{A－誤，B－正，C－誤}

(五) 次の１～５の問いに答えなさい。

1 右の地図を見て，(1)，(2)の問いに答えよ。

(1) 地図中の⟶印で示した A 海流は，暖流であり，黒潮とも呼ばれる。Aに当てはまる海流の名を書け。

(2) 下の表は，2015年における，地図中のあ～えのそれぞれの県の，産業別の就業者数の割合を表したものであり，表中のa～dは，それぞれあ～えのいずれかに当たる。cに当たる県をあ～えから一つ選び，その記号と県名を書け。

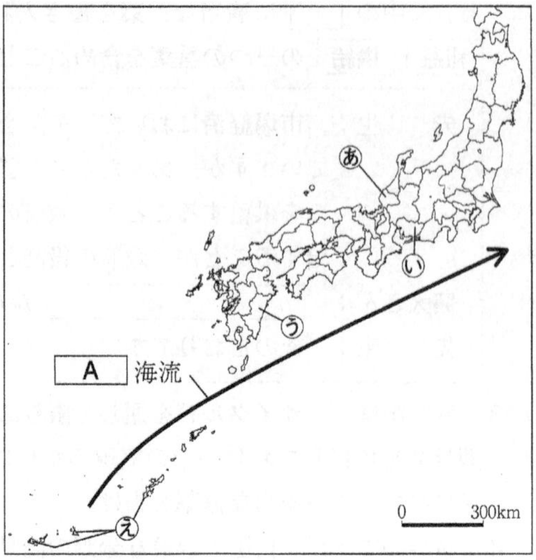

（単位：%）

県＼産業	第１次産業	第２次産業	第３次産業
a	2.2	33.6	64.2
b	3.8	31.3	64.9
c	4.9	15.1	80.0
d	11.0	21.1	67.9

（2018-19年版 日本国勢図会による）

2 扇状地について説明するときに使う模式図として最も適当なものを，ア～エから一つ選び，その記号を書け。ただし，図中のȯ，‖印は，地図記号である。

ア イ ウ エ

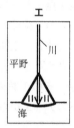

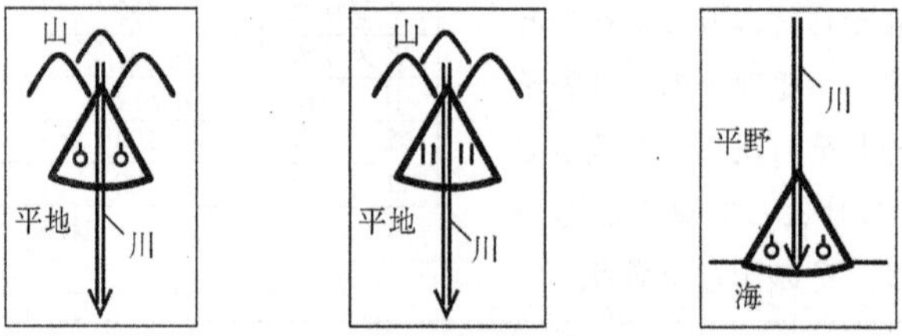

3 排他的経済水域とは，沿岸の国が水産資源や鉱産資源を管理する権利を持つ水域のことである。排他的経済水域に当たる範囲を，領海 海岸 200海里 の三つの言葉を用い，解答欄の文末に合わせて簡単に書け。

4 右のグラフは，1965年から2005年における，我が国の自動車メーカーの自動車生産台数の推移を，2005年を100とする指数で表したものであり，グラフ中のX～Zは，それぞれ，日本国内での自動車生産台数，海外での自動車生産台数，日本国内と海外を合わせた自動車生産台数のいずれかに当たる。日本国内での自動車生産台数に当たる記号と，海外での自動車生産台数に当たる記号として適当なものを，X～Zからそれぞれ一つずつ選び，その記号を書け。

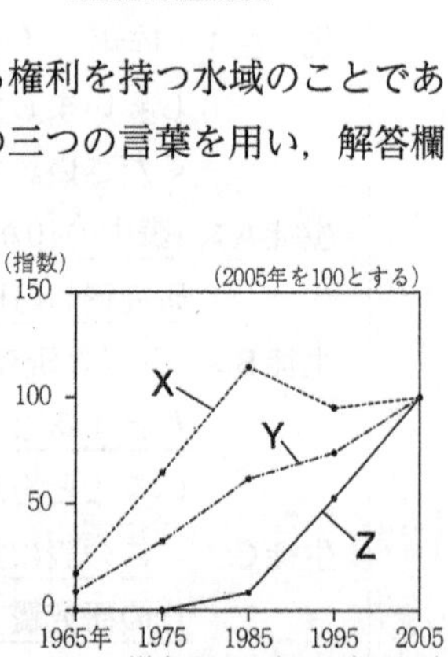

（数字でみる日本の100年による）

5 次のページのP，Qのグラフは，それぞれ，2016年における日本の，海上輸送，航空輸送のいずれかによる，品目別の輸出額の割合を表したものである。また，グラフ中のr，sは，それぞれ鉄鋼，半導体等電子部品のいずれかに当たる。海上輸送による品目別の輸出額の割合を表したグラフに当たる記号と，半導体等電子部品に当たる記号の組み合わせとして適当なものを，ア～エから一つ選び，その記号を書け。

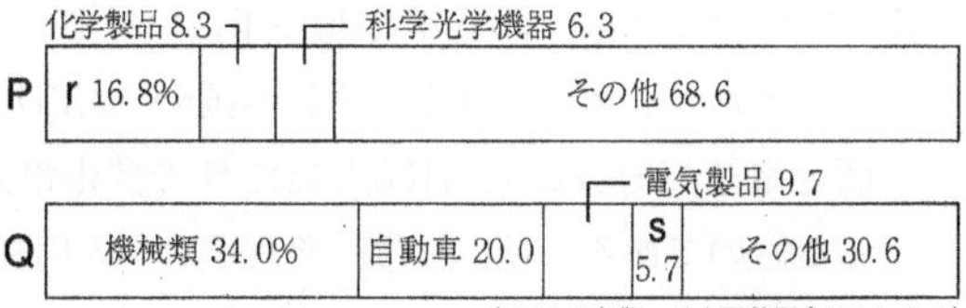

(2018-19年版　日本国勢図会ほかによる)

ア　Pとr　　イ　Pとs　　ウ　Qとr　　エ　Qとs

(六)　次の１～３の問いに答えなさい。

1　右の地図は，緯線と経線が直角に交わった地図であり，緯線は赤道から，経線は本初子午線から，それぞれ，20度ごとにかかれている。地図を見て，(1)～(4)の問いに答えよ。

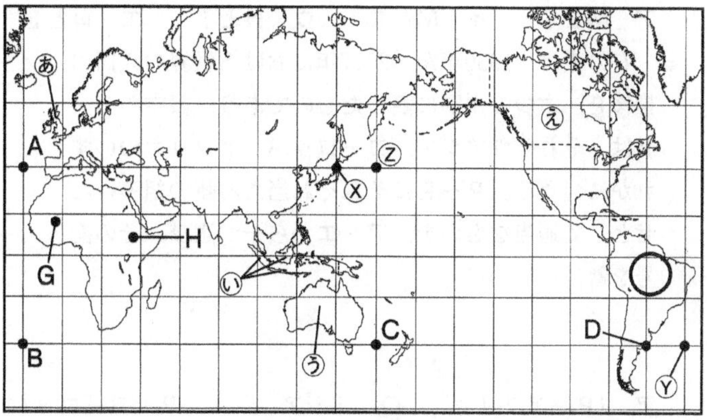

(1)　地図中の地点Ⓧの，地球の中心を通った反対側の地点は，地点Ⓨである。地点Ⓩの，地球の中心を通った反対側の地点として適当なものを，地図中の地点A～Dから一つ選び，その記号を書け。

(2)　地図中の○印で示した区域には，世界最大の流域面積を持つ□川が流れている。□に当てはまる川の名を書け。

(3)　右の表は，地図中の都市Gと都市Hのそれぞれの月別の平均気温を表したものである。表について述べた次の文の□に適当な言葉を書き入れて文を完成させよ。ただし，□には，下の［語群］の言葉の中から一つ選び，その言葉を含めること。

(単位：℃)

都市＼月	1	2	3	4	5	6	7	8	9	10	11	12
G	21.1	23.8	28.2	32.1	34.6	35.0	32.5	31.1	31.9	31.0	25.9	22.3
H	15.7	17.0	17.9	18.2	18.3	16.9	16.2	16.1	16.3	16.1	15.2	14.9

(気象庁資料による)

都市Gと都市Hの間で，表に見られる平均気温の差が生じるのは，都市Hが，都市Gより□からである。

［語群］　標高　緯度

(4)　右の表は，2016年における世界の，米の生産量の多い国を上位4位まで表したものである。表中のaに当たる国として適当なものを，地図中のあ～えから一つ選び，その記号と国の名を書け。

国	生産量（万t）
中国	20,950
インド	15,876
a	7,730
バングラデシュ	5,259

(2018-19年版 世界国勢図会による)

2　右のグラフは，2000年と2016年における，フィリピン，ベトナム，オランダのそれぞれの国の，人口100人当たりの固定電話契約数と人口100人当たりの携帯電話契約数を表したものである。M，Nは，それぞれ，人口100人当たりの固定電話契約数，人口100人当たりの携帯電話契約数のいずれかに当たり，Ⅰ，Ⅱは，それぞれベトナム，オランダのいずれかに当たる。人口100人当たりの携帯電話契約数に当たる記号と，オランダに当たる記号の組み合わせとして適当なものを，ア～エから一つ選び，その記号を書け。

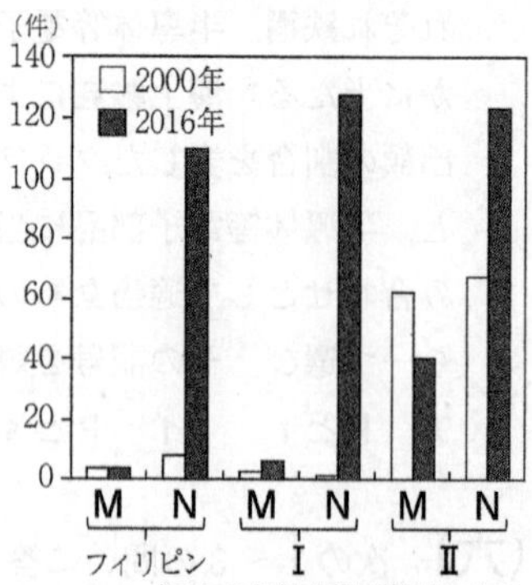

(2018-19 年版 世界国勢図会による)

ア　MとⅠ　　イ　MとⅡ　　ウ　NとⅠ　　エ　NとⅡ

3　右の表は，1950年から2017年における世界の人口の推移を，六つの州別に表したものであり，表中のP～Rは，それぞれアジア，ヨーロッパ，アフリカのいずれかに当たる。P～Rにそれぞれ当たる州の組み合わせとして適当なものを，ア～エから一つ選び，その記号を書け。

（単位：百万人）

州＼年	1950	1970	1990	2010	2017
P	1, 404	2, 138	3, 221	4, 194	4, 504
Q	229	366	635	1, 049	1, 256
R	549	657	722	737	742
北アメリカ	228	326	429	545	582
南アメリカ	114	193	297	395	424
オセアニア	13	20	27	37	41
合　計	2, 537	3, 700	5, 331	6, 957	7, 549

（注）ロシアは，ヨーロッパに含めている。
（世界の統計　2018による）

ア　{P　アフリカ　　Q　アジア　　R　ヨーロッパ}
イ　{P　アフリカ　　Q　ヨーロッパ　　R　アジア}
ウ　{P　アジア　　Q　アフリカ　　R　ヨーロッパ}
エ　{P　アジア　　Q　ヨーロッパ　　R　アフリカ}

全日制 定時制	科	受検番号	号	氏名	

平成31年度　社　会　解答用紙

問題			解答欄	
(一)	1		大王	
	2			
	3			
	4		a	b
	5		(　　)→(　　)	
	6			
	7	A	こと	
		B	ため	
		C	こと	
(二)	1		(　)→(　)→(　)→(　)	
	2			
	3			
	4			
	5			
	6			
	7			
(三)	1	(1)		
		(2)		
	2			
	3			
	4		が	
	5		a	b

問題			解答欄	
(四)	1			
	2		から	
	3		型社会	
	4			
	5			
(五)	1	(1)	海流	
		(2)	記号	県名
				県
	2			
	3		範囲。	
	4		日本国内での自動車生産台数	
			海外での自動車生産台数	
	5			
(六)	1	(1)		
		(2)	川	
		(3)	から	
		(4)	記号	国の名
	2			
	3			

問題	(一)	(二)	(三)	(四)	(五)	(六)	合計
得点							

※この解答用紙は159%に拡大していただきますと，実物大になります。

全日制 定時制	科	受検番号	号	氏名	

得点	

100字

200字

300字

400字

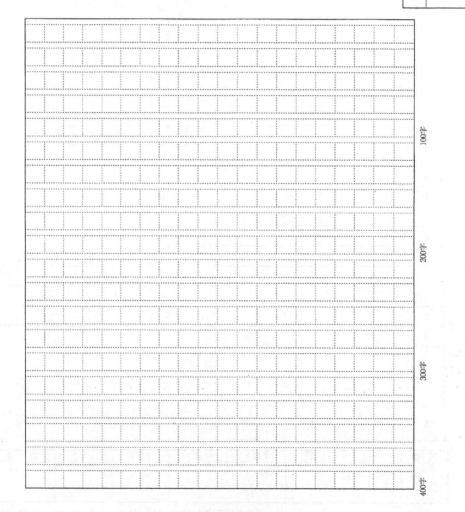

全日制 定時制	科	受検番号	号	氏名		

平成三十一年度　国語　解答用紙

問題			解答欄
（一）	1		
	2	同じものの記号	品詞名
	3		
	4		
	5	(1)	
		(2) a	
		(2) b	
	6		
	7		（ということ。）
	8		（段落）

問題		解答欄
（二）	1	
	2	
	3	（える）
	4	（む）

問題		解答欄
（三）	1	
	2	
	3	
	4	

問題			解答欄
（四）	1		
	2	a	最初　　最後
		b	
	3		
	4	a	
		b	
	5		

問題			解答欄
（五）	1		
	2	(1)	
		(2)	
	3	a	
		b	
		c	

問題	（一）	（二）	（三）	（四）	（五）	作文	合計
得点							

※この解答用紙は161％に拡大していただきますと、実物大になります。

〈平成三十一年度 国語 作文問題〉

次の資料を見て、魅力的な大人のイメージについてのあなたの考えを、なぜそう考えるかという理由を含めて、後の**注意**に従って述べなさい。

資料

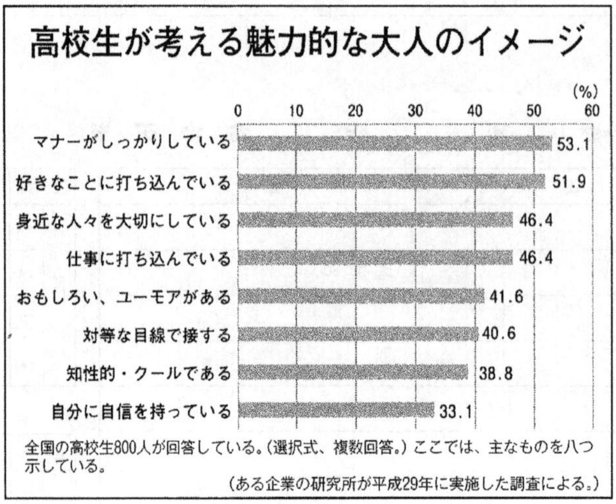

全国の高校生800人が回答している。(選択式、複数回答。) ここでは、主なものを八つ示している。
(ある企業の研究所が平成29年に実施した調査による。)

〈注意〉

1 右の資料を見て気づいたことを交えて書くこと。

2 あなたが体験したことや見聞したことを交えて書いてもよい。

3 段落は、内容に応じて設けること。

4 文章の長さは、三百字以上、四百字以内とする。

5 資料の中の数値を使う場合は、次の例に示したどちらの書き方でもよいこととする。

例 五三・一% または 五十三・一%
　 四〇・六% または 四十・六%

なお、「%」は、「パーセント」と書いてもよい。

6 氏名は右の氏名欄に書き、**文題は書かない**こと。

2　——線②「少し怒りて、あざ笑ふ」について、次の(1)、(2)の問いに答えよ。

(1)　老人夫婦の指摘に少し怒った様子から、でんすは自分の絵の腕前に自信を持っていたと考えられる。文中には、でんすの自信が周囲の評価とともに示されている一文がある。その一文として最も適当な**一文**を文中から抜き出し、その最初の**五字**を書け。

(2)　老人夫婦の指摘をでんすがあざ笑ったのはなぜか。その理由を説明したものとして最も適当なものを、次のア～エの中から一つ選び、その記号を書け。

ア　老人夫婦の指摘が、大ざっぱで曖昧な内容であり、絵に対する理解の不足を感じたから。

イ　老人夫婦の指摘が、絵に対する思い入れの全く感じられない内容であり、あきれたから。

ウ　老人夫婦の指摘が、実物を見たかのような詳しい内容であり、でたらめだと思ったから。

エ　老人夫婦の指摘が、自分の師匠も言っていなかった内容であり、的外れだと考えたから。

3　次の会話は、この文章を読んだ正彦《まさひこ》さんと久美《くみ》さんが、先生と一緒に、——線③「兆でんすが筆、妙に至り。」について話し合った内容の一部である。会話の中の［a］、［b］、［c］に当てはまる適当な言葉を書け。ただし、［a］は**十一字**で、［c］は**六字**で、最も適当な言葉をそれぞれ文中からそのまま抜き出して書くこと。また、［b］は、「竜」という言葉を使って、**十字**以上**二十字**以内の**現代語**で書くこと。

正彦さん　「どうして老人夫婦は、でんすに助言をしようとしたのでしょうか。」

久美さん　「絵の腕前を『［a］。』と褒めながらも、不足しているところがあるでんすに、完璧な竜の絵をかいてもらいたいと思ったからではないでしょうか。」

正彦さん　「でんすは竜の絵が好きで、熱心にかいていたことが、老人夫婦には伝わっていたのかもしれませんね。」

先生　「翁が、『見覚えてよくかけ。』と言った後で、老人夫婦が取った［b］という一連の行動を、でんすはしっかり見たのでしょうね。」

久美さん　「老人夫婦との出会いによって、でんすは、自分がわかっていなかった『［c］』を深く理解して自分のものにし、腕前がさらに上達したのだと思います。」

と向き合い、他校の作品と比較した上での「ケンガイ」に対する評価を、正也に伝える場面が描かれている。圭祐が、正也に伝えた「ケンガイ」に対する評価とその理由に当たる部分として最も適当な部分を、――線②より後の文中から、連続する**二文**で抜き出し、その最初の**五字**を書け。

4　――線④「部長は殴られたかのように顔をゆがめ、うつむいた。」とあるが、月村部長が「顔をゆがめ、うつむいた」理由について説明した次の文の［a］、［b］に当てはまる適当な言葉を、それぞれ文中の言葉を使って、**十五字**以上**二十字**以内で書け。

> 月村部長は、部長として正也のことを気遣い、［a］ことを決断したが、［b］ことが、正也にとっても、部にとっても、より大切であることに気づかされたから。

5　本文についての説明として最も適当なものを、次のア～エの中から一つ選び、その記号を書け。

ア　登場人物の視点から場面を描くことで、臨場感をかもし出す効果を上げている。
イ　隠喩や擬人法を繰り返し使用しながら、登場人物の心情を細かく表現している。
ウ　現在と過去の場面を規則的に入れ替えて描くことで、物語に厚みを出している。
エ　接続詞の効果的な使用によって、場面の転換や心情の変化を巧みに表している。

(五)　次の文章を読んで、1～3の問いに答えなさい。

(注1)東福寺《とうふくじ》の兆(注2)でんすは、わかきより絵かくことを好める。中にも竜の絵を心入りてかきけり。我もこのうへはとおもひ、人もすぐれたるやうにもてはやしける。

秋の日暮れかかり、何となうながめ出せば、人の声す。見れば、寺に①まうでたる老人夫婦、縁のあたりより、でんすがかきおける竜の絵を、つくづくながめて難じけるは、「あはれよき筆づかひかな。よきことはよけれど雌雄の分かちを知らず。それ竜のかたち、角のさまそばだち、目ふかく鼻ほがらかに、たてがみすするどくうろこきびしく、下ほど次第にそがれたるは雄なり。また、角なびけ、目大いに鼻なおく、たてがみまろくうろこうすく、尾と腹と異様ならぬは雌なり。」と語る。でんす心得ず、「いかに(注3)そこには師伝(注4)ありて絵かけるや。また、まことの竜を見てしか(注5)言ふや。」と②少し怒りて、あざ笑ふを、翁《おきな》笑って、「げに(注6)さぞおぼすらん。証拠なきことを申さんや。まことは我らは竜なり。見覚えてよくかけ。」とて、たちまちかたちを変じ、雲に乗りて飛び去りぬ。

それよりしてぞ③兆でんすが筆、妙に至り、寺中の竜にも不思議あるにおよぶと聞きし。

（『万世百物語』による。）

（注1）東福寺＝京都市にある寺。
（注2）兆でんす＝室町初期の僧である明兆《みんちょう》の呼び名。
（注3）そこ＝あなた。　（注4）師伝＝師匠からの伝授。
（注5）しか＝そのように。　（注6）げに＝なるほど。

1　――線①「まうでたる」を現代仮名遣いに直し、**全て平仮名**で書け。

の順位が、六位と七位なのは信じられないけど、だからこそ、コンテストの順位よりも大事なものがあるんじゃないかと、大会後からずっと考えてます。」

「『ミッション』は僕もゾワッときたけど、『告白シミュレーション』が『ケンガイ』より上なポイントって。」

「圭祐、声出して笑ってたじゃん。俺も笑ったし、会場の至るところから笑い声が上がってた。俺は、あんなに笑わせる脚本を書ける自信は、今のところない。ほら、一般的によく言われてるじゃん。泣かせるよりも笑わせる方が難しいって。」

「そうか……。ギャグやダジャレが出てくるわけでもないのに、おもしろかったよな。」

　僕は、うなずきながら、自分は誰かを笑わせたことがあるだろうか、と考えてみた。記憶にない。なるほど、確かに難しい。

「でも、正也。僕は『ケンガイ』の方がおもしろかった。おもしろいって、イコール、笑えるじゃないと思うから。」

　うなずきながらも、これだけは伝えなければならないと思った。正也がニッと笑う。鼻の頭はかいていない。

「宮本くん、本当にいいの?」

　月村部長が、神妙な③［A］持ちでたずねた。

「はい。全国大会には、三年生の先輩たちで行ってきてください。僕は今日、こういう話じゃなく、『ケンガイ』や他校の作品の話を、先輩たちとできることを期待していました。」

　さらりと放たれた正也のひと言に、④部長は殴られたかのように顔をゆがめ、うつむいた。

　部長は部長なりに正也のことを慮《おもんぱか》り、自分が引いて正也を行かせるという苦渋の決断をしたのかもしれないけれど、それでも大切なことは見えていなかった。

（湊かなえ『ブロードキャスト』による。）

（注1）JBK＝全国大会の会場であるテレビ局の名。
（注2）ビギナーズラック＝初心者が、運よく好結果をおさめること。
（注3、4）「ミッション」、「告白シミュレーション」＝いずれも、他校のラジオドラマ作品の名。

1　――線③「［A］持ち」が、「ある感情や心理の表れた顔つき」という意味の言葉になるように、［A］に当てはまる最も適当な漢字を、次のア～エの中から一つ選び、その記号を書け。

ア　鼻　　イ　物　　ウ　面　　エ　腹

2　――線①「僕、東京に行きたいなんて、一度も言っていませんけど。」とあるが、全国大会出場に対する正也の発言と、圭祐が推察する正也の胸中について述べた次の文章の［a］、［b］に当てはまる最も適当な言葉を書け。ただし、［a］は、文中から**三十字**以上**三十五字**以内でそのまま抜き出し、その最初と最後の**五字**を書くこと。また、［b］は、文中から**十五字**以上**二十字**以内で、そのまま抜き出して書くこと。

> 正也は、全国大会出場の喜びを、［a］ことに感じており、どうしても東京に行きたいとは思っていないと話す。しかし、圭祐は、東京行きを辞退する理由を話し続ける正也が［b］ように感じ、正也が東京に行きたい気持ちを抑えているのではないかと推察している。

3　――線②「僕自身も物語に本当の意味で向き合っていなかったことに、気づかされる。」とあるが、本文では、圭祐が、「ケンガイ」

「私、実は、お兄ちゃんにJBK(注1)に連れて行ってもらったことがあるの。だから……。」
「やめてください。」
　正也は静かに、だけど、力強く遮った。
「①僕、東京に行きたいなんて、一度も言っていませんけど。」
　正也は月村部長にまっすぐ向き合った。
「だけど……。」
　部長が口ごもる。確かに、僕も、三年生の先輩たちも、正也の気持ちを確認していたわけじゃない。
「そりゃあ、何人でも参加可能なら、喜んで行くけれど、他に行きたい人を蹴落としてまで、とは思ってません。だから、くだらない言い争いを、宮本のために、なんていう理由で続けるのなら、今すぐやめてください。」
「でも、いいの？本当に。」
「僕は東京に行くために『ケンガイ』を書いたんじゃありません。どうしても伝えたい思いがあって、それを応募作として物語にする機会をもらえたから書いたんです。もちろん、それが県大会の予選を通過して、決勝で二位になって、全国大会に行けることになったのは、夢みたいにうれしかった。だけど、そのうれしさは物語が多くの人に伝わって、もっと多くの人に聴いてもらえるチャンスを得たことに対してで、決して、東京に行けるからじゃない。」
　正也は落ち着いた口調で語ってはいるけれど、僕は正也の言葉の中に、怒りや悲しみを感じる。そして、②僕自身も物語に本当の意味で向き合っていなかったことに、気づかされる。東京に行かれないかもしれないから。

そんなことを気遣って、正也に連絡を取らなかったのがその証拠だ。大会終了後、普通に作品の話をすればよかったのだ。「ケンガイ」のこと、他校の作品のこと。
　この場でだって、純粋に「ケンガイ」が評価されたことを喜び合い、反省会をすればよかったのだ。
　なのに、みんなの頭の中には東京に行くことしかなかった。「ケンガイ」を置き去りにした東京行きなんて、正也にとっては何の価値もないのかもしれない。
　それでも……。本当に東京に行かなくてもいいのか、とまだ思ってしまう。全国から集まった高校生が「ケンガイ」を聴いているときの顔を、見たくはないのか、と。
「それに……。」
　正也は続けた。
「今年は、僕、行っちゃいけないような気がするんです。ビギナーズラック(注2)であっさり目標をクリアしてしまうと、来年、再来年、行き詰まったときに、まあいいや、って思ってしまいそうなんですよね。とりあえず、一回、行けたしって。」
　正也はそう言って、ニッと笑った。そのまま、右手の人差し指で鼻の頭をポリポリとかく。僕には、正也が自分自身を納得させようとがんばっているようにしか思えない。
「あと、『ケンガイ』は僕の採点では、三位でした。」
「えっ。」
　月村部長が声を上げた。僕も驚いた。「ミッション」(注3)のあとの反応を見て、正也もこれには負けたと思っているかもしれない、とは想像できたけど、三位とは。
「一位は『ミッション』、二位は『告白シミュレーション』(注4)。実際

した次の文章の [a] 、[b] に当てはまる適当な言葉を書け。ただし、[a] は、最も適当な言葉を、[11]～[13]段落の文中から**四字**でそのまま抜き出して書くこと。また、[b] は、「情報」「社会的」の二つの言葉を使って、**二十字以上三十字以内**で書くこと。

> 若い世代の人同士が、インターネットの掲示板やSNSに投稿された [a] の中のことばを誤用と認定し、ネット上で指摘し合っている。その指摘は、メディアの発達に伴って [b] を元に行われている。

6　[12]段落の [B] に当てはまる最も適当な言葉を、次のア～エの中から一つ選び、その記号を書け。

ア　信頼性　　イ　多様性　　ウ　持続性　　エ　優位性

7　[15]段落の――線④「そういう基本的なこと」とあるが、「そういう基本的なこと」が指している内容を、文中の言葉を使って、**五十字以上六十字以内**で書け。

8　麻衣《まい》さんは、本文の内容を検証してレポートにまとめようと考え、「ことばの誤用」を扱った情報番組で紹介された「爆笑」という言葉について調べた。次は、その際に取った【メモの一部】である。麻衣さんは、文中のある段落の内容に添って【メモの一部】をまとめている。その段落として最も適当な段落を一つ選び、その段落の番号を書け。

【メモの一部】

> 「爆笑」…番組では、「大勢がどっと笑うこと」が本来の意味であり、一人や少人数で用いるのは誤用と紹介。
>
> 課題「私自身は、普段から一人や少人数でも使っているが、これは誤用か？」例「私は妹と、爆笑した。」
>
> 〈一人や少人数で「爆笑」を用いた例〉（インターネットで調べた。）
>
> ・「張飛《ちょうひ》が、爆笑すると、玄徳《げんとく》も笑った。」（吉川英治《よしかわえいじ》『三国志《さんごくし》』昭和十五年）
>
> ・「他の二人が声をそろえて爆笑する。」（寺田寅彦《てらだとらひこ》『三斜晶系《さんしゃしょうけい》』昭和十年）

(二)　次の1～4の各文の――線の部分の読み方を平仮名で書きなさい。

1　履歴を記す。　　2　塗装が剥離する。

3　両手で荷物を抱える。　　4　友人との話が弾む。

(三)　次の1～4の各文の――線の部分を漢字で書きなさい。ただし、必要なものには送り仮名を付けること。

1　新しい説をていしょうする。

2　努力をとろうに終わらせない。

3　皿に果物をもる。

4　柱で屋根をささえる。

(四)　次の文章は、高校一年生で放送部に所属する「宮本正也《みやもとまさや》」と「僕（圭祐《けいすけ》）」が、「月村《つきむら》部長」ほか三年生の部員たちと、東京で開催される全国大会の参加者五人を誰にするかについて話し合っている場面を描いたものである。正也は、スマートフォンを介した、人と人とのつながりをテーマとするラジオドラマ「ケンガイ」の脚本を担当し、全国大会出場の原動力となった。これを読んで、1～5の問いに答えなさい。

> アツコ先輩、ヒカル先輩、ジュリ先輩、スズカ先輩が、無言のまま、どうするの、とたずねるような顔を月村部長に向けた。部長は少し空に目をやり、意を決したような表情で口を開いた。
>
> 「私の代わりに、宮本くん、行ってくれないかな。」
>
> えっ、と三年生四人だけでなく、僕も驚きの声を上げてしまった。

報の中には、「煮詰まる」の例のように、本当は誤用とは言えないものが多く含まれています。

[14] 根拠の必ずしも明らかでない誤用説が、検証を経ないままに信じられ、一人一人の発言を縛ってしまう。人々の健全な言語生活のために、これは好ましくない状況です。

[15] ことばには「これこれの言い方だけが正しい」ということはありません。少数派の言い方であっても、ある地域・世代などの限られた集団や場面で意思疎通の役に立っているならば、その言い方には立派な存在理由があります。どんなことばでも、一概に否定することはできません。④そういう基本的なことが理解されず、ことばが○×に仕分けられるのは憂うべきことです。

[16] ただ、こうした動きに反対する見方も現れています。むやみに人のことばを誤用扱いする人は、ネット上で批判されるようになりました。そこには、正誤を簡単に決めつけることへの抗議の気持ちが表れています。

[17] 誰しも、あることばに対して、個人的に正誤の判断を行う自由があります。ただ、その価値判断の基準が聞きかじりのネット情報というのでは、何とも⑤心もとない話です。

[18] 自分や周囲の人、親などが、これまで普通に使っていたことばを、安易に誤用として捨て去るべきではありません。現在では、過去の文学作品などがネットで簡単に検索できます。実は伝統的な表現だったと、すぐにわかる場合もあります。本当に誤用かどうか、立ち止まって考える慎重さが必要です。

（飯間浩明『〝今どきの若い者〟はことば遣いにうるさすぎる』による。）

（注1）SNS＝インターネット上でのコミュニケーションを可能にしてくれるサービス。
（注2）メディア＝新聞・テレビ・インターネットなど、情報を伝達する媒体。
（注3）アクセス＝インターネットなどで、求める情報に接すること。

1　[6]段落の――線②「後者」と熟語の構成（組み立て方）が同じものを、次のア～エの中から一つ選び、その記号を書け。

ア　穏和　　イ　緩急　　ウ　就職　　エ　筆跡

2　[4]段落の――線①「その」と品詞が同じものを、文中の＝＝線a「そう」、b「これ」、c「そこ」、d「ある」の中から一つ選び、その記号を書け。また、その品詞名を**漢字**で書け。

3　[7]段落の[A]、[13]段落の[C]にそれぞれ当てはまる言葉の組み合わせとして最も適当なものを、次のア～エの中から一つ選び、その記号を書け。

ア（A　したがって　　C　しかも）
イ（A　あるいは　　C　しかし）
ウ（A　その代わり　　C　むしろ）
エ（A　なぜなら　　C　つまり）

4　[17]段落の――線⑤「心もとない」の意味として最も適当なものを、次のア～エの中から一つ選び、その記号を書け。

ア　かたくなで強引な　　イ　分別がなく軽率な
ウ　頼りなくて不安な　　エ　思慮深くて慎重な

5　[9]段落の――線③「ことば批判」について、次の(1)、(2)の問いに答えよ。

(1)　メディアの発達以前に、年配者は何を基準として「ことば批判」を行っていたのか。最も適当な言葉を、[9]～[13]段落の文中から**七字**でそのまま抜き出して書け。

(2)　若い世代の「ことば批判」について、本文の趣旨に添って説明

＜国語＞

時間　国語　四五分　作文　二五分　満点　五〇点

（一）　次の文章を読んで、1～8の問いに答えなさい。（1～18は、それぞれ段落を示す番号である。）

1　「今どきの若い者はことば遣いがなっていない。」と年配者が批判したのは昔の話。現代では、世代を問わず、人々はことばの正誤に敏感になっています。

2　ためしに、インターネットの掲示板なり、SNS（注1）なりで、「頭が煮詰まって、原稿が書けない。」とつぶやいてみましょう。

3　「その『煮詰まる』は、使い方が間違ってますよ。」

4　たちまち、そんな反応が返ってくるはずです。①その発言者は、年配の人は少なく、若い世代と思われる人が中心です。

5　右の「煮詰まる」を誤用と言う人の中には、自分自身の言語感覚に照らしてそう判断した人もいるかもしれません。一方、単に「メディア（注2）が誤用と言うから誤用だ」と考えている人も多いでしょう。

6　平成二十五（二〇一三）年度の「国語に関する世論調査」の報告では、「煮詰まる」は「計画が煮詰まった」のように「結論の出る状態になる」の意味が本来とされ、「頭が煮詰まる」のように「考えが働かなくなる」の意味は新しいと位置付けられました。マスコミは②後者を誤用として報道しました。

7　慌てて言っておくと、実は、この二つの意味は、両方とも戦後になって辞書に載ったものです。どちらがより古い意味かは、実はよくわかっていません。［A］、後者を軽々しく誤用と批判することはできないのです。

8　そもそも、ことばには多義性があります。たとえば、「頭に来る」には、「腹が立つ」、「酔いが頭に回る」などいくつかの意味があります。その一つを取り上げて誤用と言う人はいません。同様に、「煮詰まる」の二つの意味のどちらかを誤用とする必要もないのです。

9　ともあれ、こうした③ことば批判は、当否はともかく、昔は年配者の役割でした。ところが、現在では、年配者はあまり掲示板やSNSにはアクセス（注3）しません。その代わり、若い世代の人同士が、メディアなどで得た知識を元に、ネット上で誤用を指摘し合っています。

10　こういう状況は、人々の言語生活史上、初めてのことです。

11　インターネットが普及する以前の社会では、個人のつぶやきが不特定多数から評価・批判されることは、まずありませんでした。個人の限られた交際範囲では、aそうむやみにことば遣いをとがめられる、という状況は考えにくいことです。

12　メディアがまだことばの誤用をそれほど話題にしなかった頃、年配者は自分の言語感覚に基づいて、若い人のことば遣いに注意を与えていました。特定のことばが社会的に「〇〇は誤用」と認定されるケースは少なく、人々のことばには［B］が保たれていました。

13　ところが、メディアの発達と共に、「〇〇は誤用」という情報が社会的に共有されるようになりました。情報がネットで一気に拡散する時代、年配者でなくても、相手のことばを簡単に誤用認定できるようになりました。［C］、その飛び交う情

MEMO

大切なことはメモしておこうネ！

2019年度

解　答　と　解　説

《2019年度の配点は解答用紙集に掲載してあります。》

<数学解答>

(一) 1　-4　　2　$\frac{1}{21}$　　3　$-17x+7y$　　4　$-3a-2b$
5　$11-\sqrt{2}$　　6　$2x^2+8x-9$

(二) 1　$(a=)6$　　2　$\frac{5}{12}$　　3　(およそ)3000(個)
4　$\sqrt{109}$(cm)　　5　右図(作図例)
6　{ 先月の基本料金 1200円 / 先月の$1\mathrm{m}^3$当たりの超過料金 180円 }
(求める過程は解説参照)

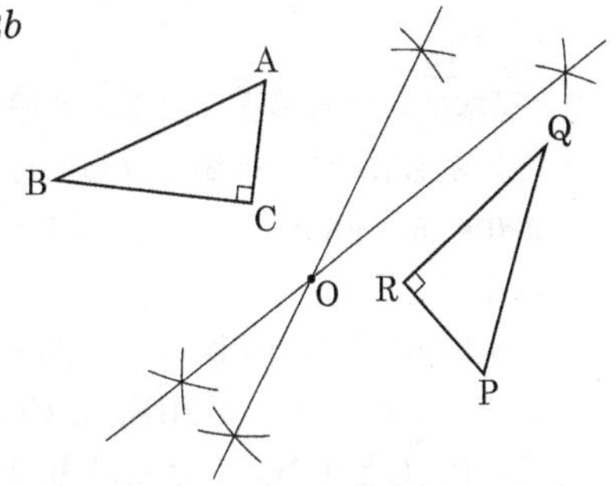

(三) 1　右下図　　2　6(枚)　　3　(1)　$(b=)6$
(2)　$(b=)37,\ 38,\ 45$

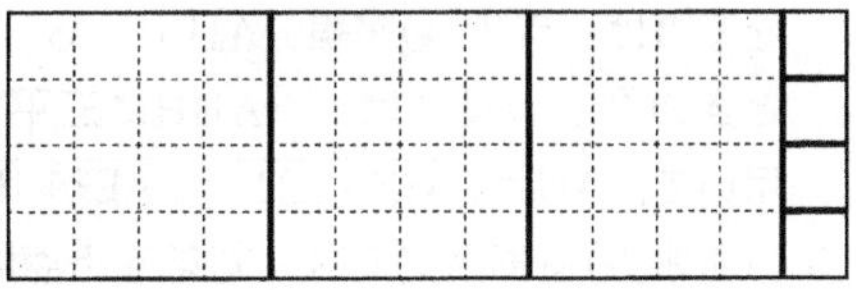

(四) 1　$(a=)\frac{1}{2}$　　2　$0\leqq y\leqq 25$
3　(1)　t^2+4t　　(2)　ア　$(t=)6$
イ　$-\frac{25}{2}$

(五) 1　解説参照　　2　$6\sqrt{2}$(cm)　　3　$\frac{115}{6}(\mathrm{cm}^2)$

<数学解説>

(一)　(数・式の計算，平方根，式の展開)

1　異符号の2数の商の符号は負で，絶対値は2数の絶対値の商だから，$(-24)\div 6=-(24\div 6)=-4$

2　異符号の2数の和の符号は絶対値の大きい方の符号で，絶対値は2数の絶対値の大きい方から小さい方をひいた差だから，$-\frac{2}{7}+\frac{1}{3}=-\frac{6}{21}+\frac{7}{21}=+\left(\frac{7}{21}-\frac{6}{21}\right)=\frac{1}{21}$

3　$-(2x-y)+3(-5x+2y)=-2x+y-15x+6y=-2x-15x+y+6y=(-2-15)x+(1+6)y=-17x+7y$

4　$(9a^2+6ab)\div(-3a)=(9a^2+6ab)\times\left(-\frac{1}{3a}\right)=9a^2\times\left(-\frac{1}{3a}\right)+6ab\times\left(-\frac{1}{3a}\right)=-3a-2b$

5　$\boldsymbol{(a+b)(c+d)=ac+ad+bc+bd}$より，$(3\sqrt{2}-1)(2\sqrt{2}+1)=3\sqrt{2}\times 2\sqrt{2}+3\sqrt{2}\times 1+(-1)\times 2\sqrt{2}+(-1)\times 1=12+3\sqrt{2}-2\sqrt{2}-1=11+\sqrt{2}$　また，$\frac{4}{\sqrt{2}}=\frac{4\times\sqrt{2}}{\sqrt{2}\times\sqrt{2}}=\frac{4\sqrt{2}}{2}=2\sqrt{2}$　だから，$(3\sqrt{2}-1)(2\sqrt{2}+1)-\frac{4}{\sqrt{2}}=11+\sqrt{2}-2\sqrt{2}=11-\sqrt{2}$

6　乗法公式$\boldsymbol{(a+b)^2=a^2+2ab+b^2}$，$\boldsymbol{(a+b)(a-b)=a^2-b^2}$　を利用して，$(x+4)^2+(x+5)(x-5)=(x^2+2\times x\times 4+4^2)+(x^2-5^2)=x^2+8x+16+x^2-25=2x^2+8x-9$

(二)　(二次方程式，確率，標本調査，線分和の最短の長さ，作図，連立方程式の応用)

1　xについての二次方程式$x^2-5x+a=0$…①　の解の1つが2だから，①に$x=2$を代入して，$2^2-5\times 2+a=0$　$4-10+a=0$　$a=10-4=6$

2　Aさんの玉の取り出し方は6通り。そのそれぞれに対して，Bさんの玉の取り出し方も6通りずつあるから，AさんとBさんの全ての玉の取り出し方は　6×6＝36通り。このうち，Bさんが取り出した玉に書かれた数が，Aさんが取り出した玉に書かれた数より大きくなるのは，右図の○印を付けた15通りだから，求める確率は　$\frac{15}{36}=\frac{5}{12}$

Bさん／Aさん	1	2	3	4	5	6
1		○	○	○	○	○
2			○	○	○	○
3				○	○	○
4					○	○
5						○
6						

3　**標本**における黒玉と白玉の比率は，(80－5)：5＝15：1。よって，**母集団**における黒玉と白玉の比率も15：1と推測できる。母集団における黒玉の個数をx個とすると，x：200＝15：1　x＝200×15＝3000　よって，はじめに箱の中に入っていた黒玉の個数は，およそ3000個と推測される。

4　問題の直方体の展開図の一部を右図に示す。ここで，かけたひもと辺BF，辺CGとの交点をそれぞれP，Qとする。かけたひもの長さが最も短くなるのは，点P，Qが線分AH上にあるとき。このときのひもの長さは，△AEHに**三平方の定理**を用いて，$AH=\sqrt{AE^2+EH^2}=\sqrt{AE^2+(EF+FG+GH)^2}=\sqrt{3^2+(4+2+4)^2}=\sqrt{109}$cm

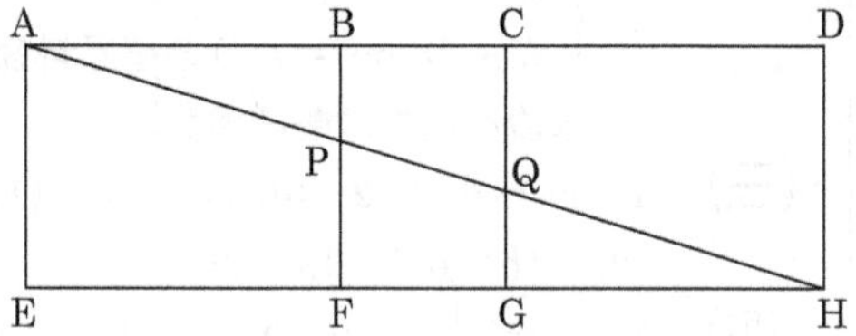

5　(着眼点)**回転移動では，対応する点は，回転の中心からの距離が等しい**。これは，回転の中心が，対応する点を両端とする線分の**垂直二等分線**上にあるということである。　(作図手順)次の①～②の手順で作図する。①　点A，Pをそれぞれ中心として，交わるように半径の等しい円を描き，その交点を通る直線(線分APの垂直二等分線)を引く。　②　同様に，線分CRの垂直二等分線を引き，線分APの垂直二等分線との交点をOとする。

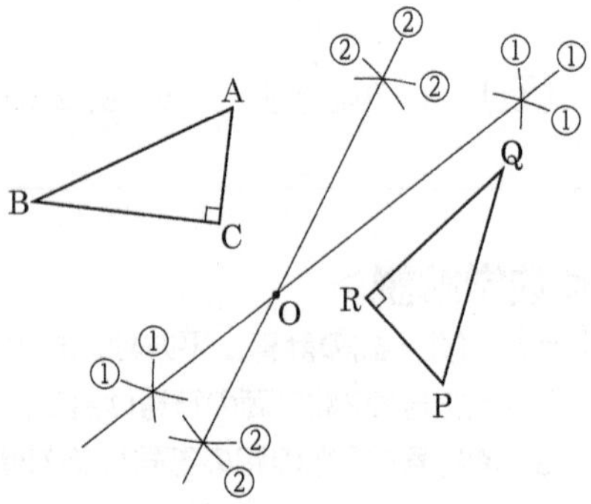

6　(解)(例)先月の基本料金をx円，先月の1m³当たりの超過料金をy円とすると，

$$\begin{cases} x+17y=4260\cdots① \\ 1.2x+17(y+15)=4755\cdots② \end{cases}$$

②から，$1.2x+17y=4500$…③　③－①から，$x=1200$

$x=1200$を①に代入して解くと，$y=180$　これらは問題に適している。

(三)　(規則性)

1　縦の長さが4cm，横の長さが13cmの長方形の用紙から，この用紙の短い方の4cmの辺を1辺とする正方形を3枚切り取る。次に，残った縦の長さが4cm，横の長さが1cm(＝13cm－4cm×3枚)の長方形の用紙から，この用紙の短い方の1cmの辺を1辺とする正方形を4枚切り取る。すると，全部で7枚(＝3枚＋4枚)の正方形ができる。

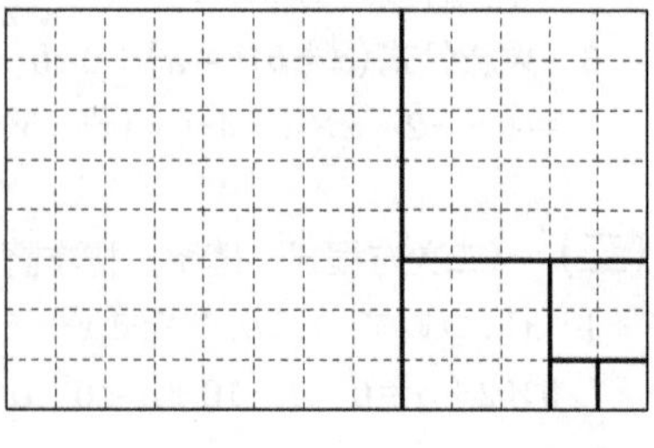

2　右図のように，1辺が8cmの正方形が1枚，1辺が5cmの正方形が1枚，1辺が3cmの正方形が1枚，1辺が2cmの正

方形が1枚，1辺が1cmの正方形が2枚，全部で6枚(＝1枚＋1枚＋1枚＋1枚＋2枚)の正方形ができる。

3　(1)　全部で2枚の正方形ができるということは，長い方の辺の長さが，短い方の辺の長さの2倍であるということである。$a>b$のとき，$a=2b$より，$b=\frac{a}{2}=\frac{3}{2}$となり，$b$が整数であるという問題の条件に合わない。$a<b$のとき，$b=2a=2\times3=6$となり，問題の条件に合う。

(2)　bを3で割った余り(0，1，2)で場合分けして考える。bを3で割った余りが0のとき，1辺が3cmの正方形が15枚できなければならないから，$b=$3cm×15枚$=45$。bを3で割った余りが1のとき，1辺が3cmの正方形を切り取ったあとの，縦の長さが3cm，横の長さが1cmの長方形の用紙から，1辺が1cmの正方形が3枚できるから，1辺が3cmの正方形は12枚(＝15枚－3枚)できなければならないから，$b=$3cm×12枚＋1cm$=37$。bを3で割った余りが2のとき，1辺が3cmの正方形を切り取ったあとの，縦の長さが3cm，横の長さが2cmの長方形の用紙から，1辺が2cmの正方形が1枚，1辺が1cmの正方形が2枚できるから，1辺が3cmの正方形は12枚(＝15枚－1枚－2枚)できなければならないから，$b=$3cm×12枚＋2cm$=38$。

(四)　(図形と関数・グラフ)

1　$y=ax^2$は点A(2，2)を通るから，$2=a\times2^2=4a$　$a=\frac{1}{2}$

2　xの**変域**に0が含まれているから，yの**最小値**は0。$x=-5$のとき，$y=(-5)^2=25$　$x=2$のとき，$y=2^2=4$　よって，yの**最大値**は25　yの変域は，$0\leqq y\leqq25$

3　(1)　点Pのx座標がtのとき，$\mathrm{P}\left(t,\ \frac{1}{2}t^2\right)$，$\mathrm{Q}(t,\ t^2)$，$\mathrm{R}(-t,\ t^2)$。四角形PQRSは長方形だから，その周の長さは　(PQ＋QR)×2＝{(点Qのy座標－点Pのy座標)＋(点Qのx座標－点Rのx座標)}×2＝$\left[\left(t^2-\frac{1}{2}t^2\right)+\{t-(-t)\}\right]\times2=t^2+4t$

(2)　ア　前問(1)より，$t^2+4t=60$　$t^2+4t-60=0$　$(t-6)(t+10)=0$　点Pは$x>0$の範囲を動く点であるから，$t=6$

イ　$t=6$のとき，P(6，18)，R(－6，36)。**長方形の面積を2等分する直線は，長方形の対角線の交点を通る。**長方形PQRSの対角線の交点は，線分PRの中点だから，そのx座標は$\frac{-6+6}{2}=0$，y座標は$\frac{18+36}{2}=27$で(0，27)。以上より，点Aを通り，四角形PQRSの面積を2等分する直線の傾きは　$\frac{2-27}{2-0}=-\frac{25}{2}$

(五)　(合同の証明，線分の長さ，面積)

1　(証明)(例)△EICと△EJDにおいて，点Eが正方形ABCDの対角線の交点だから，EC＝ED…①　∠ECI＝∠EDJ＝45°…②　また，∠IEC＝90°－∠CEJ…③　∠JED＝90°－∠CEJ…④　③，④から，∠IEC＝∠JED…⑤　①，②，⑤で，2つの三角形は，1組の辺とその両端の角がそれぞれ等しいことがいえたから，△EIC≡△EJD

2　正方形ABCDの1辺の長さを$a$cmとすると，正方形ABCDと正方形EFGHの**相似比**が3：4であることより，正方形EFGHの1辺の長さは　$a\times\frac{4}{3}=\frac{4}{3}a$cm。(四角形EICJの面積)＝△EIC＋△ECJ＝△EIC＋△EBI＝△EBC＝$\frac{1}{4}$正方形ABCD　だから，(色をつけた部分の面積)＝正方形ABCD＋正方形EFGH－四角形EICJ＝正方形ABCD＋正方形EFGH－$\frac{1}{4}$正方形ABCD＝$\frac{3}{4}$正方形ABCD＋正方形EFGH＝$\frac{3}{4}\times a^2+\left(\frac{4}{3}a\right)^2=\frac{91}{36}a^2$ cm²　これが182cm²に等しいから　$\frac{91}{36}a^2=182$　$a^2=72$　$a>0$より，$a=\sqrt{72}=6\sqrt{2}$ cm

3　△EBCは直角二等辺三角形で，3辺の比は1：1：$\sqrt{2}$ だから，$EB=EC=\dfrac{BC}{\sqrt{2}}=\dfrac{6}{\sqrt{2}}=3\sqrt{2}$ cm
また，$EF=AB\times\dfrac{4}{3}=6\times\dfrac{4}{3}=8$cm　△ECIと△EFKにおいて，∠CEI＝∠FEK(共通な角)…①
∠ECI＝∠EFK＝45°…②　①，②で，2つの三角形は，2組の角がそれぞれ等しいことがいえたから，△ECI∽△EFK　△ECIと△EFKの相似比は，EC：EF＝$3\sqrt{2}$：8　相似な図形では，面積比は相似比の2乗に等しいから，△ECI：△EFK＝$(3\sqrt{2})^2:8^2=9:32$　以上より，高さが等しい三角形の面積比は，底辺の長さの比に等しいことも考慮すると，(四角形IFKCの面積)＝
$\triangle EFK-\triangle ECI=\dfrac{32}{9}\triangle ECI-\triangle ECI=\dfrac{23}{9}\triangle ECI=\dfrac{23}{9}\times\dfrac{IC}{BC}\triangle EBC=\dfrac{23}{9}\times\dfrac{BC-BI}{BC}\times\left(\dfrac{1}{2}\times EC\times EB\right)$
$=\dfrac{23}{9}\times\dfrac{6-1}{6}\times\left(\dfrac{1}{2}\times3\sqrt{2}\times3\sqrt{2}\right)=\dfrac{115}{6}\text{cm}^2$

<英語解答>

(一)　1　イ　　2　ア　　3　ウ
(二)　1　ア　　2　エ
(三)　1　ウ　　2　ア　　3　エ　　4　ウ
(四)　1　(1)　(エ)・(イ)・(ア)・(ウ)　　(2)　(エ)・(ウ)・(イ)・(ア)
2　(1)　①　(例)I want to talk about my club.　②　(例)Because I made many friends through it.　(2)　(例)I will try to study all subjects hard.
(五)　1　①　ウ　　②　ア　　2　(ア)　(例)How many people visited this city?
(イ)　(例)It is important to talk with many foreigners to understand their countries more.　3　(例)伝統的な場所がたくさんあること。　(例)人々がとても親切であること。　4　イ　　5　(1)　エ　　(2)　ア　　(3)　イ
(六)　1　messages　　2　voices　　3　ウ　　4　(例)とても高価だったから。
5　(例)東京と大阪の間を一人で走る。　6　イ　　7　イ，エ

<英語解説>

(一)・(二)・(三)　(リスニング)

放送台本の和訳は，49ページに掲載。

(四)　(語句の並べ換え，条件・自由英作文：不定詞，文の構造，接続詞，未来形)

1　(1)　A：あなたに渡したいものがあります。これをどうぞ。／B：わあ，ありがとう。開けてもいいですか？／A：もちろんです。　(I) have something to give (you.)　**to give you** (不定詞)が**something** を後ろから修飾している。
(2)　A：トムが子どもを助けたということを聞きましたか？／B：はい。その知らせを聞いて嬉しくなりました。　(That) news made me happy (.)　＜ **make A** ＋形容詞～＞で「A を～にさせる」
2　(解答例訳)(1)　①　私はクラブについて話したいです。　②　なぜなら，私はそれを通してたくさんの友だちをつくったからです。　(2)　私はすべての教科を熱心に勉強するつもりです。

(五)　(会話文問題：語句補充・選択，和文英訳，グラフを用いた問題，日本語で答える問題，内容真偽)

(全訳)

ブラウン：ハイ，綾香。ハイ，健太。何を見ているのですか？

綾香　：こんにちは，ブラウン先生。私たちはわかば市を訪れた外国人の数についてのプリントを見ているところです。

健太　：2017年の数が最も多いということが分かったところです。

ブラウン：(ア)何人の人たちがこの市を訪れたのですか？

健太　：約200,000人です。

ブラウン：分かりました。①多くの外国人がこの市での滞在を楽しんでいるとよく耳にします。私の友だちも何人か先月にここに来ました。彼らはこの市が好きだと言っていました。私はこの人気がある市で働くことをとても嬉しく思います。

綾香　：先生はどのくらいこの市にいるのですか？

ブラウン：3年間です。私はわかば市がとても好きです。

健太　：この市の良いところはどこでしょうか？

ブラウン：伝統的な場所がたくさんあることと，個々の人たちがとても親切なことです。

健太　：それを聞いてとても嬉しいです。僕は多くの人たちから(A)それらのことをよく聞きます。

ブラウン：勉強をするためにこの市に来る若い外国人もたくさんいます。私はもっと多くの外国人がこの市に来るだろうと確信しています。それについてどう思いますか？

綾香　：それは本当に(B)良いことだと思います。私は多くの外国人とコミュニケーションをとり，彼らと友だちになりたいです。

健太　：僕もそう思います。また，僕たちは他の国々の文化や慣習について学ぶことができます。

ブラウン：グローバル化した世界では，他の国々から来た人たちが同じ町に住むことはよくあることです。一緒に暮らすために私たちにとって大切なことは何でしょう？

綾香　：私たちは，それぞれの国が独自の文化と慣習をもっているということを理解するべきだと思います。

ブラウン：そうです。それはとても大切なことです。

健太　：この市では，私たちはよく英語でのアナウンスや標識を見かけます。でも英語だけの使用で大丈夫でしょうか？　他の言語も使った方がいいと思います。

綾香　：②私も賛成です。このプリントを見てください。中国からこの市を訪れる人の数が最も多いのです。彼らの言語でのアナウンスや標識がもっと必要です。

ブラウン：その通りです。そのようなアナウンスや標識は彼らのために大いに役に立つでしょう。

健太　：僕は，多くのアジアの人たちがこの市を訪れていることにとても驚いています。先週，韓国から来た男性が僕に話しかけてきました。最初，彼は僕が理解できない言語を話しました。それから，彼は英語でこう言いました，「駅はどこですか？」　そうして僕は彼の質問に答えることができました。彼を手助けできてとても嬉しかったです。

ブラウン：それは(C)良い経験でしたね。英語は世界でたくさんの人たちに使われています。英語を使えば，もっと多くの人たちとコミュニケーションをとることができます。だから英語を楽しんで勉強しましょう。それからもうひとつ。(イ)多くの外国人と話をすることは，彼らの国々をもっと理解するために必要です。それを忘れてはいけません。

健太　：分かりました。どうもありがとうございます。

1 全訳参照。 ① 空所①直後のブラウン先生の発言に注目。友だちが来てこの市を気に入ったと言っている。 ② 空所②直後の綾香の発言に注目。健太の意見に同意していることが分かる。

2 (ア) How many ～？で「どれくらいたくさんの～？」 (イ) **< It is ＋形容詞＋ to ＋動詞…>で「…するのは～だ」**

3 全訳参照。下線部(A)直前のブラウン先生の発言に注目。

4 全訳参照。

5 全訳参照。 (1) 綾香が言っていることは，〔ア みんながたくさんの外国人と友だちにならなくてはいけないということだ。 イ 彼女は，たくさんのアジアの人たちがわかば市に来るので驚いているということだ。 ウ 英語でのアナウンスや標識がもっと必要だということだ。 エ 異なる国々はさまざまな文化や慣習をもつということを知った方が良いということだ。(○)〕 綾香の4番目の発言に注目。 (2) 韓国から来た男性が英語を使ったので，健太は，〔ア どのように駅に行けばよいかを彼に教えることができた。(○) イ 彼が何を言ったのか理解できなかった。 ウ 楽しんで英語を勉強することができた。 エ どこに英語の標識があるか答えられなかった。〕 健太の7番目の発言に注目。 (3) プリントで分かることは，〔ア 2013年にわかば市を訪れた外国人の数が最も少ないということだ。 イ 2012年よりも2014年の方が多くの外国人がわかば市を訪れた。(○) ウ 2017年には，わかば市を訪れた人は台湾からよりもアメリカからの人の方が多かった。 エ 2017年には，タイからは300,000以上の人がわかば市に来た。〕 問題のグラフ参照。

(六) (長文読解問題・エッセイ：語句の解釈・指示語，日本語で答える問題，文の挿入，内容真偽)

(全訳) 剛：

皆さんは普段どのように友だちとコミュニケーションをとりますか？ 多くの人は現在スマートフォンを使います，なぜならそれを使ってメッセージを速く届けることができるからです。僕はそれはコミュニケーションのためにとても役に立つと思います。

ずっと昔から，世界の人たちはメッセージを速く送ろうとしてきました。アメリカの人々は1850年頃に電報によってメッセージを届け始めました。彼らはメッセージを手紙よりも電報によっての方が速く届けることができたのです。日本では，電報のサービスは1869年に東京と横浜の間で始まりました。1873年には，東京と長崎間でサービスの使用が可能になり，1878年には他の国にも電報を送ることができるようになりました。[ア]現在，電報は普通使われません。私たちは卒業式のような特別な場合にだけ電報を目にします。

多くの人々が離れた場所まで人の声を直接届けようとしました，そしてアメリカのある男性が1876年に電話を発明しました。1890年には，日本で初めての電話サービスが東京と横浜間で始まりました。1950年頃，多くの会社がこのサービスを使い始め，お互いにコミュニケーションをとりました。多くの人々が電話を家で使い始めたのは1970年頃で，その約30年後に携帯電話を使い始めました。今では，携帯電話やスマートフォンを使うことによって，家にいない時でもお互いに話をしたりインターネットを使うことができるのです。

インターネットを使うことで，私たちは多くの人たちに同時にメッセージを送ることができます。そしていつでもどこでもメッセージを受け取ることができるのです。[イ]インターネットはコミュニケーションの方法を変化させました。

恵：

私たちは手紙でメッセージを速く送ることはできません。手紙を送ることは時には数日かかります。しかし私の祖母はよく私に手紙を送ってくれます。私は手紙を受け取るといつも嬉しく思います。

手紙はエジプトで約4000年前に最初に使われたという人たちがいます。私たちのように，その当時の人々も離れた場所にいる友だちや家族とコミュニケーションをとりたいと思っていたのです。(B)<u>その後</u>，手紙によるコミュニケーションが世界の多くの場所で広がりました。日本では，手紙の配達サービスは650年頃始まりました。その当時，手紙は馬を使うか，走って届けるかという方法で配達されました。[ウ]人々はいつ手紙が届くのか分かりませんでした。

“飛脚”という言葉をきいたことがあると思います。今は郵便サービスがありますが，その前は飛脚が重要なメッセージを日本の多くの場所に届けていました。飛脚のサービスはとても高価だったので，(C)<u>ほんのわずかの人々しかそれを使うことができませんでした。</u>多くの場合，飛脚は馬を使うかリレー方式で手紙を配達しました。しかし私はインターネットで東京から大阪間を一人で走ることができた人がいたということを学びました。彼はとても強かったので(D)<u>それができた</u>のです。また，彼はとても速く走ることができ，わずか約3日が必要なだけでした。[エ]

郵便サービスは1871年に始まり，人々は東京から大阪間のみでそれを使うことができました。その次の年には日本中に送ることが可能になりました。その当時の郵便ポストは黒でした。30年後，それらの色は変わりました。現在，郵便ポストは赤です。赤い郵便ポストは日本中で見られます。私は祖母への手紙を赤い郵便ポストに入れる時，いつもワクワクします。

1　全訳参照。剛の発表の第2段落最初の文からの文脈に注目。
2　全訳参照。【説明：話すときに人が生じる音】　剛の発表の第3段落最初の文に注目。
3　全訳参照。恵の発表の第2段落1文目と2文目に注目。
4　全訳参照。下線部(C)の直前の一文に注目。
5　全訳参照。下線部(D)を含む文の直前の一文に注目。
6　全訳参照。問題文の It は the Internet を指す。
7　ア　剛は，彼の友だちはスマートフォンを使わなくてはいけないと思っている，なぜならそれは役に立つからだ。　イ　人々は，1875年には日本から他の国々へ電報を送ることができなかった。(○)　空所[ア]直前の一文に注目。　ウ　日本の多くの人々は1970年頃には携帯電話を使ってメッセージを送っていた。　エ　電話は日本で郵便サービスが始まった後発明された。(○)　剛の発表の第3段落2文目，及び恵の発表の第4段落2文目に注目。　オ　日本の人々は世界で最も早く手紙によってメッセージを送り始めた。　カ　日本では1872年に赤い郵便ポストを使い，たくさんの場所に手紙を送った。　キ　恵は，祖母から電報を受け取る時いつも嬉しく感じる。

2019年度英語　リスニングテスト

〔放送台本〕

(一)　次の1～3の英語による対話とそれについての質問が2回ずつ読まれます。その英文を聞いて，質問に対する答えとして最も適当なものを，問題用紙のア～エの中からそれぞれ一つ選び，その記号を解答欄に記入しなさい。

1　A:　I bought a new racket.
　B:　Oh, it’s nice.　I have my racket and a ball.
　A:　Then, let’s play.

Question: Which sport are they going to play?

2 A: What did you do last Sunday, Mary?

B: I practiced the piano in the morning and watched TV in the afternoon. What did you do, Tom?

A: I did my home work in the morning and walked with my dog in the afternoon.

Question: What did Mary do last Sunday?

3 A: This is a picture of my friends and me at my birthday party.

B: You have beautiful flowers, Tomoko. Oh, I know the tallest girl. She's Yuka, right?

A: Yes. And the girl who is as tall as me is Akiko.

B: Then, who is the girl with a guitar?

A: She's Kumi.

Question: Which girl is Akiko?

〔英文の訳〕

1 A：私は新しいラケットを買ったよ。

B：おお，それはいいね。僕は自分のラケットとボールを持っているよ。

A：それではやろう。

質問：彼らがやろうとしているのはどのスポーツですか？

2 A：この前の日曜日は何をしましたか，メアリー？

B：私は午前中にピアノの練習をして，午後はテレビを見ました。あなたは何をしましたか，トム？

A：僕は午前中に宿題をして，午後は犬と散歩に行きました。

質問：メアリーはこの前の日曜日に何をしましたか？

3 A：これは私の誕生日パーティーでの私の友だちと私の写真です。

B：あなたはきれいな花を持っていますね，トモコ。おお，私はこの一番背が高い女の子を知っています。彼女はユカでしょう？

A：そうです。そして私と同じくらいの背の女の子がアキコです。

B：それでは，ギターを持っている女の子は誰ですか？

A：彼女はクミです。

質問：どの女の子がアキコですか？

〔放送台本〕

(二) 次の1，2の英語による対話が2回ずつ読まれます。その英文を聞いて，チャイムの部分に入る受け答えをして最も適当なものを，問題用紙のア～エの中からそれぞれ一つ選び，その記号を解答欄に記入しなさい。

1 A: Here's a CD you may like.

B: Thank you. This is my favorite kind of music.

A: (チャイム)

2 A: What are you going to do next spring vacation?

B: I'm going to go to Kyoto with my family.

A: (チャイム)

〔英文の訳〕

1　A：あなたが好きそうなCDをどうぞ。

B：ありがとう。これは私が好きな種類の音楽です。

答え　A：ア　どういたしまして。

2　A：次の春休みは何をする予定ですか？

B：私は家族と一緒に京都に行くつもりです。

答え　A：エ　それは楽しそうですね。

〔放送台本〕

(三)　次の英文が通して2回読まれます。その英文を聞いて，内容についての1～4の英語の質問に対する答えとして最も適当なものを，問題用紙のア～エの中からそれぞれ一つ選び，その記号を解答欄に記入しなさい。

Hello, Naoki. This is Peter. We are going to watch the soccer game tomorrow, right? I have two things to tell you about that.

First, we have to take the train to the soccer stadium. My father said he would take us there by car. But he has to work tomorrow, so he can't. Taking a train is the best way to go there. The game starts at two thirty. So we need to take the train at one thirty. Shall we meet at South Station at one fifteen? You need twenty five dollars for the game and trains. Don't forget to bring it.

Second, you can have dinner at my house after the game. My mother will make pizza, salad and cake for you. My brother, Jim, will help her. My sister, Kate, really wants to talk with you. You don't have to worry about getting home. My mother will take you home by car. Can you come to my house? I hope you can. Please talk with your family about that and call me soon. Goodbye.

〔質問〕

1　What will Peter's father do tomorrow?

2　What time will Peter meet Naoki at South Station?

3　Who will make dinner for Naoki?

4　What does Peter want Naoki to do after the game?

〔英文の訳〕

こんにちは，ナオキ。ピーターです。僕たちは明日サッカーの試合を見に行く予定だよね？　それについて2つ伝えたいことがあります。

1つ目，サッカー場まで電車に乗らなくてはいけません。僕の父が僕たちを車でそこまで連れて行ってくれると言っていました。でも彼は明日仕事をしなくてはいけなくなり，連れて行くことができません。電車に乗るのがそこへ行く1番良い方法です。試合は2時30分に始まります。だから僕たちは1時30分の電車に乗る必要があります。1時15分に南駅で待ち合わせしましょうか？試合のお金と電車賃で25ドル必要です。持って来るのを忘れないでください。

2つ目，試合の後僕の家で夕食をとりましょう。母がピザとサラダとケーキを君のために作ります。

兄〔弟〕のジムが母を手伝います。姉〔妹〕のケイトはとても君と話をしたがっています。家への帰りを心配する必要はありません。母が車で君を家に送ります。僕の家に来られますか？　来られるといいなと思います。君の家族とこのことを話して，すぐに僕に電話をしてください。さようなら。

［質問］

1　ピーターの父は明日何をしますか？
　答え：ウ　彼は仕事をします。

2　ピーターはナオキと何時に南駅で会いますか？
　答え：ア　1時15分

3　誰がナオキのために夕食を作りますか？
　答え：エ　ピーターの母とジム

4　ピーターはナオキに試合の後で何をしてほしいと思っていますか？
　答え：ウ　ピーターはナオキにピーターの家に来てほしいと思っています。

＜理科解答＞

(一)　1　(1)　右図　　(2)　4.0(cm)　　(3)　6.0(cm)　(4)　ウ　　2　(1)　誘導電流　　(2)　(例)磁界が弱いところは広く，磁界が強いところはせまく表されている。　(3)　ア，ウ

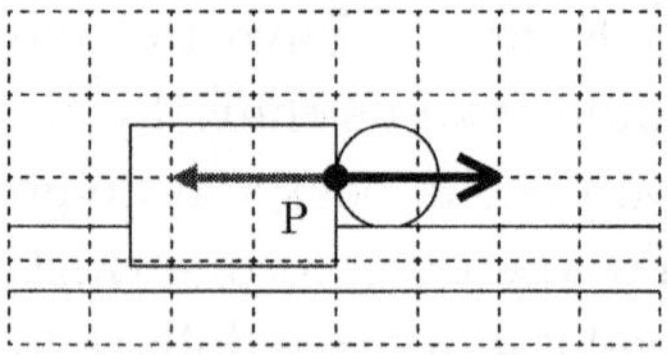

(二)　1　(1)　①　ア　　②　エ　　(2)　(例)水酸化ナトリウム水溶液は，純粋な水と比べて，電流を流しやすいから。　(3)　$2H_2O \rightarrow 2H_2 + O_2$

2　(1)　b　　(2)　エ　　(3)　39(%)　　(4)　ウ　　(5)　再結晶

(三)　1　(1)　ア　　(2)　(受精卵)→ c → a → b　　(3)　①　ア　　②　ウ　　(4)　L

2　(1)　器官　　(2)　ア　　(3)　ウ　　(4)　イ　　(5)　栄養分を含んだ血しょうが毛細毛管

(四)　1　(1)　①　5　　②　6　　(2)　①　イ　②　エ　　(3)　右図

(4)　9(時)25(分)24(秒)　　2　(1)　イ

(2)　①　イ　　②　ウ　　(3)　①　イ　②　ウ　　(4)　①　ア　　②　エ

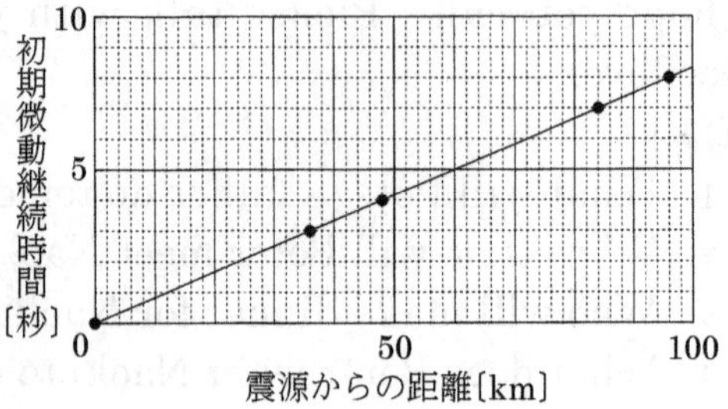

(五)　1　(1)　51(m)　　(2)　①　ウ　　②　ア

2　(1)　エ　　(2)　(例)日本海を通過するときに，空気が水蒸気を含むから。　3　(1)　(記号)　E　　(水溶液)　アルカリ性

(2)　6(cm^3)　　(3)　ウ　　4　(1)　Ⅰ　B　　Ⅱ　A　　(2)　①　イ　　②　ウ

＜理科解説＞

(一)　(仕事とエネルギー，電流と磁界)

1　(1)　小球が木片に力を加えると，小球は，加えた力と反対の向きに大きさの等しい力を木片から受ける。このとき木片が小球に加えた力を**作用**といい，木片が小球におよぼす力を**反作用**という。つり合いでは2つの力は同じ物体にはたらくが，作用・反作用ではたがいに異なる物

体に対してはたらいている。

(2) 図2で，8.0cmの高さから小球Aを転がしたときの木片の移動距離は8cm。小球Bのグラフで木片の移動距離が8cmになるのは，小球の高さが4.0cmのときである。

(3) 図2より，同じ高さから転がしたときの木片の移動距離の比は，小球A：小球B＝1：2。和が18cmになるのは，木片の移動距離が，小球Aが6cm，小球Bが12センチになる高さ6.0cmのときである。

(4) 小球Aを(8.0－4.0)cmから転がした木片の移動距離がX，小球Bを(8.0－2.0)cmから転がした木片の移動距離がYにあたる。Xは4cm，Yは12cmなので，12÷4＝3倍。

2 (1) コイルの中の**磁界**が変化すると，コイルに電圧が生じる。この現象を**電磁誘導**といい，これによって流れる電流を**誘導電流**という。

(2) 磁力線はN極から出てS極に入る向きに矢印で表し，磁界が強いほど磁力線の間隔がせまい。磁力線は，枝分かれしたり交わったりしない。

(3) コイルRがbの向きに動くには，磁界の変化が図5と逆向きになればよい。図5の装置のままなら，コイルの上からS極を近づける，またはコイルの下からS極を遠ざける。図7の状態では，LからKに向かって誘導電流が流れるようにすればよい。

(二) (電気分解，水溶液)

1 (1) 水を**電気分解**すると，陽極から酸素，陰極から水素が発生し，その体積比は酸素：水素＝1：2になる。

(2) 純粋な水では大きな電圧が必要になるが，水酸化ナトリウムのように水の分解に関わらない**電解質**を溶かせば，小さな電圧で電気分解が進む。

(3) 水素や酸素の気体は，**原子**が2個ずつ結びついた**分子**になっている。化学反応式では，矢印の左右で原子の種類と数が一致する。

2 (1) 60℃で100gの水に(3.0×10)gのミョウバンが全て溶けることから，表1で，60℃での**溶解度**が30g以上で，しかも水溶液の温度が下がったときに溶解度が30g以下になるものがあてはまる。

(2) **質量パーセント濃度**(%)＝溶質の質量(g)÷溶液の質量(g)×100＝溶質の質量(g)÷(溶質の質量＋溶媒の質量)(g)×100　結晶が出始める直前までは，溶媒である水の質量も溶質の質量も変化しないので，質量パーセント濃度は一定である。

(3) 64÷(64＋100)×100＝0.390より39%

(4) 実験3で，20℃で溶けている硝酸カリウムの質量をxとすると，100：32＝(100－10)：x，x＝28.8(g)　したがって，64－28.8＝35.2(g)

(5) 一度水に溶かした物質を再び結晶としてとり出すことで，純粋な物質を得ることができるが，この方法は温度による溶解度の変化が大きい物質に適している。

(三) (生物と細胞，心臓と血液のはたらき)

1 (1) 両目でのぞきながら鏡筒の間隔を調節してから，右目でのぞいて微動ねじでピントを合わせ，次に左目でのぞいて視度調節リングでピントを合わせる。

(2) **受精卵**が細胞分裂をくり返して細胞の数がふえ，親と同じような形へと成長する。この過程を**発生**という。

(3) 受精卵の細胞分裂は**体細胞分裂**。**減数分裂**は，生殖細胞がつくられるときに行われる特別な分裂である。動物では，自分で食物をとり始めるまでの間のことを**胚**という。

(4) Kは細胞膜，Lは細胞壁，Mは葉緑体，Nは核である。

2 (1) **多細胞生物**の体は，植物でも動物でも特定のはたらきを受けもつ**器官**からできている。この器官は，形やはたらきが同じ細胞が集まった**組織**がいくつか集まってできている。

(2) A：右心房，B：左心房，C：左心室，D：心室。

(3) 酸素を多く含む血液を動脈血，二酸化炭素を多く含む血液を静脈血という。心臓から肺以外の全身を回って心臓に戻った静脈血はA→Dと流れ，**肺循環**によって肺胞で酸素をとり込んで二酸化炭素を出した動脈血になり，B→Cと流れる。

(4) 心臓の弁は，血液が流れていく先に向かって開いたり閉じたりする。Dが収縮すると，血液は開いた弁Zを通って肺へ向かう。このとき弁Yは閉じているので，血液がAに逆流することはない。

(5) 毛細血管の壁はひじょうにうすく，血液の中の液体の一部がしみだして**組織液**になり，細胞をひたしている。

(四) (地震，天体)

1 (1) 地震による観測地点での地面のゆれの程度を**震度**という。震度は，震度計とよばれる地震計で観測して決められるが，0から7までの10段階(震度5と震度6はそれぞれ強・弱の2段階)に分けられている。

(2) **マグニチュード**はその地震で放出されたエネルギーの大きさに対応するように決められており，Mで表される数値が1つ大きくなると，エネルギーは約32倍，2つ大きくなると1000倍になる。ふつう震度は震央付近で最も大きく，遠く離れるにつれて小さくなるので，同じ震度ならM6よりM7のほうが観測点から震源までの距離は遠い。

(3) P波とS波が観測地点に届くまでの時間の差を，**初期微動継続時間**という。P波のほうがS波よりも速く伝わるので，震源からの距離に応じて初期微動継続時間は長くなる。

(4) この地震のS波の伝わる速さは，(48.0－36.0)÷3＝4(km/s)　初期微動継続時間が6秒の地点の震源からの距離xは，36.0：3＝x：6，x＝72.0(km)　したがって，(72.0－36.0)÷4＝9(秒)より，9時25分15秒の9秒後になる。

2 (1) 月の左側が輝いているので，明け方の太陽は月の左側にあり，火星は月の右側にある位置があてはまる。

(2) 図1の月は半月(下弦の月)で，このあとさらに新月に向かって細くなっていく。したがって，7日前では月は満月で，真夜中ごろに南中する。

(3) 満月の月は，地球をはさんで太陽と反対の位置にある。**地軸の傾き**から考えて，太陽の**南中高度**とは逆に満月の南中高度は冬の方が高い。春分と秋分では太陽と同様に，満月の南中高度は同じである。

(4) 10月15日に金星は太陽とほぼ同じ時刻に西に沈んでいたので，4月から9月にかけて金星はしだいに地球に近づき，だんだん大きく見えるが，欠け方も大きくなる。

(五) (音，気象，中和，植物のつくり)

1 (1) Aさんが位置qから位置rに移動したことで，ピストルの音はq－r間の2倍の距離だけ長く伝わり，その時間が0.30秒である。340(m/s)×0.03(s)÷2＝51(m)

(2) Aさんが鳴らしたピストルの音がCさんに届くまでの時間を考えると，Cさんが測定した時間はp－q間の2倍の距離を音が伝わるのにかかった時間である。したがって，q－s間の距離を変えても下線部ⓑの時間は変わらない。p－q間の距離を大きくするとピストルの音が伝わる距離が大きくなるので，下線部ⓑの時間は長くなる。

2 (1) $6.9(g/m^3)\times 75\div 100=5.175(g/m^3)$

(2) シベリア気団は冷たく乾燥した気団であるが，ここからふき出す**季節風**が日本海をわたるとき，暖流(対馬海流)の影響もあって季節風に比べて高い温度の海水の表面から蒸発した水蒸気を大量にふくみ，日本海側に雪を降らせる。

3 (1) pHとは酸性やアルカリ性の強さを表す数値。pH7が中性で，値が小さいほど酸性が強く，大きいほどアルカリ性が強い。また，BTB溶液は酸性で黄色，中性で緑色，アルカリ性で青色を示す。EはDより多くのうすい水酸化ナトリウム水溶液を加えているので，さらにアルカリ性が強くなっている。

(2) 実験に使ったうすい塩酸とうすい水酸化ナトリウム水溶液は，$6(cm^3):6(cm^3)=1:1$の体積比でちょうど中性になる。Kにはうすい塩酸$(5+5+5+5)cm^3$とうすい水酸化ナトリウム水溶液$(2+4+8)cm^3$が入っている。したがって，$20-14=6(cm^3)$

(3) $H^+ + Cl^- + Na^+ + OH^- \rightarrow Na^+ + Cl^- + H_2O$より，反応で生じた水分子を$H_2O$とすると，Xでは$Na^+$，$H^+$，$2Cl^-$，$H_2O$が含まれる。さらにYでは$2Na^+$，$2Cl^-$，$2H_2O$，Zでは$3Na^+$，$2Cl^-$，$OH^-$，$2H_2O$が含まれる。

4 (1) シダ植物とコケ植物はいずれも**胞子**でふえるが，シダ植物には根，茎，葉の区別があり，コケ植物にはそれらの区別はない。

(2) コケ植物には**維管束**がないので水を体の中で移動させることができず，体の表面から水をとり入れている。また，根のように見えるYは**仮根**で，体を地面に固定するはたらきをしている。

<社会解答>

(一) 1 ワカタケル(大王)　2 イ　3 菅原道真　4 a ア　b エ　5 (ウ)→(ア)　6 ウ　7 A (例)江戸や大阪の周辺の土地を幕府の領地にする　B (例)大名や旗本が反対した　C (例)幕府が大名や旗本の配置を決める

(二) 1 (ウ)→(エ)→(イ)→(ア)　2 (例)地価の3%と定められ，現金で納められた。　3 国会期成同盟　4 田中正造　5 ア　6 満州　7 エ

(三) 1 (1) ア　(2) 社会権　2 国事　3 イ　4 (例)国民の中からくじで選ばれた裁判員　5 a ア　b ウ

(四) 1 ウ　2 (例)私企業が利益の上がらないものを供給しない　3 循環　4 分業　5 ア

(五) 1 (1) 日本　(2) (え)・沖縄(県)　2 ア　3 (例)領海の外側で，海岸から200海里以内の　4 日本国内での自動車生産台数 X　海外での自動車生産台数 Z　5 ウ

(六) 1 (1) B　(2) アマゾン　(3) (例)標高の高いところにある　(4) (い)・インドネシア　2 エ　3 ウ

<社会解説>

(一) (歴史的分野―日本史―時代別―古墳時代から平安時代，鎌倉・室町時代，安土桃山・江戸時代，日本史―テーマ別―政治・法律，経済・社会・技術，文化・宗教・教育)

1 倭王武とは,『宋書』倭国伝の中で使いを送ってきたとされる倭の五王の一人で,**ワカタケル大王**と同一人物とされる人物。埼玉県の稲荷山古墳から出土した鉄剣にワカタケル大王の名が刻まれていたことから,5世紀頃には**大和政権(ヤマト王権)**が関東地方まで勢力を伸ばしていたことがわかる。

2 「国ごとの地理や産物」から判断。ア・ウは8世紀に編纂された歴史書,エは8世紀に編纂された日本最古の和歌集。これらの書物が著された奈良時代の文化を**天平文化**という。

3 **菅原道真**は唐の衰退などを理由として遣唐使の廃止を提案した。その結果,平安時代中期には唐の影響を受けない日本独自の**国風文化**が栄えた。

4 **一遍**が**時宗**を開いたのは鎌倉時代で,室町時代とともに中世に区分される。この頃は寺社の門前などで定期市が開かれるようになっていた。近世は安土桃山時代と江戸時代が区分される。

5 略年表中の⑤の期間とは1192年～1603年のこと。アが1600年,イが1156年,ウが1485年,エが1637年のできごと。

6 **新井白石**は江戸幕府第6・7代将軍に仕えた儒学者で,5代将軍**徳川綱吉**が作らせた貨幣の質を元に戻したり,金銀の海外流出を防ぐため長崎貿易を制限するなどした「正徳の治」とよばれる政治改革を主導した。アは徳川綱吉,イは田沼意次,エは松平定信の政策。

7 **水野忠邦**は**天保の改革**で,物価を引き下げるため**株仲間を解散**させたり,江戸に出かせぎに来ていた農民を強制的に農村へ帰らせる人返しなどの政策も行った。しかし,指定語句に「江戸や大阪の周辺」があることから上知令について記述すると判断する。また,親藩・譜代には重要地,外様には遠隔地の土地を与えて大名に支配させ,幕府の意向により国替えなども行っていた。上知令は国替えの一環であるにもかかわらず大名や旗本の反対により失敗したことから,江戸幕府の支配力の衰えを示すできごとの1つであるといえる。

(二) (歴史的分野―日本史―時代別―明治時代から現代,日本史―テーマ別―政治・法律,経済・社会・技術,文化・宗教・教育,世界史―政治・社会・経済史)

1 **日米和親条約**が結ばれたのが1854年,**版籍奉還**が行われたのが1869年。アが1868年,イが1866年,ウが1860年,エが1863年のできごと。

2 **地租改正**は政府が安定した収入を得ることを目的に実施された。しかし,全国で地租改正反対一揆がおこったため,地租が地価の2.5%に引き下げられた。

3 **国会期成同盟**の結成で,**自由民権運動**は最盛期を迎えた。また,同時期におこった開拓使官有物払い下げ事件がきっかけとなって,10年後の国会開設を約束する**国会開設の勅諭**が発布されるにいたった。

4 **足尾銅山**鉱毒事件は栃木県の渡良瀬川流域でおこった。

5 **第一次世界大戦**直前のヨーロッパでは,ドイツ・オーストリア・イタリアの三国同盟と,イギリス・フランス・ロシアの三国協商が対立していた。

6 柳条湖事件とは関東軍による南満州鉄道爆破事件のことで,これをきっかけに**満州事変**がおこった。

7 川端康成は『雪国』『伊豆の踊子』などを著した作家で,1968年にノーベル文学賞を受賞した。アは映画監督,イは『みだれ髪』『君死にたまふことなかれ』などを発表した歌人,ウは青鞜社や新婦人協会を立ち上げた女性運動家。

(三) (公民的分野―憲法の原理・基本的人権,三権分立・国の政治の仕組み,地方自治)

1 (1) **経済活動の自由**には,居住・移転の自由のほかに財産権の保障,職業選択の自由などが含まれる。イ・ウ・エは**精神の自由**に含まれる。　(2)　**社会権**とは人間らしく生きる権利のこと。社会権に含まれる**生存権**が憲法**第25条**，教育を受ける権利が26条，勤労の権利が27条，労働三権が28条に明記されている。

2 「内閣の助言と承認」から判断する。**国事行為**とは天皇が行う形式的な行為のことで，憲法第7条で規定されている。

3 憲法改正の手続きについては憲法第96条で規定されており，国会において両議院の**総議員の3分の2以上**の賛成があれば，国会による**発議**が行われ，**国民投票**で有効投票数の**過半数**の賛成があれば，天皇が国民の名で公布する。

4 文中の制度とは**裁判員制度**のことで，国民からくじで選ばれた6人の裁判員が地方裁判所で行われる重大な刑事事件の第1審に参加し，有罪・無罪の認定，有罪の場合は量刑の判断を裁判官とともに行う，日本の司法参加制度の1つ。

5 地方公共団体の収入には，みずから徴収する自主財源と国などから交付される依存財源があり，地方税が自主財源，**地方交付税交付金**や**国庫支出金**が依存財源にあたる。地方税収入の割合が低い愛媛県では，地方交付税交付金の割合が歳入額のおよそ3割を占める。なお，グラフ中のQは地方公共団が行う借金である地方債を表す。

(四) (公民的分野―財政・消費生活・経済一般，国際社会との関わり，その他)

1 核家族化が進行したのは高度経済成長期で，それ以降の割合に大きな変化はない。近年は，高齢化やライフスタイルの多様化が進んだことにより，一人世帯の割合が増加している。

2 企業には，利潤を目的としない**公企業**と，利潤を目的とする**私企業**に分類され，資本主義経済の日本では私企業がその割合の大半を占める。道路や橋などの公共物を**社会資本**といい，政府がそれらの供給の役割を担っている。

3 **循環型社会**の実現には**3R**(リデュース・リユース・リサイクル)の実行が必要不可欠となる。

4 **国際分業**の例として，EU諸国における旅客機の共同生産がある。アメリカなどの大国に対抗できる，互いにノウハウを学べるなどの利点がある。

5 生徒Cの発言について，「各国の研究者一人当たりの研究費」は(研究費)÷(その国の研究者数)で求められるため，各国の総人口が分かる資料があっても求められないと判断する。

(五) (地理的分野―日本地理―日本の国土・地形・気候，農林水産業，工業，交通・通信，貿易)

1 (1)　日本近海には**日本海流(黒潮)**のほか，太平洋側の寒流である**千島海流(親潮)**，日本海側の暖流である**対馬海流**，寒流のリマン海流が流れる。　(2)　ⓐが福井県，ⓘが愛知県，ⓤが宮崎県，ⓔが沖縄県。表中のcの県は第3次産業の割合が高いので，観光業がさかんな沖縄県と判断する。

2 **扇状地**は，河川が山地から平地へ出るところに土砂が堆積して形成され，果樹園に利用されることから判断する。なお，エは**三角州**の模式図で，河口に土砂が堆積して形成され，水田に利用される様子を表している。

3 **排他的経済水域**が沿岸から**200海里**であるのに対して，**領海**は**12海里**。日本は島国なので，国土面積に対する排他的経済水域の面積が広くなっている。

4 変動為替相場制への移行による円高などが原因で1980年代に激化した対欧米**貿易摩擦**の影響で，アメリカなどにわが国の自動車メーカーが工場を移転し，現地で製造された自動車の製品輸入を進めるなどして貿易摩擦の緩和を図った。このため，グラフ中の1985年以降の生産台数の割合のが減少しているのが日本国内での自動車生産台数，増加しているのが海外での自動車生産台数であると判断する。

5　重量がある大型の製品は海上輸送，軽量で小型の製品は航空輸送を用いることから判断する。また，半導体等電子部品とは集積回路(IC)などのことで，小型で軽量であることから航空輸送が用いられると判断する。

(六)　(地理的分野―世界地理―地形・気候，人口・都市，産業，交通・貿易)

1　(1)　地点Ⓩは北緯40度・東経160度で，南緯40度・西経20度の地点が反対側となる。　(2)　地図中の○印で示した**アマゾン川**流域にはセルバとよばれる熱帯雨林が広がる。　(3)　通常，平均気温に差が生じる場合は緯度の差によるものが多いが，都市Gと都市Hはほぼ同緯度に位置することが読み取れるため，気温差が生じる理由が他にあると判断できる。また，都市Hが低緯度地域に位置するにもかかわらず平均気温が高くないことから，都市Hの標高が高いと判断する。

(4)　(あ)がイギリス，(い)がインドネシア，(う)がオーストリア，(え)がカナダ。米は降水量が多く温暖な気候で生育すること，また，アジア州にくらす人々の主食であることから判断する。

2　携帯電話の普及が固定電話に比べて近年であることから，2016年に人口100人当たりの契約数が飛躍的に増加しているNが携帯電話契約数であると判断する。また，ベトナムが発展途上国，オランダが工業先進国であることから，ⅠとⅡを比べて2000年の人口100人当たりの固定電話・携帯電話契約数ともに多いⅡがオランダであると判断する。

3　人口が最も多いPがアジア，1950年から2017年にかけて**人口爆発**がおきているQがアフリカ，残ったRがヨーロッパと判断する。

＜国語解答＞

(一)　1　エ　　2　(同じものの記号)　d　　(品詞名)　連体詞　　3　ア　　4　ウ
5　(1)　自分の言語感覚　　(2)　a　つぶやき　　b　(例)　社会的に共有されるようになった「○○は誤用」という情報　　6　イ　　7　(例)どんなことばや言い方でも，意思疎通の役に立っているならば，立派な存在理由があり，一概に否定することはできない(ということ。)　　8　18(段落)

(二)　1　りれき　　2　はくり　　3　かか(える)　　4　はず(む)

(三)　1　提唱　　2　徒労　　3　盛る　　4　支える

(四)　1　ウ　　2　a　(最初)　物語が多く　　(最後)　ンスを得た　　b　自分自身を納得させようとがんばっている　　3　僕は『ケン　　4　a　(例)自分が引いて正也を東京に行かせる　　b　(例)「ケンガイ」や他校の作品の話をする　　5　ア

(五)　1　もうでたる　　2　(1)　我もこのう　　(2)　ウ　　3　a　あはれよき筆づかひかな　　b　(例)竜に姿を変えて，雲に乗り飛び去る　　c　雌雄の分かち

(作文)　(例)　「マナーがしっかりしている」「身近な人々を大切にしている」などの数値が高い。このことから，対人関係をおろそかにしない大人を魅力的に感じる高校生が多いということが言えると思う。私もそのような大人に魅力を感じる。

　私にとって魅力的な大人は，祖母である。祖母はマナーや礼儀を大切にし，幼いころから私も厳しくしつけられた。うるさく感じることもあったが，祖母はどこへ行っても誰に対しても，失礼な態度を決してとることがないと気づいたときから，祖母は私のあこがれである。また，祖母が多くの人から好かれ，長い付き合いの友人も多くいるのも，

祖母がマナーや相手を大切にする気持ちを重んじているからだと思う。私も祖母を見習い，失礼な態度をとったりすることがなく，相手を思いやることを忘れず，今の友人たちと長く付き合えるような大人になりたいと思う。

<国語解説>

(一) (論説文―内容吟味，指示語の問題，接続語の問題，脱文・脱語補充，語句の意味，熟語，品詞・用法)

1 「後者」は，「後の者」と読めるように，上の漢字が下の漢字を修飾している。同じ構成はエ「筆跡」。

2 「その」は直後の「発言者」という名詞を修飾し，活用しないので，連体詞だとわかる。同じ連体詞のものはd「ある」。

3 「どちらがより古い意味かは，実はよくわかって」いないということが，「軽々しく誤用と批判することはできない」ということの理由になっているのだから，Aには「したがって」が入る。また，「情報がネットで一気に拡散する時代」の特徴として，「相手のことばを簡単に誤用認定できる」ことに「本当は誤用とは言えないものが多く含まれて」いるということを加えているのだから，Cには「しかも」が当てはまる。

4 「心もとない」は，頼りなく不安であるという意味。

5 (1) ⑫段落に，「年配者は自分の言語感覚に基づいて，若い人のことば遣いに注意を与えて」いたとある。 (2) a 若い人がインターネット上に投稿するものは，「個人のつぶやき」と表現されている。 b メディアの発達と共に，「『○○は誤用』という情報が社会的に共有されるようになり」，そのことがメディア上でのことば遣いの指摘につながっていると述べられている。

6 「ことばには『これこれの言い方だけが正しい』ということ」はないのに，メディアの発達により，「○○は誤用」という情報が社会的に共有されるようになってしまったのだから，メディアが発達する以前には「人々のことばには多様性が保たれて」いたと言える。

7 「そういう」は，直前の内容を指すのだから，どんなことばでも「意思疎通の役に立っているのならば」，「存在理由があり」，「一概に否定することはでき」ないということである。

8 【メモの一部】には，昭和初期の作品における「爆笑」の使用例が挙げられている。よって，「過去の文学作品」について触れている⑱段落が適当。

(二) (知識問題―漢字の読み書き)

1 「履歴」は，経歴こと。

2 「剝離」は，はがれ離れること。

3 音読みは「**ホウ**」で，熟語は「抱負」などがある。

4 音読みは「**ダン**」で，熟語は「連弾」などがある。

(三) (知識問題―漢字の読み書き)

1 「提唱」は，考えなどを発表すること。

2 「徒労」は，無益な苦労のこと。

3 音読みは「**セイ**」「**ジョウ**」で，熟語は「盛大」「繁盛」などがある。

4 音読みは「**シ**」で，熟語は「支配」などがある。

(四)　(小説—情景・心情，内容吟味，文脈把握，熟語)

1 「面持ち」とは，顔つき，表情のこと。

2 a　正也は，「東京に行く」ことではなく，「物語が多くの人に伝わって，もっと多くの人に聴いてもらえるチャンスを得た」ことに対し，「うれしさ」を感じたのだと話している。　b　全国大会へ「今年は，僕，行っちゃいけないような気がする」と話す正也を，圭祐は「自分自身を納得させようとがんばっている」のではないかと思っている。

3　本文最後のほうに，「僕は『ケンガイ』の方がおもしろかった。おもしろいって，イコール，笑えるじゃないと思うから」という，圭祐の『ケンガイ』に対する評価が語られている。

4　月村部長は，正也に「『ケンガイ』や他校の作品の話を，先輩たちとできることを期待して」いたと言われ，全国大会へは「自分が引いて正也を行かせる」という決断をしたときには「大切なことは見えていなかった」と気づいたのである。

5 「隠喩や擬人法を繰り返し使用」している文章ではないし，「現在と過去の場面を規則的に入れ替えて」いるわけでもない。また，「接続詞」によって「場面の転換や心情の変化」を表しているとも読み取れない。よって，アが正解。

(五)　(古文—大意・要旨，内容吟味，文脈把握，仮名遣い)

＜口語訳＞　東福寺の兆でんすは，若いころより絵を描くことが好きだった。特に，竜の絵を熱心に描いていた。自分でもこれ以上はないと思って，人も優れていると褒める。

秋の，日が暮れかかったころ，何となく外を見ていると，人の声がする。見ると，寺に参拝している老人夫婦が端のほうから，でんすが描いておいていた竜の絵を，じっと眺めて非難していて，「なんとよい筆遣いだろう。よいことはよいのだが，雌雄の違いをわかっていない。竜の姿とは，角の様子が高く伸びて，目深く鼻がはっきりしていて，たてがみが鋭くとがり，うろこが隙間なく，後ろの方へだんだんと細くなっているのが雄である。また，角が横に流れ，目が大きく鼻が平たく，たてがみが丸く，うろこがうすく，尾と腹に差がないのが雌である。」と語る。でんすは知らないことだったので，「なんとあなたは師匠からの伝授があって絵を描くのか。または，本物の竜を見てそのように言うのか。」と少し怒って，あざ笑うのを，翁は笑って，「なるほどそうそうお思いになるでしょう。証拠がないことを申しているわけではない。本当に私たちは竜なのだ。よく見て，覚えて，描きなさい。」と言って，たちまち姿を変え，雲に乗って飛び去った。

それ以降，兆でんすの筆はすばらしくなり，寺中の竜にも不思議が及んだと聞いた。

1 「ア段音＋う」は「オウ」と読むので，「まうでたる」は「もうでたる」となる。

2 (1)　三文目に，「我も～，人も～」とあり，自分と周囲の評価についての内容があるとわかる。
(2)　老人夫婦の話す，竜の雌雄の違いは非常に細かいものであり，竜を熱心に描くでんすでもまったくわからないものだった。そのためにでたらめだろうと思い，あざ笑ったのである。

3 a　老人夫婦は，でんすの竜の絵を見た際，まず「あはれよき筆づかひかな」と，賞賛している。　b 「見覚えてよくかけ」と言った後の行動とは，「たちまちかたちを変じ，雲に乗りて飛び去りぬ」というもの。「我らは竜なり」と言っていたことから，竜に姿を変えたとわかる。
c 「雌雄の分かち」がわかっていない竜の絵だから，老人夫婦は竜の姿について詳しく話したうえに，本当の姿を見せたのである。

(作文)　(作文(自由・課題))

資料から読み取れることをヒントに，自分の考える魅力的な大人がどのようなものかを述べる。身近な大人の姿などを具体例として挙げるとよいだろう。

解答用紙集

○月×日　△曜日　天気（合格日和）

◆ご利用のみなさまへ

＊解答用紙の公表を行っていない学校につきましては、弊社の責任において、解答用紙を制作いたしました。

＊編集上の理由により一部縮小掲載した解答用紙がございます。

＊編集上の理由により一部実物と異なる形式の解答用紙がございます。

人間の最も偉大な力とは、その一番の弱点を克服したところから生まれてくるものである。 ──カール・ヒルティ──

※データのダウンロードは 2024 年 3 月末日まで。

東京学参株式会社

※159％に拡大していただくと，解答欄は実物大になります。

全日制 定時制	科	受検番号	号	氏名	

令和5年度　数　学　解答用紙

問題		解答欄
(一)	1	
	2	
	3	
	4	
	5	
(二)	1	
	2	
	3	
	4	
	5	回
	6	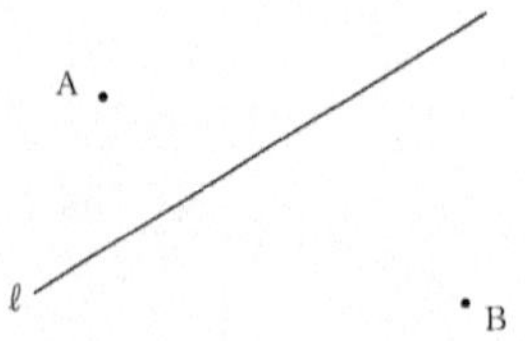
	7	(解) 答

問題			解答欄
(三)	1	(1)	
		(2)	①　　②
	2	(1)	午前　時　分
		(2)	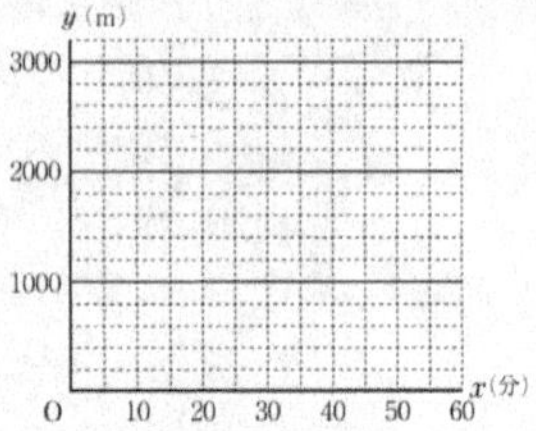
		(3)	午前　時　分　秒
(四)	1		
	2		$a=$
	3	(1)	
		(2)	
(五)	1		(証明)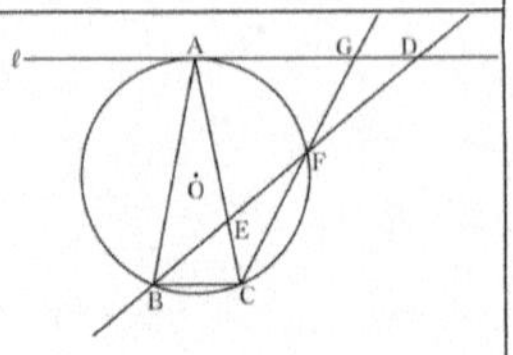
	2	(1)	cm
		(2)	cm^2

問題	(一)	(二)	(三)	(四)	(五)	合計
得点						

※ 156％に拡大していただくと，解答欄は実物大になります。

全日制 定時制	科	受検番号	号	氏名	

令和5年度　英　語　解答用紙

問題	解答欄					
(一)	1		2		3	
(二)	1		2			
(三)	1		2		3	
	4					
(四)	1	(1)	(　)(　)(　)(　)	(2)	(　)(　)(　)(　)	
	2	(1)	① ②			
		(2)				
(五)	1	①		②		③
	2	(ア)				
		(イ)				
	3					
	4	(1)		(2)		(3)
(六)	1					
	2					
	3	(C)		(D)		
	4	①				
		②				
	5		6			

問題	(一)	(二)	(三)	(四)	(五)	(六)	合計
得点							

※ 159%に拡大していただくと，解答欄は実物大になります。

全日制 定時制	科	受検番号	号	氏名	

令和5年度　理　科　解答用紙

問題			解答欄
(一)	1	(1)	A
		(2)	
	2	(1)	
		(2)	
	3	(1)	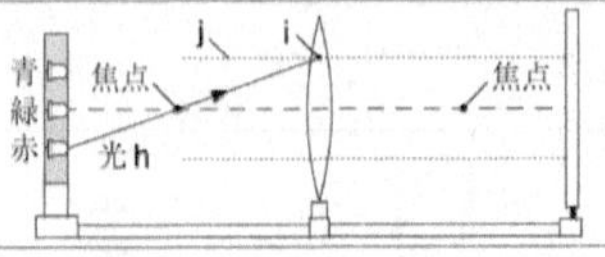
		(2)	cm
		(3)	①　　②
(二)	1	(1)	$CuCl_2$ →
		(2)	
		(3)	①　　②
		(4)	
	2	(1)	
		(2)	
		(3)	
		(4)	%
		(5)	
(三)	1	(1)	Ⅰ（　）と（　）　Ⅱ（　）と（　）
		(2)	
		(3)	① ②　　③
	2	(1)	子は，親と
		(2)	①　　②　　③
		(3)	生殖細胞　　胚の細胞

問題			解答欄
(四)	1	(1)	① ②
		(2)	
		(3)	9時（　　）分（　　）秒
		(4)	
	2	(1)	
		(2)	
		(3)	
(五)	1	(1)	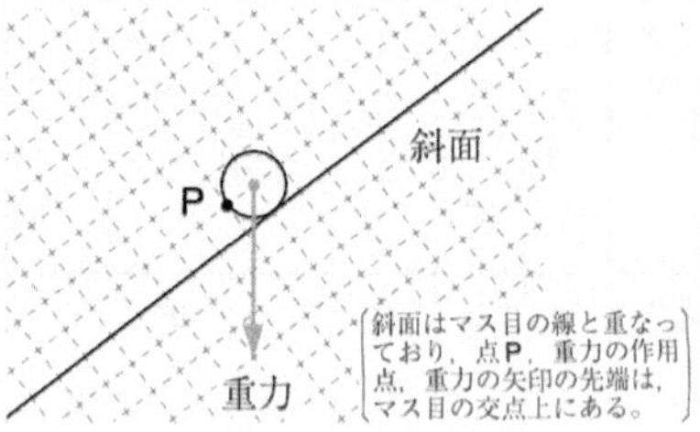
		(2)	①　　②
	2	(1)	
		(2)	N
	3	(1)	質量 理由　発生した気体が
		(2)	法則　　の法則 理由
	4	(1)	
		(2)	① ②

問題	(一)	(二)	(三)	(四)	(五)	合計
得点						

※ 156％に拡大していただくと，解答欄は実物大になります。

全日制 定時制	科	受検番号	号	氏名	

令和5年度　社　会　解答用紙

問題			解答欄		
（一）	1				
	2		に		
	3		（　　）→（　　）		
	4				
	5				
	6				
	7				
（二）	1				
	2		（　）→（　）→（　）→（　）		
	3				
	4				
	5				
	6				
	7				
（三）	1	⑴	から		
		⑵			
	2				
	3		A党	B党	C党
			人	人	人
	4				
	5				

問題			解答欄	
（四）	1		経路	
	2		銀行	
	3		①	②
	4			
	5			
（五）	1	⑴	山脈	
		⑵	記号	県名
				県
		⑶	暖流の　ので	
	2			
	3			
	4			
（六）	1	⑴		
		⑵		
		⑶	①	②
		⑷	記号	国の名
	2			
	3		ので	

問題	（一）	（二）	（三）	（四）	（五）	（六）	合計
得点							

愛媛県公立高校　2023年度

※159%に拡大していただくと、解答欄は実物大になります。

全日制 定時制		科	受検番号	号	氏名	

令和五年度　国語　解答用紙

問題			解答欄
(一)	1		異なるものの記号 ／ 助詞の種類の記号
	2		
	3		
	4	a	最初 ／ 最後
		b	
	5		
	6		（という過程を経て、さらに複雑な共感が生じる。）
	7	a	
		b	
		c	
	8		

問題		解答欄
(二)	1	
	2	
	3	（たり）
	4	（びる）

問題		解答欄
(三)	1	
	2	
	3	
	4	

問題			解答欄
(四)	1		
	2		
	3	(1)	
		(2)	（にしたいと考えた。）
	4	a	
		b	
	5		

問題			解答欄
(五)	1		
	2		
	3	a	
		b	
		c	

問題	得点
(一)	
(二)	
(三)	
(四)	
(五)	
作文	
合計	

2023年度入試推定配点表(愛媛県)

	(一)	(二)	(三)	(四)	(五)	計
数学	各1点×5	6,7　各3点×2 他　各2点×5	各2点×6	各2点×4	1　4点 2(1)　2点 2(2)　3点	50点

	(一)	(二)	(三)	(四)	(五)	(六)	計
英語	各1点×3	各1点×2	各1点×4	1　各2点×2 ((1)・(2)各完答) 2　各3点×3	2(ア)　3点 2(イ)　2点 他　各1点×7	1, 5　各1点×2 他　各2点×7	50点

	(一)	(二)	(三)	(四)	(五)	計
理科	3(1)・(3) 各2点×2(3(3)完答) 他　各1点×5	1(3)　2点 他　各1点×8 (1(3)完答)	1(1)・(2) 各1点×2 他　各2点×4 (1(1)・(3),2(2)・(3) 各完答)	1(1)　2点 他　各1点×6 (1(1)完答)	2(1)・(2),4(1) 各1点×3　他　各2 点×5(1(2),3(1)・ (2),4(2)各完答)	50点

	(一)	(二)	(三)	(四)	(五)	(六)	計
社会	2,3　各2点×2 他　各1点×5	2,6　各2点×2 他　各1点×5	1(1),3 各2点×2 他　各1点×4 (3完答)	2,4　各1点×2 他　各2点×3 (3,5各完答)	1(2)・(3) 各2点×2 他　各1点×4 (1(2)完答)	1(3),3 各2点×2 他　各1点×4 (1(3)完答)	50点

	(一)	(二)	(三)	(四)	(五)	作文	計
国語	1~3, 5 各1点×4 他　各2点×7	各1点×4	各1点×4	1,2　各1点×2 他　各2点×5	1,2　各1点×2 他　各2点×3	4点	50点

※ 159％に拡大していただくと，解答欄は実物大になります。

全日制 定時制	科	受検番号		号	氏名	

令和4年度　数　学　解答用紙

問題		解答欄
(一)	1	
	2	
	3	
	4	
	5	
(二)	1	
	2	度
	3	
	4	
	5	cm^3
	6	
	7	(解) 答

問題			解答欄
(三)	1	ア	
	2	イ	
		ウ	
	3	(1)	通り
		(2)	
(四)	1		$y=$
	2	(1)	
		(2)	$a=$ $b=$
(五)	1		(証明) 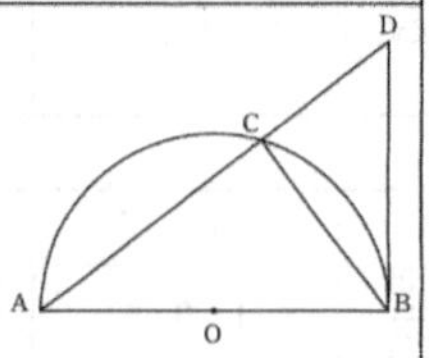
	2	(1)	cm
		(2)	cm^2

問題	(一)	(二)	(三)	(四)	(五)	合計
得点						

※ 156％に拡大していただくと，解答欄は実物大になります。

全日制 定時制	科	受検番号		号	氏名	

令和4年度　英　語　解答用紙

問題	解	答	欄				
(一)	1		2		3		
(二)	1		2				
(三)	1		2		3		4
(四)	1	(1)	(　)(　)(　)(　)	(2)	(　)(　)(　)(　)		
	2	(1)	①				
			②				
		(2)					
(五)	1	①		②		③	
	2	(ア)					
		(イ)					
	3						
	4	(1)		(2)		(3)	
(六)	1	(A)		(B)			
	2						
	3						
	4	①		②			
		③					
	5				6		

問題	(一)	(二)	(三)	(四)	(五)	(六)	合計
得点							

愛媛県公立高校　2022年度

※ 159%に拡大していただくと，解答欄は実物大になります。

全日制 定時制	科	受検番号	号	氏名	

令和4年度　理　科　解答用紙

問題			解答欄
(一)	1	(1)	Ω
		(2)	① ②
		(3)	W
		(4)	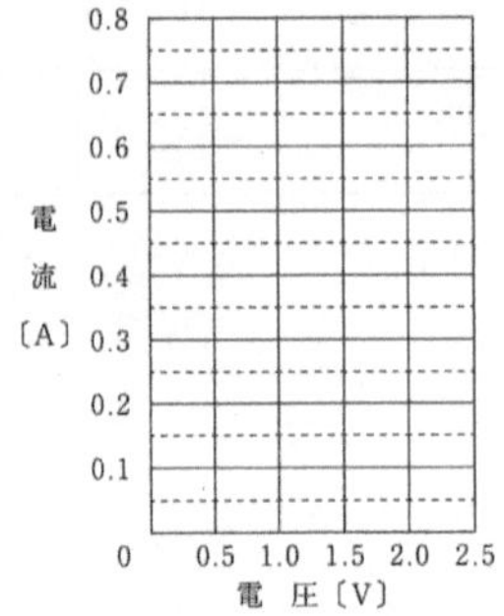
	2	(1)	N
		(2)	ばねばかりが引く力 : 物体Tが引く力 : 地球が引く力 ＝ : :
	3	(1)	秒
		(2)	cm
(二)	1	(1)	→ →
		(2)	
		(3)	① ②
		(4)	
		(5)	① ②
	2	(1)	
		(2)	g
		(3)	

問題			解答欄
(三)	1	(1)	
		(2)	① ② ③
		(3)	ユ リ / ブロッコリー
	2	(1)	
		(2)	① ②
		(3)	菌類・細菌類 / カ ビ
		(4)	肉食動物 / 数量の変化
(四)	1	(1)	
		(2)	
		(3)	
		(4)	① ②
		(5)	① ②
	2	(1)	① ②
		(2)	
		(3)	① ②
(五)	1	(1)	
		(2)	度
	2	(1)	
		(2)	① ②
	3	(1)	① ② ③
		(2)	
	4	(1)	
		(2)	

問題	(一)	(二)	(三)	(四)	(五)	合計
得点						

※156%に拡大していただくと，解答欄は実物大になります。

全日制 定時制	科	受検番号	号	氏名	

令和4年度　社　会　解答用紙

問題			解答欄	
(一)	1			
	2		( )→( )→( )→( )	
	3			
	4		して	
	5			
	6			
	7		の改革	
(二)	1			
	2			
	3			
	4			
	5			
	6		( )→( )	
	7			
(三)	1		①	②
	2	(1)		
		(2)		
		(3)	X	Y
	3		を	
	4			

問題			解答欄	
(四)	1			
	2	(1)		
		(2)	こと	
	3			
	4			
(五)	1	(1)		
		(2)	記号	県名 県
	2	(1)		
		(2)		
	3			
	4			
(六)	1	(1)	ほど	
		(2)	記号	国の名
		(3)	( )→( )→( )→( )	
		(4)	造山帯	
	2			
	3			

問題	(一)	(二)	(三)	(四)	(五)	(六)	合計
得点							

※159％に拡大していただくと、解答欄は実物大になります。

全日制 定時制	科	受検番号	号	氏名

令和四年度　国語　解答用紙

問題			解答欄
（一）	1		
	2		
	3		
	4	a	
		b	
		c	
	5		
	6	a	
		b	
		c	
	7		（という関係。）
	8		

問題		解答欄
（二）	1	
	2	
	3	（む）
	4	（り）

問題		解答欄
（三）	1	
	2	
	3	
	4	

問題			解答欄
（四）	1		
	2		
	3		
	4	a	
		b	
	5		（によって上達できる。）
	6		

問題			解答欄
（五）	1		
	2		
	3		最初　最後
	4	a	
		b	
		c	

問題	（一）	（二）	（三）	（四）	（五）	作文	合計
得点							

2022年度入試推定配点表(愛媛県)

	(一)	(二)	(三)	(四)	(五)	計
数学	各1点×5	6,7　各3点×2 他　各2点×5	3　各3点×2 ((2)完答) 他　各2点×3	各2点×4	1　4点 2(1)　2点 2(2)　3点	50点

	(一)	(二)	(三)	(四)	(五)	(六)	計
英語	各1点×3	各1点×2	各1点×4	各2点×5	各2点×9	2, 5　各2点×3 他　各1点×7	50点

	(一)	(二)	(三)	(四)	(五)	計
理科	1(4),3(2) 各2点×2 他　各1点×6 (1(2)完答)	1(2),2(1) 各2点×2 他　各1点×6 (1(3)・(5)各完答)	1(1)・(2),2(1) 各2点×3 他　各1点×4 (1(2)・(3),2(2)～(4)各完答)	1(3),2(3) 各2点×2 他　各1点×6 (1(4)・(5),2(1)・(3)各完答)	3(1),4(1) 各2点×2 他　各1点×6 (2(2),3(1)各完答)	50点

	(一)	(二)	(三)	(四)	(五)	(六)	計
社会	2,4　各2点×2 他　各1点×5	5,6　各2点×2 他　各1点×5	2(1)・(2),4 各1点×3 他　各2点×3 (1,2(3)各完答)	2(2)　2点 他　各1点×4	1(2), 2(1) 各2点×2 他　各1点×4 (1(2)完答)	1(1)～(3) 各2点×3 他　各1点×3 (1(2),3各完答)	50点

	(一)	(二)	(三)	(四)	(五)	作文	計
国語	1～3, 5 各1点×4 他　各2点×8 (1完答)	各1点×4	各1点×4	1～3　各1点×3 他　各2点×4	各1点×6	5点	50点

※159％に拡大していただくと，解答欄は実物大になります。

全日制 定時制	科	受検番号	号	氏名	

令和3年度　数　学　解答用紙

問題		解答欄
(一)	1	
	2	
	3	
	4	
	5	
(二)	1	
	2	℃
	3	
	4	m
	5	
	6	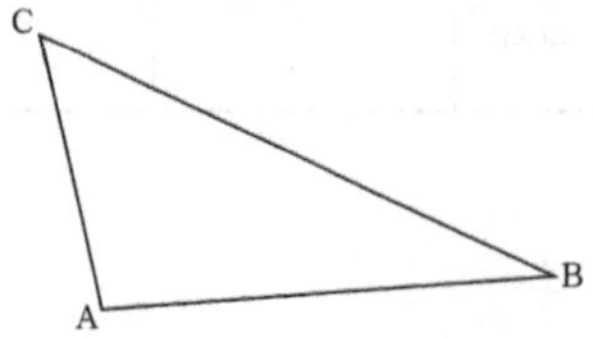
	7	（解） 答

問題			解答欄
(三)	1	ア	
		イ	
		ウ	
		エ	
	2		個
(四)	1		
	2		$a=$
	3		
	4		
	5		
(五)	1		（証明） 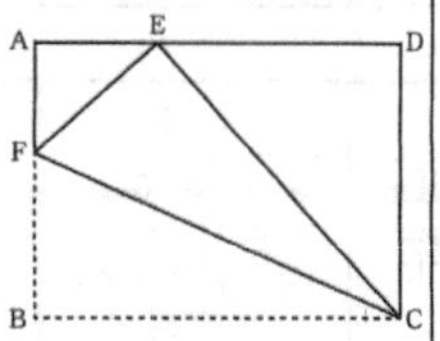
	2		cm
	3		cm^2

問題	(一)	(二)	(三)	(四)	(五)	合計
得点						

※ 156％に拡大していただくと，解答欄は実物大になります。

全日制 定時制	科	受検番号	号	氏名	

令和3年度　英　語　解答用紙

問題	解答欄							
(一)	1		2		3			
(二)	1		2					
(三)	1		2		3		4	
(四)	1	(1)	(　)(　)(　)(　)	(2)	(　)(　)(　)(　)			
	2	(1)	①					
			②					
		(2)						
(五)	1	①		②				
	2	(ア)						
		(イ)						
	3	(　　)ドル						
	4							
	5	(1)		(2)		(3)		
(六)	1							
	2	(B)		(C)				
	3							
	4							
	5			6				

問題	(一)	(二)	(三)	(四)	(五)	(六)	合計
得点							

※ 161％に拡大していただくと，解答欄は実物大になります。

全日制 定時制	科	受検番号	号	氏名	

令和3年度　理　科　解答用紙

問	題		解答欄			
(一)	1	(1)				
		(2)	A	極	C	極
	2	(1)		Ω		
		(2)	①		②	
		(3)				
	3	(1)	①		②	
		(2)		N		
(二)	1	(1)				
		(2)				
		(3)	記号			
			理由	選んだ物質では，物質の温度(60℃)が		
	2	(1)	①		②	
		(2)				
		(3)	2CuO + C →			
		(4)	二酸化炭素	g		
			黒色の酸化銅	g		
(三)	1	(1)				
		(2)	めしべ → → →			
		(3)				
		(4)	①		②	
	2	(1)				
		(2)				
		(3)	酸素の多いところ			
			酸素の少ないところ			
		(4)	①		②	
		(5)		秒		

問	題		解答欄					
(四)	1	(1)		℃				
		(2)	コップPの表面の					
		(3)						
		(4)	①		②			
	2	(1)						
		(2)						
		(3)						
		(4)						
(五)	1	(1)	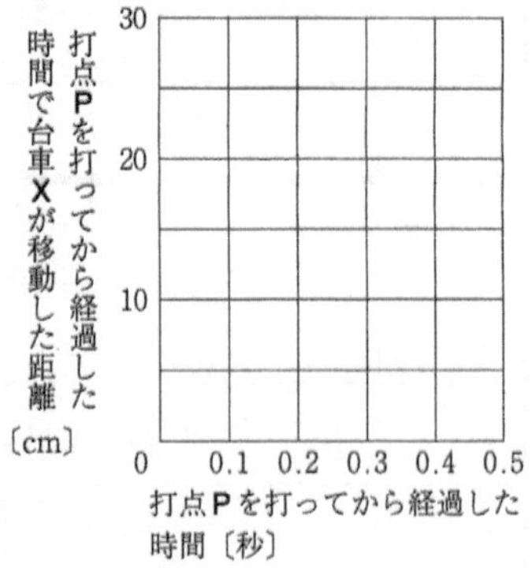					
		(2)	①		②			
			③		④			
	2		化学式					
			混合した水溶液	(　　)と(　　)				
	3	(1)						
		(2)	①	形	②		③	
	4	(1)	①		②		③	
		(2)						
		(3)						

問題	(一)	(二)	(三)	(四)	(五)	合計
得点						

※ 159％に拡大していただくと，解答欄は実物大になります。

全日制 定時制	科	受検番号	号	氏名	

令和３年度　社　会　解答用紙

問題			解答欄
（一）	1		
	2		
	3		（　　）→（　　）
	4		
	5		
	6		
	7		こと
（二）	1		
	2		開化
	3		
	4		（　）→（　）→（　）→（　）
	5		
	6		
	7		
（三）	1		
	2	⑴	
		⑵	に
	3		
	4		
	5		（　　）→（　　）→（　　）

問題			解答欄		
（四）	1				
	2				
	3	①			
		②	状態		
	4				
	5				
（五）	1	⑴			
		⑵	①	②	③
	2				
	3				
	4		記号	県名	
				県	
	5		①	②	
（六）	1	⑴			
		⑵			
		⑶	記号	国の名	
	2				
	3		から		
	4				

問題	（一）	（二）	（三）	（四）	（五）	（六）	合計
得点							

※１６１%に拡大していただくと、解答欄は実物大になります。

全日制・定時制	科	受検番号	号	氏名	

令和三年度　国語　解答用紙

問題			解答欄
（一）	1		
	2		
	3		
	4	a	
		b	
	5		
	6		最初　　最後
	7		（こと。）
	8		

問題		解答欄
（二）	1	
	2	
	3	（む）
	4	（う）

問題		解答欄
（三）	1	
	2	
	3	
	4	

問題			解答欄
（四）	1		
	2		
	3	a	
		b	
		c	
	4		
	5		

問題			解答欄
（五）	1		
	2		
	3		
	4	a	
		b	
		c	

問題	得点
（一）	
（二）	
（三）	
（四）	
（五）	
作文	
合計	

2021年度入試推定配点表(愛媛県)

数学	(一)	(二)	(三)	(四)	(五)	計
	各1点×5	3,7　各3点×2 (3完答) 他　各2点×5	各2点×5	5　3点(完答) 他　各2点×4	2　2点 他　各3点×2	50点

英語	(一)	(二)	(三)	(四)	(五)	(六)	計
	各1点×3	各1点×2	各1点×4	1　各2点×2 2　各3点×3	1, 2(ア) 各1点×3 2(イ)　3点 他　各2点×5	1, 2, 4 各2点×4 他　各1点×4	50点

理科	(一)	(二)	(三)	(四)	(五)	計
	1(2),2(2),3(1) 各2点×3(各完答) 他　各1点×4	1(3),2(1) 各2点×2(各完答) 他　各1点×6	2(3)　2点 他　各1点×8 (1(4),2(3)・(4)各完答)	1(2)・(4)　各2点×2 (1(4)完答) 他　各1点×6	各1点×10 (1(2)①②・③④, 3(2),4(1)各完答)	50点

社会	(一)	(二)	(三)	(四)	(五)	(六)	計
	3, 7　各2点×2 (3完答) 他　各1点×5	1, 4　各2点×2 (4完答) 他　各1点×5	2(2),5 各2点×2(5完答) 他　各1点×4	3②　2点 他　各1点×5	1, 5 各2点×3 他　各1点×3 (1(2),4,5各完答)	1(3),3 各2点×2 (1(3)完答) 他　各1点×4	50点

国語	(一)	(二)	(三)	(四)	(五)	作文	計
	1~3　各1点×3 他　各2点×6	各1点×4	各1点×4	1, 2, 4 各1点×3 他　各2点×4	各1点×6	10点	50点

全日制 定時制	科	受検番号	号	氏名	

令和2年度　数　学　解答用紙

問題			解答欄
(一)	1		
	2		
	3		
	4		
	5		
(二)	1		
	2		
	3	式	
	4	(1)	
		(2)	およそ　個
	5		
	6		A　B　C
	7		（解） 答

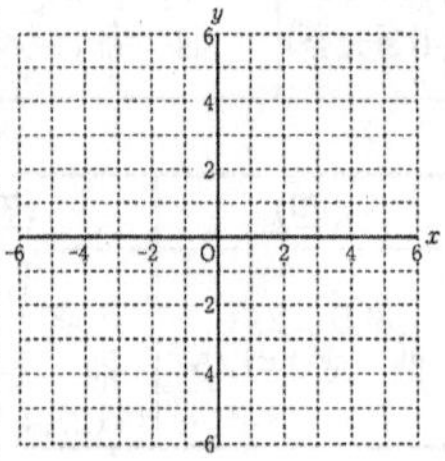

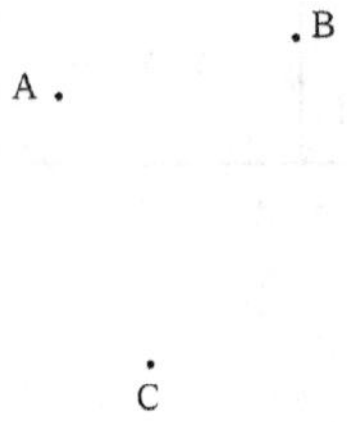

問題			解答欄
(三)	1		m
	2	(1)	分後
		(2)	m
	3		$t=$
(四)	1		$x=1$のとき　$y=$
			$x=4$のとき　$y=$
	2		秒後
	3		
	4		$x=$
(五)	1	(1)	
		(2)	（証明）
	2		cm

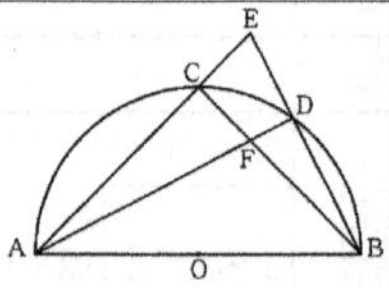

問題	(一)	(二)	(三)	(四)	(五)	合計
得点						

※この解答用紙は159%に拡大していただきますと，実物大になります。

全日制 定時制	科	受検番号	号	氏名	

令和2年度　英　語　解答用紙

問題	解答欄						
(一)	1		2		3		
(二)	1		2				
(三)	1		2		3		4
(四)	1	(1)	( )( )( )( )	(2)	( )( )( )( )		
	2	(1)	①				
			②				
		(2)					
(五)	1	①		②		③	
	2	(ア)					
		(イ)					
	3						
	4	(a)	( )( )	(b)	( )( )		
	5	(1)		(2)		(3)	
(六)	1	(A)		(C)			
	2						
	3						
	4						
	5			6			

問題	(一)	(二)	(三)	(四)	(五)	(六)	合計
得点							

※この解答用紙は159％に拡大していただきますと，実物大になります。

全日制 定時制	科	受検番号	号	氏名	

令和2年度　理　科　解答用紙

問題			解答欄
(一)	1	(1)	①　　② ③
		(2)	
	2	(1)	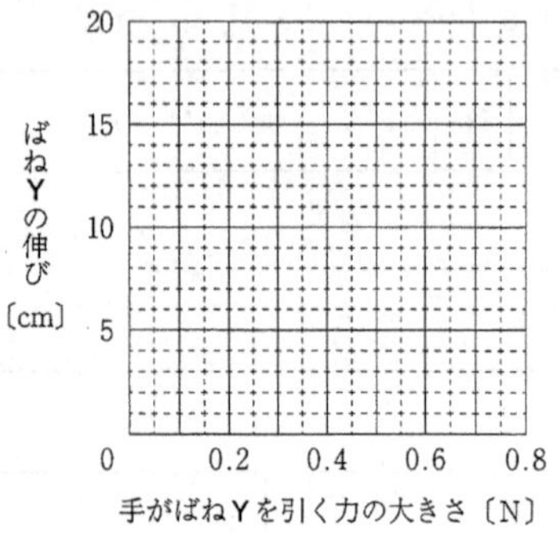
		(2)	g
		(3)	cm
	3		①　N ②　　③
(二)	1	(1)	
		(2)	①　　②
		(3)	
	2	(1)	
		(2)	
		(3)	$2NaHCO_3$ → □ ＋ □ ＋ □
		(4)	回
		(5)	指示薬　溶液 記　号

問題			解答欄
(三)	1	(1)	
		(2)	(　　)と(　　)
		(3)	
	2	(1)	
		(2)	①　　②
		(3)	胎　生　　変温動物
		(4)	が同じであることから,
		(5)	①　　②
(四)	1	(1)	風向　風力　天気
		(2)	hPa
		(3)	
		(4)	①　　②
	2	(1)	
		(2)	
		(3)	①　　②
		(4)	①　　②
(五)	1	(1)	
		(2)	
	2	(1)	X　　助言
		(2)	
	3	(1)	g/cm^3
		(2)	
		(3)	
	4	(1)	地層Q～Sの岩石に含まれる粒は,
		(2)	①　　②

問題	(一)	(二)	(三)	(四)	(五)	合計
得点						

※この解答用紙は161％に拡大していただきますと，実物大になります。

全日制 定時制	科	受検番号	号	氏名	

令和2年度　社　会　解答用紙

問題			解答欄	
(一)	1			
	2		(　)→(　)→(　)→(　)	
	3			
	4		しくみ	
	5			
	6			
	7		a	b
(二)	1		の大獄	
	2			
	3			
	4		(　)→(　)	
	5	a	する	
		b		
	6			
	7		c	d
(三)	1		(　)→(　)→(　)	
	2			
	3			
	4		すること	
	5			
	6			

問題			解答欄	
(四)	1		こと	
	2			
	3			
	4			
	5			
(五)	1	(1)	山脈	
		(2)	記号	県名
				県
	2			
	3			
	4	P	ので	
		Q	ということ	
	5			
(六)	1	(1)		
		(2)		
		(3)	記号	国の名
		(4)		
	2		地域	
	3		空港	

問題	(一)	(二)	(三)	(四)	(五)	(六)	合計
得点							

※この解答用紙は159%に拡大していただきますと，実物大になります。

全日制・定時制	科	受検番号	号	氏名

令和二年度　国語　解答用紙

（一）

問題		解答欄
1		
2		
3		品詞名　　活用形
4	a	
4	b	
4	c	
5		（自由があるということ。）
6	a	
6	b	
6	c	
7		
8		

（二）

問題	解答欄
1	
2	
3	（って）
4	（す）

（三）

問題	解答欄
1	
2	
3	
4	

（四）

問題	解答欄
1	
2	
3	
4	
5	（お菓子。）
6	

（五）

問題		解答欄
1		
2		
3		最初　　最後
4	a	
4	b	
4	c	

問題	得点
（一）	
（二）	
（三）	
（四）	
（五）	
作文	
合計	

※この解答用紙は161％に拡大していただきますと、実物大になります。

全日制 定時制	科	受検番号	号	氏名	

〔令和二年度　国語　作文問題〕

あなたは、あなた自身がチームやグループで活動するときに、どのようなことを大切にしたいと考えるか。次の資料を参考にしながら、そう考える理由を含めて、後の注意に従って述べなさい。

資料

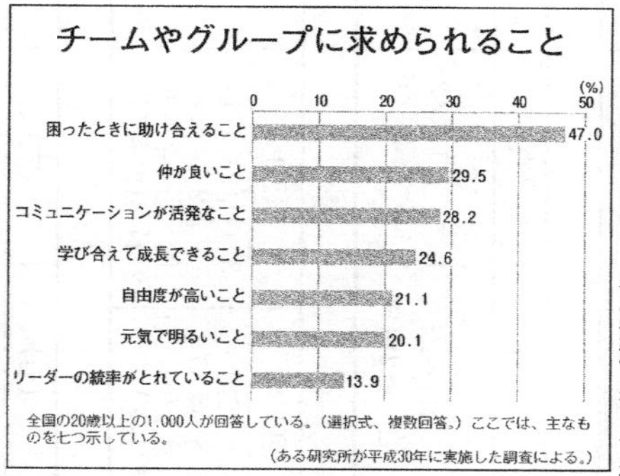

全国の20歳以上の1,000人が回答している。（選択式、複数回答。）ここでは、主なものを七つ示している。

（ある研究所が平成30年に実施した調査による。）

〈注意〉

1　上の資料を見て気づいたことを交えて書くこと。
2　あなたが体験したことや見聞したことを交えて書いてもよい。
3　段落は、内容に応じて設けること。
4　文章の長さは、三百字以上、四百字以内とする。
5　資料の中の数値を使う場合は、次の例に示したどちらの書き方でもよいこととする。
　例　二〇・一％　または　二十・一％
　　　四七・〇％　または　四十七％
　なお、「％」は、「パーセント」と書いてもよい。
6　氏名は右の氏名欄に書き、**文題は書かないこと。**

得点

100字

200字

300字

400字

※この解答用紙は１５９％に拡大していただきますと、実物大になります。

2020年度入試推定配点表(愛媛県)

	(一)	(二)	(三)	(四)	(五)	計
数学	各1点×5	3(式)・(グラフ),4 各1点×4 7　3点 他　各2点×5	1, 2(1)　各2点×2 他　各3点×2	1, 2　各2点×2 (1完答) 他　各3点×2 (4完答)	1(1)　2点 他　各3点×2	50点

	(一)	(二)	(三)	(四)	(五)	(六)	計
英語	各1点×3	各1点×2	各1点×4	各2点×5	1, 2(イ), 3 各1点×5 他　各2点×6	1　各1点×2 他　各2点×6	50点

	(一)	(二)	(三)	(四)	(五)	計
理科	1(1)・(2),3 各1点×3 他　各2点×3 (1(1),3各完答)	2(1)・2(3) 各2点×2 他　各1点×7 (1(2),2(3)各完答)	2(4)　2点 他　各1点×7 (1(2),2(2)・(3)・(5) 各完答)	1(2)　2点 他　各1点×7 (1(1)・(4),2(3)・(4) 各完答)	3(1)・(2),4(1) 各2点×3 他　各1点×6 (2(1),4(2)各完答)	50点

	(一)	(二)	(三)	(四)	(五)	(六)	計
社会	4, 7　各2点×2 (7完答) 他　各1点×5	5a, 7　各2点×2 (7完答) 他　各1点×6	4　2点 他　各1点×5	1　2点 他　各1点×4	1(2), 4P・Q 各2点×3 (1(2)完答) 他　各1点×4	1(3),2 各2点×2 (1(3)完答) 他　各1点×4	50点

	(一)	(二)	(三)	(四)	(五)	作文	計
国語	5, 7, 8 各2点×3 他　各1点×10	各1点×4	各1点×4	1, 2　各1点×2 他　各2点×4	各1点×6	10点	50点

全日制 定時制	科	受検番号	号	氏名	

平成31年度　数　学　解答用紙

問題			解答欄
(一)	1		
	2		
	3		
	4		
	5		
	6		
(二)	1		$a=$
	2		
	3		およそ　　　　個
	4		cm
	5		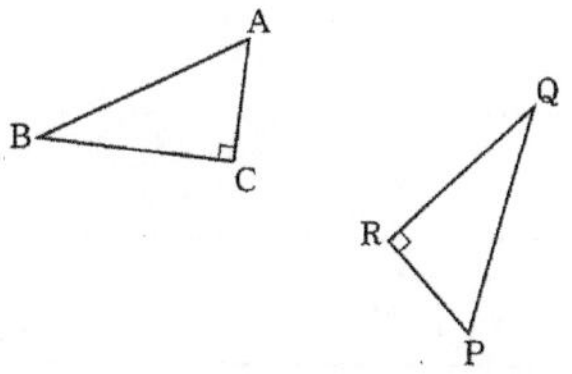
	6		(解) 答

問題				解答欄
(三)	1			
	2			枚
	3	(1)		$b=$
		(2)		$b=$
(四)	1			$a=$
	2			
	3	(1)		
		(2)	ア	$t=$
			イ	
(五)	1			(証明) 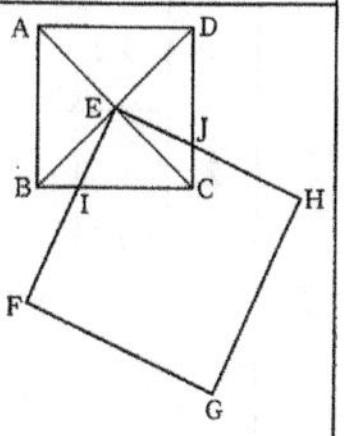
	2			cm
	3			cm^2

問題	(一)	(二)	(三)	(四)	(五)	合計
得点						

※この解答用紙は159％に拡大していただきますと，実物大になります。

全日制 定時制	科	受検番号	号	氏名	

平成31年度　英　語　解答用紙

問題	解答欄								
(一)	1		2		3				
(二)	1		2						
(三)	1		2		3		4		
(四)	1	(1)	(　　)(　　)(　　)(　　)	(2)	(　　)(　　)(　　)(　　)				
	2	(1)	① ②						
		(2)							
(五)	1	①		②					
	2	(ア)							
		(イ)							
	3								
	4		5	(1)		(2)		(3)	
(六)	1		2		3				
	4								
	5								
	6		7						

問題	(一)	(二)	(三)	(四)	(五)	(六)	合計
得点							

※この解答用紙は159%に拡大していただきますと，実物大になります。

全日制 定時制	科	受検番号	号	氏名	

平成31年度　理　科　解答用紙

問題			解答欄
(一)	1	(1)	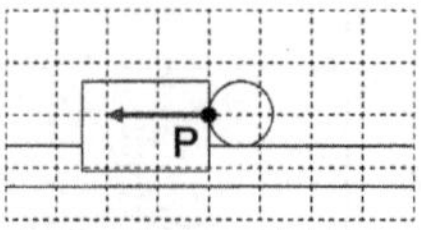
		(2)	cm
		(3)	cm
		(4)	
	2	(1)	
		(2)	
		(3)	
(二)	1	(1)	①　②
		(2)	
		(3)	
	2	(1)	
		(2)	
		(3)	%
		(4)	
		(5)	
(三)	1	(1)	
		(2)	受精卵 →　→　→
		(3)	①　②
		(4)	
	2	(1)	
		(2)	
		(3)	
		(4)	
		(5)	

問題			解答欄
(四)	1	(1)	①　②
		(2)	①　②
		(3)	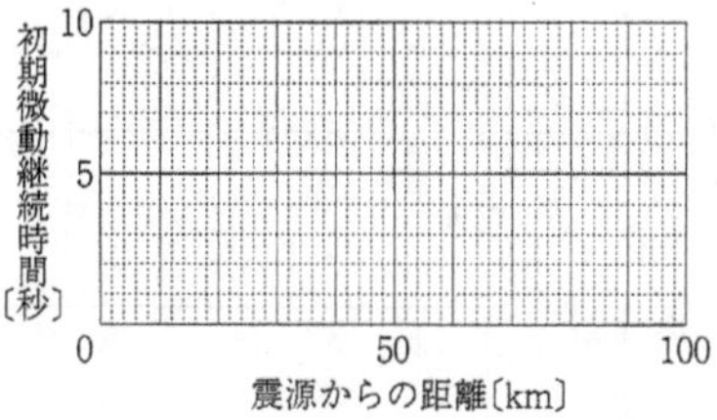
		(4)	(　)時(　)分(　)秒
	2	(1)	
		(2)	①　②
		(3)	①　②
		(4)	①　②
(五)	1	(1)	m
		(2)	①　②
	2	(1)	
		(2)	
	3	(1)	記号　水溶液
		(2)	cm^3
		(3)	
	4	(1)	Ⅰ　Ⅱ
		(2)	①　②

問題	(一)	(二)	(三)	(四)	(五)	合計
得点						

※この解答用紙は159%に拡大していただきますと，実物大になります。

全日制 定時制	科	受検番号	号	氏名	

平成31年度　社　会　解答用紙

問題			解答欄	
(一)	1		大王	
	2			
	3			
	4		a	b
	5		(　　)→(　　)	
	6			
	7	A	こと	
		B	ため	
		C	こと	
(二)	1		(　)→(　)→(　)→(　)	
	2			
	3			
	4			
	5			
	6			
	7			
(三)	1	(1)		
		(2)		
	2			
	3			
	4		が	
	5		a	b

問題			解答欄	
(四)	1			
	2		から	
	3		型社会	
	4			
	5			
(五)	1	(1)	海流	
		(2)	記号	県名 県
	2			
	3		範囲。	
	4		日本国内での自動車生産台数	
			海外での自動車生産台数	
	5			
(六)	1	(1)		
		(2)	川	
		(3)	から	
		(4)	記号	国の名
	2			
	3			

問題	(一)	(二)	(三)	(四)	(五)	(六)	合計
得点							

※この解答用紙は159％に拡大していただきますと，実物大になります。

全日制 定時制	科	受検番号	号	氏名	

平成三十一年度　国　語　解答用紙

問題		解答欄
(一)	1	
	2	同じものの記号 ／ 品詞名
	3	
	4	
	5 (1)	
	5 (2) a	
	5 (2) b	
	6	
	7	（ということ。）
	8	（段落）

問題		解答欄
(二)	1	
	2	
	3	（える）
	4	（む）

問題		解答欄
(三)	1	
	2	
	3	
	4	

問題		解答欄
(四)	1	
	2 a	最初 ／ 最後
	2 b	
	3	
	4 a	
	4 b	
	5	

問題		解答欄
(五)	1	
	2 (1)	
	2 (2)	
	3 a	
	3 b	
	3 c	

問題	得点
(一)	
(二)	
(三)	
(四)	
(五)	
作文	
合計	

※この解答用紙は161％に拡大していただきますと、実物大になります。

全日制 定時制	科	受検番号	号	氏名	

得点

100字

200字

300字

400字

2019年度入試推定配点表(愛媛県)

	(一)	(二)	(三)	(四)	(五)	計
数学	各1点×6	5, 6　各3点×2 他　各2点×4	1, 2　各2点×2 他　各3点×2 (3(2)完答)	3(2)イ　3点 他　各2点×4	各3点×3	50点

	(一)	(二)	(三)	(四)	(五)	(六)	計
英語	各1点×3	各1点×2	各1点×4	各2点×5	1, 3　各1点×4 2(イ)　3点 他　各2点×5	7　各1点×2 他　各2点×6	50点

	(一)	(二)	(三)	(四)	(五)	計
理科	1(1),2(1)・(2) 各2点×3 他　各1点×4	1(2)・(3)　各2点×2 他　各1点×6 (1(1)完答)	2(5)　2点 他　各1点×8 (1(2)・(3)各完答)	1(3)・(4)　各2点×2 他　各1点×6 (1(1)・(2),2(2)・(3) ・(4)各完答)	2(2)　2点 他　各1点 × 8 (1(1),3(1),4(1)・(2) 各完答)	50点

	(一)	(二)	(三)	(四)	(五)	(六)	計
社会	4, 5　各2点×2 (4,5各完答) 他　各1点×7	1, 2　各2点×2 (1完答) 他　各1点×5	4, 5　各2点×2 (5完答) 他　各1点×4	2, 5　各2点×2 他　各1点×3	3, 4　各2点×2 (4完答) 他　各1点×4 (1(2)完答)	1(3)　2点 他　各1点×5 (1(4)完答)	50点

	(一)	(二)	(三)	(四)	(五)	作文	計
国語	1~4　各1点×4 他　各2点×6	各1点×4	各1点×4	各1点×7	1, 2　各1点×3 他　各2点×3	10点	50点

MEMO

大切なことはメモしておこうネ！

T・G

MEMO

大切なことはメモしておこうネ！

MEMO

大切なことはメモしておこうネ！

東京学参の

中学校別入試過去問題シリーズ

＊出版校は一部変更することがあります。一覧にない学校はお問い合わせください。

東京ラインナップ

あ　青山学院中等部(L04)
麻布中学(K01)
桜蔭中学(K02)
お茶の水女子大附属中学(K07)
か　海城中学(K09)
開成中学(M01)
学習院中等科(M03)
慶應義塾中等部(K04)
晃華学園中学(N13)
攻玉社中学(L11)
国学院大久我山中学
　(一般・CC)(N22)
　(ＳＴ)(N23)
駒場東邦中学(L01)
さ　芝中学(K16)
芝浦工業大附属中学(M06)
城北中学(M05)
女子学院中学(K03)
巣鴨中学(M02)
成蹊中学(N06)
成城中学(K28)
成城学園中学(L05)
青稜中学(K23)
創価中学(N14)★
た　玉川学園中学部(N17)
中央大附属中学(N08)
筑波大附属中学(K06)
筑波大附属駒場中学(L02)
帝京大中学(N16)
東海大菅生高中等部(N27)
東京学芸大附属竹早中学(K08)
東京都市大付属中学(L13)
桐朋中学(N03)
東洋英和女学院中学部(K15)
豊島岡女子学園中学(M12)
な　日本大第一中学(M14)
日本大第三中学(N19)
日本大第二中学(N10)
は　雙葉中学(K05)
法政大学中学(N11)
本郷中学(M08)
ま　武蔵中学(N01)
明治大付属中野中学(N05)
明治大付属中野八王子中学(N07)
明治大付属明治中学(K13)
ら　立教池袋中学(M04)
わ　和光中学(N21)
早稲田中学(K10)
早稲田実業学校中等部(K11)
早稲田大高等学院中等部(N12)

神奈川ラインナップ

あ　浅野中学(O04)
栄光学園中学(O06)
か　神奈川大附属中学(O08)
鎌倉女学院中学(O27)
関東学院六浦中学(O31)
慶應義塾湘南藤沢中等部(O07)
慶應義塾普通部(O01)
さ　相模女子大中学部(O32)
サレジオ学院中学(O17)
逗子開成中学(O22)
聖光学院中学(O11)
清泉女学院中学(O20)
洗足学園中学(O18)
捜真女学校中学部(O29)
た　桐蔭学園中等教育学校(O02)
東海大付属相模高中等部(O24)
桐光学園中学(O16)
な　日本大中学(O09)
は　フェリス女学院中学(O03)
法政大第二中学(O19)
や　山手学院中学(O15)
横浜隼人中学(O26)

千・埼・茨・他ラインナップ

あ　市川中学(P01)
浦和明の星女子中学(Q06)
か　海陽中等教育学校
　(入試Ⅰ・Ⅱ)(T01)
　(特別給費生選抜)(T02)
久留米大附設中学(Y04)
さ　栄東中学(東大・難関大)(Q09)
栄東中学(東大特待)(Q10)
狭山ヶ丘高校付属中学(Q01)
芝浦工業大柏中学(P14)
渋谷教育学園幕張中学(P09)
城北埼玉中学(Q07)
昭和学院秀英中学(P05)
清真学園中学(S01)
西南学院中学(Y02)
西武学園文理中学(Q03)
西武台新座中学(Q02)
専修大松戸中学(P13)
た　筑紫女学園中学(Y03)
千葉日本大第一中学(P07)
千葉明徳中学(P12)
東海大付属浦安高中等部(P06)
東邦大付属東邦中学(P08)
東洋大附属牛久中学(S02)
獨協埼玉中学(Q08)
な　長崎日本大中学(Y01)
成田高校付属中学(P15)
は　函館ラ・サール中学(X01)
日出学園中学(P03)
福岡大附属大濠中学(Y05)
北嶺中学(X03)
細田学園中学(Q04)
や　八千代松陰中学(P10)
ら　ラ・サール中学(Y07)
立命館慶祥中学(X02)
立教新座中学(Q05)
わ　早稲田佐賀中学(Y06)

公立中高一貫校ラインナップ

北海道　市立札幌開成中等教育学校(J22)
宮　城　宮城県仙台二華・古川黎明中学校(J17)
市立仙台青陵中等教育学校(J33)
山　形　県立東桜学館中学校(J27)
茨　城　茨城県立中学・中等教育学校(J09)
栃　木　県立宇都宮東・佐野・矢板東高校附属中学校(J11)
群　馬　県立中央・市立四ツ葉学園中等教育学校・
市立太田中学校(J10)
埼　玉　市立浦和中学校(J06)
県立伊奈学園中学校(J31)
さいたま市立大宮国際中等教育学校(J32)
川口市立高等学校附属中学校(J35)
千　葉　県立千葉・東葛飾中学校(J07)
市立稲毛国際中等教育学校(J25)
東　京　区立九段中等教育学校(J21)
都立大泉高等学校附属中学校(J28)
都立両国高等学校附属中学校(J01)
都立白鷗高等学校附属中学校(J02)
都立富士高等学校附属中学校(J03)
都立三鷹中等教育学校(J29)
都立南多摩中等教育学校(J30)
都立武蔵高等学校附属中学校(J04)
都立立川国際中等教育学校(J05)
都立小石川中等教育学校(J23)
都立桜修館中等教育学校(J24)
神奈川　川崎市立川崎高等学校附属中学校(J26)
県立平塚・相模原中等教育学校(J08)
横浜市立南高等学校附属中学校(J20)
横浜サイエンスフロンティア高校附属中学校(J34)
広　島　県立広島中学校(J16)
県立三次中学校(J37)
徳　島　県立城ノ内中等教育学校・富岡東・川島中学校(J18)
愛　媛　県立今治東・松山西・宇和島南中等教育学校(J19)
福　岡　福岡県立中学校・中等教育学校(J12)
佐　賀　県立香楠・致遠館・唐津東・武雄青陵中学校(J13)
宮　崎　県立五ヶ瀬中等教育学校(J15)
県立宮崎西・都城泉ヶ丘高校附属中学校(J36)
長　崎　県立長崎東・佐世保北・諫早高校附属中学校(J14)

公立中高一貫校「適性検査対策」問題集シリーズ

総合編　作文問題編　資料問題編　数と図形編　生活と科学編　実力確認テスト編

私立中・高スクールガイド
THE《ザ》私立
私立中学&高校の学校生活がわかる！

東京学参の

高校別入試過去問題シリーズ

＊出版校は一部変更することがあります。一覧にない学校はお問い合わせください。

東京ラインナップ

あ　愛国高校(A59)
青山学院高等部(A16)★
桜美林高校(A37)
お茶の水女子大附属高校(A04)
か　開成高校(A05)★
共立女子第二高校(A40)
慶應義塾女子高校(A13)
国学院高校(A30)
国学院大久我山高校(A31)
国際基督教大高校(A06)
小平錦城高校(A61)★
駒澤大高校(A32)
さ　芝浦工業大附属高校(A35)
修徳高校(A52)
城北高校(A21)
専修大附属高校(A28)
創価高校(A66)★
た　拓殖大第一高校(A53)
立川女子高校(A41)
玉川学園高等部(A56)
中央大高校(A19)
中央大杉並高校(A18)★
中央大附属高校(A17)
筑波大附属高校(A01)
筑波大附属駒場高校(A02)
帝京大高校(A60)
東海大菅生高校(A42)
東京学芸大附属高校(A03)
東京実業高校(A62)
東京農業大第一高校(A39)
桐朋高校(A15)
都立青山高校(A73)★
都立国立高校(A76)★
都立国際高校(A80)★
都立国分寺高校(A78)★
都立新宿高校(A77)★
都立墨田川高校(A81)★
都立立川高校(A75)★
都立戸山高校(A72)★
都立西高校(A71)★
都立八王子東高校(A74)★
都立日比谷高校(A70)★
な　日本大櫻丘高校(A25)
日本大第一高校(A50)
日本大第三高校(A48)
日本大第二高校(A27)
日本大鶴ヶ丘高校(A26)
日本大豊山高校(A23)
は　八王子学園八王子高校(A64)
法政大高校(A29)
ま　明治学院高校(A38)
明治学院東村山高校(A49)
明治大付属中野高校(A33)
明治大付属中野八王子高校(A67)
明治大付属明治高校(A34)★
明法高校(A63)
わ　早稲田実業学校高等部(A09)
早稲田大高等学院(A07)

神奈川ラインナップ

あ　麻布大附属高校(B04)
アレセイア湘南高校(B24)
か　慶應義塾高校(A11)
神奈川県公立高校特色検査(B00)
さ　相洋高校(B18)
た　立花学園高校(B23)
桐蔭学園高校(B01)
東海大付属相模高校(B03)★
桐光学園高校(B11)
な　日本大高校(B06)
日本大藤沢高校(B07)
は　平塚学園高校(B22)
藤沢翔陵高校(B08)
法政大国際高校(B17)
法政大第二高校(B02)★
や　山手学院高校(B09)
横須賀学院高校(B20)
横浜商科大高校(B05)
横浜翠陵高校(B14)
横浜清風高校(B10)
横浜創英高校(B21)
横浜隼人高校(B16)
横浜富士見丘学園高校(B25)

千葉ラインナップ

あ　愛国学園大附属四街道高校(C26)
我孫子二階堂高校(C17)
市川高校(C01)★
か　敬愛学園高校(C15)
さ　芝浦工業大柏高校(C09)
渋谷教育学園幕張高校(C16)★
翔凜高校(C34)
昭和学院秀英高校(C23)
専修大松戸高校(C02)
た　千葉英和高校(C18)
千葉敬愛高校(C05)
千葉経済大附属高校(C27)
千葉日本大第一高校(C06)★
千葉明徳高校(C20)
千葉黎明高校(C24)
東海大付属浦安高校(C03)
東京学館高校(C14)
東京学館浦安高校(C31)
な　日本体育大柏高校(C30)
日本大習志野高校(C07)
は　日出学園高校(C08)
や　八千代松陰高校(C12)
ら　流通経済大付属柏高校(C19)★

埼玉ラインナップ

あ　浦和学院高校(D21)
大妻嵐山高校(D04)★
か　開智高校(D08)
開智未来高校(D13)★
春日部共栄高校(D07)
川越東高校(D12)
慶應義塾志木高校(A12)
さ　埼玉栄高校(D09)
栄東高校(D14)
狭山ヶ丘高校(D24)
昌平高校(D23)
西武学園文理高校(D10)
西武台高校(D06)
た　東京農業大第三高校(D18)
は　武南高校(D05)
本庄東高校(D20)
や　山村国際高校(D19)
ら　立教新座高校(A14)
わ　早稲田大本庄高等学院(A10)

北関東・甲信越ラインナップ

あ　愛国学園大附属龍ヶ崎高校(E07)
宇都宮短大附属高校(E24)
か　鹿島学園高校(E08)
霞ヶ浦高校(E03)
共愛学園高校(E31)
甲陵高校(E43)
国立高等専門学校(A00)
さ　作新学院高校
（トップ英進・英進部）(E21)
（情報科学・総合進学部）(E22)
常総学院高校(E04)
た　中越高校(R03)＊
土浦日本大高校(E01)
東洋大附属牛久高校(E02)
な　新潟青陵高校(R02)＊
新潟明訓高校(R04)＊
日本文理高校(R01)＊
は　白鷗大足利高校(E25)
ま　前橋育英高校(E32)
や　山梨学院高校(E41)

中京圏ラインナップ

あ　愛知高校(F02)
愛知啓成高校(F09)
愛知工業大名電高校(F06)
愛知産業大工業高校(F21)
愛知みずほ大瑞穂高校(F25)
暁高校（３年制）(F50)
鶯谷高校(F60)
栄徳高校(F29)
桜花学園高校(F14)
岡崎城西高校(F34)
か　岐阜聖徳学園高校(F62)
岐阜東高校(F61)
享栄高校(F18)
さ　桜丘高校(F36)
至学館高校(F19)
椙山女学園高校(F10)
鈴鹿高校(F53)
星城高校(F27)★
誠信高校(F33)
清林館高校(F16)★
た　大成高校(F28)
大同大大同高校(F30)
高田高校(F51)
滝高校(F03)★
中京高校(F63)
中京大附属中京高校(F11)★
中部大春日丘高校(F26)★
中部大第一高校(F32)
津田学園高校(F54)
東海高校(F04)★
東海学園高校(F20)
東邦高校(F12)
同朋高校(F22)
豊田大谷高校(F35)
な　名古屋高校(F13)
名古屋大谷高校(F23)
名古屋経済大市邨高校(F08)
名古屋経済大高蔵高校(F05)
名古屋女子大高校(F24)
日本福祉大付属高校(F17)
人間環境大附属岡崎高校(F37)
は　光ヶ丘女子高校(F38)
誉高校(F31)
ま　三重高校(F52)
名城大附属高校(F15)

宮城ラインナップ

さ　尚絅学院高校(G02)
聖ウルスラ学院英智高校(G01)★
聖和学園高校(G05)
仙台育英学園高校(G04)
仙台城南高校(G06)
仙台白百合学園高校(G12)
た　東北学院高校(G03)★
東北学院榴ヶ岡高校(G08)
東北高校(G11)
東北生活文化大高校(G10)
常盤木学園高校(G07)
は　古川学園高校(G13)
ま　宮城学院高校(G09)★

北海道ラインナップ

さ　札幌光星高校(H06)
札幌静修高校(H09)
札幌第一高校(H01)
札幌北斗高校(H04)
札幌龍谷学園高校(H08)
は　北海高校(H03)
北海学園札幌高校(H07)
北海道科学大高校(H05)
ら　立命館慶祥高校(H02)

★はリスニング音声データのダウンロード付き。

都道府県別 公立高校入試過去問 シリーズ

- 全国47都道府県別に出版
- 最近数年間の検査問題収録
- リスニングテスト音声対応

公立高校入試対策 問題集シリーズ

- 目標得点別・公立入試の数学
- 実戦問題演習・公立入試の英語（実力錬成編・基礎編）
- 形式別演習・公立入試の国語
- 実戦問題演習・公立入試の理科
- 実戦問題演習・公立入試の社会

高校入試特訓問題集 シリーズ

- 英語長文難関攻略30選
- 英語長文テーマ別難関攻略30選
- 英文法難関攻略20選
- 英語難関徹底攻略33選
- 古文完全攻略63選
- 国語融合問題完全攻略30選
- 国語長文難関徹底攻略30選
- 国語知識問題完全攻略13選
- 数学の図形と関数・グラフの融合問題完全攻略272選
- 数学難関徹底攻略700選
- 数学の難問80選
- 数学　思考力―規則性とデータの分析と活用―

〈リスニング問題の音声について〉

本問題集掲載のリスニング問題の音声は、弊社ホームページでデータ配信しております。

現在お聞きいただけるのは「2024年度受験用」に対応した音声で、2024年3月末日までダウンロード可能です。弊社ホームページにアクセスの上、ご利用ください。

※本問題集を中古品として購入された場合など、配信期間の終了によりお聞きいただけない年度がございますのでご了承ください。

愛媛県公立高校　2024年度

ISBN978-4-8141-2880-8

発行所　東京学参株式会社
〒153-0043　東京都目黒区東山2-6-4
URL　https://www.gakusan.co.jp

編集部　E-mail　hensyu@gakusan.co.jp
※本書の編集責任はすべて弊社にあります。内容に関するお問い合わせ等は、編集部まで、メールにてお願い致します。なお、回答にはしばらくお時間をいただく場合がございます。何卒ご了承くださいませ。

営業部　TEL　03 (3794) 3154
FAX　03 (3794) 3164
E-mail　shoten@gakusan.co.jp
※ご注文・出版予定のお問い合わせ等は営業部までお願い致します。

2023年7月28日　初版